大学生心理健康教育理论与实践

主编　沈沛汝

北京航空航天大学出版社

内容简介

本书从心理学的基本知识入手，结合当代大学生的心理发展特点和大学生关注的心理热点问题，针对在校大学生开展心理健康教育而编写。书中系统论述了青年大学生在心理健康发展过程中出现的普遍问题及其疏解方法，旨在引导和帮助大学生在掌握心理学基本知识的基础上，运用心理健康教育的知识和自我心理调适的方法，自主解决在学习过程、人际交往、自我意识发展、人格塑造、挫折应对以及恋爱等方面出现的心理问题，以便将来能更好更快地适应社会对人才的需求。

本书以开发大学生自身潜能、培养良好的心理素质、提高心理健康水平为主线，分为上、下两篇，上篇以理论知识为主，下篇以实践体验为主。其中，上篇介绍了当代大学生在心理健康教育方面应具备的各项知识和基本技能，在每一章后面都为大学生提供了心理知识拓展内容；下篇是针对上篇相应内容的实践体验部分，强调了学生的参与性，操作与体验过程既通俗易懂又生动有趣。

本书可作为高校大学生心理健康教育和心理辅导的教材，也可作为大学生进行自我心理调适、自学心理知识、提高个人身心修养的读物，还可作为高校教师和家长对青年学生进行心理辅导的参考书。

图书在版编目(CIP)数据

大学生心理健康教育理论与实践 / 沈沛汝主编. --
北京 ：北京航空航天大学出版社，2020.8
ISBN 978-7-5124-3302-1

Ⅰ. ①大… Ⅱ. ①沈… Ⅲ. ①大学生－心理健康－健康教育 Ⅳ. ①G444

中国版本图书馆 CIP 数据核字(2020)第 111586 号

大学生心理健康教育理论与实践
主编 沈沛汝
责任编辑 江小珍
*
北京航空航天大学出版社出版发行
北京市海淀区学院路 37 号(邮编 100191) http://www.buaapress.com.cn
发行部电话：(010)82317024 传真：(010)82328026
读者信箱：bhpress@263.net 邮购电话：(010)82316936
涿州市新华印刷有限公司印装 各地书店经销
*
开本：787×1 092 1/16 印张：15 字数：394 千字
2020 年 8 月第 1 版 2020 年 8 月第 1 次印刷 印数：2 800 册
ISBN 978-7-5124-3302-1 定价：45.00 元

本书编委会

主编 沈沛汝

编委 王　涛　张彩琴　李雅琪

前　言

随着当代经济和科学技术的迅猛发展，社会对各类人才的需求也发生了深刻的变化，加之当代社会各行各业的合作与竞争已日趋常态化并不断深化，作为当代大学生，仅仅具有突出的专业知识和专业技能已不能很好地适应激烈的人才市场竞争。为了将来能更好更快地适应社会对人才的需求，大学生还必须具备良好的心理素质和较强的适应能力。

为了适应我国高等学校对大学生进行心理健康教育和心理辅导的需求，我们结合多年从事学生心理健康教育的经验以及学生中常见的心理问题编写了本书。

编者在编写本书过程中，秉持理论知识与实践体验相结合的理念，在内容上力求做到深入浅出、学以致用。全书分为上、下两篇。上篇以理论知识为主，共有八章(含绪论)，每一章都包含基本理论和课外拓展两部分：基本理论部分以通俗的语言向大学生介绍个体心理发展的基本规律和当代大学生心理发展的基本特点，引导学生掌握心理学的基本体系和基本内容；课外拓展部分与每一章的内容相辅相成，供学生选读。下篇是实践体验环节，结构编排与上篇的内容一一对应，每个模块均由心理超市、案例导读以及心理训练营三个板块构成，强调体验式、自助式的方法，将团体辅导、同伴教育、心理拓展训练、心理情景剧等引入课堂，挖掘学生的主动性潜质，提升学生实际解决心理问题的能力。

本书是高等学校非心理学专业学生的入门教材，内容与大学生生活、工作和学习的实际紧密联系，便于学习者掌握心理健康基础知识，为将来学习其他相关心理学、教育学学科打好基础。本书具有很强的理论性、科学性和实用性，可作为高校大学生心理健康教育、心理咨询辅导教材，也可作为大学生自学心理学知识、进行自我心理调适、提高个人身心修养的读物，还可作为高校教师和家长对青年学生进行心理辅导的参考书。

本书是在2015年出版的《大学生心理健康导论》的基础上重新增补和编写的，其中上篇由沈沛汝、李雅琪修订，下篇的开篇以及第一、二、三模块由王涛编写，第四、五、六、七模块由张彩琴编写，全书由沈沛汝统稿。本书各章、各模块有一定的独立性，这样可便于教师和学生按需要选择使用。

编者在编写本书过程中参考了大量中外作者的文献资料，在此一并表示感谢！

由于编者水平有限，书中难免有错漏之处，敬请读者批评指正。

编　者

2019年12月

前言

目　录

上　篇

下 篇

上　篇

绪 论

心理学是研究什么的？人类心理的发生与发展具有哪些规律？同学们一定会有许多类似的疑问。下面将简要介绍普通心理学的基本理论知识，如心理学的基本概念、心理的实质、大学生身心发展的基本特征以及大学生学习心理学的意义等内容，目的是使大家对心理学有一个基本的了解。

一、什么是心理学

心理学是研究人的心理现象发生、发展规律的一门学科。心理现象又称为心理活动，简称为心理。人只要活着，就有心理活动。人的心理活动是极其复杂和变化多样的。所以，心理活动就是心理学研究的对象。心理学一般将心理划分为两大部分来研究，即心理过程和个性心理。

1. 心理过程

心理过程包括认知过程、情绪和情感过程、意志过程三个相互联系的方面。

(1) 认知过程

认知过程是指人们认识客观事物所产生的心理现象，包括感觉、知觉、记忆、思维、想象等，它是人类最基本的心理过程之一。

感觉是人脑对直接作用于感觉器官的客观事物的个别属性的反映。例如看到某种水果的颜色、形状、大小，闻到它的气味，尝到它的味道，这种由客观事物直接作用于大脑所产生的对事物个别属性的反映就是感觉。感觉是最简单的心理现象。

知觉是人脑对直接作用于感觉器官的事物整体的反映。例如，上述所看到的水果的颜色、形状、大小，闻到的气味，尝到的味道等各种属性，把它们联合起来在头脑中形成“苹果”或“香蕉”的完整映象，这就是知觉。

感觉和知觉是紧密联系而又有所区别的心理过程。知觉是在感觉的基础上产生的，但它不是简单的各种感觉的总和。知觉是以感觉信息为基础，在知识经验的参与下，经过人脑的加工，对事物加以解释的过程。知识经验在知觉中起重要作用。通过感觉，人们只能知道事物的个别属性；通过知觉，人们就能对事物有一个完整的映象。由于事物的个别属性和整体是不可分割的，因此感觉和知觉也不可分离。在实际生活中，人们通常以知觉形式直接反映事物。感觉只是以知觉的组成部分而存在于知觉之中，很少有孤立的感觉形式。

记忆是过去经历过的事物在人脑中的反映。凡是人们感知过的形象、做过的动作、思考过的问题、体验过的情绪等，都可能在头脑中留下痕迹，以后在一定条件下还会重新反映出来，这种现象就是记忆。记忆是一个复杂的心理过程，它包括识记、保持、再认和重现四个基本环节。

思维是人脑对客观事物间接的概括的反映，它反映客观事物的本质属性和内在的规律性联系。思维具有间接性和概括性特点。人们不仅能直接地感知事物，反映事物的表面特征和外部联系，还能间接地、概括地反映事物的本质特征和内在联系。例如，机械师通过听机器响声可间接地判断出机器运转是否正常；医师通过把脉观舌苔，可断定病人患病情况；教师根据学生的外部表情、动作，可了解其内心活动状况，这些都是思维活动。思维是认识过程的高级阶段，它是在感觉、知觉、表象、记忆的基础上，通过分析、综合、比较、抽象、概括、具体化、系统化等过程而进行的。

想象是人脑对已有表象进行加工改造，创造出新形象的过程。人们在反映外界事物时，不仅能再现过去已感知过的事物形象，而且还能在已有知识经验的基础上，形成从未感知过的或现实中还不存在的事物的新形象。想象表象和记忆表象不同，它不是过去感知映象的简单再现，而是旧表象经过加工改造，重新组合创造新事物的形象。如人脑中的“嫦娥奔月”“对美好生活的向往”“星球大战”“未来世界”等映象都属于想象的产物。

注意是心理活动对一定对象的指向和集中。指向是指人处于注意状态时，总是从众多的事物中选择一定的事物作为心理活动的对象，而不是朝向一切事物；集中是指人的心理活动离开一切无关的事物深入到所选择的对象中去，并且也是对与对象无关甚至有妨碍的活动的抑制，使选择的对象得到鲜明、清晰而深刻的反映。注意不是一种独立的心理过程，因为注意本身不能反映事物的属性、特点，它是反映活动的一种组织形式，是感觉、知觉、记忆、想象、思维等心理过程的一种共同特性，使心理活动富于组织性、积极性、清晰性和深刻性。所以，注意总是伴随着人们心理活动的过程并贯穿始终，在人的心理活动中占据着重要位置，它是人们仔细观察、维持记忆、清晰想象、敏捷而灵活地思维的必要条件，也是心理过程的动力特征之一。持续的注意就是观察。

(2) 情绪和情感过程

人们在认识客观事物的过程中，并不是冷漠无情、无动于衷的，总是表现为一定的态度和倾向，体验着某种情感，如高兴、愉快、忧愁、痛苦、惊奇、讨厌等。这些心理现象就是情绪和情感过程。所谓情绪和情感，就是客观事物是否符合人的需要而产生的态度体验。

情绪和情感是人对客观事物的一种特殊的反映形式。它所反映的不是客观事物本身，而是客观事物与人的需要之间的关系，因此，情绪和情感与人的需要和动机等密切相关。良好的情绪和情感有助于人的身心健康，当精神愉快时，人能保持正常的新陈代谢，不仅食欲好、睡眠香，而且思维敏锐、精力充沛。大学生情绪、情感的良好发展也是完善个人素养的基础。

(3) 意志过程

人不仅认识世界，还能动地改造世界，在改造客观世界的过程中，人总是具有自觉的目的，有战胜困难和挫折实现预定目标的顽强毅力。这种自觉地确定目的，根据目的调节和支配行动，克服困难实现预定目的的心理过程就是意志。意志是人类意识能动作用的集中体现，是人所特有的一种心理活动形式，意志总是和行动联系在一起，受意志支配和控制的行动叫意志行动。

认知、情绪和情感、意志是人的心理过程的三个不同方面，它们互相联系、互相制约。认知是情绪和情感、意志产生的前提；情绪和情感对认知活动、意志行动起调节作用，它可以成为认知活动和意志的动力，也可以成为认知活动和意志的阻力；意志又是认知活动、情绪和情感的调节力量。例如，在人们的学习活动中，各种认知能力，如观察力、思维力、记忆力等是学习活动的基础，而情绪和情感、意志则是学习活动的动力与调节力量，当它们结合起来时，学习活动才能顺利进行。

在日常生活中，有的人遇到困难和挫折就一蹶不振，经不起生活的考验；有的人在追求自己预定的目标时，开始还有一股劲，渐渐地就提不起精神了，最终导致半途而废。这些都是意志薄弱的表现。

2. 个性心理

心理过程主要研究人的心理活动的共性，而个性心理主要是研究人自身的心理活动的差异性。由于每个人的遗传因素不同，所受的教育层次不同，所处环境及实践经历不同，因而产生了个体心理活动的不同特点，形成了人的个性差异。个性差异主要表现在个性心理倾向与个性心理特征两个方面。所以，个性心理主要由个性倾向性与个性心理特征组成。

(1) 个性倾向性

个性倾向性主要包括需要、动机、兴趣、理想、信念和世界观等，这些是人进行活动的基本动力，对其他心理活动具有方向性和制动性的作用。每一个人的心理倾向性都表现为不同的态度和行为方式。例如，有的人理想信念坚定，有的人则犹豫动摇；有的人追求物质需要的满足，有的人却更注重精神的需要；有的人生理性动机强烈，有的人社会性动机更突出等。

需要是一个人对个体生理和社会要求的反映。一个人要生存，为了满足生理要求就要吃饭、喝水、穿衣；一个人要在社会环境中生活，就有交往沟通、得到尊重和友爱的要求。这种种要求就构成了一个人的需要。需要以意向或愿望的形式被人们所体验，意向是没有分化和没有被明确意识到的需要，愿望则是被人们清楚地意识到的需要。需要是个性倾向性中其他成分的基础。

动机是发动和维持活动的内部动因，是需要的一种表现形式。当需要达到一定的紧张度，同时具有符合需要的适当的客观诱因时，就产生了动机。

兴趣是积极探索某种事物，并与肯定情感相联系的认识倾向。这种倾向总是使人们对某种事物给予优先注意，表现出积极的态度，并伴随着愉快的情绪体验和期待感。兴趣是个性倾向性中最活跃的因素，它建立在需要的基础上。兴趣一般可分为直接兴趣和间接兴趣。直接兴趣是指由事物和活动本身所引起的兴趣。间接兴趣是指由活动的目的或结果所引起的兴趣。

(2) 个性心理特征

个性心理特征指个体身上经常表现出来的、比较稳定的心理特点，是个体具有典型意义的心理特征，主要包括能力、气质、性格等方面的特征。

能力是直接影响活动效率使活动得以顺利完成所必备的心理特征。能力与活动紧密联系，一方面能力总是在活动中形成、发展并在活动中得到表现，另一方面能力又是从事某种活动的必要条件。当然，要顺利完成某种活动不是单凭一种能力就可以的，而是需要多种能力的结合。能力可分为一般能力和特殊能力。一般能力是指顺利完成各种活动都必须具备的基本能力，如观察力、记忆力、想象力、思维力、注意力等都属于一般能力。特殊能力是指从事某种专业活动所必需的能力，如节奏感、色彩鉴别力、计算能力、写作能力、翻译能力等就属于特殊能力。

气质是一个人表现在心理活动动力方面的特征。所谓动力特征，主要指心理活动的速度、心理活动的强度、心理活动的稳定性及心理活动的指向性等。气质不是指偶然表现在心理活动和行动方面的特点，而是一种典型的、稳定的心理特点，它给人的全部心理活动都染上了独特的色彩。俗话说："江山易改，禀性难移。"其中所说的禀性即气质，可见气质具有稳定性。气质本身无优劣之分。

性格是一个人对现实的稳定态度以及与之相适应的习惯了的行为方式的心理特征。性格是个性心理特征的核心，性格有着非常复杂的结构，包含着非常复杂的特征，我们通常从四个方面对其进行分析：性格的对现实的态度特征、性格的意志特征、性格的情绪特征、性格的理智特征。性格有优劣之分，如勤劳、勇敢属于优良性格，而懒惰、怯懦属于不良性格。

心理过程和个性心理特征是一个统一的具体的人的心理活动的两个方面，二者是紧密联系不可分割的。一方面个性心理特征是通过心理过程形成和发展起来的，另一方面已经形成的个性心理特征又调节着心理过程的进行，并在心理过程中得以表现出来。

二、心理的实质

人的心理现象的实质是什么？这是心理学中最基本的理论问题。从心理现象的发生来看，人是自然属性和社会属性的统一；从心理现象产生的器官来看，人脑所固有的自然属性是在人的社会生活方式的影响下变化和发展的，其技能也是自然与社会的统一；从心理现象的内容来看，人所反映的客观现实是社会存在和自然现实的统一；从心理现象的形式来看，人的心理是社会的产物，也是自然的产物。“心理是人脑对客观现实的反映”，或者说，“人的心理是客观现实在人脑中的主观的能动的反映”，这一科学命题本身就蕴含了自然和社会的统一。

1. 心理是脑的机能

现代科学以无可辩驳的事实证明，心理是脑的机能，脑是心理最重要的器官。

① 从物种发生史来看，心理是物质的一种反映形式，是物质发展到高级阶段的属性。

动物心理是从动物出现了神经系统，能揭露刺激物的信号意义开始的。随着神经系统和脑的发展，动物心理的发展经历了感觉、知觉和思维的萌芽三个阶段。心理活动的最高形态，即人所特有的意识活动，是人脑高级发展的产物。可见，心理发展水平依赖于神经系统，特别是脑的发展。

② 从个体心理发展来看，心理的发展也有赖于神经系统，尤其是脑的发展。

婴儿由于神经系统和脑的发育尚未成熟，因而心理发展水平较低，随着神经系统、脑的发育逐渐成熟，他们的心理发展水平也会逐步提高。

③ 从生理学角度和临床研究结果来看，心理活动对脑具有依存性。

脑的神经系统的基本活动方式是反射，一切心理现象就其产生方式来说都是脑的反射活动，都是第一信号系统与第二信号系统的协同活动。当人脑由于外伤或疾病而遭到破坏时，人的心理活动也会全部或部分失调。例如，切除和破坏动物脑的特定部位，会引起动物某些正常行为的丧失。

2. 心理是客观现实的主观的能动的反映

心理是脑的机能，但并不意味着脑本身能单独地产生心理。根据辩证唯物主义反映论的观点，人脑只是反映外界的物质器官，是人的心理产生的自然前提，它为人的心理的产生提供了可能性。而要把这种可能性变为现实性，则必须依靠外界的客观现实，没有客观现实作用于人脑，心理活动便不可能产生。因此，心理是客观现实的主观的能动的反映。

(1) 客观现实是人的心理活动内容的源泉

人的心理活动，不论是简单的感觉还是复杂的思维，不论是心理过程还是个性心理，所反映的内容都以客观现实为源泉。例如，颜色视觉和声音听觉的产生是由于光波和声波的作用，甚至神话中虚构的在现实中不存在的荒诞现象，也源于客观现实。在客观现实中，更重要的是社会生活条件，人的一切心理活动都受社会生活条件所制约，如果脱离社会生活条件就不可能产生正常人的心理。例如，1920 年在印度发现的一个从小与狼生活在一起的女孩，大约八岁，她所表现出来的完全是狼的习性，没有正常人的心理状态，之后在人类社会生活条件的影响下，其正常心理才逐渐产生和发展起来。

(2) 人的心理是客观现实的主观映象

人的心理按其内容的源泉和产生方式来说是客观的,但它又是主观的,因为对客观现实的反映总是由一定的具体的人来进行的。这些具体的人在过去实践中所形成的知识经验、思想观念和个性心理(需要、动机、兴趣、理想、信念、能力、气质、性格等)都会影响他对客观现实的反映,无论在反映的选择性、准确性、全面性和深刻性等方面都可以表现出来。因此,同样的客观现实,不同的人就有不同的反映。甚至同一人在不同的时间、不同的条件下,对同一事物的反映也是不尽相同的,所以说心理是客观现实的主观映象。

(3) 人的心理是客观现实的能动反映

客观现实虽然是人的心理现象的源泉,但人对客观现实的反映不是消极被动的,而是在社会生活实践中积极能动地反映客观世界。人总是在各种有目的的实践活动中主动去探索周围的世界,揭示事物的本质和规律,检验心理反映是否符合客观现实,并根据事物的本质和规律,主动调节自己的实践活动,使实践活动取得更好的效果。

三、个体心理发展的一般规律

关于个体心理发展的含义有广义和狭义之分。从广义来说,个体的心理发展是指个体从出生到成年再到老年的过程中所发生的积极的心理变化过程;从狭义来说,是指个体从出生到成年期间所发生的积极的心理变化过程。通常所说的心理发展是从狭义上讲的,但是,并不是所有的心理变化都可以称为发展,例如,由于疲劳、疾病等原因而发生的心理变化不能称为发展,只有那些积极的、由经验和学习所产生的较持久的心理变化才能称为发展。

心理发展的过程是人们对客观现实反映活动的扩大、改善和提高的过程,是从低级到高级、从简单到复杂、从量变到质变、从旧质到新质的不断变化和完善的过程。

1. 阶段性

个体的心理发展存在着阶段性,不同的年龄阶段有着不同的心理特点。以思维发展为例,童年期从以具体形象思维为主要形式逐步过渡到以抽象逻辑思维为主要形式;少年期抽象逻辑思维逐渐占主导地位,但在很大程度上还属于“经验型”;青年初期不仅抽象逻辑思维具有更高的理论性和概括性,而且开始形成辩证逻辑思维;大学阶段理论型逻辑思维和辩证逻辑思维逐渐占主导地位。心理发展的阶段性表明,当个体心理发展到某一年龄阶段时,就具有这一年龄阶段共同的、一般的、典型的、本质的心理特征,即心理发展的年龄特征。

2. 顺序性

个体的心理发展具有一定的顺序性,不论是总的心理发展,还是各种心理过程和个性心理特征的发展,都必然遵循一定的顺序,由低级向高级发展,这是一个不可逆的发展过程。例如,记忆总是从无意记忆、机械记忆向有意记忆、意义记忆发展;情感总是从喜、怒、哀、乐等一般情绪发展到道德感、理智感、美感。掌握心理发展的顺序性,可以预见人们的心理和行为的变化,从而能促进和指导其发展。

心理发展的顺序性和阶段性是紧密联系在一起的。各个相邻阶段是相互联系逐渐过渡的,前一阶段的发展为后一阶段准备了条件,后一阶段是前一阶段的继续和延伸。因而前一阶段往往包含了后一阶段的某些特征,而后一阶段又往往残留着前一阶段的一些特征,表现出明显的连续性。

3. 不均衡性

人的心理发展并不是匀速进行的,表现在量的方面就是人的心理发展的速度在不同年龄段会呈现出时快时慢的特点。例如,青春期,人的心理和身高、体重都会有较快的变化。再如,感知在童年期、少年期就得到充分发展，而思维却要到青年期才能得到充分发展。这些表现在质的方面，就是人的成长关键期。所谓关键期，是指身体或心理的某一方面机能和能力最适宜于形成的时期。个体在发育成长过程中要经历若干个成长关键期，比如儿童 2 岁是对物体形状感知的关键期，3 岁是对数的认知的关键期，4 岁是对音乐、语言学习的关键期。

在关键期内进行适时教育能起到事半功倍的作用。研究表明，在智力发展的关键时期内，环境和教育对智力发展影响 1 年的效果，超过其他时期 8～10 年的效果。

4. 差异性

在心理发展过程中，心理的各个成分及其发展速度和达到成熟水平的时期是存在着差异的。有的发展较快，在较早的年龄阶段即已达到较高的发展水平；有的发展较慢，到较晚年龄阶段才达到成熟水平。例如，人们经常说的大器晚成、少年老成、少年神童、“老顽童”等就是这种差异性导致的。另外，处于同一年龄阶段的人在同一心理过程和个性心理特征的发展速度、发展水平及达到成熟水平的时期方面亦各不相同。例如，同是一个年龄阶段的学生，有的辩证逻辑思维能力很强，而有的在很大程度上还处在经验型的思维阶段。

5. 稳定性

稳定性是指个体发展阶段的顺序性以及每一阶段变化的过程和速度大体上是相同的。正因为如此，现行的学校教育的组织形式一般是以班级授课制为主。

6. 可变性

可变性是指在不同的环境、教育条件下，人的心理发展也会有所不同。如人猿泰山以及丁俊晖、郑渊洁等人的成长经历就与众不同，职业运动员和普通人的成长经历也有较大差异。这样就造就了具有不同心理的形形色色的人，这形形色色的人在社会上发挥着独特的作用。

“事物发展的根本原因，不在事物的外部而在事物的内部，在于事物内部的矛盾性。”因此，一方面，教育制约着人发展的方向和进程；另一方面，教育要发挥它的作用，还必须考虑到人的身心发展的内部矛盾，遵循人的心理发展的客观规律。

四、心理发展的条件

个体心理的发展必须具备什么条件？受哪些因素影响？这些条件和因素在心理发展过程中起什么作用？这是长期以来心理学家、教育家既关心又争论不休的问题，存在着各种不同的观点和理论。一般认为，在人的心理发展过程中，遗传、环境、教育和主观能动性起着重要的作用。

1. 遗传是个体心理发展的生物前提

遗传是一种生物现象，传递着祖先的许多生物特征。遗传的生物特征主要是指那些与生俱来的解剖生理特征，如机体的构造、形态、感官以及神经系统的结构和机能特征等。这些遗传的生物特征又叫遗传素质。在遗传素质中，对心理发展具有最重要意义的是脑的结构和机能的特征。

人的心理正是在一定的生物遗传的基础上发展起来的。遗传素质是心理发展的内部条件和自然前提，它为个体心理的发展提供了可能性。人之所以能进行抽象思维并形成丰富多彩的个体意识，就是因为人通过遗传继承了人类祖先在长期进化过程中所获得的足以形成个体意识的结构和机能方面的素质，而其他动物不具备这种条件，因而不能产生人所特有的意识。

研究表明，遗传素质在心理发展中的作用主要表现在两个方面：

第一，通过中枢神经系统的特征、感觉器官的灵敏度、运动器官的结构等素质影响智力的发展。现代遗传学证明，若第 21 对染色体出现三体变异现象，则会产生严重的智力缺陷。遗传因素相同的同卵双生子在思维能力、记忆能力和智力品质的程度上，具有更相似的发展水平。

第二，通过气质影响性格的发展。气质是人的高级神经活动系统在个性心理特征上的表现，它主要表现在情绪情感体验与动作发生的速度、强度、灵活性和隐显性上，它使性格的态度特征和相应的行为方式带上了一定的色彩，影响着性格的形成和发展。遗传素质在个体心理发展中的作用不容忽视。它不仅是心理发展的生物前提，而且给心理发展造成了某种内部限制，使人不可能任意向某方面突出地发展，只有和遗传素质相适应的心理品质，才能得到充分发展。所以说，只有具备正常人的遗传素质，才能发展成为具有高级心理水平的人。遗传素质的个别差异为心理发展的个别差异提供了最初的可能性，但遗传素质毕竟不能决定心理发展，所以决不能夸大它的作用。

2. 环境是心理发展的外部条件

遗传素质给人的心理发展所提供的可能性能否变成现实，取决于社会环境和教育的作用。心理是客观现实的反映，人的心理是在一定的社会环境和教育的影响下发展起来的，社会环境和教育是心理发展的外部条件。一个人从出生时起，只有生活在一定的社会环境里，受到良好的教育，心理才能得到正常发展。

社会环境在很大程度上决定着心理发展的方向、内容与范围，决定着心理发展的水平、速度与差异。在社会环境中最重要的是社会生产方式，即一定的社会生产力和生产关系，它对心理发展起着重要作用。因此，在不同的时代、不同的社会生活条件下，个体心理发展的方向、内容、水平和速度都是不同的。研究表明，个体心理的知识经验、兴趣爱好和特殊才能的发展，同人们所处的社会环境是密切相关的，不同地区、不同职业、不同家庭的儿童，其兴趣、爱好、知识能力都存在着差异。而个体的思想意识、道德品质和行为习惯的形成，更容易从他们的家庭生活方式和周围的生活环境影响中得到证明。研究还表明，即使是遗传因素相同的同卵双生子女，也会因生活在不同的环境、接受不同的教育而表现出不同的心理面貌。

3. 教育是心理发展的主导力量

社会环境在人的心理上所起的决定作用，常常是通过教育，尤其是通过有目的、有计划、有组织的学校教育来实现的。教育对个体心理的发展起着主导作用。从本质上说，学校教育对心理发展的作用也是一种环境影响，但和其他社会生活条件不同，它是一个有目的、有计划、有系统地对个体心理施加影响的过程，是由专职的教育者按一定的目的组织相应的内容，采取合适的方法对学生心理给予积极的影响，使其心理得到健康的发展。通过学校教育，可以排除大学生心理发展的自发性和盲目性，增强目的性和自觉性，可以根据学生遗传素质的差异和所受环境影响的不同，进行有针对性的教育。因此，学校教育比一般的社会环境影响更为重要。年轻一代良好的道德品质、正确世界观的形成和培养以及知识技能的掌握，主要是通过学校教育来实现的，因此说教育对人的心理发展起着主导作用。

4. 主观能动性是心理发展的内部条件和决定因素

环境和教育是心理发展的重要因素，但这些外部条件不能机械地决定人的心理发展，它总是要通过人自己的实践活动来实现。人们在积极的活动中接触现实、认识现实、改造现实，从而发展其心理。例如，音乐家的听觉、节奏感、曲调感，艺术家的形象思维，科学家的抽象逻辑思维等，都是在各自的实践活动中得到发展的。

个体心理的发展与个人主观努力程度密切联系，人们并不是消极被动地接受环境和教育的影响，而是在实践活动中积极能动地反映客观现实。主观能动性是个体心理发展的内部条件，是关键因素，它对心理发展起着促进或延缓、积极或消极的作用。在遗传素质、社会环境和教育条件基本相同的情况下，个体心理发展的水平和速度取决于个人的主观努力程度。许多在科学技术上取得出色成绩的人都才智超群，这和他们强烈的求知欲、顽强的意志、勤奋好学的主观能动性是分不开的。有些人尽管具有良好的遗传素质，也受到了良好的社会环境和教育的影响，但由于主观不努力，心理也得不到很好的发展。另外，人的主观能动性的发挥都必须建立在科学的基础上，要受到科学性的制约，也就是说，人的主观能动性是受一定条件限制的，它不可能“随心所欲”“为所欲为”。

综上所述，遗传素质、社会环境、教育和主观能动性等因素在个体的心理发展中都起着相应的作用，它们互相联系、互相制约，因此，个体心理发展是各种因素综合作用的结果。

五、心理发展的动力

个体心理发展与任何事物发展一样，既有一定的内因，也有一定的外因。上述社会环境和教育是个体心理发展的主导因素和外部条件。这些外部条件要对心理发展起作用，必须要通过心理发展的内部因素才能实现。马克思主义哲学认为：“事物发展的根本原因，不在事物的外部而在事物的内部，在于事物内部的矛盾性。”心理发展的动力是心理的内部矛盾，这个结论是心理学界一致公认的。但是，心理的内部矛盾是什么？心理学界对这个问题存在各种不同的看法。一般认为，个体的心理发展是由社会和教育向他们提出的要求和他们原有的心理水平之间的矛盾推动的，这就是个体心理发展的内因或内部矛盾，也是个体心理不断向前发展的动力。

心理的内部矛盾是学生在不断的积极活动过程中产生和发展的。例如，儿童入学后，学习是他们的主要活动，新的学习活动向他们提出听懂并记住老师所讲的内容、认真完成作业、与同学友好相处等新的要求。这些要求反映在学生身上就产生了好好学习、天天向上的各种新需要，从而使新需要与儿童原有的心理水平产生了矛盾。这个矛盾促使他们积极参加实践活动去满足新的需要，在满足新需要的过程中，心理不断向前发展。可见，离开了活动，根本就不可能有心理的内部矛盾，亦无法去满足新需要，更谈不上心理的发展。

需要在人的心理活动中总是代表新的一面，是比较活跃的因素，它是心理发展的动力系统。一种需要得到满足，就会产生另一种新的需要，因此推动人的心理不断向前发展。原有心理水平，即原有的完整心理结构，包括心理过程，个性特征，知识、技能与经验水平，年龄特征以及当时的心理状态，是过去反映活动的结果，也是指一个人当时的心理发展水平，它代表着心理活动旧的一面。新的需要和原有心理水平之间既统一又矛盾。需要总是在一定的心理水平上产生，而一定的心理发展水平的形成又依存于是否有相应的需要，这是它们统一和相互依存的一面。但新的需要和原有心理水平之间又是相互斗争、彼此否定的。因为新的需要总是否定已有的心理水平，而一定的心理水平的形成又意味着对原来的需要的否定。在社会和教育的影响下，新的需要和原有的心理水平不断处于矛盾统一的运动过程中。矛盾斗争的结果或是新的需要为原有心理水平所同化且趋于一致，促使心理向前发展；或是新的需要被原有的心理水平所排斥否定，使心理停留在原有水平。

心理的内部矛盾是心理发展的动力，教育是心理发展最主要的外因。教育和心理发展是相互依存和辩证统一的。一方面，心理发展总是以学生对知识、技能、道德标准的领会和掌握为中介；另一方面，学生领会掌握知识、技能、道德标准的快慢、深浅和牢固程度与心理发展水平密切相关。所以，教育必须从学生原有的心理水平出发，才能取得最佳效果。教育必须努力促使学生的心理向前发展，而要使学生的心理健康地发展，就必须施加良好的教育。应当指出,教育与发展是有区别的,它们各自具有不同的内容和规律,两者是不同步的,发展可能落后或超前于教育。

六、大学生身心发展的基本特征

大学生是指正在接受高等教育的学生,其年龄一般在18～24岁,处于青年中期和身体发育的青春后期。在生理发展方面,身体各器官系统的解剖生理(包括大脑皮层的结构和机能)已接近成熟和达到成熟,为他们的独立生活和学习提供了必要的生物前提。生理发展接近和达到成熟必然进一步促进心理的发展变化。

1. 智力发展达到高峰

大学生由于大脑已发育成熟,因而智力已达到成人水平。他们的思维能力已从单纯感性转向理性,观察、分析能力也已由浮表的直觉转向较系统、较深入的逻辑推理;他们的求知方式已非死记硬背,而由被动填鸭式转为自觉地、批判地接受和理解;他们的记忆力处于鼎盛时期,记忆快、保持久、能融会贯通;他们的实践能力亦得到充分发展,如计算、实验、绘图、设计、操作等技能都达到较高水平。但是,他们由于阅历浅、经验不足,因而往往比较主观片面,易于固执己见和感情用事。

2. 自我意识增强

随着身体的成熟、知识的丰富、社会活动的增加,大学生逐渐意识到自己的社会存在和社会责任,并开始自觉地进行自我分析、自我评价、自我设计与修身。他们的意志、行为的目的性和坚持性,及心理自我调节能力都明显增强。但是,他们由于受知识与经验的局限,往往自我估计过高、自尊心较强而自制力又弱。他们成人感意识较强,但因生活和经济不能自立,往往产生主观独立性和客观依赖性的矛盾,同时还会表现出抗争情绪和逆反心理。

3. 社会情感得到充分发展

由于我国多年来坚持社会主义办学方向,坚持党的方针政策,因此,大学生的爱国主义情感、集体主义情感、社会义务感、道德情操等都得到了较大的发展,他们中的绝大多数人热爱党、热爱社会主义,具有为国家富强、人民幸福而勤奋学习的真诚愿望。因而他们热情奔放、主持正义、勇往直前、很少彷徨,这是主流。但是,由于大学生马列主义理论水平还不高、社会实践尚少、涉世不深、阅历较浅,因此,有时他们对事物变化的内因与外因缺乏辩证统一的认识,情绪容易波动。有的人时而豪情满怀,热情奔放,愿为真理而献身,时而稍遇困难或挫折又变得消沉,感情比较脆弱;有的人易感情冲动,会因缺乏调查研究而产生盲目的狂热或过激言行。因此,要对其进行全面教育、严格要求、耐心疏导、正面引导,帮助他们健康地成长。

4. 世界观与个性基本形成

随着身心发育的日趋成熟,大学生们会逐步形成各自的世界观与个性,他们观察问题的立场、观点和方法趋向明确、稳定;他们兴趣广泛,求知欲强,对未来充满希望,洋溢着青春活力,但往往又急于求成和脱离实际,有时还会显露出一些无政府主义、自由化的倾向;他们中有些人顺利时踌躇满志、气吞山河,受挫时则愁眉苦脸、意志消沉。

5. 性意识有了明显发展

大学生正处于青年中期,生理发育已基本完成,所以性意识的明朗化与进一步发展都是正常的。另外,由于大学校园是年轻人的世界,每个大学生都有充分的机会与同龄的异性接触,因而性意识的发展及随之相伴而来的恋爱问题是大学生心理发展过程中的一个重要内容。一方面,性意识的发展带来了强烈的按照性别特征来塑造个性和形象的精神向往,每个大学生都会在心里产生一种愿望,即成为什么样的男人或女人;另一方面,性意识的发展也带来了对异性的倾慕与追求，这是每一个青春萌动的大学生都会遇到的问题。而这种愿望，会与大学生还不善于处理与异性之间的关系，或者他们的经济地位与心理成熟度还不足以应付这种问题相矛盾，从而给他们带来种种不安和烦恼。

总体来看，大学生的心理特点主要有以上五个方面，而不同年级大学生的心理特点又有所不同。例如，低年级大学生会因环境变迁而产生心理矛盾，其中大部分学生能很快适应新的环境，并且心理适应能力得到锻炼，但少数学生会由此出现不同程度的心理障碍；中年级大学生基本已适应大学群体生活环境，世界观与个性趋向稳定，自我调控能力增强，奋斗目标逐渐明确，身心得到健康发展，但也有少数学生会因学习挫折、人际矛盾、恋爱纷扰以及享乐思想或其他错误思潮的侵蚀和诱惑而产生更为复杂的心理冲击，进而影响身心健康；高年级学生比较成熟，能较理智和冷静地处理各种问题，但由于他们即将走向社会，心理上的紧迫感和责任感日益增强，在这一阶段，对毕业分配的考虑和对前途的担忧会成为影响他们心理健康的主要因素。

总而言之，大学生的心理发展正处于迅速走向成熟但又未真正完全成熟的阶段，其心理状态还是不稳定的、较脆弱的。如果心理冲突和情绪紧张过度、时间过长，就会导致心理和生理机能紊乱从而影响健康。

七、大学生心理健康的标准

综合国内外专家学者的观点，根据大学生这一特殊群体的年龄特征、心理特征和社会角色特征，一般认为我国当代大学生心理健康的标准是：

1. 智力正常

智力是指一个人的认识能力与活动能力所达到的水平，是人的观察力、注意力、记忆力、想象力、思维力、创造力和实践活动能力等的综合，包括在经验中学习或理解的能力，获得和保持知识的能力，迅速而又成功地对新情境做出反应的能力，运用推理有效地解决问题的能力，等等。智力正常是大学生学习、生活、工作的最基本的心理条件。一般来说，大学生的智力总体水平较高，衡量大学生的智力，关键要看大学生的智力是否正常地、充分地发挥了效能。大学生智力正常且能充分发挥的标准是：有强烈的求知欲和浓厚的探索兴趣，智力结构中各要素在其认识活动和实践活动中都能积极协调地参与并能正常地发挥作用，乐于学习。

2. 情绪健康

情绪健康的主要标志是情绪稳定和心情愉快，这是大学生心理健康的一个重要指标。因为情绪在心理变化中起着核心的作用，情绪异常往往是心理疾病的先兆。大学生的情绪健康应包括以下内容：

① 愉快情绪多于不愉快情绪，一般表现为乐观开朗、充满热情、富有朝气、满怀自信、善于自得其乐、对生活充满希望；

② 情绪稳定性好，善于控制和调节自己的情绪，既能克制约束，又能适度宣泄，不过分压抑，使情绪的表达既符合社会的要求，也符合自身的需要，在不同的时间和场合有恰如其分的情绪表达；

③ 情绪反应是由相应的原因引起的，反应的强度和引起这种情绪的情境相符合。

3. 意志健全

意志是人在完成一种有目标的活动时所进行的选择、决定与执行的心理过程。意志健全者在行动的自觉性、果断性、坚持性和自制力等方面都表现出较高的水平。意志健全的大学生在各种活动中都有自觉的目的性，能适时地做出决定并运用切实有效的方法解决所遇到的各种问题，在困难和挫折面前，能采取合理的反应方式，能在行动中控制情绪和言行，而不是行动盲目、优柔寡断、轻率鲁莽、害怕困难、意志薄弱、顽固执拗、言行冲动。

反应适度是意志健全的主要组成部分，也是心理健康的外在表现之一。反应适度说明人的行为表现协调有度，主要表现为：意识和行为一致，即言行一致；为人处世合情合理，灵活变通；在相同或相类似情境下，行为反应符合情境，既不过分，也不突然。

4. 人格完整

人格在心理学上指个体比较稳定的心理特征的总和。人格完整就是指有健全统一的人格，即个人的所想、所说、所做都是协调一致的。大学生人格完整的主要标志是：人格结构的各要素完整统一；具有正确的自我意识，不产生自我同一性混乱；以积极进取的人生观作为人格的核心，并以此为中心把自己的需要、愿望、目标和行为统一起来。

5. 自我评价正确

正确的自我评价是大学生心理健康的重要条件。大学生是在与现实环境和他人的相互关系及自己的实践活动中认识自己的。一个心理健康的大学生对自己的认识应比较接近现实，即应有“自知之明”，对自己的优点感到欣慰，但又不至于狂妄自大，对自己的弱点既不回避也不自暴自弃，善于正确地“自我接纳”。

6. 人际关系和谐

社会的人总是处在一定的社会关系中，大学生也同样需要与人打交道。和谐的人际关系既是大学生心理健康不可缺少的条件，也是大学生获得心理健康的重要途径。其表现如下：

① 乐于与人交往，既有稳定而广泛的人际关系，又有知心朋友；

② 在交往中保持独立而完整的人格，有自知之明，不卑不亢；

③ 能客观评价别人和自己，善于取人之长补己之短；

④ 宽以待人，乐于助人；

⑤ 积极的交往态度多于消极态度；

⑥ 交往动机端正。

7. 适应能力强(与社会协调一致)

较强的适应能力是心理健康的重要特征，不能有效地处理与周围现实环境的关系是导致心理障碍的重要原因。心理健康的大学生应能与社会保持良好的接触，对社会现状有较清晰正确的认识，思想和行动都能跟得上时代的发展步伐，与社会的要求相符合，当发现自己的需要和愿望与社会发生矛盾时，能迅速进行自我调节，以求与社会协调一致，而不是逃避现实，更不是妄自尊大，一意孤行，与社会需要背道而驰。

8. 心理行为符合大学生的年龄特征

大学生是处于特定年龄阶段的特殊群体，应具有与年龄和角色相应的心理行为特征。若一个大学生经常严重偏离这些心理行为特征，则有可能是因为心理出现了异常。

大学生心理健康的标准是一种相对的、发展的衡量尺度，所以在理解和运用时应注意：

首先，一个人是否心理健康与一个人是否有不健康的心理和行为并非完全是一回事。判断一个人的心理健康状况，不能简单地根据一时一事下结论。心理健康是较长一段时间内持续的心理状态，一个人偶尔出现一些不健康的心理和行为，并非意味着这个人就一定心理不健康。但不健康的心理和行为到底持续多久才是心理不健康(或心理变态)呢？这只能视具体情况而定。

其次，人的心理健康水平可分为不同的等级，是一个从健康到不健康的连续体，并且心理正常与异常之间并无明确的界限，更可能只是程度的差异。

最后，心理健康状态并非固定不变的，而是不断变化着的——既可以从不健康转变为健康,也可以反之而行。因此,心理健康与否只能反映某一段时间内的特定状态,而非一成不变。所以,判断大学生的心理健康状况应有发展变化的眼光。

上述心理健康标准仅仅反映了对大学生个体良好适应社会生活所应有的心理状态的一般要求,而不是最高的境界。每一个大学生都应追求心理健康和心理发展的更高层次,充分地发挥自身潜能,促进自己的全面发展。

八、大学生学习心理学的意义

大学生正处于青年发展的中期,身体机能旺盛,思想生机勃勃,充满生命活力。与此相应,他们的心理的发展也突飞猛进,正在迅速走向成熟但又未真正完全成熟。因此,处于人生重要转折时期的大学生,了解和掌握心理学知识显得尤为重要。

1. 大学生心理发展的客观要求

因为大学生活已具社会生活的雏形,所以大学生所面临的人际关系远比中学阶段复杂,职业、理想、择偶、前途等问题也显得更加具体和直接。尤其是在国际化的社会背景下,他们在紧张的学习、生活之外还要面临来自各方面的诱惑与压力,经常要在各种机遇中进行选择,不断感受失败和成功。所有这些都必然加重大学生的心理负担,从而也对大学生的心理教育提出了新的要求。

2. 加深大学生对内外世界的认识和了解

学习心理学可以使大学生加深对自身的了解,知道自己为什么会做出某些行为,这些行为背后究竟隐藏着什么样的心理活动,以及自己现在的个性、脾气等特征又是如何形成的,等等。例如,学习了遗忘规律,就可以知道自己以往背单词的方法存在哪些不足;了解了情绪和情感的作用,就知道了可以采取哪些措施来疏导负面情绪。

同样,大学生也可以把学到的心理活动规律运用到人际交往中,通过他人的行为推断其内在的心理活动,从而实现对外部世界的更准确的认知。例如,作为求职者,如果你了解了人际交往的基本方法,就可以想方设法吸引招聘方对你的注意力,并很好地表现自己。

3. 提高大学生的学习效率和适应能力

智力是大学生成长的一个重要内因条件,没有相当的智力水平,个体就不能进行创造性的工作和实践活动。但是,具有相同智力水平的人,由于其他个性品质的差异和心理健康水平的不同,所取得的成就可能大不相同。研究表明,心理健康的人具有轻松、愉快、乐观的情绪,这种情绪不仅能使人的记忆力增强,观察力提高,而且能活跃思维,充分发挥心理潜力,使人精力充沛地去学习,并在此基础上有所发现,有所创造,获得智力的高度发展。此外,在社会活动中,健康的心理也容易使人交往顺利,适应多变的环境,融洽人际关系,保持心理平衡,从而在智力活动中创造出价值更高的成果。

许多心理学家的研究发现,早期智力超常的儿童成年后并不一定具有杰出的创造才能和卓越的成就。那些对社会做出巨大贡献的人,大多是长期锲而不舍、意志坚强、具有优良心理品质的人。因此,大学生应该不断提高自己的心理健康水平,逐步完善自己的心理品质,使自己的智力水平得到充分发挥,最大限度地提高自己的学习效率和创造能力。

4. 增强大学生的情感处理能力

当前大部分大学生在学习方面所表现出的种种问题,多是由于心理承受能力差导致情绪的动荡和心理的冲突,加之不能很好地处理造成的。学习心理学能帮助大学生提高处理自己的情感的能力。不论是在人际交往中还是在恋爱中,处理好自己的感情,都有助于大学生顺利完成学业并促进身体健康。

心理不健康、情绪过度压抑往往会导致出现生理异常或发生病变。中国人早在两千多年前就已经认识到“七情”可以引起阴阳失衡、气血不和、经络阻塞、脏腑功能失常。他们认为“大怒伤肝、暴喜伤心、思虑伤脾、悲忧伤肺、惊恐伤肾”，心理因素与身体器官健康之间有着十分密切的关系。现代医学研究也证明，心理障碍可以导致某些身体疾病。例如，人在愤怒情绪的作用下，血压会升高，长期下去就可能引发高血压症。此外，像常见的失眠、头痛、焦虑等症状，都可以因情绪过度紧张而引发。因此，对大学生进行心理教育，可以大大促进他们身体素质的发展，增强他们抵抗疾病的能力，有利于他们的身体健康。

5. 调整和控制大学生的社会化行为

大学生的健康成长，一是靠各种教育，二是靠学生在实践中的自我修养。随着自我意识的增强，大学生的自我修养比以往任何时期都重要。大学生进行自我修养，首先碰到的一个问题就是正确地认识自己，这就要求大学生清醒地了解自己所处年龄段的心理特征，以及由此导致的一些不健康因素和不稳定因素，为自己下一步的社会化行为铺平道路。

心理学除有助于对心理现象和行为做出描述性解释外，还揭示了心理活动产生和发展变化的规律。因此，人们可以在一定范围内对自身和他人的行为进行预测和调整，可以通过改变一定的因素实现对行为的调控，也就是说，可以尽量消除不利因素，创设有利情境，引发自己和他人的积极行为。例如，当人们发现自己存在一些不良的心理品质和习惯时，就可以运用心理活动规律，找到诱发这些行为的内外因素，积极创造条件改变这些因素的影响，实现自身行为的改造。再如，大学生可以利用奖励和惩罚的条件反射原理，使其在培养良好的习惯和改造不良行为方面发挥积极作用。大学生把学到的心理学知识直接应用在实际工作和生活中，可以大大提高自己的社会化程度。

6. 有助于大学生塑造良好的人格

心理教育的目的之一是健全大学生的人格。人格由多种因素组成，其中，性格是人格的核心。人的许多性格特征实质上反映了一个人的思想品德，如热爱集体、助人为乐、伸张正义、公正无私、富有同情心等。性格特征和人的思想品德紧密联系，没有健康的人格就很难形成优良的思想品德。因此，大学生要养成优良的思想品德，塑造健全的人格，就必须树立正确的人生观、价值观，提高心理健康水平。良好的个性心理素质是培养和提高大学生综合素质的前提。

总的来说，学习心理学对大学生的学习、生活以及情绪和情感的发展有着重要的意义。学习心理学有利于帮助大学生塑造良好的个性，保持积极乐观向上的健康心理，提高大学生的综合心理素质，并为大学生的未来奠定一个良好的心理基础。

[思考与练习]

1. 心理学的研究对象是什么？人的心理现象包括哪些方面？
2. 心理现象的实质是什么？
3. 个体心理的发展必须具备什么条件？
4. 你是怎样认识心理学的？
5. 谈谈大学生为什么要学习心理学。

【课外拓展】

心理是怎样产生的

心理现象人皆有之，它是宇宙中最复杂的现象之一，从古至今为人们所关注。心理是大脑对客观现实的主观反应，意识是心理发展的最高层次，只有人才有意识。心理现象又可分为两大类，即心理过程和个性心理（也称人格）。认知、情绪情感和意志是以过程的形式存在的，它们都要经历发生、发展和消失的不同阶段，所以属于心理过程。个性心理是指一个人区别于他人的、在不同环境中一贯表现出来的、相对稳定的影响人的外象和行为模式的心理特征的总和，包括需要、动机、能力、气质、性格等。在一定意义上，个性心理即人格，不是独立存在的，而是通过心理过程表现出来的。

“心理学”一词来源于希腊文，意思是关于灵魂的科学。灵魂在希腊文中也有“气体”或“呼吸”的意思，因为古代的人们认为生命依赖于呼吸，呼吸停止，生命就完结了。随着科学的发展，心理学的对象由灵魂改为心灵。早期的心理学研究属于哲学的范畴，称为哲学心理学。哲学心理学的研究可以追溯到中国、埃及、希腊和印度等古代文明。中国古代认为人的性情思想是由一定的器官承担的，并且其活动会在器官上反映出来，如“心之官则思”（《孟子》），“人精在脑”，“头者神之所居”（《春秋元命苞》）。“神形合一”及“形神相印”等思想在《黄帝内经》等涉及医学心理的著作中有很多阐述和应用。历史上柏拉图提出过二元并存的理念，即心理二元论。有人认为亚里士多德的《论灵魂》是西方最早的一部论述心理学思想的著作。柏拉图和亚里士多德分别对人的灵魂或心理现象提出了不同的见解。直到 17 世纪，心理现象又成为诸多哲学家、物理学家、政治家、教育家们研究的对象。这其中比较著名的有笛卡儿的“天赋论”和洛克的“白板说”。在这二人学说的基础上，慢慢地产生了各式各样的不同学派。

心理二元论又名心理二元说，是指人的心理是二元的，“第一心理”主要是反映、揭秘、把握和控制“外部世界”，“第二心理”主要是反映、揭秘、把握和控制第一心理，所以，开发“第二心理”可以增强自我心理的调控能力，从而有助于提高智商、情商，开发心理潜能，预防和治疗心理疾病。科学家有发达的第一心理，心理学家有发达的第二心理，第二心理发达的人会有很高的智商、情商和心理免疫力。心理二元说还揭示了心理学的正确研究方法为“反省法”，因为反省是获取心理现象的主要途径。心理二元说告诉我们，心理的黑箱是可以打开的，因而用计算机模拟人脑高级思维是可能的，这就预示了人工智能恢弘的远景和未来。心理二元说还开创了研究“第二心理”之先河，从而进一步拓宽了心理学研究的新领域，其意义不亚于精神分析开创对潜意识之研究，因为二者都大大拓宽了心理学的研究领域，在心理学史上具有里程碑意义。

那么，人的心理是如何产生的呢？

人的心理不是一般物质的运动，而是人的机体，首先是人脑这种以特殊方式组织起来的物质的机能、活动过程或运动。人一旦离开脑就不存在心理活动，无脑的或患有脑缺陷的婴儿不能发展或不能健全发展心理。人脑的不同区域有相对的分工，各具有不同的作用，某一区域的损伤或病变会招致与之相应的心理活动的紊乱甚至丧失。儿童心理的发展非单纯取决于但却依存于机体，特别是脑的发展。神经细胞的结构和它们之间的联结，它们的分子组成，以及脑中的各种化学物质，都与特定的心理现象有关。

由于人的机体是一个整体，所以人脑的活动是与机体其他部分的活动相互协调、不可分割的。心理活动还与体液有关。人认识世界还有赖于内外感受器官的特异传入。丧失了大多数外围感官的人会长期陷于睡眠状态。

人通过实践活动不仅认识客观世界，也改变客观世界，而心理就是人对客观现实的主观能动反映或反应。人能作用于周围环境，就是以其主观见之于客观的行动过程。这个过程实现的一个前提是心理过程如思维、意向等的内部物质变化。通过肌肉活动而见之于客观的行动、客观物质化了的行动才能给客观环境以影响。常见的行动包括广大的范围，且都是借助于人的机体的肌肉活动，诸如发声、表情、动作，特别是人手的动作等。手既是认识的器官，也是改变物质世界的主要器官。人类机体某一部分的丧失,将导致心理的相应变化。后天聋者渐次变哑;后天盲者关于客观世界的视觉表象以及截肢者关于被截肢体的表象,都只能存在于一定的时间内。所以,心理的物质基础使人的整个机体更合乎逻辑。

来自动物进化史和人类婴儿的发育成长都证明了感觉是其他一切心理现象的基础,没有感觉就没有其他一切心理现象。也就是说,其他心理现象都是在感觉的基础上发展起来的,所以感觉是心理诞生的标志。现代科学已经证明了感觉或其他心理现象与生理现象之间有着必然的联系,人们已经阐明了人产生感觉时从外围感觉器官(如眼、耳、鼻、舌、身)直到中枢神经系统中的种种生物物理和生物化学的变化,即外界事物的刺激作用转化为意识的事实,但科学家们仍未能解释从外界刺激作用到人类意识的转化制理到底是怎样的。

此外,人类心理的产生还必须具备一个条件,那就是社会现实。在心理的发生与发展过程中,社会条件是一个至关重要的决定因素。人类的共同祖先在第一次制造工具时,就开始了人类名副其实的劳动和人与人之间的共同合作、彼此交往,并且为了适应这种需要而产生了语言。自然,没有发展到一定水平的脑,语言和劳动的产生是不可想象的。但正是劳动以及语言这些哪怕是很原始的社会现象,在相对短的时期内完成了动物界长期发展中的一个奇迹,创造了人和与之俱来的人的心理现象,构成了猿转变为人的一个巨大飞跃。随着人类社会的演进,人类生活和文化不断提高,人的心理也日益向前发展。社会文化以加速度前进,人类心理也以加速度发展。现代儿童的心理发展水平远非原始社会的成人所能比拟,这突出地表明社会条件对人的心理发展的作用。

证明心理的存在和发展与人类社会有密切关系,同时也就表明了心理现象与生物现象的又一个明显的差别。除了人类以外,任何其他动物都不具有人类的社会,因而不会产生人类那样高度发展的心理,即使是人类的婴儿,如果脱离社会,其结果也是如此。另外,人的心理也并不就是一种单纯的社会现象。心理不是属于人的群体的机能或活动,而归根到底只是属于人的个体的一种活动,是人的机体的一种机能。尽管社会对于心理是至关重要的,但它毕竟只是一个条件。社会条件不能使其他任何动物获得人的心理这种独特的运动形式。因此,世代与人类共处的家畜未曾发展出人的心理来。科学实验中从小就生活于人类家庭中的类人猿,也未曾有像人类婴幼儿那样的心理发展。

正确地揭示心理现象的规律,具有重要的理论意义和实践意义。

在理论上,它有助于正确地解释心理现象的本质和起源。所以,列宁把心理学列为“构成认识论和辩证法的知识领域”的基础科学之一。同时,心理学提供的科学事实,对一切封建主义、迷信思想是个有力的打击。几千年来,由于生产力的低下、科学水平的局限,精神领域很容易成为迷信思想的神秘堡垒。即使在科学发展的现代,仍有人甘受巫神之害,相信梦是吉凶的预兆。现代生理学家的研究认为:梦与睡眠时的内外刺激及大脑遗留的痕迹的兴奋有关。有些心理学家认为,做梦不是坏事,梦可以重新组合已有的知识,也可以清洗掉不需要留下的痕迹。这些事实可以帮助人们破除迷信,纠正偏见,清洗糊涂观念。正如列宁所说的:“心理学提供的一些原理已使人们不得不拒绝主观主义而接受唯物主义。”

在实践上,心理学能够帮助人们运用所揭露的心理规律去预测和控制心理现象的发生和进行,从而为人类不同领域的实际服务,提高活动效率。例如:父母应根据亲子关系对情绪的作用,培养和发展儿童的健康情绪;教师应根据注意规律组织教学,提高教学效果;劳动者可以根据噪声对身心的危害,对噪声加以控制,对环境加以改造,等等。总之,现代心理学是一门有重要实践意义的学科,它与人类生活的各个领域都有密切的关系。

第一章　学习心理

大学生的主要任务当然是学习，而从中学升入大学，由于环境和角色的变化，许多大学生在学习方面会产生各种各样的心理问题。如何帮助大学生特别是低年级大学生尽快适应大学的学习生活，实现从中学到大学的转型，是一个相当重要的问题。本章正是从这一点出发，运用当代学习理论的一些研究成果，针对大学生在学习中遇到的实际问题，帮助大学生领会学习的方法、激发学习的动机。

第一节　学习概述

一、学习的概念

一般来讲，学习有广义与狭义之分。

广义的学习是指人和动物凭借经验引起的倾向或能力的相对持久的变化过程。从这个定义可以看出，学习是人和动物共有的心理现象。学习有不同的水平，各种水平的学习都能引起适应性的变化。学习是后天的习得性活动。

狭义的学习是指人在社会生活实践活动中，以语言为中介，经思维活动而自觉、积极、主动地掌握人类历史的社会知识经验并积累个体经验的过程。

本书中的学习主要是指学生在学校的知识学习。作为人类学习的一种特殊形式，学生的知识学习既不同于人类历史经验的形成过程，也不同于在一般条件下人们所进行的学习，它具有以下特点：

第一，学生的学习是一种特殊的认识活动，这种认识活动主要是掌握前人业已积累起来的现成的科学文化知识，即间接知识。它较少具有探索性，因而也就较少有新的发现。

第二，学生的学习是在教师指导下，有目的、有计划、有组织地进行的，是以掌握一定的系统的科学知识为任务的。

第三，学生的学习是在比较短的时间内接受和领会前人的知识经验，不需要经过复杂和漫长的摸索过程。学习过程中的实践活动服从于学习目的。

第四，学生的学习不但要掌握知识经验和技能，而且还要发展智能、培养品德并促进健康个性的发展，形成科学的世界观，以利于今后的生活、学习与工作。

二、现代学习理论

古今中外，有许多思想家、教育家和心理学家对学习问题进行过深入而系统的研究，现将西方的几个有影响力的学习理论流派及其研究成果给大家做一下介绍。

1. 行为主义的学习理论

行为主义的学习理论侧重于心理外化的表现(行为)的研究。该理论强调学习是刺激与反应的联结，主张通过强化或模仿来形成和改变行为。行为主义的学习理论多建立在动物实验的基础上，关于此理论的研究成果有巴甫洛夫(Ivan Pavlov)、华生(John Broadus Watson)的条件反射实验(见图1-1)，桑代克(Edward Lee Thorndike)的猫迷笼实验，斯金纳(Burrhus

Frederic Skinner)的操作性(工具)条件反射实验(见图 1-2)等。虽然该理论未能揭示出学习的意识性和能动性,未能将人类学习与动物学习作本质区别,但该学派总结出的强化理论、程序教学理论在一定程度上揭示出了学习的规律,因而在教学中得以广泛运用,并得到大量推广。

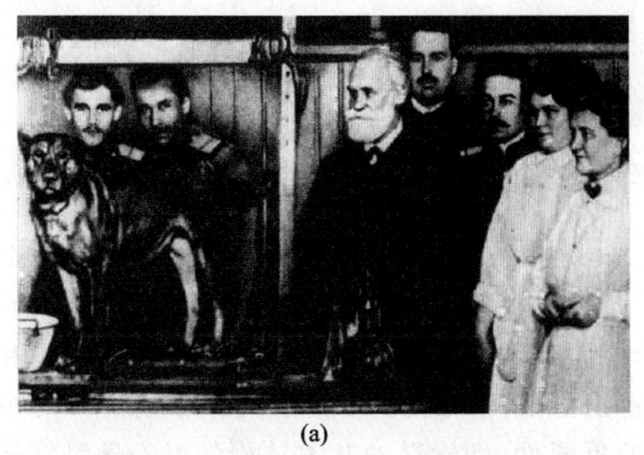

(a)

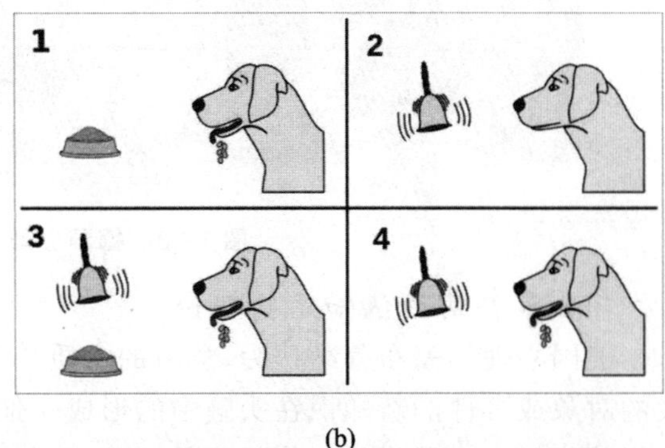

(b)

图 1-1 俄国心理学家巴甫洛夫经典性条件反射实验

所谓强化,指的是对一种行为的肯定或否定的后果,即报酬或惩罚。报酬或惩罚在一定程度上会决定某种行为在今后是否会重复发生。强化理论认为人或动物为了达到某种目的,会采取一定的行为作用于环境,当这种行为的后果对他有利时,这种行为就会在以后重复出现,而不利时,这种行为就会减弱或消失。人们可以用这种正强化或负强化的办法来影响行为的后果,从而修正其行为。强化理论也叫做行为修正理论。

图 1-2 美国心理学家斯金纳进行操作性(工具)条件反射实验

美国心理学家斯金纳在大量研究基础上提出了程序教学理论。他指出,学生要形成教育者希望的行为模式,而如果这个行为一时做不出来,就可以采用连续接近法,通过设计好的程序不断强化,形成目标行为。教育的行为就是设计好学习的特定步骤并加以强化,最终形成教育者所期望的行为模式。

2. 认知主义的学习理论

认知心理学主要侧重于对人的认知过程的研究,即研究人是如何获取知识的,是研究人获得知识过程的心理学,对情绪、能力及性格等心理现象研究较少,对意志、动机和需求等现象的研究则更少。它研究人类高级心理过程,包括信息的接受、编码、操作、提取和应用的过程,即全部信息的加工活动。

该理论认为学习是认知结构的建立与组织的过程,重视整体性与发现式的学习。关于此理论的研究成果有苛勒(Wolfgang Kohler)的顿悟实验(见图 1-3)、托尔曼(Edward Chase Tolman)的鼠迷宫实验,尤其以布鲁纳(J. S. Bruner)的认知结构理论和奥苏伯尔(D. P. Ausubel)的有意义接受学习理论为代表。

图 1－3　德国心理学家苛勒的顿悟实验

(1) 布鲁纳的认知结构理论

美国心理学家布鲁纳认为,学习的实质是学生主动地通过感知、领会和推理,促使一组相关的对象或事件的新知识在头脑中的形成。他特别指出,学习就是掌握知识结构,亦即学习事物间是怎样相互关联的。他强调学习一般原理的重要性,即学科的基本结构学习。学科结构是指学科的基本概念和原理之间的具有内在联系并起普遍作用的知识体系。他说:“学到的观念越是基本几乎归结为定义,则它对新问题的适用性就越宽广。”

布鲁纳在教学改革中大力提倡学生广泛使用发现法。他认为学习过程就是学生发现的过程,要求学生利用教师或教材提供的材料,像科学家一样去发现,成为一个“发现者”,而且学习中的发现不限于未知的事物,确切地说,它包括用自己的头脑亲自获得知识的一切方法。他曾不遗余力地宣传发现学习的方法。他的理论在 20 世纪 60 年代推动了美国教育的改革与发展。

(2) 奥苏伯尔的有意义接受学习理论

美国心理学家奥苏伯尔认为发现学习难以成为一种有效的首要的学习手段,绝大多数知识仍然需要通过“接受式”的学习来掌握。接受式学习并不都是机械式的学习,它完全可以成为有意义学习。有意义学习指符号所代表的新知识与学习者认知结构中已有的适当观念建立起非人为的、实质性的联系。

奥苏伯尔进一步指出,学习是通过接受而发生的,学习的主要内容基本上是以定论的形式传授给学生的。他推崇有意义的接受学习和有指导的发现学习,对学生来讲,学习不包括任何发现,只要求他们把学习内容整合到自己的认知结构中,以便将来能够提取或运用。

3. 人本主义的学习理论

人本主义心理学是有别于精神分析与行为主义心理学的“第三种力量”,主张从人的直接经验和内部感受来了解人的心理,强调人的本性、尊严、理想和兴趣,认为人的自我实现和为了实现目标而进行的创造才是人的行为的决定因素。人本主义心理学的目标是要对一个个活生生的完整的人进行全面描述。人本主义者特别关注学习者的个人知觉、情感、信念和意图,认为它们是导致人与人的差异的“内部行为”,因此他们强调要以学生为中心来构建学习情景。

该学习理论的主要代表人物有美国心理学家马斯洛(A. H. Maslow)、罗杰斯(C. R. Rogers)等,他们认为,学习是发挥人的潜能、实现人的价值的过程,要求学生愉快地、创造性地学习。罗杰斯进一步提出了如下观点:

- 让学生学习对自己有意义、有价值、有好处的材料;
- 学习是愉快的事;

- 学生必须懂得怎样学习；
- 学生进行自我评价；
- 学生自己决定学什么；
- 情感在学习中具有重要作用。

人本主义心理学家认为，行为主义将人类学习混同于一般动物学习，不能体现人类本身的特性，而认知心理学虽然重视人类认知结构的构建，却忽视了人类情感、价值观、态度等最能体现人类特性的因素对学习的影响。在他们看来，要理解人的行为，必须理解他所知觉的世界，即必须从行为者的角度来看待事物。要改变一个人的行为，首先必须改变其信念和知觉（其实这仅仅是心理学中很小的一个方面）。

4. 社会学习理论

美国心理学家班杜拉（Albert Bandura）将认知因素引入行为主义观点中，形成了一种新的学习理论，即社会学习理论。该理论认为人类的大多数行为是通过榜样作用而习得的，并且人类常将榜样的行为作为自己以后行动的指南。班杜拉认为，学习是个体通过对他人的行为及其强化性结果的观察而获得某些新的行为反应，或已有的行为反应得到修正的过程。行为习得的途径有两类：一是个体的直接实践活动，是直接经验的学习；二是间接经验的学习，即通过观察他人行为而学习，这是人类学习的主要形式。他特别强调示范和榜样的作用，并在此基础上进一步揭示了观察学习的基本规律以及社会因素对个体行为形成的作用。

图 1-4 所示为儿童的观察学习。

图 1-4 儿童的观察学习

5. 智力理论

智力，通常又称为智能、智慧，是指在人的认识过程方面所表现出来的能力。通俗地讲，就是获得知识的能力（学习能力）、保持知识的能力、理解和思维的能力、适应新情况和解决问题的能力。可以说，智力是认识活动的综合能力。

在众多的智力理论中，比较有影响力的是美国心理学家加德纳（Howard Gardner）的多重智力理论和斯滕伯格（Robert J. Sternberg）的三元智力理论及其成功智力理论。

（1）加德纳的多重智力理论

加德纳认为：一方面，智力与一定社会和文化环境下人们的价值标准有关，这使得不同社会和文化环境下的人们对智力的理解不尽相同，对智力表现形式的要求也不尽相同；另一方面，智力既是解决实际问题的能力，又是生产及创造出社会需要的产品的能力。他提出了关于智力及其性质和结构的新理论——多元智力理论。图 1-5 所示为加德纳的多元智力框架图。

加德纳认为在多元智力框架中，相对独立地存在着八种智力（后来增加至九个），分别是言语-语言智力、音乐-节奏智力、逻辑-数理智力、视觉-空间智力、身体-动觉智力、自知-自省智力、交往-交流智力和自然-探索智力（后来又增加了存在智力）。

图 1-5 加德纳的多元智力框架图

① 言语-语言智力。这种智力主要是指听、说、读、写的能力，表现为个人能够顺利而高效地利用语言描述事件、表达思想并与人交流的能力。这种智力在记者、编辑、作家、演讲家和政治领袖等人身上有比较突出的表现。

② 音乐-节奏智力。这种智力主要是指感受、辨别、记忆、改变和表达音乐的能力，表现为个人对音乐包括节奏、音调、音色和旋律的敏感以及通过作曲、演奏和歌唱等表达音乐的能力。这种智力在作曲家、指挥家、歌唱家、演奏家、乐器制造者和乐器调音师身上有比较突出的表现。

③ 逻辑-数理智力。这种智力主要是指运算和推理的能力，表现为事物间各种关系如类比、对比、因果和逻辑等关系的敏感以及通过数理运算的逻辑推理等进行思维的能力。这种智力在侦探、律师、工程师、科学家和数学家身上有比较突出的表现。

④ 视觉-空间智力。这种智力主要是指感受、辨别、记忆、改变物体的空间关系并借此表达思想和情感的能力，表现为对线条、形状、结构、色彩和空间关系的敏感以及通过平面图形和立体造型将它们表现出来的能力。这种智力在画家、雕刻家、建筑师、航海家、博物学家和军事战略家的身上有比较突出的表现。

⑤ 身体-动觉智力。这种智力主要是指运用四肢和躯干的能力，表现为能够较好地控制自己的身体、对事件能够做出恰当的身体反应以及善于利用身体语言来表达自己的思想和情感的能力。这种智力在运动员、舞蹈家、外科医生、赛车手和发明家身上有比较突出的表现。

⑥ 自知-自省智力。这种智力主要是指认识、洞察和反省自身的能力，表现为能够正确地意识和评价自身的情绪、动机、欲望、个性、意志，并在正确的自我意识和自我评价的基础上形成自尊、自律和自制的能力。这种智力在哲学家、小说家、律师等人身上有比较突出的表现。

⑦ 交往-交流智力。这种智力主要是指与人相处和交往的能力，表现为觉察、体验他人情绪、情感和意图并据此做出适宜反应的能力。这种智力在教师、律师、推销员、公关人员、谈话节目主持人、管理者和政治家等的身上有比较突出的表现。

⑧ 自然-探索智力。这种智力主要是指认识植物、动物和其他自然环境（如云和石头）的能力。自然智能强的人在打猎、耕作、生物科学上的表现较为突出。自然-探索智力应当进一步归结为探索智能，包括对于社会的探索和对于自然的探索两个方面。

⑨ 存在智力。这种智力主要是指人们表现出的对生命、死亡和终极现实提出问题并思考这些问题的倾向性。

根据多元智力理论，加德纳认为：作为个体，每个人都同时拥有相对独立的上述几种智力。这几种智力在现实生活中并不是绝对孤立、毫不相干的，而是错综复杂地、有机地、以不同方式不同程度地组合在一起。这几种智力在个体身上的不同组合使得每一个人的智力都有独特的表现方式和特点，即便是同一种智力，其表现形式也是不一样的。例如，同样具有较高逻辑-数理智力的两人，其中一个可能是数学家，而另一个可能是文盲但有很好的心算能力。由于每个人的智力以及每一种智力都有独特的表现方式，所以人们很难找到一个适用于任何人的统一的评价标准来评价一个人的聪明与否、成功与否。加德纳的多元智力理论为人们提供了看待"聪明"问题和"成功"问题的全新视角。由此，人们可以清醒地认识到，智力是多方面的，智力的表现形式是各不相同的，判断一个人聪明与否、成功与否的标准当然也应该是多种多样的。多元智力理论的本质是：承认智力是由同样重要的多种能力而不是由一两种核心能力构成的，承认各种智力是多维度地、相对独立地表现出来的，而不是以整合的方式表现出来的。

(2) 斯滕伯格的三元智力理论及其成功智力理论

1) 三元智力理论

斯滕伯格以主体的内部世界、现实的外部世界以及联系内外世界的主体的经验世界这三个维度来描述个体的智力。他认为，智力包括三个部分，即成分智力、经验智力和情境智力，它们相应地表现为三种形式：

① 分析性智力，涉及分析、判断、评价、比较和对照的能力；

② 创造性智力，涉及创造、设计、发明、想象的能力；

③ 实践性智力，涉及使用、应用、执行及实践的能力。

在提出三种智力类别的基础上，斯滕伯格进一步描述了学校里具有这三种智力的学生的不同表现，如表 1-1 所列。

表 1-1　具有三种智力的学生的不同表现

分析性能力强的学生的表现	创造性能力强的学生的表现	实用性能力强的学生的表现
• 成绩好；	• 成绩中等或偏差；	• 成绩中等或差；
• 喜爱学校；	• 在学校感到受限制；	• 对学校感到厌倦；
• 被老师喜欢；	• 经常是老师眼里的大麻烦；	• 是老师眼中思维混乱的学生；
• 适应学校；	• 对学校适应不良；	• 对学校适应不良；
• 听从指示；	• 不喜欢遵守指令和规则；	• 想知道任务和指导的用处；
• 能看出观念的错误；	• 喜欢想出自己的观点；	• 喜欢将理论加以应用；
• 天生的批判者，偏爱接受指令	• 天生的好点子者，喜欢我行我素	• 天生有常识的人，喜欢在实际工作中表现自我

具有不同智力三元模式的学生在学校教育中的表现差异性很大。分析能力强的学生倾向于为传统教学所青睐。他们往往在采取"直接教学"的课程里有出色表现，常被视为"聪明"的学生，成绩优秀，并表现出高水平的思维能力。具有突出创造力的学生往往不是班级里成绩拔尖的学生，他们可能不会按照老师的要求来完成作业，他们的答案往往另辟蹊径。实践能力强的学生课外表现通常不错，较有社交才能。

任何一个人都不可能单纯具有这三种智力中的某一种，而大多数的任务也要求将这三种智力联合起来。斯滕伯格认为在教学中平衡这三种智力类型很重要，即除了单纯注重"知道"和记忆大量信息以外，学生还应当有机会通过分析性思维、创造性思维和实践性思维进行学习。

2) 成功智力理论

1996 年，斯滕伯格在三元智力理论的基础上提出了更具实用性和现实取向的成功智力理论，强调智力不应仅仅涉及学业，更应指向真实世界的成功。

斯滕伯格用“成功智力”的概念赋予了智力以新的含义。所谓成功智力，是指用以达到人生中主要目标的智力，它能导致个体以目标为导向并采取相应的行动，是对个体的现实生活真正起到举足轻重影响的智力。他所说的成功，其一，是个体通过努力能够最终达到的人生理想目标的成功；其二，是每个正常的个体都可以发展的成功。用斯滕伯格的话说，他强调的智力不应仅仅与学校中的成功有关，而更应与生活里的成功紧密联系。生活里的成功是个体用创造和实践的能力去适应环境、选择环境和塑造环境，并最终获得的成功。

斯滕伯格认为，成功智力是一个有机的整体，“只有在分析、创造和实践能力三方面协调、平衡时才最为有效。知道什么时候以何种方式来运用成功智力的三个方面，要比仅仅是具有这三个方面的素质来得更为重要。具有成功智力的人不仅具备这些能力，而且还会思考在什么时候、以何种方式来有效地运用这些能力。”

斯滕伯格给具有成功智力者画了一幅肖像。他认为具有成功智力者具备如下 20 个特征：

- 能自我激励；
- 会控制自己的冲动；
- 知道什么时候应坚持；
- 知道如何充分发挥自身的能力；
- 能将思想转变为行动；
- 以产品成果为导向；
- 完成任务并能坚持到底；
- 都是带头者；
- 不怕失败的风险；
- 从不拖延；
- 接受合理的批评和指责；
- 拒绝自怨自艾；
- 具有独立性；
- 寻求克服个人困难的办法；
- 能集中精力达到自己的目标；
- 既不会对自己要求过高，也不会对自己要求过低；
- 具有延迟满足的能力；
- 既能看到树木，也能看到森林；
- 具有合理组织的自信及完成其目标的信念；
- 能均衡地进行分析性、创造性和实践性的思维。

斯滕伯格认为这 20 个特征同时反映在具有成功智力者的个人品质和行为表现中，它们不是通过传统的智力测试能测量出来的。他强调，必须牢记在现实世界中真正起作用的不是凝固不变的能力，而是成功智力，即分析性、创造性和实践性思维技能的平衡组合。

三、学习的心理因素

学习活动是一个复杂活动。它既受教师教的影响，也受学生学的影响；既受客观环境影响，又受主观心理因素的影响。仅就学生的心理因素而言，我国心理学家潘菽指出：“任何知识的学习过程，都包含一系列复杂的心理活动，其中有一类是有关学习积极性的，如注意、情感、情绪、意志等；另一类是有关认知活动本身的，如感觉、知觉、记忆、想象与思维等。前者与个性心理特征及学习动机密切相关，它对认识过程及其效果有很大的影响；后者则直接涉及学习本身。”在这里,前者指的是非智力因素,后者指的是智力因素。

1. 智力因素

智力主要是一种认知能力,由五种主要成分构成:注意力、观察力、记忆力、想象力和思维能力,其中思维能力是智力的核心要素。智力因素在智育活动中承担信息的接受、加工、处理任务,属于认识活动范畴,起认识作用。它们是智育活动的执行者或操作者,是智育活动的操作系统。个体可以通过智力活动感知客观世界,积累经验,掌握科学知识,解决各种问题,从而认识客观事物的本质及其变化规律。

智力是影响学习的重要因素,它与学习的密切关系是众所周知的。国内外学者的多项研究结果表明,智力与学生的学业成绩存在着中等程度的相关(见图 1-6),智力不仅影响着学生的学业成就,更重要的是它还影响着学生掌握知识与技能的速度、深度和灵活性,并且在很大程度上决定着学生的准备状态,决定着学生学习的可教育性程度。一般来说,在其他条件大体相同的情况下,智力因素水平越高,学习活动效率及质量也越高。

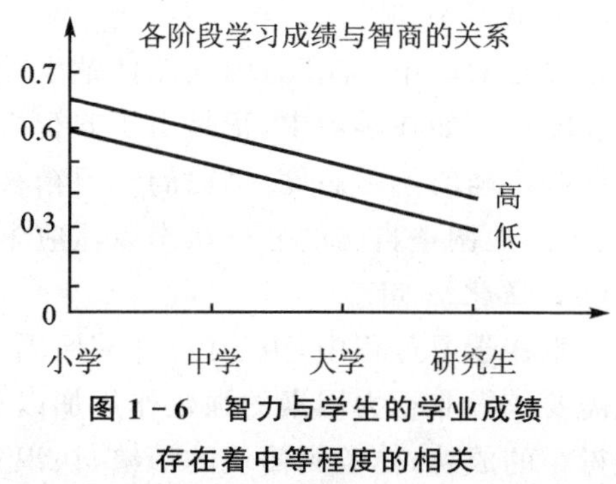

图 1-6　智力与学生的学业成绩存在着中等程度的相关

2. 非智力因素

非智力因素又称非认知因素。广义的非智力因素是指除智力以外的一切心理因素、环境因素、生理因素以及道德品质等;狭义的非智力因素则指那些不直接参与认识过程,但对认识过程起直接制约作用的心理因素,主要包括动机、兴趣、情感、意志、气质、性格等。在心理学研究中所涉及的非智力因素概念是相对于智力因素而言的,故多指狭义的非智力因素。

作为一个有一定结构和功能的有机整体,非智力因素对学生的学习过程起着动力、定向、引导、维持、调节、强化等作用。

(1) 动力作用

所谓动力作用,就是说非智力因素能够成为推动人们进行学习活动的内在原因或内部动力。兴趣和情感都可以转化为动机而成为人们学习的动力。从这个意义上来说,孔子所说的“知之者不如好之者,好之者不如乐之者”这句话是很有道理的。其意思是说:知道学习重要,不如爱好学习;爱好学习,不如以学习为快乐。

这里提出的“知学”“好学”“乐学”三个学习层次或三种学习态度中,后两个层次与人的兴趣和情感有关。也就是说,人们有了兴趣、情感以及由其他主客观因素转化而来的动机,就能具有强大的学习动力,从而促使人们顽强地进行学习。

(2) 定向作用

所谓定向作用,就是说非智力因素能够帮助人们选择学习的对象或目标。动机总是指向一定的目的,没有目的的动机是不存在的;兴趣、情感总是趋向于某种对象,没有对象的兴趣、情感是不存在的;性格的倾向性总反映一个人的需要、兴趣、理想和生活目标。因此,一个学生愿意或不愿意学什么,能学习到何种程度,往往并非由智力因素决定,而是由非智力因素决定。比如,在学生中,有的人喜欢学习语文,有的人则乐意学习数学,等等,这显然是由兴趣、情感来定向的。

(3) 引导作用

非智力因素能把学生的学习活动引向既定的目标。当一个学生产生了某种学习动机并确立了某种学习目标之后,学习行为之所以能达到某种目标,完全依赖于非智力因素的引导作用。这种引导作用可以增强学生学习的主动性与积极性,避免产生被动性与消极性。

(4) 维持作用

维持作用是指在学习中,非智力因素可以激励、支持学生始终如一地从动机走向目标,这种激励和支持作用集中地表现在恒心上。荀子说:"锲而舍之,朽木不折;锲而不舍,金石可镂。"非智力因素的维持作用指的就是这种"锲而不舍"的精神。

(5) 调节作用

在学习活动中,非智力因素能使学生控制和支配自己的学习行为,增强或削弱自己的心理和生理能量。如在学习中,正是由于非智力因素的这种调节作用,才能使有良好非智力因素的学生保持正确的学习态度、进取的学习精神,在成功面前不沾沾自喜,在失败面前不丧失信心,及时、正确地调整自己的心理状态以适应学习情境。

(6) 强化作用

学生在学习过程中,由于内、外部原因,有时会表现出疲劳、松懈、漫不经心、不求上进等,这就需要依靠非智力因素的强化作用加以克服。如可以通过适当积极的暗示,使自己在学习中获得小的成功,体验到愉快的情绪,认识到学习是可以令人愉快的活动,从而"为学所乐",自觉地克服上述不利于学习的行为特点,以旺盛的精力、饱满的热情和进取的精神,投入到学习活动之中。

总之,在学习过程中,大学生们必须重视对非智力因素的培养,充分发挥它的各种作用。这样就能不断地提高学习效果,达到预定的学习目的。

四、大学生学习的基本特点

大学生的学习是在主观能动性的驱使下,在一定的知识基础之上进行的,有以下特点:

1. 广博性

所谓广博,是指所掌握的知识范围大、方面广。要想做到广博,应具备三大类知识,即学科知识、其他文化科学知识和社会知识。学科知识包括学科学习的一般基础知识、专业基础知识、相关学科知识三个方面。其他文化科学知识是指学科知识以外的文化科学知识,如学化学的应该懂得一些物理、生物、历史、地理等方面的知识,各种影视作品、文学、艺术、绘画、雕塑等文化知识也应尽可能知道一些。社会知识是指人在社会中生活、工作、学习所需的各种生活知识、人际交往知识等。

步入大学后,大学生普遍觉得知识浩瀚如海,为每个人的发展都提供了一个广阔的天地。大学生的求知欲、好奇心促使他们广泛涉猎各门学科知识,他们渴望在较短的时间内有效地掌握各种知识和技能。

2. 专精性

所谓专精,主要是指要有扎实的专业知识,能够较好地掌握和运用专业知识。大学生的学习活动是一种以掌握专业知识、专业技能为特征的社会活动,围绕着如何使大学生尽快成为高级专门人才而进行。基于这种特点,专业思想是否牢固以及专业兴趣的大小将直接影响大学生的学习成绩。有研究表明,大学生的学习成绩与专业思想是否牢固关系密切,而与高考入学成绩关系甚小。

广博性与专精性相辅相成,互为补充。广博是专精的基础,没有广博的基础,专业学习就深入不了，也达不到专精的目的。同时，专精对于广博来说又有极大的促进作用。在学习过程中必须正确处理好广博性与专精性的关系，建立合理的文化知识结构。

3. 自主性

大学生的学习虽然按照教师的指导进行，但是不像中学生那样绝大部分时间是被动地完成教师布置的任务，而是有相当大的自主性。教师课堂讲授要求做到少而精，势必要求大学生通过课外自学掌握更多的内容。此外，大学生自我支配的时间较多，这就决定了大学生要有较强的自学能力和制订学习计划的能力，合理安排好自己的学习时间。这里，强调大学生学习的自主性，无疑是很有必要的，但并不等于忽视教师的作用，更不等于无师自通，尤其是在现代化高等教育的条件下，大学生的周围云集着一批造诣精深、各有专攻的专家、学者、教授，对于这样优越的师资条件，大学生千万不可熟视无睹，或者弃之不用。总之，要把自学与求师密切结合起来，在自主学习的同时，积极主动地求师、问师。这样，才能做到有惑即解，变无知为有知，变知之不多为知之较多，并最终做到博才多学。

4. 创新性

在知识经济时代，发展知识经济和建立创新体系对我国的发展具有重大意义。大学教育必须重视培养大学生的创新能力。

大学生的学习不仅要求理解、巩固知识，而且还需要树立独立思考、探索创新的精神，培养创造性。随着知识的更新速度加快和互联网技术、智能技术的广泛应用，大学生在这种创新气氛浓厚的环境影响下，渐渐地萌发一种涉猎前沿知识、掌握新技能、从新的角度解释已有现象的创新愿望，从而产生探索和创新的需求。进入 21 世纪以来，我国各高校加大了教学内容和教学方法的改革力度，变灌输知识为探究式、互动式、参与式教学，教学过程中重视文化素质的教育和创造能力的培养，使大学生的理论知识与社会生产实践紧密结合，大学生在校期间一般要完成具有一定水平的社会实践调查，还需参加一些力所能及的课题研究，等等，这些都是培养大学生创新能力的有效措施。

第二节　学习动机

一、学习动机的概念

动机是引起和维持个体活动，并使活动转向某一目标的心理倾向。心理倾向决定人向往什么和为了什么。学生的学习行为与人的一切有意识的行为一样，都是由动机所引起的，并受动机的调节和支配。因此，学习动机是推动学习的一种内部动因，它是引起和维持学生的学习活动，并使学习活动指向学习目标的心理倾向。学习动机一般表现为强烈的求知愿望、对未知世界的好奇心及兴趣、认真积极的学习态度等。

1. 学习动机和学习目的

学习动机和学习目的是两个既有联系又有区别的概念。学习目的是学生学习活动所要达到的目标，学习动机则是驱使学生追求学习目标的内在心理动因。前者是争取什么，后者是为了什么。两者可能相同，也可能不同。有时，相同的动机可能有不同的目的；有时，相同的目的可能有不同的动机。不过，学生在学习活动前，若意识到所要争取的目标是什么，或通过学习会实现怎样的目标，则会进一步加强学习动机或积极诱发新的学习动机。

2. 学习动机和学习需要

学习动机是在学习需要的基础上产生的。学生对学习的需要是社会和教育对学生学习的客观要求在学生头脑中的反映，它表现为学习的意向、学习的兴趣、学习的意图、理想以及信念等形式。当学生的某种学习需要与能满足它的某一对象（所谓诱因）发生联系时，便产生了相应的学习动机。因此，学习需要的形式也就是学习动机的表现形式。不过，这些表现形式被学生个人意识到的程度是不同的。学习意向是一种尚未被意识到的动机形式。学习兴趣是认知需要和学习爱好的情绪表现，是经常直接推动学生学习的内在心理机制。学习意图，包括学习理想，能在很长时间里维持积极的动机，但需要专门组织的活动才能实现，如学生想实现掌握一门专业技能的意图，就得把自己的学习生活积极组织起来。学习信念，包括世界观，是大学生学习活动主要的高级的学习动机。大学生在对自然和社会的理解基础上形成了自己的观点，并由此来计划和调节自己的学习活动。

3. 学习动机的作用

一般来讲，没有学习动机便没有学习活动。学习动机是推动学生进行一定的学习活动的内部力量。它在学生学习活动中的作用主要表现在以下三个方面：

（1）唤起学习行为

当学生具有了某种学习动机，便会驱动他产生相应的学习行为，使他内部的心理活动最终外化为学习活动，表现其对学习的主体能动作用。

（2）导向学习行为

学生具有某种学习动机，不仅会驱动他产生相应的学习行为，而且还会使这种行为指向某一明确的学习目标，体现学习的指向性。

（3）调节和强化学习行为

学习动机还对学习行为起维持、调节和强化作用，使学习行为沿着既定方向前进，并保持一定的强度。这就体现出学生的学习积极性。

由于学习动机具有以上三种功能，因此有强烈学习动机的学生，就有强烈的学习能动性、明确的学习指向性和巨大的学习积极性。大学生想要提高自己的学习成绩，很重要的一个方面就是努力提高自己的学习动机的水平，即激发自己的学习动机。

4. 学习动机的种类

根据不同的特点，学习动机也可以分为如下不同的种类：

（1）直接性动机和间接性动机

根据内容指向可将学习动机分为直接性学习动机和间接性学习动机。直接性学习动机直接指向学习活动本身，是由对学习的直接兴趣以及对学习活动的直接结果的追求所引起的；间接性学习动机则是与社会意义相联系的动机，是社会要求在学习上的反映。

（2）主导性动机和辅助性动机

根据学习动机在学习活动中所起作用的不同，可将之区分为主导性学习动机和辅助性学习动机。主导性学习动机是指一个学生的几种学习动机中起主导作用的学习动机；辅助性学习动机则是在几种学习动机中不占主导地位的学习动机。辅助性学习动机有的能促进主导性学习动机，因而会与主导性学习动机同时并存；有的则不能促进主导性学习动机，因而会被抑制甚至完全克服掉。

（3）远景性动机和近景性动机

根据动机与目标的远近关系可以把学习动机分为远景性动机和近景性动机。远景性动机，是与长远目标相联系的一种学习动机。例如，有的学生认真学习，是为了将来能胜任自己所选择的专业工作，是为了能为国家的繁荣富强多做贡献。近景性动机，是指与近期目标相联系的一种学习动机。例如，为应付考试而抓紧学习等。远景性动机往往与个人的志向有关，具有相当的稳定性，不易为眼前的偶然因素所改变。近景性动机具有相当的直接性、实效性，易受行为过程中的偶然因素影响。因此，应使两者有机联系起来。

（4）内部动机和外部动机

根据学习动机的动力来源，又可将之划分为内部动机和外部动机。学习的内部动机来源于学生自身的兴趣、爱好等，它较为持久，且能使学生处于一种主动积极的学习活动状态。学习的外部动机则是由外界的诱因所决定的，例如，为争取奖学金而努力学习便属于外部动机范畴。学习的外部动机往往较为短暂，被它所推动的学习活动也往往处于一种被动状态。

5. 学习动机的激发

激发学习动机的方法有许多种，根据学习动机形成的特点，可采用以下几种方法：

第一，形成学习需要。一般来讲，学习需要是健康的个体所固有的，重要的是个体要使自己明确意识到这种需要，并进而使这种需要成为促进学习动机产生的直接动因。

第二，形成对学习的兴趣。兴趣是人们从事某种活动的强大动力之一。一个人对某些未知事物的强烈兴趣，会推动其产生了解它们的强烈愿望，从而形成学习的动机。

第三，创造各种外部条件，满足个体学习的需要和兴趣。这实际上是从动机产生的外在原因——诱因入手，激发学习动机。这些外部条件包括宽松新异的学习环境、浓厚的学习风气以及对学习效果的及时反馈等。这些条件的满足会激发学生的兴趣及学习需要，从而使学生产生较强烈的学习动机。

6. 动机强度与学习效率

前面已提到，学习动机会推动学习，但是否学习动机愈强烈，学习效果就愈好呢？

美国心理学家耶基斯与多德森（R. Yerks & J. D. Dodson）的研究表明，各种活动都存在动机的最佳水平。他们根据自己的研究结果提出了著名的耶基斯-多德森定律，即动机的最佳水平随课题的性质不同而不同。在较容易的课题中，工作效率随动机的提高而上升，随着课题难度的增加，动机的最佳水平呈逐渐下降的趋势，如图 1 - 7 所示。根据这一法则可以推出，学习活动也需保持一定的动机水平，只有这样才能有最高的学习效率。

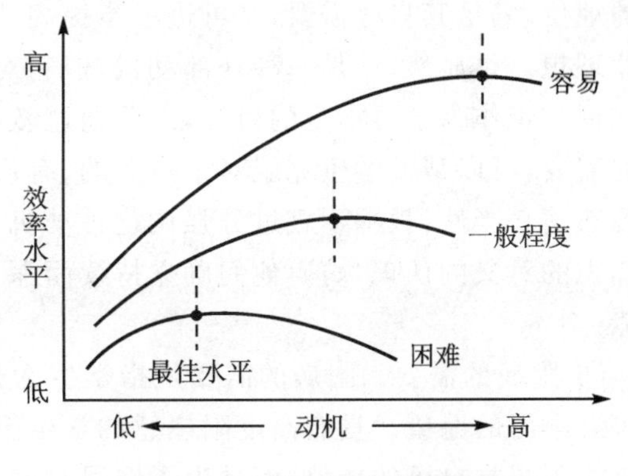

图 1 - 7 耶基斯-多德森定律

在大学里，常常存在这样一种现象，有一些同学急于提高学习成绩，却总是不能如愿，学习成绩总是处于一个令人不满意的水平上。造成这种状况的原因固然有很多，但一个很重要的原因恐怕就在于：这些同学的过于强烈的学习动机反而降低了他们的学习效率，使他们的学习成绩常常不理想。所以，大学生在注意激发自己的学习动机的同时，也应根据耶基斯 - 多德森定律的要求，适当调整自己的学习动机的水平，使其达到与学习课程相适宜的最佳水平，以利于最大程度地推动自己的学习。

二、影响学习的动机因素

影响学习的动机因素有许多，这里只选取几个起主要作用的动机因素做简单的介绍，以帮助大学生们了解并运用这些动机因素，促进自己的学习。

1. 成就动机

(1) 成就动机的成分

成就动机是个人获得成就的一种需要。它是指个人力求完成自认为有价值的工作,并做出出色成绩的一种内在推动力量,即对成就的追求。许多心理学家的研究表明,成就动机高的学生学习劲头较高,且学习效果好。也就是说,成就动机与学生的学习毅力、学习效率和学习成绩是呈正相关的。

成就动机主要由以下三个方面的需要(内驱力)组成:认知的需要、自我提高的需要和附属的需要。这三个方面通常被称为成就动机的三个组成部分。

① 认知的需要。认知的需要是以求知为目标,指向学习任务本身的动机。学习者不断地探索和力求理解周围世界,又不断地得到满足,从而增强了这种需要。因此,认知需要与学习之间是互相促进的。认知需要既与学习的目的性有关,也与认知兴趣有关。因为当学生清醒地意识到学习的目标和意义,又有强烈的求知欲望和兴趣时,他就会津津有味地去学习,并从中获得很大的满足。由于这种动机指向学习活动本身,满足这种动机的奖励(获得知识)是由学习本身提供的,因而也被称为内部学习动机。研究表明,在学习中,这是一种最重要和最稳固的动机,它对学习起很大的推动作用。因此,学生应该对获得有用的知识本身感兴趣,而不是为赢得学业成就以外的各种奖励而学习。

②自我提高的需要。这是指那种因为自己能够完成工作任务而得到相应地位的需要。它把学习成就看做是赢得地位和自尊的源泉,把学业上的失败看做是对自尊的威胁。这种动机既可促使学生把自己的行为指向学业上可能达到的成就,又可促使学生在这一成就基础上把自己的行为指向今后在学术和职业方面的目标。比如,学生学业成绩优秀,既可提高他在班级中的地位,满足其自尊需要,又可进一步提高他们努力学习的积极性,从而促使其选择较高的职业理想。很显然,这是一种外部动机,但它对学生的学习是必要的。因为很少有学生能完全以掌握知识作为学习本身的目标,因此通过教师的表扬、对学习成绩的排名来满足学生自我提高的需要,可以帮助学生克服对于持久的、有规则的和有纪律的学习的厌倦,从而激起他们的学习热情。当然,教师不宜过分强调这种动机,否则,便会助长学生的功利思想,影响学生对掌握知识的意义的认识,妨碍他们确立持续而深入学习的愿望,反而不利于学生真正掌握知识和技能。

③ 附属的需要。附属的需要是指学生为持续获得家长或教师的称赞和认可而表现出来的搞好学习的愿望。具有高度附属感的学生努力取得学业成就既不是指向学习任务本身,也不是为了提高自己的地位,而是为了取得对家长和教师感情上的依附,为了使自己的学习行为符合他人的标准和期望。他们一旦得到师长们的肯定,就会进一步努力学习,争取好的成绩;反之,若他们的努力得不到师长们的赞许,就可能丧失信心,学习积极性下降。可见,附属的需要显然也是一种外部动机。

成就动机中的三个组成部分在学生学习动机结构中所占的比重,通常随年龄、性别、个性特点的不同而有所不同。在学龄早期,附属需要最为突出。到了儿童后期和青年期,这一动机不仅在强度上有所减弱,而且开始从父母转向同龄伙伴,来自同伴的赞许就成为强有力的动机因素。渴望掌握所学的各门学科,想成为一名知识渊博的、具有创造性成就的未来的优秀专家,这是个性成熟的大学生的最稳定、最重要的学习动机。

任何动机都是由一定的需要产生的。成就动机的产生当然也依赖于一定的需要,即成就需要。成就需要是指人有达到某些目的和获得某些成就的需要。所以一个人要形成高水平的成就动机，首先就要有一种获得成就的强烈需要。同时，成就动机还受其他如个人的年龄、性别、所处的文化环境、家庭教育以及宗教信仰等许多因素的影响。

(2) 成就动机与归因

心理学家阿特金森(Atkinson)的研究表明，成就动机的强度差异可以用对成败的态度加以解释。有些人有要求成功的倾向，有些人则有避免失败的倾向。当人们获得成功或者遭到失败时，常常会分析一下这种情况出现的原因，这就是一个归因的过程。所谓归因，就是寻求事件发生的原因。心理学家海德(Heider)最早对归因进行理论研究，而将归因与成就动机相连的则是另一位心理学家韦纳(Weiner)。

韦纳认为，在某些任务成功或失败时，人们倾向于把结果归于四个因素之一，即能力、努力程度、运气和任务难度，并把这些成败原因分成三个维度。

① 控制源维度。根据这一维度，可将成败原因分成内部的和外部的。能力和努力程度是内部原因，运气和任务难度是外部原因。

② 稳定性维度。根据这一维度，可将成败原因分为稳定的和不稳定的。能力和任务难度是稳定因素，努力程度和运气是不稳定因素。

③ 可控性维度。根据这一维度，可将成败原因分为可控制的和不可控制的。努力是可控制的，能力和运气则是不可控制的。

表 1-2 所列为成就动机的归因模式。

表 1-2 成就动机的归因模式

维度 / 因素	稳定性		内在性		可控性	
	稳定	不稳定	内在	外在	可控	不可控
能力高低	+		+			+
努力程度		+	+		+	
任务难易	+			+		+
运气好坏		+		+		+
身心状态		+	+			+
外界环境		+		+		+

韦纳认为，成就动机不同的人对成功和失败的归因不同。成就动机高的人会把自己的成功归因于能力与努力。因此，他们如果失败了，就会认为自己努力不够，以后便会更加努力。成就动机低的人则会把自己的成功归因于外在的因素，如运气好、任务较容易等，而失败时则归因于自己缺乏能力，因而就会丧失追求成功的愿望。

从韦纳的分析可以看出，学会正确归因对学生的成就动机的提高有着重要的影响。特别是那些成就需要低，且常常进行错误归因的学生，一旦形成正确归因，充分认识自己的能力和努力的作用，就会树立自信心，从而提高自己的学习成绩。

2. 兴 趣

影响学习的第二个重要的动机因素是兴趣。兴趣是指一个人积极探究某种事物的认识倾向。它是一种内在动机。学生的学习兴趣常常表现在对学习活动或学习内容的喜好程度上。它是推动学生学习的一种较重要的内驱力。

学生的学习兴趣根据其产生原因可分为直接兴趣和间接兴趣两种。直接兴趣是指由学习活动与学习内容本身所引起的兴趣。间接兴趣则是指由学习活动的结果所引起的兴趣。两者可以相互转化。学习兴趣还可以按其稳定程度分为暂时兴趣与稳定兴趣，前者指学生对某种学习活动的短期兴趣，后者则是一种较为长期的学习兴趣。

学习兴趣的发展有一个从直接到间接，从暂时到稳定的过程。大学生往往能保持稳定的学习兴趣，且已形成间接兴趣，学习兴趣已指向未来的目标。

3. 好奇心

好奇心是指一种不期望获得外部奖励与强化而激励着某种探索性活动的内在动机。人们对某种事物的好奇，会促使他们对这种事物进行某种探索活动，这种动机因素如果出现在学生身上，则会推动学生进行学习活动，以了解未知的东西。

注意是好奇心出现的最早表现之一，因此，要引起好奇心，可以先吸引人们的注意力。好奇心一般被认为是儿童才有的，但是并不能否认好奇心在大学生学习中的作用。从对某事产生好奇心，到对它进行探索性活动，这些都可以激发大学生获得许多新知识，无疑会对大学生的学习有所帮助。所以，好奇心也是影响大学生的一种重要的学习动机。

4. 强　化

强化在人类学习中同样具有重要作用。最早证明强化关系存在的是桑代克(Thomdike)的尝试与错误实验。他提出的"效果律"表明，带来满足的行为会重现，导致不安的行为则会消失。

奖赏与惩罚都是对行为的强化。当一个人因做了某种行为而受到奖赏时，他便更有可能在今后重复这种行为；因某种行为而受到惩罚时，这种行为便很少再有可能被重复，甚至永远不会再被重复。

在学习行为中，奖惩的作用同样存在。学习行为是否出现并重现，强化的影响非常大。能带来愉悦后果的学习行为会得到强化，反之，则会使人的学习积极性降低。作为大学生，了解一些强化理论的有关知识，有意识地给自己的学习行为增加一些奖赏作为对自己的学习行为的强化，就会使学习兴趣倍增，从而提高自己的学习效果。

5. 认知失调

每个人的认知都是无穷无尽的。人们总有一种倾向，即力求认知的一致性，但要做到这种协调却并不容易。比如一名大学生认为自己的功课复习得不错，却没有在考试中如愿得到好分数，这就产生了对自身学习水平的认知与对考试事实的认知的不一致，即认知失调。

随着认知失调程度的增长，人们便会想办法降低不协调，这就会推动他们去进行一定的活动以达到目的。所以，从某种意义上讲，认知失调也是推动人们做出某种行为的驱动力之一。

大学生同样可以利用认知失调来推动学习。当一个学生对自身学习状况的各方面的认知产生不一致时，他就会由于追求一致性的倾向而对学习做出某些努力，所以，认知失调也是推动学生学习的动力之一，不可忽视。

第三节　学习方法与科学用脑

一、学习方法

大学阶段的学习不同于中学时期的学习。在大学里，教师的指导与督促明显少于中学时期，在许多时间里以自学为主，因而，如何掌握大学的学习方法便成为大学生首先要学习的一课。

为了帮助大学生更快更好地适应大学的学习生活，下面介绍几种行之有效的学习方法，这些方法都是根据心理学原理得出的，且实践也证明确实具有一定作用。但要特别指出的一点是，由于人与人之间存在着个体差异，一种方法可能适合一个人，而不适用于另一个人。同学们可以根据自己的特点选定一种或几种学习方法，或者根据自己的特点对学习方法做一些修改，以便更适合于自己。

1. 整体学习法与部分学习法

整体学习法是指将学习材料作为一个整体来学习，在学习过程中，将材料从头至尾反复学习，以获得对材料的总体印象和了解，并进而了解一些较为具体的内容。

部分学习法是指将学习材料分成几个部分或几个具体的概念，每次集中学习其中一部分或一个具体概念，对每个具体的部分或概念要根据其难易程度的不同，具体安排学习时间或次数。

这两种方法使用起来各有利弊。整体学习法使人较易把握学习材料的全貌，但对具体的材料内容就可能掌握不好；而部分学习法则能使学习者较好地掌握每一个具体部分，但却难以对材料形成一个总体印象，从而使具体学习的各部分内容不能很好地融会贯通起来。要使这两种方法最好地发挥作用，可以将二者结合起来使用，采取整体—部分—整体的方法。具体做法是：

首先，采用整体法对所学材料有一个大概的了解，在头脑中形成一个较为清晰的轮廓；其次，采用部分法对学习材料实行"各个击破"，并重点学习那些较难或较重要的内容；最后，再采用整体法将已仔细学习过的材料作为一个整体重新复习一遍，让各部分的具体内容前后联系起来，在头脑中形成一个更为清晰全面的印象。

实践证明，二者相互结合的方法比分别采用其中的某一种方法更为有效。

2. 集中学习法与分散学习法

集中学习法是指较长时间地进行学习活动，学习的次数相对少一些。一次学习时间的长短则取决于所学习的材料的性质及其他因素。一般来讲，比较复杂难懂的材料，用集中学习法较为合适，这样可以保证学习者在一定时间内集中注意力，有利于理解并掌握那些抽象难懂的材料。但集中学习的时间不宜过长，否则容易引起疲劳，使学习效率下降，至于多长时间为宜，则要视个人的体力与脑力情况而定。

分散学习法与集中学习法不同，它是指将学习时间分成几个阶段，每学习一段时间就稍事休息。实验证明，假如分散学习的时间不是太短，这种方法是较为有效的。至于每次分散学习的时间多久为宜，也要视学习材料的性质以及个人的具体情况而定。

3. 过度学习

所谓过度学习，是指对知识达到勉强可以回忆的地步后，继续进行学习，也就是说，将知识技能全部学会以后再继续学习一段时间，以达到巩固学习成果的目的。

美国心理学家克鲁格（W. C. F. Krueger）曾做过一项实验，他让被试者识记一组序列词汇。第一组学习到全部能回答时就停止学习，第二组则继续学习，进行50%的过度学习，第三组则进行100%的过度学习。实验结果表明，过度学习对材料的保持率起着很重要的作用。过度学习越多，保持率越高。但有一点也要注意，过度学习超过50%之后，对内容的记忆效果有下降的趋势。因此，并非过度学习越多学习效果就越好，它有一个限度，在这个限度之内，过度学习的学习效果较好。一般来讲，中等程度的过度学习效果较佳。

4. 迁移学习

迁移学习是指先前的学习或训练的内容对后来的类似学习或训练内容的影响。迁移学习有正迁移与负迁移之分。在应用迁移学习的方法时，要尽可能地促进正迁移，而避免负迁移。

心理学家埃利斯(H. C. E1lis)的研究表明，迁移的条件是：对刺激(信息)的反应如果相同则迁移量就大，反之则小。迁移量取决于刺激和反应的类似程度。另外，学习时间的间隔也会影响迁移的效果。

为了获得迁移学习的成功，在平时的学习中就要注意掌握最基本的知识，这样就可以形成基本知识对一些具体知识与应用的正迁移。另外，要注意使新学习的材料与原有知识保持由“近”至“远”的安排，也就是使新学习的材料尽可能地接近原有的知识，然后逐渐扩展到新知识的范围，这样有助于形成正迁移。

二、记忆与学习

记忆是学习的基础，是掌握知识的先决条件。作为以学习前人的间接知识为主的大学生，更应了解一下有关记忆的知识，学习使用科学的记忆方法，以达到牢固掌握所学知识的目的，为进一步应用这些知识打下良好的基础。

记忆是通过识记、保持、再现(再认、重现)等方式，在人们的头脑中积累和保存个体经验的心理过程。记忆将人们感知过的事物、体验过的情绪或从事过的活动保存在人们的头脑中，并在一定条件下被回想起来。

记忆与学习密不可分。人们学习的过程实际上就是获得经验和积累经验的过程，而在这个过程中，记忆作为保存这些经验的重要手段之一，对学习起着十分重要的作用。可以说，记忆过程中的识记、保持与再现，实际上就是学习的不同阶段或不同方面。

1. 遗忘的规律

美国心理学家艾宾浩斯(Hermann Ebbinghaus)对遗忘现象进行了大量的研究与实验，提出了著名的艾宾浩斯遗忘曲线，如图 1－8 所示。该遗忘曲线表明，遗忘在学习之后立即开始，而且遗忘的进程最初很快，以后逐渐减慢。遗忘不仅受时间因素影响，还受许多其他因素的影响。识记材料的性质与数量、学习的程度、识记材料的系列位置以及识记者的态度等都影响遗忘的进程，特别是识记材料的系列位置影响较大。实验研究表明，对于回忆的正确率来说，最后呈现的材料遗忘最少，其次是最先呈现的材料，遗忘最多的是中间部分。这种现象被称为系列位置效应。这一效应受前摄抑制和后摄抑制的影响。

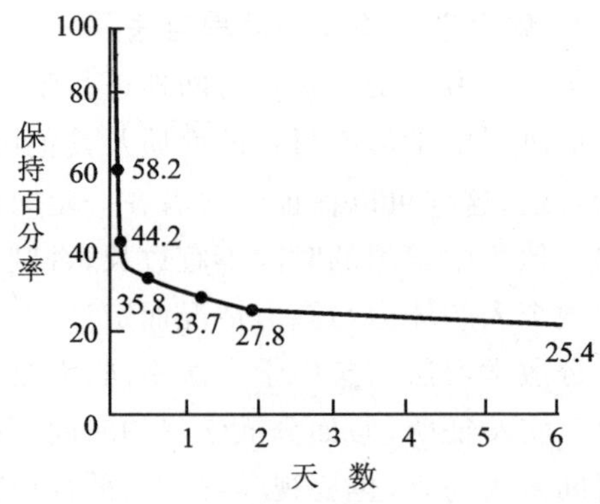

图 1－8 艾宾浩斯遗忘曲线

前摄抑制是指先学习的材料对识记和回忆后学习的材料的干扰作用，它随先前学习材料数量的增加而增加，也随保持时间的增加而增加。后摄抑制则是后学习的材料对保持和回忆先学习的材料的干扰作用，它受前后两种学习材料的类似程度、难度、时间安排以及识记的巩固程度等条件的影响。

2. 提高记忆效果的对策

根据遗忘的规律，可以采用以下对策来提高记忆的效果：

① 学习之后立即进行复习，加强记忆，并且以后还要再复习几次，但复习的时间间隔可以逐渐增加。比如学习的第一天后进行第一次复习，三天后再复习一次，再下一次的复习则可安排在一周之后。

② 进行适当的过度学习，以加强对所识记材料的记忆。

③ 根据学习材料的性质安排适量的学习时间，同时要使前后两段时间的学习材料尽量不一样，以避免它们之间的相互干扰。

④ 对学习始终保持浓厚的兴趣，这也可以提高记忆的效果，避免过多的遗忘。

另外，还可以利用外部记忆手段，如记笔记、编提纲等保持记忆的内容，同时还要注意用脑卫生。这对增强记忆力也是有益的。

学生的学习效果在许多情况下是以能回忆起来的学习材料的数量作为衡量标准的，特别是在考试中，回忆效果的好坏直接影响着考试成绩的好坏。

3. 影响记忆效果的因素

回忆是记忆的一个重要方式，因此，回忆效果如何将直接影响记忆的效果。而影响回忆的因素与条件主要包括联想、定势与兴趣、双重提取以及干扰。大学生可以采取与上述因素相应的方法与策略来提高记忆效果。

① 利用联想帮助回忆。时间空间接近的事物、事物间相反或相似的特征以及因果关系都能引起联想。同时，个人的定势与兴趣也影响联想，从而影响回忆的方向与效果。

② 采用双重提取帮助回忆。学会借助表象和词语的双重线索，提高回忆的完整性与准确性。

③ 学会排除干扰。经常有这样一种现象：话在嘴边却说不出来，这就是回忆过程中发生的提取困难。在考场上常常会出现这种情况，让人非常焦急，却又束手无策。克服这种现象的简便方法是当时停止回忆，过一段时间再进行回忆。

三、科学用脑

学习是脑力劳动，大学生应如何科学用脑，保持高效的学习效果呢？具体有以下几种方法：

1. 适度用脑

脑不可不用，也不可多用。不用脑会使大脑懒惰甚至老化，但用脑太多，又会“伤脑筋”，不利于人的身体健康，所以用脑要适度。

目前，通过对脑科学的研究，人们已经探明大脑的“脾气”。对成人而言，大脑集中精力最多只有25分钟，所以学习20～30分钟后就应该休息10分钟。大脑需要休息才能学得快、记得牢。如果你感到很累，就先拿出20分钟小睡一会儿再继续学习。大脑喜欢问题，当你在学习或读书过程中提出问题时，大脑会自动搜索答案，从而提高你的学习效率，所以一个好的问题胜过一个正确的答案。大脑需要重复，每一次回顾记忆间隔的时间越短，记忆的效果就越好。大脑会归类，也会联想，如果你正在学习某种东西，不妨问问自己它让你想起了什么，这样做能帮助你记忆。大脑喜欢开玩笑，开心和学习效率成正比，心情越好，学到的知识就越多。

2. 保证睡眠

睡眠对大脑颇有益处。作为大学生，一般应以每天睡7～8小时为宜，若晚上睡眠不足，可在午休时间小睡一会儿以补充缺失的睡眠。有人做过研究，在两种不同类型的记忆活动之间，尽量保证15～20分钟的休息或睡眠，有利于增强记忆效果，尤其是在记忆一些材料后马上睡觉，记忆效果会有所提高。

另外，还应注意起居有规律，要有基本固定的作息时间。对年轻力壮的大学生来说，偶尔的临阵磨枪或短短一段时间的起居不规律尚不会对大脑造成什么太大的影响，但若总是这样，则势必会产生不良影响。这个后果可能不会马上显现，但这种影响是潜移默化的，迟早会显示出其不利的一面。

3. 注意营养

营养对大脑来说，是十分重要的，平衡全面的营养有利于大脑的健康。脑细胞工作时消耗的能量，主要包括一定量的蛋白质、碳水化合物、维生素、脑磷脂、矿物质等。作为脑力消耗较多的大学生，应在条件许可的情况下，注意食物的营养，摄入尽可能多的营养食物，并力求营养的均衡。

4. 学会休息

如何使大脑获得真正的休息与放松以消除脑力劳动的疲劳，也是一门学问。大学生应该学会科学的休息方法，这是用脑卫生的重要方面之一。

脑力劳动者的休息最好采用活动的方式，即在一定的脑力耗费之后，做一些不太剧烈的运动(如散步)，切忌进行过分剧烈的体育活动，这样不但不能消除脑力疲劳，反而又加上了体力疲劳，使人很难完全恢复。另外，在进行某种脑力劳动之后，可以采用“换脑筋”的方式，例如看一点儿与刚看过的内容截然不同的东西，或者看一些消遣性的书籍、听听音乐等，这些都有助于消除大脑的疲劳。再者，休息脑力的较好方法之一是练气功。大家可以根据气功等的原理，采用腹式呼吸法，集中意念，以静制躁，达到放松休息的目的。

在大学阶段，学习无疑是大学生活中的主要内容，所以，如何端正学习态度、如何强化学习动机、如何利用记忆的规律采用科学的方法正确对待学习中遇到的各种困难等这些与学习有关的心理问题对大学生来说十分重要，大学生应慎重对待。

[思考与练习]

1. 说说韦纳的三维度归因理论的内容。联系实际，谈谈你对成就动机有着怎样的理解。
2. 怎样培养和激发大学生的学习动机？
3. 学习动机的作用有哪些？
4. 谈谈在学习中如何运用遗忘的规律加强记忆。

【课外拓展】

考试心理

考试是大学生学习生活中很重要的一部分，每个人对考试的态度和感受都不尽相同。许多同学不同程度地存在着对考试的焦虑感，也有的同学会在考场上“铤而走险”。那么，应如何对待和消除考试焦虑？如何看待考试作弊呢？

一、关于考试焦虑

从一般意义上讲，焦虑是一种类似担忧的反应，是对当前或预计到对自尊心有潜在威胁的任何情境所具有的担忧的反应倾向。但焦虑与担忧又有本质区别，担忧通常是指对身体上的威胁的反应，而焦虑则是对威胁到自尊心的情境的相应反应。例如，一个人担心自己会因受凉而生病是一种担忧，而当一个人担心自己考试不及格从而丧失自尊时，便是一种焦虑反应。

考试焦虑是焦虑的一种情况，它是指在一定的应试情境激发下，受个体认知评价能力、人格倾向与其他身心因素所制约，以担忧为基本特征，以防御或逃避为行为方式，通过不同程度的情绪性反应所表现出来的一种心理状态。

与一般性焦虑相比，考试焦虑有以下特点：

① 考试焦虑是由应试情境引起的，它比一般性焦虑的威胁成分要简单得多。

② 考试焦虑持续的时间较短。因为其威胁来自考试情境，它一般随应考时间的长短而变化，且随着考试的结束，这种焦虑也就逐渐消除了。而一般性焦虑则在较长时间内始终表现出焦虑的症状。

③ 考试焦虑不是一种人格特性，而是一种特定情境(考试情境)下的状态反应。它只在某些人中，在某种程度上，受个体人格倾向的制约与影响。与之不同的是，一般性焦虑反映的是个体人格上的一种稳定的倾向。

焦虑对考试的影响受多方面因素的制约，如学习者原有焦虑水平的差异、材料难易程度以及学习者本身的能力水平等。一般来讲，适度焦虑有利于考试。考试过程中有适度的焦虑，会对个体产生一定的激励作用，使其较好发挥自己的水平，获得较为满意的成绩。

心理学家指出，高度的焦虑只有同高能力相结合才能促进学习，而高度的焦虑同低能力或一般能力相结合则往往会抑制学习。焦虑程度过强或过弱都会降低学习效率，而要获得最佳的学习效率，就须将焦虑水平保持在中等程度上。

心理学家发现，过度的考试焦虑对学习有着极大的危害。一方面，过度的考试焦虑危害人的认知过程，具体表现在：①过度的考试焦虑易分散和阻断注意过程。注意是人的心理活动对一定对象的指向和集中。任何行为都须保持一定的注意才能进行，在考试过程中尤其如此，学生必须使注意力高度集中才能按要求完成答题。而过度的考试焦虑会使应试者注意力分散，从而影响考试。②过度的考试焦虑干扰回忆过程。回忆是提取大脑中保存的内容。考试中要求学生能准确迅速地回忆起学习过的内容，以完成考试题目。过度的考试焦虑会使学生头昏脑涨，致使回忆发生混乱，甚至无法回忆起学过的内容。③过度的考试焦虑对思维过程有瓦解作用。思维是认知过程的核心，清晰灵活的思维过程有利于在考试中顺利答题。但过度的考试焦虑会使学生的思维陷入混乱甚至停滞，不利于学生水平的正常发挥。另一方面，过度的考试焦虑还会危及学生的身心健康，甚至在考后仍继续危害学生的心理，使他们终日处于烦恼不安之中，为自己的考试成绩担忧，时时感到胆怯、自卑、寝食难安。从身体方面来讲，考试焦虑所伴随的生理反应会导致有害于机体健康的变化，例如会使学生神经衰弱、胃肠功能紊乱等。另外，考试焦虑所引起的生理变化，对机体的天然防御机制有破坏作用，使人对疾病的抵抗力降低。

长期的、过度的考试焦虑既不利于学生在考试中正常发挥，又危及学生的身心健康，是应该尽力避免的。

二、考试焦虑的形成

影响考试焦虑的因素主要有：

1. 生理因素

个体的遗传素质存在着个别差异。个人的遗传基因以及胎儿时期的内外环境的不同，使人的神经类型及其他生理特点各不相同。有些人的神经系统属于弱型，极易对刺激环境产生紧张反应，这种类型的人容易产生较强的考试焦虑。另外，个体的身体健康状况也是影响考试焦虑水平的因素之一。身体健康状况欠佳的人,极易受考试的烦扰,特别是面临重大考试时,情绪很容易波动,考试焦虑水平较高。

2. 认知评价能力

认知评价能力取决于对刺激性质的认识程度、对该刺激利害关系的预测程度以及对自身应付能力的评估程度。假如一个人对某一次考试很重视,把它看做是对自己的一生有重大影响的事件,那么他就会十分在意自己能否考好,考试焦虑水平相应地也就较高。另外,当学生对自己的能力不太有把握的时候,焦虑水平也会提高。

3. 知识经验

学生自身所具备的知识的多寡也决定着其考试焦虑水平的高低。如果学生在考前准备较为充分,对将要测验的内容已做到心中有数,便会泰然等待考试的来临,在考试中也会镇定自如地答题,而不会产生焦虑情绪。相反,若学生考前准备不足,便会产生焦虑感。

4. 应试技能

具备一定的应试技能会使学生在考场上得心应手,自如地答题,焦虑水平自然较低。而没有很好地掌握基本应试技能的人,在考场上极易陷入慌乱之中,要么时间不够,要么答卷涂改过多,等等,如此便会引起学生的焦虑。

5. 外在环境因素

外在环境因素主要是指家庭、学校和社会三方面对学生的影响。家庭中父母望子成龙,对子女的期望过高,学校过于重视分数,各种评优和奖学金的标准均以成绩为参考,以及社会对考试分数低的学生的偏见,等等,诸如此类的情形,都会使学生产生较强的焦虑。

6. 考试作弊

有的同学在应对考试的过程中,会采取一种冒险行为,就是考试作弊,其目的不言而喻,是为了获得高分。但由于作弊是一种欺骗行为,所以作弊的同学会有不同程度的顾虑与担心,唯恐因被监考老师发现而受到批评与惩罚。

促使学生作弊的原因有许多,不仅有个人的因素,还有集体的因素(作弊现象的多寡),不仅受管理的影响(对作弊的查处以及惩处的力度),还受社会的影响(看重分数和文凭)。但无论如何,考试作弊都是一种弄虚作假的行为,它不仅会使一个人的品德蒙受污点,而且也会对学生的心理及其他方面产生不良影响,比如,因担心暴露而导致的紧张不安,因担心处罚而导致的羞愧与恐慌,因作弊被曝光而导致的沮丧与绝望。从表面来看,作弊是学生欺骗老师,但从本质上看,作弊则是一种自欺欺人的行为,既不会有利于学生的学习,更不会有利于今后的工作。对学生来讲,考试作弊对身心的影响有可能是长期的。

三、考试焦虑的消除

1. 认真复习,充分备考

想要降低考试焦虑,首先就要认真复习功课,充分掌握要测验的内容,只有这样,在考场上才不至于因为不会做题而惊慌失措。从这个意义上讲,考试没有捷径可走,唯一可行的方法是认真复习功课。

2. 增强考试的自信心

学生必须对自己树立起信心,相信以自己的知识水平能够自如地应付将要到来的考试,并能在考试中取得令人满意的成绩。当然,这种自信心应当建立在掌握一定的知识基础之上,没有知识准备的盲目自信,不仅不会有利于焦虑的消除,反而会使学生在失败后陷入更大的失望与焦虑之中。

3. 形成正确的认知评价

要正确认识考试的重要性,既不夸大也不缩小。许多学生之所以产生过度的焦虑,主要在于过分夸大了考试的重要性。另外,还要学会正确评价自身的能力水平。只有充分了解自身,才能做到心中有数,镇定地迎接考试。

4. 学习必要的应试技能

考试主要考查学生对知识的掌握情况,因此,考试成绩的好坏在很大程度上取决于学生的知识水平,这是人所共知的。但是还有一个很重要的因素却为许多人所忽视,那就是应试技能的影响。知识准备不充分,只懂应试技能的应用,无疑不会提高考试成绩,但若在较为充分地做了复习准备之后,学会运用应试技巧,则会使学生消除对考试的焦虑,顺利完成考试。

5. 杜绝考试作弊的心理

作弊对学生并无实际益处。作弊可能使学生在某一次考试中侥幸获得高分,但这并不等于他真正掌握了知识,反而还可能会使本来没有考试焦虑的学生因为这种特殊的情境与心理状态,产生不必要的考试焦虑,影响考试。再者,大学生一旦因考试作弊导致名誉上的损失,很可能会遗憾终生。所以,作弊不利于学生的心理健康,更不利于学生健康心理的恢复。同学们要明白,在以后的学习工作中,考试分数并非衡量一个人知识水平高低的唯一标准,任何时候保持诚实守信,对大学生来说都是十分必要和重要的。

总之,对大学生来说,一生要经历多种考试,其中不少还关乎人生的重大选择。如果缺乏良好的心态,大学生就难以在考场上正常发挥,甚至可能导致对今后的人生产生失望的情绪。所以调整好心态,做好充分的冲刺准备,科学应对各种考试至关重要。

这里教大家一个提升信心的方法。心理学家证明:让一个人每天坐在靶子前面想象着他对靶子投镖,经过一段时间后,这种心理练习几乎和实际投镖练习一样能提高准确性。这就是心理学上所讲的心理暗示法——确立成功的自我意象。其实,自古以来的许多成功者都曾自觉或不自觉地运用此法来完善自我,获得成功。因此,要想取得考试的成功,就必须在内心确立成功的自我意象。美国的著名心理学家爱默生认为:"生动地把自己想象成失败者,这就使你不能取胜;生动地把自己想象成胜利者,将带来无法估量的成功。"考试之前,你尽可放松神经,在心里想着你真正要达到的目标,然后让你的创造性成功机制来承担任务,不要总是疑心自己所做的一切的正确性,更不要有投机心理去尝试考试作弊。一般来说,只要准备充分,考出好成绩是没有问题的,完全没有必要为此忧心忡忡。

第二章　自我意识

到了青春期，尤其是进入大学以后，每一个人可能都会不由自主地产生许多关于自身的问题。诸如："我"究竟是个怎样的人？为什么总是与那个完美的"我"相距遥远？为什么总会为将来迷惑？为什么人与人会有很大不同？为什么一个人会有大相径庭的表现？为什么"我"似乎根本不了解自己？等等。

其实早在古希腊时期，苏格拉底就提出了"认识你自己"的口号，这标志着人类自我意识的觉醒，人类开始关注现实人生，开始将目光从神的光彩投向人类自身。应该说，关注、思考自我是个体进步、成熟的表现，而了解、认识自我的过程又是困难甚至是艰巨的。但如果不去尝试揭开谜底，那将只能停滞不前或者倒退，永远没有发展的可能性了。

以上关于自身的问题就是对自我意识的思考，自我意识是一个人对自己的认识和评价，包括对自己心理倾向、个性心理特征和心理过程的认识与评价。正是由于人具有自我意识，才能使人对自己的思想和行为进行自我控制和调节，使自己形成完整的个性。

在这一章中，我们将以"自我意识"为主题，探讨它的内涵、它的发展过程、它与个体的心理健康的关系，以及据此如何做出积极的自我调整。

第一节　自我意识概述

人类对自我意识的真正研究始于文艺复兴运动，当时的人们认为人应该追求理性、自由和享乐，并喊出了"我是凡人，我有凡人的要求"的人性解放之声。

在近代西方哲学界，一些哲学家赋予自我意识以更多不同的涵义。在黑格尔的哲学体系中，自我意识被视为是人类精神在主观精神发展阶段上介乎于意识之后、理性之前的特定的意识形式。此后，法国启蒙思想家们认为人的本质应该是自由、平等和追求幸福。其中，法国哲学家笛儿尔最先使用了"自我意识"这一概念，提出了"用心灵的眼睛去注意自身"的精辟论断，揭示了对自我意识发现的途径。笛卡儿之后，有关自我的研究开始得到空前的发展。

一、自我意识的概念

自我意识是指一个人在对自己的各种身心状况以及对自己和周围关系的认识基础上，通过自身改造情感意志活动和进行行为调节、控制，以达到个人实现或完善的过程，也是人认识和对待自己的统一。自我意识是个体意识发展的最高级形式，是认识、情感、意志的融合体，是一个完整的心理结构。

要完整地理解自我意识的含义，需要强调四点：第一，自我意识是一个主动的、目的在于调节自身的过程，应排除对外应答式的自我认识、自我控制等。第二，自我意识是意识的一部分，因此它是自觉的、清醒的。这只有在个体把自我和自我与客观世界的关系当做意识的对象时才会产生。对于自我的知觉不同于对于自我的意识，后者需要更强的抽象能力。第三，自我意识必须建立在自我分化的基础之上，只有当自我分化出作为主体的自我和作为客体的自我后，自我才有可能成为意识的对象，并在意识水平上产生对自我的认识和调节。第四，自我意识概念中不可缺少地包含着个体对人我、物我关系的理解，它扎根于人的社会性本质。所以，自我意识是人类特有的反映形式，是人的心理区别于动物心理的一大特征。

自我意识虽然是对自我的认识和调节，但认识的对象、评价的标准、体验的意义、调节的目的等都是社会影响的反应和结果。因此自我意识是社会化的人的特质之一，是个体对自己社会本质的理解。一如人的社会化过程伴随人的一生，自我意识在一定的年龄阶段和认识水平上产生，并在人的一生中发展着。

二、自我意识的结构

自我意识包括作为认识者的主体自我，也包括作为认识对象的客体自我。具体地说，自我意识可以看做是一个具有分明层次的心理结构（见表 2－1）。

表 2－1　自我意识的成分与结构

<table>
<tr><td colspan="13">自我意识（自我）</td></tr>
<tr><td colspan="10">主体自我</td><td colspan="3">客体自我</td></tr>
<tr><td colspan="4">自我认识
（自我认识过程）</td><td colspan="3">自我体验
（自我情绪体验）</td><td colspan="3">自我监控
（自我意志过程）</td><td>物质
自我</td><td>社会
自我</td><td>心理
自我</td></tr>
<tr><td>自我感觉</td><td>自我观察</td><td>自我分析</td><td>自我评价</td><td>自尊心</td><td>自豪感</td><td>自信心</td><td>自我调节</td><td>自我监督</td><td>自我控制</td><td>对自己身体、外貌、衣着、风度、所有物等的认识</td><td>对自己在团体中的名望、地位，自己拥有的亲友及经济条件等的认识</td><td>对自己的智力、性格、气质、兴趣等特点的认识</td></tr>
</table>

1. 自我意识的内容成分

自我意识作为对主体自身进行反映的意识，从主体存在形式的角度来说，一般认为包括物质自我（生理自我）、社会自我和心理自我三种成分。物质自我是自我意识最原始的形态，它是个人对自己身体的认识，主要表现为对自己身体的占有感、支配感和爱护感，比如，独立个体的意识（“我”不同于他人、他物）、性别、年龄、发育状况、生理特征等。社会自我是指个体对自身社会性要素的认识。人的本质即各种社会关系的总和，所以“社会自我”包含了个体的各种社会关系及由此产生的相应的各种社会角色、所生活的社会文化环境和社会定位。心理自我是指个体对其自身心理活动的反映或认识，包括对自己的认识、情绪情感、意志、个性倾向性（兴趣、爱好、价值观、理想）及个性特征（能力、气质、性格）等的全面认识。它的发展是同个体的生理、情绪、思维的发展相联系的。个体的心理发展越成熟，心理自我的发展就会越全面，主要表现在自我情感体验、自我成人感、性意识觉醒、自我反省和自我意识的矛盾性等方面。

2. 自我意识的过程成分

自我意识作为个体意识的一个方面，同样通过认识、情感、意志三种心理过程对自身进行反映，构成个体的自我意识过程，主要表现为个体的自我认知、自我体验和自我监控。

自我认知是自我意识的认知成分，是一个人对自身和自身与周围世界关系的认识，包括个人的自我感觉、自我观察、自我分析和自我评价等。它主要解决“我是一个什么样的人”“我为什么是这样的一个人”等问题。其中，自我评价集中代表了自我认识发展的水平，自我评价是自我意识的核心，也是自我体验、自我监控的前提和基础。自我体验是自我意识的情绪成分，是个体对自己的情绪状态的体验,包括自尊、自爱、优越感等肯定的情绪体验和自卑、羞耻、不满等否定的情绪体验。它主要涉及"对自己是否满意""能否悦纳自己"等问题。自我监控是自我意识的意志成分,是个体自觉的过程,它主要表现为个人对自己行为的调节、自己对待他人和自己态度的调节,因而自我监控又称自我调节。它主要解决"如何有效地调控自己""如何改变现状,使自己成为一个理想的人"等问题。自我监控集中体现了自我意识在改造主观世界方面的能动作用,它包括自我监督、自我激励(调节)和自我控制等。

自我意识在人的个性发展中占有重要地位,它是个性结构中的一个核心成分,是个性形成和发展的前提,一个人的兴趣、能力、性格、情感、意志和道德行为,无不受自我意识的影响和制约。

三、自我意识的心理功能

一个人的人格是在社会实践活动中,在环境因素与生物因素的共同作用下形成和发展的。然而,在人格发展过程中,个体并非消极、被动地接受这些客观因素的影响,而是能通过自我意识对这一影响过程起调控作用。

1. 对环境信息的选择功能

自我意识总是促使主体选择与自我相关程度高或符合自我观念的信息予以加工,而对与自我相关程度低或不符合自我观念的信息则拒绝加工。可以说,自我意识是主体对自身心理与行为的主动的掌握。自我意识通过对外界信息的加工直接作用于个体的心理活动和行为,它是一个人自我教育、自我发展的重要机制,也是自我意识的能动性质的表现。自我意识的选择功能表现为:启动或制止行为,心理活动的转移,心理过程的加速或减速,积极性的加强或减弱,根据所拟订的计划监督检查行动,动作的协调一致等。例如,同样是与人交往,有的人自觉选择品行端正的人为友,而有的人则选择与崇尚哥儿们义气的人为伍。又例如,同样是观看一部电影,有的人注意学习英雄人物的优良品质,有的人则悄悄模仿时髦人物的行为举止。这都说明自我意识在对环境的选择上起调控作用。

2. 保持个体行为的一致性

大家有这样的经历:小的时候被老师认为是差生的人可能就破罐子破摔,而被老师夸奖的同学就会拼命努力来证明自己。个体总是倾向于产生与自我概念相一致的行为方式。另外,当现实的自我和理想的自我不能统一时,或在理想的自我实现过程中受到挫折时,有健全自我意识的人能够自省,自觉地寻找其原因。一方面,通过自我调节、控制,纠正心理偏差,努力缩小理想的自我与现实的自我的差距;另一方面,重新调整认识,形成新的"理想自我"的内容,通过对个体行为的监督、调节和矫正,使自己心理行为的个体化与社会化协调、平衡、完善发展,从而有助于自我教育和自我完善。例如运动员需要一定的身体素质,歌唱家需要一定的生理素质。如果个人能意识到自己这方面的生理素质,就有可能使生理素质的优势得到发挥。又例如,个体的某些气质特点容易形成某种人格特点而不易形成另一种人格特点,当个体意识到这一点时,就有可能在自我意识作用下,有意识地加强或削弱某种人格特点形成的倾向,以矫正生理因素的影响。例如,知道自己的神经类型属弱型的人,就需格外注意自信心和勇敢、豁达的人格特点的培养,而谨防自卑、胆怯和孤僻等人格弱点的形成。

3. 影响个体的自我期望水平

自我期望是指一个人进行某种行为之前对自己所能达到的成就目标的估计。自我意识影响着个体对未来事件发生的自我期望。具有积极自我意识者很自信,对自我持有积极乐观的态度,往往会对未来产生较高的自我期望,并为之而努力奋斗;而具有消极自我意识者很自卑,总是用消极的眼光看待有关自我的信息，对未来也会产生很低的自我期望，同时会表现出一种无助感，很容易自暴自弃。所以，健全的自我意识能促进自我实现，创造个体最佳的心理状态。通过合理的自我认识、良好的自我体验、自觉的自我调节和控制，能促进自我实现，并最大限度地挖掘自身的心理潜力。按照心理学家马斯洛的观点，自我实现是心理最健康和心理质量最佳的标志。

4. 增进人际关系的和谐

大量的心理研究实践证明，许多人社会适应不良及人际关系不协调是由于自我意识不健全或不正确造成的。如果一个人对生理自我、心理自我和社会自我的认识、体验不正确，尤其是在自我评价及自我概念上与客观的现实差距太大时，就可能造成社会适应不良和人际关系不协调，从而影响心理健康。正确的自我意识通过正确的自我评价产生合理的理想自我，并且通过正确认识自己与他人、个体与群体的不同地位和需要，采取不同的策略主动调节人际关系，对己、对人能够知己知彼从而保持良好的社会适应和人际关系，来维护心理健康。

自我意识功能的发挥主要是通过反省性思维和自我监督等机制实现的。例如，当个体在思考着什么的时候，他能对自己正在进行的思考活动本身进行反思，以检点自己正在思考的内容和形式是否恰当；当个体在谈论着什么的时候，他能对自己正在进行的言语活动本身进行反省，以审视自己正在谈论和将要说出的话是否妥帖。个体可以凭借这种功能，随时监督自己的心理和行为是否符合个性发展的具体目标，及时调控自己正在发生的心理和行为，并通过自我教育的机制使自己的行为举止符合个性发展的具体目标。

第二节　自我意识的形成

人类的自我意识不是与生俱来的，也不是个体生物成熟的自然结果，而是在生物成熟的基础上，在社会实践活动中，在个体发展到一定阶段后才逐渐出现的。人首先是对外部世界、对他人进行认识，然后才逐步认识自己。自我意识是人们在与他人交往过程中，根据他人对自己的看法和评价而发展起来的，这个过程在人的一生中一直进行着。

一、自我意识形成的阶段

每个人都是一个心灵画家，不过，这个画家的水平是逐渐提高的，当人们对自己的认识达到以下水平时，对自己的画像就基本完成了：

- 能意识到自己的身体特征和生理状况；
- 能认识并体验到内心进行的心理活动；
- 能认识并感受到自己在社会和集体中的地位和作用。

每个人给自己的画像从无到有，从差到好，大体经历以下三个阶段：

1. 生理自我

生理自我是个体对自己的躯体的认识，包括占有感、支配感、爱护感。人们有时把生理自我发展阶段称为自我中心期，这种初级的形态是以自我感觉的形式表现出来的。

大约一岁的牙牙学语的儿童开始可以用手指拿到纸、笔，拿到什么是什么，但他知道手指是自己的，这样就把自己的动作和动作的对象区分开来了，这是自我意识的最初表现。此后，儿童开始知道只要自己扔皮球，皮球就会滚远，进一步把自己这个主体和自己的动作区分开来。

两岁左右的儿童开始知道自己的名字，这时儿童只是把名字理解为自己的代号，遇到有人叫别的同名的孩子时，他会感到困惑。儿童从知道自己的名字过渡到掌握代名词“我”“你”可以说是儿童自我意识形成方面的一个质的变化。此时，儿童开始把自己当做一个与别人不同的人来认识。从此，儿童的独立性开始大大增强，儿童经常说“我自己来。”“我要……。”随着儿童把自己当做主体的人来认识，他们逐步学会了自我评价，懂得了乖或不乖、好或不好的含义。

当儿童在3岁左右会用人称代词“我”来表示自己，用别的词来表示其他事物时，说明他开始意识到了自己心理活动的过程和内容，开始从把自己当做客体转化为把自己当做一个主体的人来认识。这是自我意识的萌芽阶段，也是自我意识发展中的一次质变和飞跃，人的自我意识从此萌生。儿童掌握人称代词比掌握名词困难得多，代词具有很大的概括性，“我”一词可与每一个人相联系，运用时必须要有一个内部转换过程。例如，母亲问孩子：“谁给你的糖？”孩子应该回答：“阿姨给我的糖。”而不能说成：“阿姨给你的糖。”儿童能完成人称代词运用中的这一内部转换，没有对自我与他人、自我与他物的一定的区别和把握，是不可能的。当然，这时的儿童还没有关于自己内心的意识，像成人一样地沉思内省还是不可能的。

2. 社会自我

从3岁到青春期开始，个体通过幼儿园的学前教育和学校教育，受到社会文化的影响，增强了社会意识，认识到自己是社会的一员，并尽量使自己的行为符合社会的标准。这个阶段称为社会自我阶段。

3. 心理自我

从十四五岁到成年，大约10年的时间，这个时候，人们的性意识觉醒，抽象思维能力和想象力大大提高。生理和心理的急剧发展变化促进了自我意识的成熟，人们开始进入心理自我的时期。

在这个时候，人们开始在意别人对“我”的评价，希望引起别人的注意，而且“我”不再像以前那样满足，开始对自己不满意，希望改变自己的外貌、性格等。

心理自我是个人逐渐脱离对成人的依赖，并从成人的保护、管制下独立出来的意识，表现出自我意识的主动性与独立性，更加强调自我的价值与理想。这是自我意识发展的最后阶段。这时人们能够透过自我意识去认识外部世界，而且这样的自我意识过程将伴随人的一生。

一个人心理健康的发展是与他心理自我的发展是否完善密切相关的。心理自我发展完善的个体能够以客观的社会标准来认识社会和评价事物，树立正确的伦理道德观念，形成对待现实的正确态度、理想与信念等。

二、自我意识理论

1. 自我概念的溯源

① 17世纪哲学家笛卡儿(R. Descrates)最早从自身存在体验这一角度论述自我概念。他用“cognito”这个词描述自我概念，意指“自身存在意识”，并把它作为人类存在的核心。

② 弗洛伊德(S. Freud)用ego(自我)表示自我概念，指人格的一个有机方面。而用superego(超我)表示自我评价、自我判断和自尊，尤其是自尊，认为“超我”涉及自我知觉的某些方面。

③ 詹姆斯(W. James)首用self表示自我概念，并沿袭至今。他把自我区分为经验客体的我(me)和作为环境中主动行动者的我(I)。作为经验客体的我，包括三种不同形式：精神的我，由个人目标、抱负和信念等组成；物质的我，指个人的身体及其属性；社会的我，即他人所看到的我。

④ 英国的库利(C. H. Cooley)提出“镜中自我”的概念，强调个体对自己的看法反映着他人对自己的看法。

⑤ 米德(G. H. Milder)提出“符号相互作用论”，认为个体具有“角色采择”的能力，即自我反省和觉察的能力，通过“主体我”(作为自我的体验者)和“客体我”(作为自我的被体验者)之间的对话，审视自己。

⑥ 苏联社会心理学把自我概念分为四种类型：现实的我，指个人对现在的我的看法；理想的我，指个人认为自己应当成为的人；动力的我，指个人努力成为的人；幻想的我，指如果可能的话，个人希望成为的人。

⑦ 罗杰斯(C. Rogers)区分了实际感觉到的自我(真实自我)和理想中的自我(理想自我)，认为二者的差异表示个体心理顺应指数。理想自我可以激发成就感，促进个体对社会的适应。

⑧ 美国的雷斯(F. P. Rice)认为，每个人实际存在着六种不同的自我：实际自我、自认的自我、自己希望的自我、他人的自我、他人希望的自我、自认他人希望的自我。这些自我彼此间都会出现不一致的情况并形成各自的矛盾。

2. 自我意识发展的理论

自我意识在个体身上出现后，又是如何发展的呢？不少心理学家对此进行过研究，并提出了相应的理论模式。了解这方面的有关理论，将有助于大学生从整体上更好地把握自我意识的发展框架，加深对自我意识发展过程的整体认识。

(1) 弗洛伊德(Freud)的潜意识理论

奥地利著名精神分析学说创始人弗洛伊德认为，人的精神活动，包括欲望、冲动、思维、幻想、判断、决定、情感等，会在不同的意识层次里发生和进行。不同的意识层次包括意识、前意识和潜(无)意识三个层次。人的心理活动好像一座冰山，露出水面的只是一小部分意识，但隐藏在水下的绝大部分前意识和潜意识却对人的行为产生重要影响。意识即为能随意想到、清楚觉察到的主观经验，有逻辑性、时空规定性和现实性。前意识虽不能即刻回想起来，但经过努力可以进入意识领域的主观经验。潜意识(无意识)是原始的冲动和各种本能、通过遗传得到的人类早期经验以及个人遗忘了的童年时期的经验和创伤性经验、不合伦理的各种欲望和感情。相应的，这三个意识层次分别对应人格的三个部分，即超我、自我和本我。

1920 年，弗洛伊德在《超越快乐原则》一书中提出了“自我功能”的概念。1923 年，他在《自我与本我》中阐述了他的人格结构理论，他认为人格结构包括三个组成成分，即超我、自我和本我。他分析了自我与本我、超我与现实环境的关系，他认为，自我的主要任务是自我控制。自我是一个组织，它必须努力控制围绕着它的三个方面：本我(原始的力量，是个体身上遗传所得到的本能冲动)、超我(将父母的人格及社会道德内化到个体内心深处所形成的良心和自我理想)、现实环境(个体所面对的外部世界)，使他们相互妥协，不发生难以控制的冲突。

弗洛伊德认为，在现实环境的作用下，一部分社会所接受的本我被改造成自我的一部分；另一部分自我则是在超我的作用下形成的，自我做得好时，超我予以奖励，引进自尊感和自豪感，自我表现不符合超我的要求时，超我则给予惩罚，引起内疚感和罪恶感。自我的主要作用是控制，也即协调本我与外部世界或本我与超我之间的关系。它遵循现实原则，它尽力满足本我的要求，但同时又要考虑现实的可能性与超我是否允许。自我通过调节外部行为和控制活动来适应环境，当自我面临客观的危险或内部的不被超我和现实接纳的本我冲动时，就会产生恐惧和焦虑，从而激发自我防御机制，以非理性方法使个体免受心理上的损害。

弗洛伊德的理论在当时虽风行一时，但也遭到多方面的指责和批评。从某种意义上讲，他为后人开拓了心理学探索和研究的领域，变更了心理学的研究方向，他对于人性问题的观点也具有非常大的启发意义。

(2) 米德(Mead)的人际互动理论

米德从社会人际互动的角度阐述自我意识的发展过程。他认为，个体脱离他人就不可能形成自我，个体的自我意识是在个体借助语言符号与他人互动的过程中产生的。为此，他提出三阶段的自我意识发展模式。第一阶段是准备阶段，个体尚未掌握语言符号，不能借助符号与他人进行交往，属自我的原始状态。第二阶段是模仿阶段，个体掌握了语言，学会模仿母亲、教师等"某个重要他人"，并能从对方的角度来看待自己。第三阶段是社会角色扮演阶段，个体扮演某个社会角色，并能从综合几个"重要他人"的角度来看待自己，将他们概括为泛化他人，从而将在"泛化他人"身上所体现的群体期望、社会规范内化于自身，形成自我。

(3) 奥尔波特(Allport)的人格发展理论

美国人格心理学家、实验社会心理学之父奥尔波特从人格发展的角度提出了自我意识的发展模式——从生理自我，到社会自我，最后发展到心理自我。他认为，个体从出生到 3 岁这一阶段的自我意识，是以躯体为基础的生理自我，这期间个体表现的行为是自我中心的，以自己的想法来解释外界，认为外部世界是为他而存在、以他为中心的，故而该阶段又称自我中心期。从 3 岁到青春期以前的十三四岁是社会自我阶段。个体通过在幼儿园参与反映成人社会生活的游戏活动，扮演各种角色，长大后通过参与学校生活，承担相应的社会责任和义务。他们在社会化过程中产生自我实现的需要和欲望，特别是在成就动机的推动下，努力学习，表现出符合社会要求的行为，以实现符合社会期望的社会自我。这是个体接受社会文化影响最深的阶段，故而又称客观化时期。从青春期到成年大约有十年时间是心理自我阶段。在这一阶段，自我意识的发展表现出四个方面的特点：一是用自己的观点来认识与评价客观事物，使自我意识成为个体认识外部世界的中介因素，从而使个体的思想和行为带有浓厚的个性色彩；二是个体会从自己所见到的人格和身体特征出发，强调相应事物的重要性，形成特有的价值观体系，以指导自己的言行，提高自己的社会地位；三是追求生活目标，出现与价值观相一致的自我理想；四是抽象思维能力大大提升，使自我意识能超脱具体的情境，进入精神领域。总之，在这一阶段由于个体身心的急剧变化，各种能力(尤其是想象力、逻辑思维能力)的加速发展，使自己在客观化时期从社会上所吸取来的东西得到独立的综合加工，并使之具有浓厚的个体主观性，故而该阶段又称为主观化时期。个体的自我意识也就在这个阶段得以成熟。

(4) 洛文格(Loevinger)的自我意识发展模式

洛文格采用造句测验的方法搜集大量资料，长期研究自我发展，提出七阶段的自我意识发展模式。

第一阶段为前社会的、共生的阶段，个体不能区分自我与外界客体，与父母或生活中的玩具处在共生关系之中，这种关系将促进自我与非我的区分。

第二阶段为冲动阶段，个体表现为受身体冲动支配，但行为定向几乎都是现在，而不是过去或未来。虽然他们能够理解身体上的因果关系，但缺乏心理上的因果关系观念。

第三阶段为自我保护阶段，个体认识到规则的存在，并力图依靠规则来满足自己，注意控制冲动，免受惩罚，学会保护自己。

第四阶段为遵奉阶段，个体认识到自己与群体的利益一致，重视与他人的友好、合作，自觉遵奉团体的规则。他们若是生活在没有仇恨的社会环境中，会体验到信赖的感觉。相反，他们若是生活在充满恶意的社会环境中，就会感到紧张与戒备，便不可能形成遵奉。

第五阶段为公正阶段，个体只有到十三四岁时才能达到这一阶段。他们第一次发现称之为“良心”的道德观念，有强烈的责任心、义务感，不仅能体验到自己的内心世界，而且也能感受到他人的各种隐蔽情感，理解他人的观点。

第六阶段为自主阶段，个体具有在众多矛盾中正视和积极处理冲突的能力，而不回避和推卸责任。

第七阶段为整合阶段，个体超越了自主阶段的冲突，达到自我发展的最高阶段，相当于马斯洛提出的“自我实现”水平。但很少有人达到这一阶段。

上述理论从不同的侧面阐述了自我意识的发展过程，对于大学生理解自我意识发展的复杂性很有帮助。

第三节　大学生自我意识的发展

一、大学生自我意识的特点

大学生由于面临的学习任务和社会活动不同，在生理、认识和情感等方面的发展与高中生相比有了很大的不同，自我意识方面进一步增强，出现了新的特点。

1. 自我认识方面

(1) 自我感觉的意识明显增强但矛盾突出

自我感觉是自我认识的起点。大学生的自我感觉意识较中学时代明显增强，他们不仅关注自己的外表、行为举止等外在的因素，而且关注自己的性格、智力、交际能力、组织能力等内在的因素。原先表面的我、笼统的我逐渐分化成了实质的我、具体的我。自我的分化，使大学生对自己的内心世界和行为、对自己的角色和责任有了新的认识。他们明显感觉到了自己身上肩负的历史使命，自觉地赋予了自我以重要的角色，然而理想自我与现实自我的矛盾冲突却使得他们的自我意识难以统一。

大学生自我意识的矛盾具体表现为：

第一，对自我的期望过高。由于社会对大学生一向期望甚高，家庭也以子女考上大学为荣，因此，大学生的自我感觉一般很好，他们甚至会用社会自我、理想自我直接代替现实自我，即用超我代替自我。

第二，对独立的误解。追求独来独往或不顾社会规范的我行我素是大学生内心深处对独立的偏执理解。其实，独立并不意味着独来独往和我行我素，而是指在感情上、行为上个体能对自己负全部责任，但并不排除接受他人的帮助。大学生的独立意识增强，这本身是一件好事，它表明大学生的成熟与长大，但是，若不能达到自律与他律的有机统一，则极易陷入孤僻的误区。

第三，对自我的否定。一部分大学生由于缺乏强有力的家庭、社会背景的支持，再加上某些方面能力的不足，因而导致对自我的否定。一次小小的失败都可能积累起沉甸甸的挫折感，而挫折感的积累又是自卑感产生的前提和基础。一个人一旦缺乏自信，便会部分或完全否定现实自我，从而导致对自我的认识和评价过低。

(2) 自我分析的广度拓宽但深度不够

大学生的自我分析构成了自我认识的前提条件，正确的自我认识是建立在恰当的自我分析基础之上的。

从广度上看，大学生的视野比其他青年开阔，他们对自我的分析不仅涉及生理、心理等一般问题，而且还涉及自己在整个大学生群体中、在整个社会中究竟处于什么地位。当他们在因接触到各种典型人物而激动的时候，当他们因阅读各种文学作品受到感染并将自己和主人公相对照的时候，当他们在学习和生活中遭遇挫折的时候，往往也是他们的自我感知表现最强烈的时候。这时候他们的内心会产生一系列的想法：我究竟是怎样的人？我有什么优缺点？我在周围人心目中处于什么地位？我将来会成为一个什么样的人？我应该怎样努力才会赶上和超过别人？等等。产生这些想法的过程就是大学生自我分析的过程。

从深度上看，大学生对自我的分析虽然比中学时代有所加深，并且随着年级的升高，他们自我分析的深刻性也呈提高的趋势。但是，由于理论知识的功底不扎实，大学生在进行自我分析时往往看不到问题的实质。例如有的大学生在看到社会上的不正之风后，就误认为整个社会都是如此，毫无正气可言；在否定他人的同时，也为自我分析找到了辩解的理由；而当自己身上出现这样或那样的不足时，他们往往会归因于他人和社会，这明显体现了大学生自我分析的深度不够。

（3）自我评价的途径多样但欠客观

大学生的自我评价途径有许多种，主要表现为：

对镜评价——根据库利的“镜中自我”理论，社会就像一面大镜子，你在其中的形象如何，必须依赖于他人的评价和肯定，尤其是父母、兄长、教师和同学的评价。大学生对彼此的发型、衣着、仪表风度的看法，会改变大学生对自我的认识；教师对大学生学习能力的评价会影响大学生自我发展的方向；父母兄长对大学生的态度也会激发大学生强烈的自我意识；大众传媒的宣传对大学生自我意识的发展也起到了不可低估的导向作用。可以说，大学生自我评价的成熟及自我意识的发展是在他人的态度和评价中形成的。

自省评价——大学生的自我评价不完全以他人的评价为根据，已经确立相对稳定的世界观和人生观的大学生，其自我评价往往以自我分析的方式独立完成。但是，大学生要摆脱外界评价的影响而进入到独立进行自我分析的阶段是一个艰难的过程，它主要取决于大学生的世界观、人生观的确立是否相对稳定。我国学者韩进之等曾对在校大学生的自我反省状况做出的调查表明，我国大学生能够主动自我反省、独自进行自我调节的比例随年级的升高而增加的趋势十分明显（见表2-2）。一些大学生在调查中这样写道：“我向来是在反省中前进的。”“我常常提醒自己，树立起坚强的信心，鼓足勇气，去克服我的弱点，有目的地锻炼自己。”“我才华疏浅，常立志而又往往不能力行，所以至今学无成就，平淡如水，但我要立志做一个真正的人。”这些都反映了大学生积极向上的自我反省状况。

表2-2　我国大学生自我反省状况

类别＼年级（学期）	大一（下）	大二（下）	大三（下）	大四（下）
自觉进行反省	10.00%	6.25%	28.75%	46.25%
在他人帮助下进行反省	83.73%	91.25%	62.50%	50.00%
自我反省愿望小	3.75%	2.50%	6.25%	2.50%
不能自我反省	2.50%	0	2.50%	1.50%

大学生能借助一定的社会评价来认识自己，但又不完全依赖别人的评价，这是大学生自我评价能力增强的表现。但是，大学生对客观事物的理解和判断上的肤浅性和片面性，常常使得

他们对自我的理解和判断只看到一面而看不到另一面，只看到表象而看不到本质，所以就有可能时而夸大自己的长处，缩小自己的短处，时而又相反。

2. 自我体验方面

大学生的自我体验，明显不同于童年时期和少年时期那种被动的、短暂的、肤浅的自我体验，而是能够对自己内心的各种情感自觉地感受和体会，这是一种情感的认定。大学生的自我情感体验有如下特点：

(1) 自我情感体验丰富深刻但两极性明显

大学生活是丰富多彩的，丰富多彩的校园生活为他们发展自我情感体验的丰富性提供了条件。随着专业知识学习的深入，有些大学生能明显感受到在知识的海洋里徜徉的快乐；在丰富多彩的校园文化活动中，有些大学生可能会为一场学术报告或辩论比赛而产生自豪、自矜或自卑、自惭的自我体验；在与大学教授、辅导员、班主任接触的过程中，有些学生可能会为他们的热情帮助而产生献身事业的情感体验；在参加社会实践活动的过程中，有些大学生可能会产生报效祖国的情感体验。随着生理的成熟和心理的发展，大学生友谊与爱情的情感体验也更加广泛深刻。

大学生的情感体验虽然丰富、深刻，但两极性明显。当因取得成绩而受到表扬时，当言行举止被别人接纳时，他们都会表现出愉快、喜悦等积极的、肯定的情感体验；而当遇到挫折、受到批评时，他们又会产生消沉、忧郁等消极的、否定的情感体验甚至会自暴自弃。

(2) 自尊心、独立感增强但把握不稳

自尊心、独立感是一个人对自己抱肯定态度的情感体验。随着生理的逐渐成熟，大学生在心理上产生了一种前所未有的成人感，并强烈要求别人能把自己看成社会成人。他们的心中逐步确立了一个新的自我——成人式的自我。例如，他们在与人交往的过程中，极力阐述自己的主张；在学习过程中喜欢独立思考，不喜欢别人的管教；在生活中，喜欢自立自强；在班级活动中，不喜欢别人过多干预、指责、干扰和控制自己的言行。总之，“你想如何干就如何干”“只要是你自己肯定的，什么都是可以的”这种自我意识方面的相对主义，在大学生中比较盛行，这实质是道德上的个人主义和虚无主义。

大学生的自尊心、独立感在增强的同时，常出现矛盾和不稳定的特点。他们常希望在正确认识自己的基础上肯定自己，但往往在片面肤浅的认识基础上肯定自己；他们希望别人尊重理解自己，但自己常常不尊重理解别人，甚至伤害别人；他们希望自己是个了不起的能人，但又不善于向别的能人学习；自己想成功，一旦受挫折又极易灰心丧气；表面上不在乎别人对自己的看法，但内心却十分计较这些。

(3) 自我体验的表达从封闭性向开放性过渡

大学生自我体验的封闭性是他们自我认识迅速提高的副产品，是一种过渡性的情感体验。

大学生从内心讲是非常愿意与别人诚挚交往的，并希望与别人交流思想、沟通情感。但是相当一部分大学生从跨进大学校门之日起，就产生了一种莫名的孤独感，现实生活中人际关系的复杂化使他们对正常的人际交往望而却步，所以有些大学生总是自觉不自觉地以一种闭锁的方式来处理自我体验的矛盾性。

但是，人是社会的人，一个人要想完全封闭自己是不可能的，生活中总有一些东西是别人可以体察到的，甚至包括人的情感在内。随着自我认识水平及自我表达能力的提高，大学生的自我情感体验必然从封闭性走向开放性。大学生自我情感体验的开放性表现在：一是认同感的寻求，即力求从自己对他人的态度来认知他人对自己的态度；二是在社会现实交往中，尽可能扩大自我开放的程度。

3. 自我控制方面

大学生自我控制的愿望十分强烈，自我控制的水平较中学生有明显提高，特别是在自觉性、果断性、坚持性、自制力等方面有显著发展。这是一种意志的认定，意志的认定是大学生在客观世界中完成表现自己的关键环节。

（1）在自我控制的自觉性方面

大多数学生在经历了大一时期的角色转变、学习生活交往和人际关系等方面的心理适应过程之后，很快便进入了一个角色定位的稳定时期，这时大学生的自我监督、批评与教育的认识水平提高了，他们不是在感知水平上驾驭自我，也不是在表象水平上驾驭自我，而是能够在信念水平上驾驭自我。

（2）在自我控制的主动性方面

大学生自我控制的主动性的提高主要表现为独立性的发展，这种独立意识促使他们对自己的控制方式逐步从外部控制转变为内部控制，即主动地掌握自己的心理变化，特别是在规划自己的职业理想、生活理想和人格理想时，基本上克服了由家长、老师和长辈帮助规划的被动情况，转变为主要依靠自己的想法，主动地、独立地规划。

（3）在自我控制的社会性方面

一方面，大学生有自己的兴趣爱好，他们非常希望按照自己的主观需要广泛阅读自己感兴趣的书籍，从事自己感兴趣的工作。另一方面，学校、家长、社会对大学生又提出了不同的要求。择业现实的严峻性迫使大学生的自我天平由主观自我向客观自我倾斜，按照社会标准、社会期望、社会条件来规划自己的未来已成为大学生的必修课。

4. 性别特点方面

研究表明，大学生的自我意识的发展存在比较明显的性别特点。

（1）自我评价方面

心理学家发现，男大学生的自我评价往往比女大学生要高一些。他们倾向于高估自己的能力和在同龄人中的地位，不愿承认自己的弱点。而女大学生则更在意外界如何看待和评价自己，更注意自己在别人心目中的形象。女大学生对别人的批评或讥讽反应，较男大学生更为强烈，更易受到心理上的挫伤。

（2）自我体验方面

与男大学生相比，女大学生的自我体验更为丰富和强烈。首先，男大学生的自我描述比较着重活动方面，重点在于表现新的兴趣和活动种类；而女大学生的自我描述则比较主观，着重谈自己的情感体验。其次，男大学生在自信心方面的表现强于女大学生。最后，男女生的自尊感表现形式也不同。女大学生的自尊感比较内向，她们“爱面子”，害怕自己的自尊受到损伤，常表现得有些退缩、担心失败。而男大学生的自尊感则比较外向，常表现为独立性、竞争性，对失败有时显得似乎满不在乎的样子。

（3）自我控制方面

男大学生的自我控制比女大学生要多一些。一项皮肤电反应实验表明，尽管男女被试的皮肤电反应基本相同，即他们内心的生理反应基本相同，但在口头陈述自我体验时，女性比男性更显得紧张不安。这说明，男性为了在外部表现上符合社会赋予的理想形象，故而更善于控制自己，不轻易流露自己的情感。

二、影响大学生自我意识发展的因素

大学生自我意识的觉醒和对自我的前所未有的关注，使他们生活在动荡不安的心理世界中。自我的接纳与排斥，自我的同一与分离，自尊的获得与丧失，自我价值的认同与否定，以及由此而导致的希望与失望、信任与怀疑、喜悦与忧伤、成功与失败等诸多复杂的情感体验，构成他们心理矛盾与冲突的主旋律。诸多研究和事实表明：大学生的心理问题日趋严重，且不断升级，而大学生的心理问题和危机又大多源于自我意识。那么，影响大学生自我意识的因素有哪些呢？概括起来可分为客观因素和主观因素两个方面。

1. 客观因素

客观因素是指影响大学生自我意识水平发展和走向的社会以及个人人际环境。尽管自我意识是一个人关于自我的认识，但由于个人并非完全独立地自我存在，自我意识就不是一种单一现象，即不会如同一个被封闭的个人变量。既然自我意识是一个人际变量，那么自我意识必然受制于非个人所能决定的客观因素，这些因素主要有：

（1）时代背景

人是社会性的存在而非孤立的抽象物，个体心理在一定程度上也是其生活环境的投射。因此个体及其自我意识必然受其所处的时代大环境影响。随着国际间的合作不断加强、经济全球化的不断深入、我国社会主义市场经济的稳步推进以及社会转型和变迁的加剧，当代大学生正处于一个日新月异的时代。这种活跃开放的时代氛围的确为大学生展示才华提供了更为广阔的天地，为他们实现自我提供了一个积极宽松的自由的环境，但同时又把许多心理压力和冲突摆在了他们面前。自由和开放促进了自我的活跃和选择的主动，但同时也带来了更大的不确定性和不安全感；竞争和参与能够激发自我的潜能和动力，但也使自我面临更多的压力和威胁；差异和对比可刺激个体为实现自我价值而不断努力，激发其追求优越、超越自我的动机，但也会导致心理失衡和自我的失落；变化和发展提供了更为丰富的自我空间，也带来了更大的挑战和适应的困难。因此，自我的开放与闭锁、积极与消极、顺应与不适也因而更为分明。价值取向的困惑、个人自我定位的矛盾、自我评价的冲突都显现出明显的时代特色，而大学生这一激进、敏感、活跃、最为贴近时代的青年群体就更是如此。因而，大学生自尊感的得与失、自我接纳与自我排斥的冲突、自我同一性的分离与确立都有着时代潜移默化的影响。

（2）文化背景

文化通常被阐释为能使生活个性化的一整套共同观念、习俗、信仰和知识体系，也被视为一种习惯化的生活方式。由此可见，文化是自我形成的生活背景和自我整合的关键。文化和自我的关系已得到不断的重视。相关研究表明：不同的文化模式对个体自我的影响不同，价值观和规范确定的严密文化易于形成个人的集体自我和社会自我，而多元价值和更少规范性的松散文化有利于个人自我的形成。不同的文化价值取向必然影响到个人的价值取向，所以它必然也作用于自我意识。另外，文化的复杂性也与自我发展有关，文化越趋复杂，个人的同一性越混乱。在个人价值取向的文化中，个体的自我监控水平要比集体价值取向的文化中的高。同质文化比异质文化更可能助长个体集体自我的发展。

由于文化变迁中的文化嬗变，文化模式更趋复杂。如今单一的同质文化常受到复杂的异质文化的冲击，集体价值取向文化也普遍受到个人价值取向文化的影响，这具体表现在传统文化与现代文化的裂变与继承，东方文化与西方文化的交融与排斥。这种文化嬗变中的冲突也将价值观、生活方式、思想观念的斗争加诸敏感的大学生身上，从而影响他们的自我意识。

(3) 人际环境

人际环境是个体直接参与和接受影响的亚环境，是自我的现实存在圈。自我的形成是一个不断接受个人人际环境影响的过程。因此，源于个人人际环境中的刺激、信息以及个体对此的认识和态度对个体自我意识的形成、强化和修正都有着极为重要的影响。个人人际环境主要指个人成长中的“重要他人”(如父母、教师、亲朋、伙伴等)以及他们之间的相互关系和相互作用的方式、程度，等等。家庭关系、父母的教养方式等家庭影响是个体获取自我价值的来源；教师、同伴的认同、接纳也很大程度上左右着个人的自尊、自信及自我效能感；集体地位、学校体验是大学生自我同一性形成的重要影响因素。这些因素常常以积淀的潜意识形式影响着个人的自我意识，左右着个人的自我认知和自我体验。由于个人总是有意或无意地用从人际环境中所获得的认知来确认自我，因而从环境中所获得的消极或积极态度、信息是决定个人自我价值认识的重要方面，从某种程度上讲，个体的自我意识是其成长环境的缩影，是接受人际环境影响、塑造的结果。

2. 主观因素

大学生的自我认识水平，与青年期这一特定年龄阶段心理上的不成熟和个人认知、体验水平的差异密切相关。以下主观因素对大学生自我意识的影响较为重要。

(1) 自我价值取向和多元化冲突

自我价值取向是个体心理中最具决定性和影响力的因素，也是个体行为、目标决策中的制动因素，它影响着个人自我定位和自我发展的走向，同时又影响着个体的自我体验和评价。如前面所述，时代变迁和文化嬗变必然导致思想、价值观念的复杂和多变，由此就会导致个人价值取向的多元化带来的困惑和冲突。有些大学生会在急功近利的短见下形成与社会不相适应的价值取向，从而引起自我评价中的错误，影响自我体验水平。可以说，大学生是一个有高抱负水平、高期望值的群体，他们不仅有自己的追求和期望的生活方式，还肩负着他人和社会的期望。大学生在面临具体的现实时，如果不能得到多方位协调，个人价值取向的确定就更加困难，对理想的焦灼和他人、社会的违逆，便转化为对自我的焦虑。因此，他们便会觉得“为他人而活责任太大”“众口难调”“与世不合”，从而使自我面临冲突和危机。青年期是价值观和生活方式的初步形成期，也是最易受到影响的不稳定期。尚未定型的价值观使得大学生会在各种挑战、选择和诱惑面前产生困惑、冲突和压力，甚至导致他们对自我的价值产生怀疑，从而缺乏客观理性的自我分析和自我定位能力，或盲目从众，或一意孤行，这些均不利于他们自我意识的发展和调控。

(2) 理想我和现实我的差距

青年期本来就是一个多憧憬、多激情的时期，加之自身的优越条件，不少大学生认为“不能委屈了自己”，因而他们对于理想中的自我或自我的理想设计近于苛刻，近乎完美无缺。对自身的设计一旦脱离现实的约束和限制，便会使大学生盲目扩展和张扬，做出不符合自身知识、能力和客观条件(即现实我)的决定。一旦发现现实与理想存在差距，他们便不会再自我陶醉，自我中心的跌落以及现实我与理想我之间形成的心理落差，便会使他们陷入对自我的失望、怀疑和焦灼中。期望自己“漂亮、高大、神气、活泼外向、口若悬河、有领导组织才能、出人头地、讨人喜欢”，却发现自己其实可能“不很漂亮、低矮、内向、受人指使、不讨人喜欢”。这种落差带来的失意会使他们缺乏自尊和自信，失去自我接纳的勇气，出现自我排斥。因此，适度的抱负水平，合理的自我设计，理性、适当的自我认识，理想我和现实我之间的适当距离，都有利于大学生正确认识自我、接纳自我，形成正确客观的自我意识。

（3）主体我与客体我的矛盾

“主体我”是个体在自身独特的感受领域、心理空间内体验到的“个人我”，是在一定的社会文化背景中形成的自我认识和体验；“客体我”则是自我在一定的人际关系、社会互动中感受的作为社会客体的自我表现和社会认可，即“集体我”“社会我”。当此二者协调时，个体会获得积极的自我认同感和较高的自我同一性，而当此二者不能统合时，便会出现自我的分离和认同感的缺乏。

大学生的这种矛盾体现在：与社会、集体的力量相比，他们常会感到自我的不足和渺小，认为自己是“微不足道的沧海一粟”，不能正确评价自我价值，导致产生自我萎缩性心理；把个人与社会、集体和他人对立起来，处于人际关系的焦虑之中；不能正确对待自我实现与社会要求的矛盾；不能正确处理自我完善与社会规范的关系；不能协调展现个性和处理人际关系所导致的冲突。因此，有更多的人常为过多考虑他人利益和态度或过分迁就他人而苦恼。另外，他们也会为集体、社会的要求而苦恼。他们要求他人、集体与己方便，却发现总不尽如人意。这种矛盾在青年期“第二次诞生”后，往往使“主体我”与“客体我”的分化成为可能，因而大学生产生自我与非我的一些非理性态度也成为必然。如果不能正确地处理个人与社会、集体的关系，不能正确对待个性与公共利益、自我实现与社会要求，必然导致自我的畸形发展，从而缺乏归属感和认同感，产生自我失落感。

（4）对成败的认识、体验水平和归因方式的差异

对于成败的认识、体验水平不同，个人的归因方式不同，都会对自我意识的发展、成熟形成一定的影响。挫折、失败固然是个人成长过程中不可避免的，但对不同的人有不同的意义。体验挫折和失败多的人，会将其扩大化和严重化，不能正确对待挫折得失，缺乏自尊情感和自我接纳。缺乏成功的体验，也会使个人自信心不足，自我投入的水平低。

不同的归因方式也会影响个人的自我意识。将个人的成败归于运气、机遇等不可控的外在客观因素的人会趋于自我保护和防御，缺乏正视现实和挫折的勇气，这样必然不利于自我认识和反省。将个人成败归于自身能力、水平等自身内在因素的人，容易丧失自信、自尊，出现自我萎缩性行为。只有将成败归因于个人努力与否以及努力的程度，才更能激发人不断奋斗，从而更有利于确立积极的自我意识。

大学生都有过不同的成败体验，在一个才智竞争激烈的集体环境中，这种体验会更易于影响个人。体验失败多于成功，对挫折缺乏心理承受力和正确的认识与归因的人，往往经不起挫折，易对失败产生恐惧，从而自卑、自弃，建立不起稳固的自我心理防线。同样，由于大学生以往的成功经历相对较多，对新环境中将会遭遇的挫折、失落等缺乏应有的心理准备和承受力，常会导致更多的自我冲突。由此可见，对成败的认识和归因方式，是影响自我的一个重要因素。

（5）心理和人格的完善程度

大学生正处于青年末期向成年期的过渡转变期，心理上相对处于尚不成熟趋向成熟的发展阶段。尚不成熟的心理水平使一些难以克服的心理和人格弱点成为影响他们自我意识的又一重要因素。

大学生有限的认识水平对大学生的自我意识有很大的影响。这主要表现在，思维的敏捷性、批判性增强，但缺乏理性、深刻性、客观性、全面性，因而往往自我认识偏狭；或自我评价过高，目空一切；或自我估计过低、妄自菲薄；时而在自我的巅峰陶醉，时而在自我的低谷徘徊。

心理承受力差也是一个影响大学生自我意识的重要因素。大学生自我期望值高，勇于进

取和创新，但由于心理承受力不够，对挫折的承受力不足，一旦遇到失败，往往不能正确认识。自我意识的防线越脆弱，越易产生自我否定性行为。

性格上的缺陷也是影响自我意识的关键因素。自卑、内向型性格缺点往往是导致自我萎缩、自尊情感匮乏、自我接纳水平低的重要心理因素。心理和行为上的弱点是因人而异的，这也是大学生特定发展阶段的心理反应，这些不足常会成为影响个人自我发展的重要因素。

影响大学生自我意识的因素是多层次、多角度且多变化的。自我所面对的客观环境和自身的心理特点，使非我因素和自我因素交互作用，共同影响着大学生自我意识的发展。由于自身的不足、环境的复杂多变和心理应激源的增多，大学生自我意识发展过程中将会出现更多问题。只有深入了解这些因素，才能正确认识大学生的自我意识和心理状况，大学生才能为他们的健康发展寻找有益的帮助和付出有效的作为。

第四节　大学生自我意识的完善

一、心理健康与自我意识

对于这个问题，必须用发展的眼光来看。自我意识的每一个发展阶段都与心理健康有密切联系，而且不同发展阶段的个体的心理健康特点也有所不同，心理健康不等于自我意识成熟，而成熟的自我意识将是心理健康的标志。不能说3岁的孩子处在“自我中心”时期就不健康，他此时的自我意识将决定这个时期心理健康的特点与别的时期不能一概而论。

健康的自我意识至少应该具备以下几个特点：

1. 恰当的自我认识

在不同的成长阶段，人们应该对自我有不同程度的认识，比如，3岁前应具备“生理我”的基本认识，而随后就应该有“社会我”和“心理我”的自我认识。如果到了成年期仍然分不清自己是男是女，那一定不会是心理健康的。

2. 真实的自我体验

不能断然说有某一种自我体验就是心理健康的，没有某一种自我体验就是不健康的。比如自卑感，幼年期儿童有许多事情都必须让成人替他们做，他们感觉自己很“不行”，当他们觉察到自己“不能”时，其实就是一种自卑体验，但这是发展中的正常体验，是成长的一部分。因此，健康的自我体验首先应是真实的，喜、怒、哀、乐皆自然。

3. 合理的自我控制

不同的年龄有不同的自我控制方式，也有不同的自我控制程度。健康的自我控制就是恰当的自我展示，包括有符合年龄要求的行动导向和情感宣泄。比如小孩受委屈可以不顾场合、不分地点地哇哇大哭，而大学生就该认真考虑自我的社会定位。

总之，健康的自我意识应该是可以促进“自我”不断发展的意识，当“自我”倒退或停滞不前时能及时提供觉察信息，能发挥主观能动性来调整行为、明确方向，使“自我”始终处于不断发展的状态。

二、大学生自我意识完善的途径

1. 正确的自我认知

“人贵有自知之明”，全面而正确的自我认知是培养健全的自我意识的基础。自我认知是需要多方位建立的，既有自己的认识与评价，也有他人的评价。大学生不妨认真仔细地想一想，忠实于自己的内心，用尽量多的形容词描述自己。在此基础上，再进行第二步，他观自我的描述，即描述父母眼中的我、同学眼中的我、老师眼中的我、恋人眼中的我、兄弟姐妹眼中的我，然后再寻找这些描述中的共同品质，并将其归类。这样描述的维度越多，就越能找到比较正确的自我。

对自身发展的某些状况的认识和评价，单凭自我感觉是不够的，必须通过内外结合的途径才能形成全面客观的看法。具体来说，对自身的评价和认识主要通过以下三种途径进行：

(1) 与同龄人进行比较

比较是人类认识事物的一种重要方法，人们也是通过与他人比较来认识和评价自己的。在日常学习和生活当中，大学生通过不断认识和发现同龄人身上的特征和内在品质，并自觉地将自己的相应表现与之相对照，得出好或差的结论，形成基本的自我认识。

但是，在运用比较时，也常常容易出现偏差，导致自我认识不客观，自我评价偏高或者偏低。所以，在与同龄人比较时，应注意下面几点：

① 自己与对方之间必须存在共同的、可比的因素。确立比较对象时，一定要注意对方与自己是否具有共同的特征，比如环境、经历、受教育程度等。评价时要用同一种标准，不能严以律人，宽以待己，也不能对自己过于苛刻。

② 着重与对方比较本质的重要的特征。对一些外在的次要的特征不必过分在意，如相貌、身材、家境，等等，而应着重在人品、学识、个性等本质特征方面进行比较。

③ 数量加质量，横向兼纵向。比较时既要关注数量，又要关注质量，比如在学习方面，不能仅仅关注学习时间长短的不同，还要讲求效果。比较时，既要注意与同龄人进行横向的比较，还要重视与自己以前的水平作纵向的比较。

(2) 分析别人对自己的态度和评价

别人对自己的态度和评价是认识自我的重要途径，比如一个大学生被亲人钟爱，被老师欣赏，被同学们喜欢，他得到的多是对自己的鼓励和赞扬，在自我认识时，他就会给自己较高的评价。相反，如果一个学生总是被人批评和贬低，他对自己的印象也就不会好。他人的评价对自我的认识具有重要意义，但是别人对自己的看法未必就是正确和全面的，其中可能有偏爱或偏见，也可能有所保留，所以要认真分析，酌情取舍。为此，要注意这几点：第一，重视对自己了解全面深入的人的意见。父母、老师、朋友都是与自己朝夕相处的人，对自己的了解比较全面，也比较深入，应该多听听他们的看法。第二，重视意见比较集中的看法。一般来讲，如果许多人对自己的某方面有一致的看法，则这种看法具有较大的真实性和客观性。当然，也有“真理掌握在少数人手中”的时候，但这种情况出现的概率较小。第三，虚心听取与自己观点不同的意见。俗话说“当局者迷，旁观者清”，有些事情仅从自己的角度看，难免存在盲区，此时听听别人的意见就能够减少盲目性。有些时候别人的看法比较尖刻，会让人感觉有损自尊，难以接受，但如能想一想“忠言逆耳利于行”，我们就能让自己镇定下来，认真思考其真实性，以帮助自己更全面、更真实地认识自己。

(3) 对自己的实际情况进行自我分析

根据心理学对人的基本素质所做出的结构划分，进行认真深入的自我分析，有助于对自己做出比较全面的了解。比如，按照一般的智力结构所包含的要素来分析自己的智力水平，就可以从观察力、记忆力、注意力、思维力、想象力等方面对自己形成一个比较全面的印象。又如，如能按照心理学理论中提出的性格结构来分析评价自己的性格特征，就能从对待现实的态度和行为方式的情绪与情感特征、意志特征及理智特征等方面，来做出比较全面的判断。

以上几种方法对于认识和评价自己都很有帮助，但是也都有局限性，需要相互结合，才能收到最佳的效果。

2. 客观的自我评价

一个人必须建立在正确的自我认知基础上，做到正确的自我悦纳、积极的自我体验、有效的自我控制。

“自我悦纳”是衡量个体心理健康的一条重要标准，指的是无条件地、全面地、愉快地接受自己所有的内在品质和外在特征，包括好的和坏的、成功的和失败的、喜欢的和厌恶的，这也是发展健全的自我意识的核心和关键。

(1) 学会接纳自我具有的重要意义

自我悦纳有利于个性全面均衡地发展。自我悦纳的人既能够看到自身的长处，又能看到自身的短处，对于缺点和不足并不以消极的态度和行为方式去应对，而是不断努力，主动调整和提高，这样将有利于改变个性结构中的不良特征，使个性能够全面均衡地发展。

自我悦纳有利于身心健康。健康快乐就具有自我悦纳的特征，自我悦纳也能够营造乐观积极的心境，保证身体和心理均处在正常的状态。如果一个人不能接受自己，充满哀怨，自责甚至否定自己，就会导致持久性的消极情绪的产生，这样就容易产生身心疾病。

自我悦纳可以帮助个体培养自信、自强、民主、自立等优良的心理品质，促进自我发展和自我完善。

(2) 做到自我悦纳须做的工作

① 要通过有效渠道全面深刻地了解自我。有些学生不接纳自己，是因为自认为没什么优点，缺点却很多。其实每个人都有优点，但有时需要挖掘才能发现，所以要多听听他人的观点，多参加些活动，这样对自己的看法就会乐观积极得多。悦纳自我首先要接纳自己，喜欢自己，欣赏自己，体会自我的独特性，并在此基础上体验价值感、幸福感、愉快感与满足感；其次要理智、客观地对待自己的长处与不足，冷静地看待得与失。在生活中应采取的积极策略是，关注自己的成功，并将优势和成功进行不断积累。因为每个人身上都有着无数的闪光点，重点在于寻找你自己的闪光点并将其构成亮丽的人生风景线。

② 要正确看待自身的特点。要认识到人与人之间本来就各不相同，因为“天下没有两片完全相同的树叶”，要珍惜自己的独特，因为哪怕是弱点和不足也都是完全属于自己的特色。只要一直努力让自己变得更完善、更优秀，一丝不苟地走自己的路，哪怕结果不尽如人意，也没有什么可追悔和遗憾的。

③ 要分清理想的自我和现实的自我。每个人都希望自己是完美的，无论是在外在的特征还是内在的品质方面，都希望自己超越别人，成为佼佼者。但是人无完人，理想当中的自己和现实当中的自己往往会有较大差异。在日常生活当中，一定要分清想做的和能做的，理想中的和现实中的。应该朝着理想中的自我努力，不管怎样，要相信自己的明天会更好。

④ 要做自己的主人。我们将成为什么样的人掌握在我们自己的手中，我们要学会做自己的主人，在接纳自己原有的一切特征的基础上进行自我塑造，面对自己的独特满怀喜悦，让自己成为一个敢于剖析自我的强者。

3. 积极的自我意识

主体对自我意识形象化的反映称做自我形象，它是人类特有的心理现象，是对个性的发展进行自我调节的心理系统。许多学生在学习和生活中陷入困境，主要原因并不是他们缺乏相应的能力，而是习惯于将自己看成是失败型的人。自我贬低和自我伤害，这属于典型的消极的自我意识。对于学生来讲，自我意识不但与学业水平之间密切相关，还会影响到今后的发展，决定着未来和工作目标的顺利实现。所以要培养自己积极的自我意识。

促进积极的自我意识的形成，需要做到以下几点：

(1) 树立和维护适当的自信心

自信心是自我观念的一个重要组成部分，它指的是对自己的能力有一个正确的认识和评价，善于发现自己的优点和长处，使其成为前进的动力。很多学生对学习不感兴趣，缺乏学习积极性，这与自信心过低或丧失有密切相关。

自信心的水平必须适当，过高和过低都不好。过高容易骄傲自大、自命不凡；过低容易自我贬低、自暴自弃。所以，要将自己的自信心维持在一个合理的水平上。

(2) 确立合理的期望值

消极自我意识的产生与经常性体验挫折和失败有关，这就要求学生分析失败的原因是什么，重新确立对自己各方面的合理期望值。超出自己能力范围的不切实际的目标追求，只能使人望“标”兴叹；而目标太低又难以激发内心的动力，会使人失去追求的动力，其结果也是可想而知的。因此，应把目标定在失败与成功两可的地方，即所谓的“跳一跳，摘果子”。此外，要善于自我分析，勇敢面对自身的缺点和不足，深刻理解“成功”的内涵。成功不等于出类拔萃，而是在自己能力范围内做到最好，这种认识对确立合理的期望值以及积极自我意识的形成作用很大。

(3) 勇于克服自我障碍

人们经常会有这样的体验，因对自己的能力不足而感到焦虑，进而处于一种不安全感中，这便是一种自我障碍。同学们可能听说了太多这样的故事：由于考试前身体不好，所以在大考中没有取得好成绩。这便是典型的自我障碍：为自己的考学不成功找到了适当的借口。一个渴望自我发展的人必须主动克服自我障碍，进行积极的自我提升与自我尝试，而在积极的自我尝试中我们会发现自己的新支点。

4. 拥有合理的自信

“自信是成功的第一秘诀。”这句话是美国著名作家爱默生说的。另一位美国学者马尔腾有句名言：“自信心是比金钱、努力、家世、亲友更有效的条件，它是人生可靠的资本，能使人努力克服困难，排除障碍，去争取胜利，对于事业的成功，它比什么都更有效。”这段话充分地表达出了自信心对成功所起的重要作用。

自信与否关系到人一生的幸福和成就，仅就学业而言，没有哪个缺乏信心的人可以取得骄人的成就。若想实现自己的目标和理想，首先要做一个自信的人。

自信的人具有一些共同的特点，其中包括：活泼乐观，充满生机；坦诚大度，虚心果断；表里如一，言行一致；轻松幽默，开放勇敢。一个人如果具备了这些基本的特征，就是一个非常自信的人了。

培养自信心需要掌握要领，不断坚持，可以从以下几方面做起：

(1) 有效控制自我形象

树立和维护自信心，首先必须做到不管别人对你持有怎样的评价和看法，你都坚信自己有掌握和控制自我形象的能力和权利，即我是属于我的，我了解自己，也完全可以改变自己。

(2) 积极调整生活目标

自己应当做什么，需要什么，达到哪种水平，要学会通过自己思考来决定，特别是大学生，控制自己的思想和行为的指挥棒应当掌握在自己手中，不能任人摆布。因为就算某人再了解你，他/她也不可能从任何角度都为你着想，肯定有些主观的、不切实际的地方，夸张点说就是“一个人的佳肴，有可能是另一个人的毒药”，而且什么都依靠别人的决定，本身就是缺乏自信的表现。

(3) 理智分析自我不足

认清自己的不足和欠缺不等于过分贬低和打击自己，要理智地站在客观的角度分析自己的弱点，制定修正或弥补的有效方案。就算难以改变也要心平气和地面对，毕竟人无完人。消极的自我评价会使人陷入消极的思维模式当中，将所有的不利结果都归为“我不行”，从而丧失前进的勇气，最终将一事无成。

(4) 努力挖掘自身优势

每个人都有自己的优势，有些大学生被不如意或失败遮住了眼睛，看不到自己身上的闪光点，从而失去信心。这样的大学生要创造条件在自己相对擅长的方面体验成功，发现自己的优点，这也即“体验成功的原则”，它对自信心的培养非常有利。

(5) 主动友好与人相处

有些缺乏自信心的学生，不但看不起自己，还会看不起别人，具有“我不行你也不行”的不良个性特征，这样容易造成人际关系紧张，会反过来更加打击和降低自信心。

他人的信任、支持、理解和鼓励，对于自信心的发展极为有利，所以要端正人际交往的态度，掌握与人相处的基本技巧，改善伙伴以及师生关系，这同样有利于自信心的形成。

(6) 不断提高发展自己

只有在不断的进步当中，人们才能看到希望，充满自信。在日常生活中要不断地自我提升，因为无论是学习成绩、日常表现、优势特长还是内在潜质，都有相应的可提升空间。要体会到，只要努力耕耘，必有丰厚收获。

信心塑造生活的强者，特别是面对竞争日益激烈的现代社会，唯有树立信心，才是自己终身受益的宝贵财富。

5. 全面的自我提升

提高自我效能感是个体在一定情境下对自我完成某项工作的期望与预期。当人们期望自己成功时，他必然会尽自己最大的努力并在面临挑战性任务时表现出更强的坚持力，从而增加了成功的可能性。自我效能感高的人一般对学业期望较高，也就是说，其自我效能感与成就动机呈正相关性。

自我提升的前提是自我监控到位。具体讲，自我监控就是：“个体为了达到预定的目标，将自身正在进行的实践活动过程作为对象，不断地对其进行积极、自觉的计划、监察、检查、评价、反馈、控制和调节的过程。”自我监控是个体主动定向，改变自我的心理品质、特征和行动的重要的心理过程，自我意识的不断健全和完善与自我监控能力的发展密切相关。

自我监控在个体发展的过程中具有重要的价值，其作用体现在以下几个方面：

(1) 自我监控是贯穿个体生理和心理发展过程的一条主线

随着自我意识的发展和各方面能力的不断提高，个体由低水平的单一的自我监控逐步发展到了认知、情感、意志的整体调节与控制。自我监控能力一方面依赖于个体身体、心理的发展和成熟，另一方面又在个体形成稳定的个性结构、不断完善自我方面发挥着重要的作用。总之，个体的发展始终伴随着自我监控，个体的成长与成功离不开自我监控。

(2) 自我监控是个体走向独立自主的社会生活的重要标志

随着年龄的增长，大学生对成年人的依赖性逐渐降低，独立自主的意识、能力和需要却日益发展起来，向着成熟的方向不断迈进。成熟个体的一个典型标志就是具有较高水平的自我监控能力。所以，大学生要注意观察和评价自身的自我监控能力还存在哪些不足，不能一味地强调自己长大了，而不听从教师或父母的指导，一意孤行；要考虑自身发展的真实水平，以及自己是否真的有能力监控自己的思想与行为。

(3) 自我监控是个体自我提升和自我实现的基本前提和根本保证

自我监控能力与目标体系的设立，行动计划的制订、学习和工作的具体操作，以及随后的自我提升和自我实现都密不可分。无论做什么事情，都需要及时得到反馈信息，例如做得怎么样以及应该如何调整和改进等，都是通过自我监控来进行的。如果不能通过自省发现问题，就无法及时解决问题，预定的目标就难以实现，更谈不上发展和进步了。其实，是否设立了合适的目标、制订了有效的计划、采取了相应的行动、获得了预期的效果，这一切也体现出个体的监控能力的水平。所以说，自我监控保证了个体的自我发展和实现。

(4) 自我监控能力是新型人才的必备素质

知识更新的速度和社会前进的脚步越来越快，具有创新精神、善于获取知识以及具有较强自我监控能力的人，才能受到广泛的重视。要想取得事业的成功，实现最大的人生价值，就必须善于认识自我、评价自我、设计自我和控制自我，这一点应该引起大学生的高度重视。

做到自我提升的前提是给自己一个合理的定位，立足于现实，计划好现在，大胆地设想未来。要理智地分析自己的目标水平是否适当，既富于挑战精神，又不好高骛远。

6. 客观地设计自我

设计自我就是在全面客观地了解和评价自我的基础上，给自己的将来创设一个目标体系，制定一个发展蓝图，确立一条适合自己的发展道路。客观地设计自我再加上适宜的动机，理想就能得以实现。

学会设计自我，对大学生的终身发展很有益处。设计自我其实就是一种自我承诺、一种对自己负责的正确态度。如果形成了命运掌握在自己手中的认识，就有助于建立起积极而坚定的自我形象并体验自身存在的价值。设计自我可以使我们明了自己的发展道路，而且走出的每一步都在自己的控制中，可以提高我们的自信心和自制力，使我们做到自觉抵抗干扰，勇敢面对困难。在自行设计的目标体系的指导下学习、工作和生活，能让我们因为充实而变得愉悦，在目标一步步实现的过程中，我们就能够悟出自我奋斗的深刻意义。

在设计自我的过程中，既要避免因过高的期望导致多次失败和挫折，影响身心健康，也要避免期望水平过低，使自我发展失去意义。在设计自我过程中需要注意以下几点：

① 要认真进行自我分析，确立自己的兴趣、爱好和特长，并在此基础上设立自己的发展目标。即使做自己喜欢和擅长做的事会得心应手，也不要着急做最后的选择，因为还需考虑其他方面的条件是否允许。

② 要多方面了解自己所期望的学绩水平或事业目标需要个体满足哪些基本条件，并考虑自己的身心发展状况以及可提升空间是否有可能帮助自己实现理想。

③ 自我设计要切合实际，除了自身条件外，还需考虑环境、社会因素的限制。自我设计如果脱离了生活，就是空想，就不具有任何价值。

④ 自我设计要具体明确，不能只是一个空架子。如："我要做个科学家"，如果根本没有考虑如何才能使它成为现实，那它就只是一句口号，没有意义。只有认真想好每一步，包括目前的学习状态如何调整，如何深造、实践，才可能从事理想中的职业并取得成就。虽然自我设计不是学习计划，不需要详细到每个星期、每一天如何做，但也需要有一个清晰的脉络，这样才有实际意义。

⑤ 自我设计的内容应涉及学业、职业和生活等与个体发展相关的方方面面。要将自我设计与学习计划的制订区别开来，要广开思路，从各方面设计自己未来的生活，只有这样才能卓有成效地激励自己努力学习，使自己拥有不断进步的信心和勇气。

大学生要实现自我意识的发展就需要不断进行自我反思、自我监控和自我设计。大学生在将个人的完善作为一条线索贯穿于人的成长始终时，整理自己成长的轨迹就显得尤为重要。大学生可以依照过去、现在和未来的时间轴收集和梳理自己成长的点滴，深刻了解和把握自己。要记住：自我意识的完善永远是个体的，当人们在分享他人自我成长的硕果时，也在促进自己的成长。

[思考与练习]

1. 什么是自我意识？请说说自我意识的作用。
2. 大学生自我意识发展的特点有哪些？
3. 大学生自我意识完善的途径有哪些？请谈谈你打算如何做。

【课外拓展】

弗洛伊德与《梦的解析》

说到对自我意识的研究就不能不提弗洛伊德，而说到弗洛伊德又不能不提他的《梦的解析》。

西格蒙德·弗洛伊德(1856—1939)，奥地利著名精神病学家，精神分析学说的创始人，弗洛伊德主义的缔造者。

在心理学史上，行为主义心理学派、精神分析学派、人本主义心理学派被称为心理学的三大流派，而精神分析学派显然与其他两个流派不同，它是在临床医学研究的基础上建立的非学院派，它建立的心理学研究体系和研究方法也明显区别于其他两个流派。弗洛伊德所创立的精神分析学说研究的不是人的正常心理(如感知觉、思维等)，而是变态的心理、精神异常、神经症等。传统心理学的研究方法常为实验法，而精神分析的研究方法为临床治疗实践，其检验标准是治疗效果。弗洛伊德的精神分析理论包括潜意识论、人格论、泛性论、梦论和焦虑论，他著有《梦的解析》《精神分析引论》《图腾与禁忌》《性学三论》《日常生活的心理分析》《文明及其缺憾》等，被世人誉为“精神分析之父”，是20世纪最伟大的心理学家之一。

弗洛伊德与马克思、爱因斯坦齐名(见图2-1)，是对人类做出杰出贡献的三个西方犹太人思想家之一，他的著作《梦的解析》在西方被列为世界十六大名著之一，这是对弗洛伊德一生思考奋斗的最高评价。

马克思，他改变了人类对社会的认识

爱因斯坦，他改变了人类对自然的认识

弗洛伊德，他改变了人类对自身的认识

图2-1　马克思、爱因斯坦、弗洛伊德

弗洛伊德把人的整个心理活动分为三部分，即意识、前意识和潜意识（无意识）。意识是指人们当前能注意到的、正在进行的心理活动。其特点是神志清楚，能感知外界和现实的各种刺激，能觉察到自己的思想、感情和行动的目的，是合乎个体自身所接受的社会规范和道德标准的。前意识，指潜意识中可召回的部分，人们能够回忆起来的经验。它是潜意识和意识之间的中介环节。前意识里的心理活动是在一个人出生后成长发育过程中形成的。处于前意识里的心理活动平时不能意识到，需集中精力努力回忆和经过提醒，才能进入到意识层面。前意识的作用是保持对欲望和需求的控制，以及按照现实要求和个人的道德标准来调节心理活动。潜意识，也称为"被压抑的无意识"，是人们的心理活动不能被意识到的部分。潜意识很难或根本不能进入意识。弗洛伊德认为人们的大部分心理活动都是在潜意识里进行的，大部分的日常行为也受潜意识所驱动。人们在日常生活里的口误以及笔误都是潜意识心理活动的表现。

按弗洛伊德的观点，潜意识里充满着被压抑的情感、观念、经历、动机和欲望，潜意识里的内容与原始的、本能的欲望有密切关系，特别是性本能占主要地位，而这些是不为意识，即人类社会规范和道德标准所允许的。虽然潜意识拥有巨大的能量，但由于受到前意识这个"稽查者"的监督和控制，潜意识里的本能和欲望是无法侵入意识之中的，因此人们能按照人类社会公认的道德规范和标准来采取行动或进行思维。但是，当前意识丧失警惕时，有时被压抑的本能或欲望也会通过伪装而迂回地渗入意识层面，这就产生了梦（当这些潜意识里的内容过多而且具有强大力量，突破了前意识的"监察"和控制作用时，个体的意识就以各种精神疾病的形式表现出来）。因此，弗洛伊德认为对梦作分析可以了解人（尤其是心理疾病患者）的压抑与问题所在。

弗洛伊德的潜意识理论是他的精神分析学说的主要内容，而梦的理论又是他的精神分析理论中最独特、最具开创性的部分，梦的理论的核心就是他创立的潜意识理论。弗洛伊德指出，"梦并不是空穴来风，不是毫无意义的，不是荒谬的"，"它完全是有意义的精神现象。"梦的本质"就是一种被压抑的、被压制的愿望的假装满足"。

弗洛伊德认为，人的梦与潜意识有密切的关系。被压抑的欲望在潜意识中有时会经"改头换面"闯进意识而变成梦。他说："一个梦是一个被压抑的愿望之假装的满足，它是被压制的冲动与自我检查力的阻挠之间的一种妥协。"一个人的潜意识与本人的性格脾气、思维方式、文化教养、经历经验等是分不开的。人与人的差别和环境条件的千变万化决定了人的梦境很少雷同，所以对梦的解释应该是具体情况具体分析，而那种用统一的模式或象征去生搬硬套的方法显然是荒谬的。

弗洛伊德在《梦的解析》一书中写到，梦的运作过程十分复杂，它首先要将各种不同的元素，即各种记忆的内容结合起来。他指出，梦的材料来自三个方面：一是身体状态；二是日间印象；三是儿童期的经历。

身体状态是指睡眠时躯体受到的刺激。睡眠中如太冷时，会梦见冰天雪地；太热时，会梦见身处火焰旁；太渴时，会梦见在找寻水源；膀胱胀满时，会梦见找不到厕所。

日间印象是指日间活动残迹的作用。所谓"日有所思，夜有所梦"，人们还可在梦中继续白天未完成的智力活动。很多科学家的发明或发现就是在梦境中突然领悟到的。

儿童期的经历就是指潜意识内容的反映。弗洛伊德把梦分为"显意"与"隐意"两部分，前者好像"谜面"，后者好像"谜底"。精神分析医生的工作就是根据"梦"的规律进行解析来发掘做梦者被压抑在潜意识内的那些矛盾冲突，帮助病人正确解决其致病情结，从而使病人获得痊愈。

由于成年人的精神“创伤”多是在儿童期埋下的隐患,所以就梦的分析来讲,对一个人的心理具有“分析价值”的是第三个方面,即儿童期的经历。弗洛伊德说:“通常梦的下面有着一个以上的愿望,在梦的分析中,可以揭示出叠加着的层层愿望,而最下面的是来自童年早期的愿望,在此可以找到本能冲动的证据。”

《梦的解析》一书中提到,那些清醒时早已忘记了的童年往事有时会在梦中重现。例如,“有一个人决定回到已离开几年的家乡。出发当晚,他梦见他身处一个完全陌生的地点,正与一个陌生人交谈着。等到他一回到家乡,才发现梦中那些奇奇怪怪的景色,正是他老家附近的景色,梦中的那个陌生人也是确有其人的。”其实,梦中的景色和人物都是他已遗忘掉的童年记忆。再如,“一个30多岁的医生,从小到大常梦到一只黄色的狮子……,后来有一天他终于发现了‘实物’——一个已被他遗忘的瓷器做的黄狮子,他母亲告诉他,这是他儿时最喜欢的玩具。”

你做过被追赶的梦吗?

被追赶的梦大概是最常见的梦了,几乎每一个人都做过这种梦。如被一只狗或一群狗追赶,被一伙土匪或强盗追赶,被一群人追赶,等等。按照弗洛伊德的理论,这类梦的象征意义是人的自我与本能间的冲突,如性本能、攻击本能等,因被文明、社会所压抑,所以一般用野兽或野蛮、充满兽性的人来象征。也就是说,在这类梦中,狗或其他的凶猛野兽、土匪、强盗等都是本能的象征,而被追赶者一般是做梦者本人,有时也会是别的什么人,但仍是梦者自我的象征。从情绪上看,这种梦是一种恐惧情绪的表现。它表现的是梦者在当时的生活中正面临着某种危险,他对此危险很恐惧,极力希望逃避、摆脱这种危险。

逃跑可能是人类的动物祖先遇到危险时的第一反应。猴子见了凶猛的野兽时,不像蛇可以躲到洞穴里,也不像刺猬可以缩成一团,更不像乌龟有壳可以往里一缩。猴子的最佳选择就是跑。所以,因恐惧而逃避是人本性中最深处的本能。当恐惧时,人就自然会梦见逃跑,而那个危险的敌人,则会在身后紧追不舍。

因此,如果释梦者想知道是什么让梦者这么恐惧,就应该问梦者梦中追他的是什么样的人,如果不是人,那么是什么。这个追他的人或兽或怪物,就象征着他现在在生活中所恐惧的人或事。虽然在理智上梦者不一定承认害怕对方,但是在潜意识中,他已经害怕了。让梦者知道自己内心的恐惧不是坏事,下一步就可以帮助梦者面对这一个可怕的现实,帮他解决这一困难,从而消除恐惧,获得内心的安全感。

你做过赶火车的梦吗?

梦中赶火车时,你可能会遇到许多阻碍,或者你会莫名其妙地卷入许多不相干的事从而耽误了你的时间。这有时反映着你对现实处境的认识,即你会受到阻碍,使你难于抓住机会。有时则反映你对自己的认识,即你正在做的许多事是不重要的,它们耽误了你做重要的事的机会,使你可能错过人生中的重要机会。还有的时候,这种阻碍反映的是你内心中的反对态度,说明你内心中有另一个声音在告诉你不要去赶这趟火车,好像有一个什么人不愿意让你抓住这个机会,他在消极反抗,有意拖延,让你赶不上火车。

你做过关于考试的梦吗?

当一个人面临考试时,有时就会梦见考试,比如:梦见担心考不好,梦见考试时忘了带笔、题目全都忘了等情境;或者相反,梦见自己考得很好——这属于“做梦娶媳妇”类的梦,为了安慰一下自己,让自己高兴一下。这些都属于“日有所思,夜有所梦”,很正常。

当一个人并没有面临真的考试时,梦见考试表明他在生活中正“面临考验”。做关于考试的焦虑梦，多发生在做梦人即将从事必须负责任的“大事”前夕。在现实生活中，人们常常要面临多种“考试”。教师讲课是考试，是学生在考你有没有能力做教师；一个战士参加阅兵演习也是考试，考查平日训练的好坏；一个人谈恋爱是考试，考你是否能被对方喜爱并接受；一个商人进行一次交易也是考试，考输了就有可能赔本。

弗洛伊德指出，考试的梦往往发生于梦者隔天就要从事某种可能有风险而且必须承担后果的大事时。同时，弗洛伊德认为，梦者不会梦到他以前考试不及格的经历，而常会梦到那些当时担心通不过，花费了很大心血，而后却发现并不是那么难通过的那类考试。他说：“我曾经未能通过法医学的考试，但我却从未梦见此事。相反，对植物学、动物学、化学，我虽曾大伤脑筋，但却由于老师的宽厚从未发生问题。在梦中，我却常重温这些科目的风险。”因此，他认为：梦的用意是安慰梦者“不要为明天担心！想想当年你参加考试前的紧张吧！你还不是白白紧张一番，最后顺利地拿到了学位。”后来的一些心理学家，都发现考试梦不仅仅是用来安慰人的，有时它也用来提醒人或用来指示处境。

弗洛伊德总结了梦的运作过程的几种表现手法，其中最主要的是前三种：

① 浓缩，即用隐意的个别元素代表全体，或把几种隐意的元素合而为一，如用胡须代替父亲，用乳房代替母亲，等等。

② 转移，即用暗喻、谐音、仿同、近似等形式，通过由此及彼来表示隐意，如一个女人经常牵着狗，即用狗的形象代表这个女子。

③ 象征，即某些代表其他事物的东西。弗洛伊德对此特别注意，举出了很多例证，如用国王和王后象征父母，用小动物或害虫象征弟弟妹妹，以及用手杖、伞、钥匙等条型物品象征男性生殖器，用坑穴、房间、圆环等象征女性生殖器等。

④ 投射：在梦中将自己的某些不好的愿望或意念投射于他人，以减轻对自我的谴责。

⑤ 变形：在梦中将潜意识的欲望或意念用其他甚至相反的形式表现出来。

⑥ 二次加工：在醒后回想梦中的经历时，将得到的上述颠倒错乱的情节再进行一番整理，使之条理化，进而更加掩饰真相，这时梦已成为一种统一的、近乎首尾连贯的内容。

弗洛伊德明确提出：梦是愿望的达成或满足。在他所分析的案例中，这些愿望常常被证明与性有关。弗洛伊德认为，在梦的方面，人类在某个程度上都是利用表面上“好的”、“传统的”和“文明的”行为作掩饰，其实在内心里无时不在想着性的内容。如果不是有社会规范的制约，人就会和动物一样把自己的性欲付诸行动。而在梦中没有什么规范，没有别人干涉，那么在梦中的性经历是最可靠、最保险的。因此，弗洛伊德认为，梦的本质乃是性愿望的达成。而在意识控制之下的性欲望正是通过梦来实现或满足的。弗洛伊德在《梦的解析》中的泛性主义倾向在当时遭到了强烈的抨击，即使在他的追随者中也有人对之表示怀疑。

按弗洛伊德的思路，我们可以举这样一个例子。清晨男性有小便便意时，阴茎会因受刺激而勃起，这时男性也许会做性梦。按一般人的看法，这个男人梦见性梦的原因是，膀胱胀满刺激引起了阴茎勃起。而按弗洛伊德的思路，可以这么说，这个男性因为有性的愿望才会做这种梦，如果这个男人没有强烈的性欲，即使阴茎勃起，他也不过是做梦找厕所而已。

弗洛伊德的精神分析学说中有许多错误观点，如所谓的“泛性论”或“性欲本能论”等，都是他学说中的硬伤。现在我们知道，梦是一种正常的生理、心理现象，正如人经过白天的活动后需要睡眠让身心获得充分休息来消除疲劳一样。梦对心理方面具有调和与纾解的作用。假使没有梦，许多人可能早就得神经病了。对此弗洛伊德也予以认可，他认为：做梦就是正常人发“神经病”，而神经病人就是白天睁着眼睛做“大梦”。梦境这种无意识的心理活动是人类的第二精神世界，虽然光怪陆离的梦境常使人产生迷惑。

弗洛伊德的精神分析理论是最早发展起来的一种心理辅导模式，它强调了潜意识对行为的重要作用，特别重视婴幼儿时期心身发展的意义。弗洛伊德通过催眠术观察到童年时期某些心理创伤的经历与晚期的精神病有关，这是对精神病学的一大贡献，他提出的潜意识理论是对旧心理学的一个突破，他所创立的一些精神病治疗方法和技术在临床上都有积极的贡献，为其后许多新的理论的创立提供了参考(但由于这种方法必须由受过专门训练的咨询者施行，需对来访者付出较多的时间和精力，因而限制了它的推广)。弗洛伊德的学说对西欧的文学、艺术和社会学等方面都产生了深远的影响，因此他被誉为“在精神或心理方面开辟了新大陆的哥伦布”。《梦的解析》与达尔文的《物种起源》、哥白尼的《天体运行论》被学术界并称为导致人类三大思想革命的书。弗洛伊德的理论从20世纪初一直流行到20世纪60年代。

但最新医学研究表明，弗洛伊德惊世骇俗的学说或许有其合理性的一面。我们已经知道人的睡眠总是处于有节奏的循环之中，即处于“快波睡眠”和“慢波睡眠”的交替之中。梦主要发生于快波睡眠期，在这个阶段，部分大脑皮层的兴奋灶依然在活动，但因这些兴奋的脑细胞群之间的联系已不能正常进行，故所梦见的内容往往离奇古怪。但是，美国国立卫生研究院的科学家在一块叫做“前额皮质”区的区域中的意外发现，或许才是对有关梦境的最好解释：科学家们发现，在“快波睡眠”中，除了前额皮质外，所有与大脑边缘系统紧密相连的区域代谢都在加强，然而，在前额皮质内，只有一个区域的代谢增强了，其余区域的代谢都保持着“慢波睡眠”中的惰性状态。

现在已经探明，人类大脑中的前额皮质在人的自律和自控中起着主要的作用，它似乎为感情的野马套上了缰绳。通俗一些说就是：正是前额皮质的作用使你可以克制自己，不至于在课堂上大声喧哗，不至于使满腔怒火立即化作恶语伤人，使暴力幻想转化为不可挽救的暴力行动。

毫无疑问，其他生物并不具备像人脑一样完整的前额皮质。人在幼年时期前额皮质也发育不全。可以说，前额皮质是人脑中最后发育成熟的部分。由于前额皮质在睡眠中的“惰性表现”，由此带来的梦境就表现出了无拘无束的行为和复杂多变的感情：你可以在海底畅游，在蓝天翱翔，你可以大胆示爱，统治一个帝国，或者成为最当红的电影明星。研究者们据此又提出了新的猜想：对某一特定的做梦者，前额皮质越是被压抑，梦的内容可能就越是生动离奇。

通过对睡眠中和清醒时前额皮质代谢活动的对比研究，我们是否可以得到这样的启示：前额皮质在人清醒时越是代谢频繁，在睡眠中是否就越是不活跃？这也许正好吻合了精神分析学说的传统模型：如果某种重要情感在白天受到了抑制，它必然会在夜间潜入你的梦中。

弗洛伊德的潜意识理论由于揭示了人的生物本能的存在，因而坚持了人的自然本性。这表明了人可以集理智与感情、才智与愚蠢、高贵与卑贱于一身。美国心理学家E·G·波林说：“如果谁想在今后三百年里写一部心理学史而不提弗洛伊德的名字，那就不可能自诩是一部心理学通史了。”其他西方心理学家也认为：“很难找到心理学或精神病学的一个领域未曾受到弗洛伊德思想的影响。他的学说曾经激起成千上万的富有成果的假说和鼓舞人心的实验。他的影响在社会学和人类学方面也都是同样不可估量的。”

第三章　意志的发展

意志是人类特有的心理现象，它对个性的发展具有十分重要的意义。人和动物的区别在于，动物仅仅是在利用外部世界，它只能是消极地适应环境，是自然的奴隶。而人类不仅可以认识自然，还可以利用自然、支配自然和改造自然。可以说，意志是人生的精神支柱，坚强的意志常使能量超负荷发挥，创造出惊人的奇迹。本章将为大家介绍如何正确看待意志、如何培养优良的意志品质以及如何有效应对各种挫折等。

第一节　意志概述

一、意志的概念

从心理学角度来讲，意志是人在行动中自觉地克服困难以实现预定目的的心理过程。它是为达到某种目的而产生的心理状态，常以语言或者行动表现出来。意志是一种有意识地、自觉地控制调节行动的心理过程。

意志是一种强大的精神力量，它可以来源于一个人深刻的认识和坚定的信念以及崇高的理想，也可以来源于一个人所历经的各种磨难。意志行为的特殊表现形式之一就是冒险。

要准确地理解意志的概念，还要弄清楚心理学上关于“意志自由”的问题。

意志自由是指人的行为活动在一定条件下所具有的高度自主性及意识对行为的调节支配性。也就是说，意志在多大程度上能发挥它的作用。众所周知，人的行为不是消极地、简单地被外部环境所决定的，它还受主体内部意识状态的调节。这种调节是意志活动存在的明证，它说明了人的意志具有某种自由，而这种自由正是人的主观能动性的集中体现。关于意志自由存在着种种看法。一种观点认为意志是“绝对自由”的，是不受任何因果规律制约的。意志作为一种纯粹的精神力量，可以超越客观现实，并“自由地”驾驭客观现实。比如，19 世纪德国哲学家叔本华(Arthur Schopenhauer)就提出，意志是世界的基础和本源，世界上形形色色的事物都是意志的表现和客观化，意志可以主宰一切、决定一切。关于意志自由的另一种看法则指出，人的意志像人的其他心理过程一样，是由客观世界决定的。人的头脑中不论出现哪种自由的选择、自由的决定，归根到底都有客观的原因、客观的根据，即自由是受客观规律所支配的。人的意志不能主宰客观世界，相反，正是客观世界的规律性支配和决定人类的意志。意志自由只是借助于对事物的认识来做出决定的那种能力。所以对意志的准确表述应该是，在相对的、有条件的意义上，意志是自由的，而在绝对的意义上，意志又是不自由的。

二、意志的特征

人的意志有以下三个特征：

1. 明确的目的性

意志行动具有明确的目的性。人的意志行动既不是被动的，也不是盲目冲动的，而是经过周密考虑后有明确目的的自觉行动。人的目的就是一种观念，观念要变成现实，就必须付诸行动。在这个过程当中，就表现为意志对人们行动的支配或调节作用。没有目的就谈不上意志，意志只有在有目的的行动中才能表现出来,而且目的越崇高,意志水平就越高。正如法国思想家狄德罗(Denis Diderot)指出的,没有目的也就没有意志,目的渺小就做不成任何大事。

2. 以随意动作为基础

人的行动是由一系列的动作组成的,动作可以分为不随意动作和随意动作两种。不随意动作是在无意中发生的不由自主的动作。如:眼受到强光刺激瞳孔立即缩小,身上某处有蚊蝇叮咬随即用手拍打等。随意动作是受意识支配的动作,它们是实现意志行动的基础。如:小学生练字就是由一系列随意动作组成的意志行动。

随意动作有两个特点:目的性和后天性。人如果不掌握必要的随意动作,意志行动就无法实现。随意动作掌握的水平越高,越容易实现意志行动。

3. 与克服困难相联系

意志行动总是与人们克服困难,排除前进道路上的障碍分不开的,钢铁般的意志也只有在与困难作斗争的过程中才能体现出来。困难的性质和难易程度是衡量一个人意志是否坚强的标准。

一般来说,困难来自两个方面:一个是主观的,来自行动者自己的内部,产生与原有目的相背离的愿望要求,出现了消极的情绪;二是客观的,来源于外界环境,如原来制订计划的依据已经不存在了,或者新出现的问题使困难增大等。如果目的能够轻而易举地实现,那么也就没有意志可言了。人的意志水平主要表现在克服困难的水平上。

人的意志行动总是建立在对客观事物的认识的基础之上的,比如确定行动的目的、实现的方法和步骤,采用过去的经验,编制行动计划等,这些都需要经过认真的观察和细致的思考才能实现。在行动过程中遇到困难时,还要深思熟虑,找出有效的方法去克服它、战胜它。

当然,认识过程也离不开意志的作用。人在进行各种认识活动时,特别是进行系统的学习和独立的探索时,总会遇到一定的困难,要克服这些困难,就需要做出意志努力。因此,积极的意志品质如自觉、坚定、毅力、恒心、自制等,会促进一个人认识能力的发展,而消极的意志品质如盲从、独断、执拗等,则会阻碍一个人认识能力的发展。

意志和情绪、情感也有密切的关系。情感既可以成为意志行动的动力,也可以成为意志行动的阻力。

当某种情感对人的活动起推动或支持作用时,这种积极的情感就会成为意志行动的动力。当某种情感对人的活动起阻碍或削弱作用时,这种消极的情感就会成为意志行动的阻力,例如冷漠害怕的情绪、高度的焦虑等。

另外,意志也使人的情感服从于理智。例如,人们常说的"不要意气用事""心急吃不了热豆腐"等,都是意志使人的情感服从于理智的例子。

意志通过影响人的认知、情绪进而影响学生的成绩。意志对个人成就的影响主要表现在能帮助人提高时间利用率和活动的自觉性。

三、意志行动过程

意志总是通过一系列的具体行动表现出来,意志行动的实现过程是意志心理过程的完整展现,它不仅是行动的外部表现过程,还包括心理对行动的内部组织和调节。因此,意志行动的心理过程主要分为两个阶段:采取决定阶段和执行决定阶段。在这两个阶段中,又有一些具体的步骤和环节。

1. 采取决定阶段

采取决定阶段是意志行动的初始阶段,也是内部决策阶段。这个阶段虽然在意志行动实现过程中不易被觉察，但却对具体行动的发动和活动目的的实现有着极其重要的作用。采取决定阶段包括以下四个环节：

(1) 化解动机冲突

一个人的行动是由一定的动机出发并指向一定的目的的。动机是激励人去行动的内部原因，目的是一个人期望在行动中获得的结果。一个人行动之前，必须先确定行动的目的。但目的的确定绝不会是无缘无故的，而是受一定原因支配，从一定的动机出发的。如果一个人在确定目的的过程中，同时具有两个或两个以上起作用的动机，而这些动机又不可能同时得到满足的时候，就会产生动机冲突。

动机冲突一般有以下几种表现：

① 双趋冲突。双趋冲突是指当个体以同等程度的两个动机去追求两个有价值的目标时，因不能同时获得而产生的动机冲突。古语中"鱼和熊掌不可兼得"就是这种动机冲突的体现。在某些时候人们面临多种选择，又分身乏术，不能同时得到。譬如某大学生既想参加研究生考试的辅导班，又不想错过校企招聘会，但因时间和精力有限，不能同时兼顾，因而为此犹豫不定。一个同学既对舞蹈感兴趣又爱好唱歌，但学校规定只能参加其中的一个课外兴趣小组，于是便产生了动机冲突。这些都是双趋冲突。

② 双避冲突。双避冲突是指个体以同等程度的两个动机去躲避两个具有威胁性的事件或情境时，因不能同时避开而产生的动机冲突。所谓"前有断崖后有追兵""前怕狼后怕虎"就属于这种情况。比如一个学生犯了严重的错误，想认错又怕挨批评丢面子，不认错又担心被人揭发后受更大的处分。对于这种情况，也需要当事人权衡轻重，做出明智的选择。当这个学生认识到立即承认错误、悬崖勒马是补救的最好方法时，动机冲突也就随之解决了。

③ 趋避冲突。趋避冲突是指个体对一个事物同时产生两种相反的态度取向时内部的动机冲突。《三国演义》中说曹操兵败峡谷，进退两难，当夜规定军中口号为"鸡肋"——食之无味，弃之可惜，就是这种内心矛盾的体现。在生活中一个人对另一个人爱恨交织，或者对一件东西取舍不定，这都是趋避斗争的体验。如想参加比赛又怕失败，想参加社会活动又怕影响学习，等等，凡是使人进退两难的境地，都是构成趋避冲突的情境。面对这种情况，人们只能权衡利弊，做出接受或放弃的决定。

在大多数情况下，一个人存在着复杂多样的动机，但它们在意志行动中所起的作用是不同的。一个人最强烈最稳定的动机，常成为他的主导动机。主导动机决定着行动的方式和行动过程的坚持性，还决定着意志过程的结果。除了主导动机外，其余的都属于行动的辅助动机，但有时主导动机和辅助动机之间可能会发生转化。

(2) 确定行动目的

在动机斗争获得解决之后，或明确了行动的主导动机之后，行动的方向和目的就容易确定。意志行动都要有预先确定的行动目的，这是意志行动产生的重要环节。在某种意义上说，动机斗争的过程也涉及对外界多种行动目的的权衡选择。

(3) 选择行动方法

确立行动目的之后，就需要选择适宜的行动方式和方法。有时行动方法与行动目的之间有直接联系，无须选择。例如要想获得学业奖学金就只有努力学习，要想自如地同外国朋友交流就只能努力学好外语。但在许多情况下，达到同一个行动目的的方式和方法可能不止一种，就需要进行选择。首先要通过比较不同方式和方法间的优缺点，来决定能否顺利有效地达到行动的目的；其次还要考虑行动方式和方法是否符合公众利益和社会道德，是为达到个人目的不择手段，损人利己，还是选择既有利于社会，也有利于个人的方式。

(4) 制订行动计划

在选定了行动目的和行动方法之后，在采取决定之前，还有一个步骤就是制订行动计划。特别是在复杂的意志行动中，如迎接一场关键的选拔考试或做一次大手术，都需要精心准备、做好计划。计划的制订要在调查研究的基础上，要综合考虑主客观因素，力争周密而严谨。因为一个切实、合理的计划将为执行决定打下良好的基础。

2. 执行决定阶段

在一系列内部决策完成之后，意志行动的下一步就在于执行所做出的决定。因为即使动机再高尚，行动目的再明确，方法和手段再完善，如果不去采取实际行动，这一切也只能是空中楼阁，毫无意义。因此，执行决定阶段是意志行动的关键阶段。

首先，执行决定阶段是一个不断克服困难的过程。如果说，采取决定阶段主要是克服主观上的内部困难，在执行决定阶段，则既要克服内部困难，也要克服外部困难。

引起执行决定过程中的内部困难的因素很多，有的可能是前一阶段的动机冲突未解决好，原先被压抑的动机又开始抬头，同当前的动机相冲突；有的可能是由于境况发生变化而产生了新的动机，同原有的行动目的相矛盾。另外，淡漠的态度，消极的心境，自私、懒惰、保守等不良性格都可能成为意志行动中的障碍，使人的行为处于犹豫动摇状态，阻碍活动目的的实现。

引起执行决定过程中的外部困难的原因也很复杂，既可能是资金设备的短缺，也可能是时间、空间上的不利因素，还可能是人为的干扰和破坏。对此，首先是解决内部困难，只要认定行动的目的是有意义的，计划是合理的，就应该发挥主观能动性去排除干扰，克服自身的弱点，坚持意志行动。当内部困难得到解决，外部困难一般总能够加以克服。新东方总裁俞敏洪出生于偏远的农村，连续两年高考失利后，依然矢志不渝，第三年终于成为北京大学的高才生，他就是克制了内心的动摇和畏缩，以顽强的精神和坚韧的毅力，战胜各种主客观因素，最终实现了自己的理想。在后来的创业过程中，俞敏洪依然是靠着这种永不言败的精神站在了成功的顶峰之上。俞敏洪说："在我们的生活中最让人感动的日子总是那些一心一意为了一个目标而努力奋斗的日子，哪怕是为了一个卑微的目标而奋斗也是值得我们骄傲的，因为无数卑微的目标积累起来可能就是一个伟大的成就。金字塔也是由每一块石头累积而成的，每一块石头都是很简单的，而金字塔却是宏伟而永恒的。"当然，如果有人力不可抗拒的客观原因使得决定无法执行，就应该果断终止原定计划，再作新的打算，这仍然是意志行动的良好表现。

其次，执行决定阶段还要接受成败的考验。有很多时候，执行决定是一个漫长的过程。科学家为发现一种新物质，长年累月地待在实验室里搞研究；运动员要夺得奥运冠军，需要多年的训练和无数比赛的磨砺。在这些过程中，有短暂的成功，也有暂时的挫折和失败。要使意志行动的目的最终实现，就要有对待成败的正确态度。既不能迷失在成功的喜悦里，造成后续意志行动的轻率和盲目，也不能因一时的失败就丧失信心，半途而废。只有经过成败的考验，做到"胜不骄败不馁"，才能取得最后的成功。

四、意志品质

意志品质是一个人在意志行动中形成的比较稳定的意志特质。它主要表现在以下几个方面：

1. 自觉性

意志的自觉性是指个体自觉地确定行动目的，并独立自主地采取决定和执行决定。这反映了一个人在活动中的坚定立场和始终如一的追求目标。

看过《把信送给加西亚》的人一定对书中的传奇故事印象深刻，在19世纪美西战争期间，当时的美国总统急于要给古巴盟军首领加西亚传递一封具有战略意义的信件，可是没人知道加西亚长什么样，也不知道加西亚在什么地方，更不知道该如何联系到他，而且加西亚经常在丛林中作战，行踪不定。谁来完成这个艰巨的任务呢？有人推荐了美国陆军中尉安德鲁·罗文。罗文接到任务后没有任何推诿，不讲任何条件，历尽艰险，只身走过危机四伏的大半个古巴岛，想法冲出西班牙的包围圈，徒步三周后，以其绝对的忠诚、责任感和不屈不挠的主动性完成了这件"不可能完成的任务"，把信交给了加西亚，最终取得了美西战争的胜利。罗文取得成功最重要的因素并不是因为他杰出的军事才能，而在于他优良的意志品质。在接受任务后，他没有提出任何疑问和困难，通过自己的努力独立完成了任务。罗文非凡的勇气、顽强的意志就来自对国家勇于担当的高度自觉性。《把信送给加西亚》这本书所推崇的关于敬业、忠诚、不屈不挠、主动担当的思想观念影响了一代又一代人。

意志的自觉性贯穿于意志行动的始终，也是意志行动进行和发展的重要动力。具有高度自觉性的人，在行动中既能坚持独立自主，不轻易受外界影响，又能不骄不躁，虚心听取有益的意见。

与自觉性相反的表现是易受暗示和独断。易受暗示指缺乏主见，人云亦云，没有独立的见解和敢为天下先的勇气，为人处世易受他人影响，表现出过多的屈从和盲从。独断指容易从主观出发，一意孤行，刚愎自用，听不进中肯的意见和合理的建议。历史上的马谡失街亭，曹操走华容，楚霸王四面楚歌，都是由于独断专行造成的。

2. 果断性

意志的果断性是指一个人能否辨别事物真相，迅速而合理地做出决定，并采取积极行动的意志品质。

要想迅速而有效地采取决定，不仅要大胆，更要心细。果断性是在全面地考虑行动的各个环节和环境的诸多因素的基础上，明辨是非，当机立断。在有些时候，果断性还同一个人的信仰和人生观有密切的联系。在危急关头，更需要深明大义，敢作敢为，甚至不惜牺牲自己的利益。具有果断性的人既顾全大局，处事严谨，又果敢坚决，雷厉风行。

与果断性相反的品质是优柔寡断和鲁莽武断。优柔寡断表现为面临选择时常犹豫不决，摇摆不定，做出决定后又患得患失，踌躇不前。在个体身上表现出来的这种情况，一方面可能是由于情形复杂，不易做出判断；另一方面则是由于意志品质上的欠缺，导致瞻前顾后，过于小心。鲁莽武断的表现是指处事冲动莽撞，不等到时机成熟就草率行事。处事武断的人或是性格暴躁，懒于思考，或是目光短浅，不计后果，贸然行动。这两个方面都是意志品质果断性缺乏的表现。

3. 坚持性

意志的坚持性是指在执行决定阶段能矢志不渝，坚持到底，遇到困难和挫折时能顽强乐观地面对和克服。意志的坚持性并不是顽固不化，它在于既能坚持原则，抵制各种内外干扰，又能审时度势，灵活机动地达到预定目的。所谓"富贵不能淫，贫贱不能移、威武不能屈"就是意志坚持性的表现。

人生的道路不会一帆风顺，总会遇到就业、升迁以及家庭、社会等各方面的种种困难。这些都需要有坚韧的毅力去克服。无论什么人立志无常，遇难改向，做事不能坚持到底，都是无法成才的。对此，英国著名科学家贝弗里奇(William Beveridge)说："几乎所有有成就的科学家，都具有一种百折不回的精神。因为大凡有价值的追求，在面临巨大挫折的时候，都需要毅力和勇气。"大学生当然也是如此。

与坚持性相反的品质是动摇或执拗。动摇是在意志行动刚开始的时候,决心很大,干劲十足,一旦遇到困难就灰心丧气,感觉前路茫茫,因而中途退缩。生活中这种虎头蛇尾的人不在少数,都属于意志薄弱者之列。执拗是在行动中认准目标后,就一成不变地按计划行事,遇到特殊情况,或者客观条件发生了变化,也不能审时度势,寻求变通。平时人们说某人总是"一条道走到黑"或是"不见黄河不死心",就是指行为过于执拗,总是一意孤行。

4. 自制力

意志的自制力是指能够完全自觉、灵活地控制自己的情绪,约束自己的言行的意志品质。在社会环境中,个人利益和愿望常会同他人或集体的利益与愿望发生冲突,这时就需要依据社会的道德标准和公共规范来调整自己的行为。此时,自制力就显得更加可贵。具有自制力的人,常常有很强的组织纪律性。那些情绪稳定、注意力集中、通常被认为意志坚定的人知道哪些是自己应该做的事。具有自制力的人既能发动合乎目的性的行动,又能抑制与行动目标不一致或相违背的行动。

与自制力相反的表现是任性和怯懦。任性容易受情感左右,缺乏理智,常在需要克制冲动的时候任意为之,意气行事。怯懦表现为在需要采取行动、迎接挑战的时候却临阵退缩,不敢有所行动。这都是意志不坚定、缺乏自制力的表现。

意志的四个品质是互相联系的。如果缺少其中任何一种品质,必然会造成性格上的某种缺陷。

第二节 大学生意志品质的特点

一、意志品质与大学生的成长

影响大学生成才的因素是多方面的,意志是其中极为关键的一方面。优良的意志品质是大学生有效地学习、工作的重要保证,是大学生走上工作岗位获取成功的基础。

美国心理学家特尔曼(C. Tolman)和他的助手从1921年开始,对1528名智力超常的儿童进行了长达50年之久的追踪研究,发现其中有些人后来在事业上获得了很大的成就,另一些人则一事无成、默默无闻。心理学家根据这些人获得成就的大小,把他们分成"有成就组"和"无成就组",并具体比较了这两组人各方面的情况。结果发现,两组人的智力相接近,几十年以后,他们的智商仍远高于一般人。他们之间的差异主要表现在非智力因素上,而最令人注目的差异是在意志品质方面。成就大的一组在意志品质方面优于另一组,他们都有明确的奋斗目标,有不屈不挠、坚持到底的精神;无成就的一组则表现为意志较薄弱,在困难面前畏缩不前,消极地等待良好环境和成功的出现,常常由于被动、退缩、害怕失败或优柔寡断而失去许多成功的机会。由此,研究者得出结论,人们能否取得事业上的成功,在很大程度上取决于他们是否有坚强的意志。

优良的意志品质是大学生心理健康的标准之一。一个人如果缺乏意志,就容易成为本能欲望的奴隶,就会被消极情绪所控制,容易陷进不良习惯的泥淖而不能自拔。没有意志的人往往惰性十足、刚愎自用、任性冲动,他们或者优柔寡断、随波逐流、人云亦云,或者患得患失、虎头蛇尾、仓促行事。意志薄弱的人在困难挫折面前容易悲观消极、怨天尤人甚至轻生。

一个人如果有优良的意志品质,那么其行为往往能导致成功的结果,从而反作用于人的心理,自然会有益于人的心理健康和发展。此外,一切意志品质互为联系,相互加强,并进一步影响到认知、情绪和个性,这些因素都共同参与到心理活动中来,对心理的健康和发展具有重要意义。

二、大学生意志品质的特点

大学生的意志品质和高中生相比虽呈现出较高的水平,但发展并不平衡。从总体上说,大学生的意志品质呈现出以下特点:

1. 自觉性有很大提高,但盲从性不同程度地存在

随着身心的进一步发展,自我意识的增强,大学生行为的目的性、自觉性有了较明显的提高,大多数大学生在多数情况下都能自觉地提出自己的行动目标,制订学习、生活计划,并努力朝既定目标行动。但盲从性在相当一部分大学生身上存在,有的同学在考上大学后完全丧失了目标,有的同学因为离开了父母的督促和老师的严格管理而无所适从,有的同学放松了自我要求,学习上消极应付,得过且过,能拖则拖,实在不能拖就敷衍了事。

2. 自我调节能力大大增强,但自制力仍显薄弱

随着知识和经验的增长、自我意识的发展,大学生已能较理性地思考和行动,自我调节能力大大增强,能努力地调节自己的冲动,但仍有不少大学生常常为自己的自制力弱而深感苦恼。他们感到自己常容易受内在情绪和外界环境的干扰,控制不住自己的情绪,自己想做的事做不到,制订的计划往往没能实现,既难以驱使自己朝着确定的目标努力,又难以控制那些与目标不相符的愿望、动机和行为。如:该上课了,却控制不住自己去打游戏机;该去自习了,却控制不住自己在网上聊天;该去实验室了,却控制不住自己去看电影,等等。

3. 坚韧性提高,但做事仍虎头蛇尾

进入大学后,通过在学习、生活中克服困难、战胜挫折的磨炼,大学生意志的韧性有了进一步的提高。他们能够顽强地克服困难,不为暂时的失败挫折所迷惑,坚持朝着一个目标努力,始终不渝,满怀信心,不达目标,誓不罢休。然而仍有不少大学生虽富有热情和勇气,但做事缺乏韧性,持久力不够,容易随时间推移和困难增多而失去信心,虎头蛇尾,表现为常立志,而不是立长志。

4. 果断性增强,但仍会表现出优柔寡断或轻率行事

由于独立性的提高、能力的增长,多数大学生的果断性品质有较大发展。他们宁愿自己独立选择,自己对自己负责,因而一般情况下,他们喜欢自己做决定,采取行动,能够独立地、果断地对学习、生活、工作中的一般问题做出决定并付诸行动,但有时这种果断带有轻率、冲动的特点,情绪色彩较重,容易事后后悔。也有不少大学生遇到问题时会优柔寡断、动摇不定。

总之,大学生的意志品质已较中学时有明显的提高,主要的意志品质特征在多数大学生身上已基本形成,并逐渐趋于成熟。就意志的整体水平而言,高年级学生比低年级学生高,男大学生比女大学生高。

另外,就某一个体而言,其意志品质的诸方面也存在差异,并且在不同情境下也会有不同的表现。一般来说,大学生在克服学习中的困难时,表现出坚强的意志,但在克服生活习惯上的弱点时,则决心不大,自制力不强。在克服物质困难和肉体痛苦时意志力水平较高,但在克服情绪波动和抵抗精神压力方面,则显得意志水平较低。此外,如果意志行为是本人主动选择的,或者本人意识到具有重要意义而愿意承担责任的,或者可以在不太长的时间内见到效果的,那么意志水平就显得较高,反之,就容易意志力不足。因此,尽管大学生的意志品质正在逐渐趋于成熟、稳定,但仍然会随个体的内外条件的不同而起伏波动,这也是大学生意志品质的一大特点。

综上所述,大学生意志品质的诸方面中既有坚强、健康的方面,也有软弱、不健康的方面。就某一意志品质而言,多数大学生往往处于优劣之间的连接线上的某一点,即既不是绝对的好,也不是绝对的差,而且常常会处在意志的冲突、选择中,冲突的结果若为优良品质特征占优势,则有利于巩固和发展意志品质,反之则会阻碍和破坏意志品质的发展。因而,加强意志的调节是非常必要的。

第三节　挫折与应对

人的一生不可能一帆风顺,磕磕碰碰、坎坎坷坷都是正常的。细心的同学可能早就注意到了,在现实生活中,面对同一情境,经受同一强度的挫折,不同的人会做出不同甚至完全相反的反应。这其中除了涉及意志品质的因素外,还涉及人们对待挫折的态度以及是否积极应对挫折的方面。因此可以看到,有的人被挫折和困难折磨得可谓"遍体鳞伤",而有的人则是愈挫愈勇,最终走向辉煌。这实际上就是各人对挫折的认识不同、对挫折的承受力不同以及对挫折的应对态度不同造成的。人们战胜挫折的过程,也是感受人生、享受人生的过程,这同样是大学生个人心理成长发展的重要方面。

一、挫折的概念

个人在实现目标的过程中,动力性行为会有三种不同的情形:一是无须特别努力即可达到目标,需要很容易满足;二是遇到干扰和障碍,但经过努力或采取某种方法仍可达到目标;三是遇到干扰和障碍使目标不能实现,需要不能满足。在心理学上,把个人遇到的第三种情况称之为挫折。

挫折是指人们在从事某种有目的的活动过程中,因受到某种无法克服的阻碍或干扰,致使目标无法实现,需要不能满足时所产生的紧张状态与情绪反应。它是一种主观的感受,是人们对阻碍、不满足的消极的情绪体验。

挫折概念包括三个方面的内容:其一是挫折情境,即存在着动机、目标不能实现,需要不能满足的干扰情境,如考试不及格等;其二是挫折认识,即对挫折情境的认识与评价,这种认识与评价的过程存在着很大的个体差异,而且这种认识评价的对象——挫折情境,既可能确确实实地客观存在着,如亲人去世、朋友离开,也可能是想象的,如怀疑同学看不起自己,但实际情况并非如此;其三是挫折反应,即在对挫折认识与评价的基础上,产生情绪或行为反应,如愤怒、攻击、紧张、焦虑、退缩、逃避等。

挫折情境、挫折认识与挫折反应三者之间的关系如图 3-1 所示。

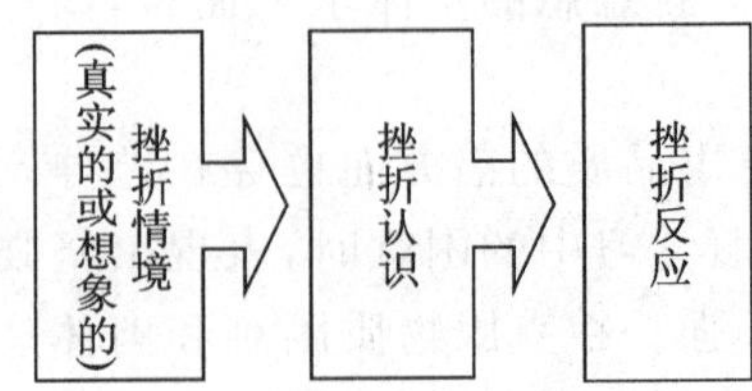

图 3-1　挫折情境、挫折认识与挫折反应三者的关系图

可见,挫折认识是核心因素,起着十分重要的中介作用。假如两个人遇到同样的挫折情境,如考试成绩不理想,一个人认为此问题很严重,另一个人则认为还可以采取补考措施等来补救,因而感到无所谓,那么,两人所产生的反应就会明显不同。前者可能出现强烈的情绪反

应，而后者则可能反应很微弱或没有反应。因此，挫折反应的性质、程度主要取决于个体对挫折情境的认识。

二、挫折的种类

挫折的种类归纳起来有以下几种：

1. 需要挫折

需要挫折是指人们刚出现某一需要时就受到惩罚，或由于某种原因（法律或者社会道德方面的要求）而感到强烈的焦虑，于是该需求就得不到表现和满足的机会，从而引起的挫折感。如对于物质占有或性方面的极强的需求，常常是无法被自己的良知或社会规范所许可的，个体无法很明确地将这种需求表现出来，就会产生挫折感。

人有多种多样的需要，美国人本主义心理学家马斯洛（A. H. Maslow）将人的需要分为五个层次（见图 3－2），由低到高依次为生理需要（饥、渴、空气、性等）、安全需要（回避危险和恐惧）、归属和爱的需要（与他人交往、归属于某个群体、友谊、亲情、爱情的获得与给予等）、尊重的需要（自尊、他人的尊敬、成功、权利、名誉等）、自我实现的需要（知识、理想、抱负、最大限度地发挥潜能、有所成就）。这五个层次的需要由低向高发展，最低层次的生理需要最易满足。不同层次需要的产生与个体发展密切相关。如婴儿会因为饿了时母亲没有及时喂奶而啼哭不止，少年会因为没有朋友而苦恼，青年人则更多地会由于理想、抱负没有实现而体验挫折。所以，不同年龄阶段的人遭遇的需求挫折往往不同。当然，需要的变化不是间断的，而是波浪式的有重叠的，所以，人们很多时候会有多种需要，但其中肯定会有一种占据优势支配地位，而当这种支配地位的需要不能满足时，则会产生挫折。

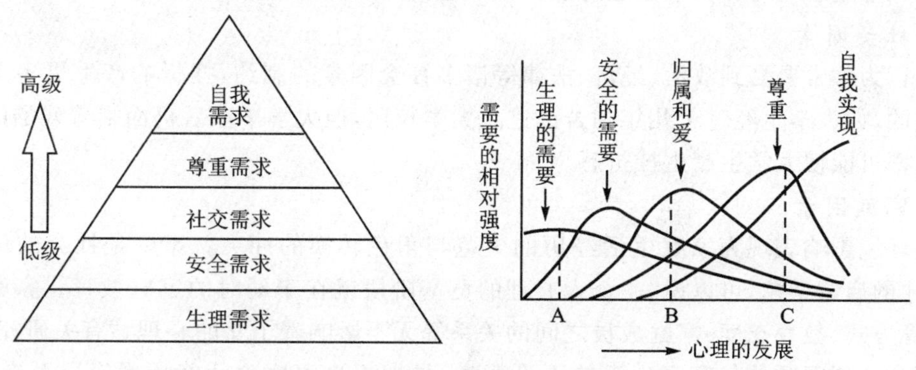

图 3－2　马斯洛的需要层次理论

2. 目标挫折

目标挫折是指个体因为无法达到所需要的既定目标时所形成的挫折感。当人们的需要被人充分地体验到，并驱使人去进行某种活动来满足需要时，此时需要便转化为活动的动机，并将活动指向既定目标。当动机驱使人们完成了某种活动，但活动的目标并没有达到预期的效果时，便会产生目标挫折。

在社会生活中，形成目标挫折的情况有两种：

一种情况是，由于某些目标的数目是有限的而追求者众多，导致追求者并不一定能实现目标而产生的挫折感。如大学生毕业后的选择——就业、考研或出国，这三种目标中，出国的竞争无疑是最大的，也是最激烈的，但每年“全额奖学金”出国留学的名额毕竟是有限的，上百万想去留学的大学毕业生中的大多数都无法实现“全额奖学金”出国留学的目标，从而遭受到目标挫折。

另一种情况是一个人想要达到的目标有很多个，但由于社会资源配置等情况或目标之间本身的冲突，使得对于所有目标必须要有所取舍，从而导致的挫折感。如上述的大学生毕业后的三种选择，就是相互矛盾不可能同时达到的，必须有所取舍，因为一个人不可能既出国又同时在国内读研或者工作。

3. 行动挫折

行动挫折一般是指个体的行动遭受到阻碍或干扰，使其无法达到所期望的目标，从而产生的挫败感。人们的需要转化为动机之后就要通过活动来达到目标，但在这一过程中，往往会出现由于各种原因使行动受阻而导致产生挫折的情况。如一个学生喜欢唱歌，并希望将来成为歌唱艺术家，但其父母却认为唱歌是不务正业且拒绝给予其经济上的支持，使其想达到目标的行动受到阻碍从而产生挫折体验，这就属于行动挫折。

综上所述，需要挫折是挫折产生的基础、源头，目标挫折、行动挫折的结果都会导致需要挫折，只是它们分别产生于需要满足过程中的不同阶段。

三、挫折产生的原因

造成挫折的原因主要在于两个方面：一是客观的外界因素，二是主观的内部因素。

1. 外界因素(环境因素)

外界因素是指某些不以个体的主观愿望为转移的自然条件和社会条件。它主要包括：

(1) 自然因素

它是指非人力所能及的一切客观因素，例如自然灾害、台风、地震、酷热、洪水、疾病、事故等。对于大学生来说，疾病、家庭遭自然灾害导致贫困等都可能导致挫折。

(2) 社会因素

人的行为常常要受到政治、经济、法律等诸多社会因素的制约，挫折的产生更多是由社会因素造成的，如大学生经过十几年的苦读进入大学校门，但大学毕业后仍面临着残酷的就业竞争，等等，都可能使大学生产生挫折感。

(3) 家庭因素

家庭环境影响表现为家庭生活经历的失范与角色转换的冲突。家庭是社会的最基本单位，是人才的启蒙学校，可以说，一个人心理的奠基阶段就在于幼时的家庭教育。家庭的经济状况、养育方式、教育态度、家庭成员之间的关系等无不影响着子女的心理。有关研究表明，大学生的不少心理问题是与家庭生活的不良背景、早期不良家庭生活经历紧密联系在一起的。家长的过分溺爱、家庭经济困难、亲子关系疏远、家庭成员关系紧张等都是当代大学生产生挫折感的部分原因。

(4) 学校因素

学校环境对人的心理挫折的产生有直接影响。如学校的教育理念、学习氛围、提供的教育资源和教学条件等，总会使部分不适应的学生产生挫折心理。我国的学校教育长期以来重视应试教育而不重视素质教育，重视知识的积累，而忽视知识的运用以及与社会的联系等，这使得培养出来的学生一旦步入纷繁复杂的社会，就出现不适应感和心理失落感。另一方面，学校学习与生活中的诸多因素，如学校内的某些不良人际关系、考试成绩不理想等，也会导致大学生产生挫折感。

2. 内部因素(个体因素)

内部因素主要是指个体心理以及自身能力与认识等方面的因素。它主要包括：

(1) 生理因素

它是指个体与生俱来的身体、容貌、健康状况以及某些生理缺陷等先天素质所带来的限制和阻碍。如身体素质较差的学生难以成为优秀运动员；色盲者不太可能成为画家；容貌欠佳的学生不太能博得同学的喜爱，等等。

(2) 动机冲突

个体在有目的的行为活动中，常常会因一个或几个目标而同时产生两个或两个以上的动机，但由于各种条件限制，使得这些并存的动机不可能同时实现，而必须做出取舍，于是动机冲突便产生了。动机冲突主要包括双趋冲突、双避冲突和趋避冲突。如果这种矛盾心理持续强度大、时间长，就可能会引起挫折感。

(3) 价值判断

一般来说，目标的价值被认为越大，该目标受挫后产生挫折感的可能性就越大。人们出于不同的价值观念，对不同的目标会做出不同的价值判断，所以同一目标遭受挫折后是否会引起挫折感，是因人而异的。例如，一个很想当班干部的学生落选后，产生挫折感的可能性就很大；而一个本来就怕当班干部会影响自己学习的学生，对当不当班干部就会感到无所谓。

(4) 抱负水平

一个人如果自我评价和抱负水平过高，就会制订一些不切实际的目标或计划，一旦这些目标或计划无法实现就会感到十分失望，很容易产生挫折感。而在自我评价和抱负水平适中的情况下，产生挫折感的可能性就会小得多。例如，一个希望自己这次考试能进前三名的学生实际名次是第五，他就可能会感到很失望，并因此而产生较强的挫折感；而一个对自己能进前十名就满意的学生，实际达到了第八名，他就会感到非常高兴。

抱负水平对挫折感的影响，主要与抱负引发的动机强度有关。对于抱负水平引起的动机强度与行为的效果，心理学家专门做过研究。一定强度的动机能维持个体具有较高的唤醒水平，从而能更有效地完成工作或学习任务。随着动机不断增强，个体的活动效率就越佳；动机水平很低，对学习活动持漠然态度，活动效率自然很低。然而当动机过强时，个体处于高度紧张状态，其注意和知觉范围变得过于狭窄，反而会限制正常活动，从而使活动效率降低。例如，在考试复习中做了充分准备的学生一心想考出好成绩，但往往由于愿望过强，在考试中反而不能充分发挥实力，有的还会出现感知、注意、记忆等障碍以及思维迟钝、混乱的现象。因此，在正常的学习和活动中，为了达到最佳功效，就应该避免动机过弱或过强。

(5) 主观判断

人们在生活经历、认识方式、性格特征等方面的差异，导致不同的人对同一件事情往往会有不同的认识和感受。例如，从小就被别人表扬惯了的学生，偶尔被老师批评一次，就会感到是个很大的挫折，而那些从小就挨批挨骂的人就不会太在意。性格开朗、乐观，遇事善于发现积极因素的人，产生挫折感的可能性就会小一些；而那些性格孤僻压抑、过于自卑软弱或盲目冲动、固执多疑、感情脆弱、遇事总爱从消极方面理解的人，产生挫折感的可能性就会大一些。

(6) 自我调节

心理冲突包括认识冲突、情感冲突、知情冲突和情意冲突等。这些方面的冲突如能通过自我调节系统加以化解，一般不会引起过强的挫折感。但是，如果矛盾冲突十分激烈，而且长时间不能得到化解，就会使人感到紧张、焦虑、困惑、痛苦，从而产生强烈的挫折感。例如，人际关系中的受阻、恋爱过程中的受困、青春期的性困扰，等等，如果在心理上产生激烈的矛盾冲突、困惑和焦虑，就会造成明显的心理挫折。

四、挫折理论

挫折理论是动机理论的一个方面,关于这方面的研究在心理学中有许多。在这里只介绍挫折-攻击理论和挫折认知 ABC 理论。

1. 挫折-攻击理论

美国心理学家多拉德(J. Dollard)、米勒(N. E. Miller)等人研究并提出假设,挫折必然导致攻击,而攻击之所以产生,是由于受到了挫折。这个假设一提出,立刻受到质疑,人们很容易举出各种实例说明挫折虽然往往引起攻击行为,但并不必然如此,而且其他因素有时也同样会引起攻击行为。

针对人们的诘难,他们对挫折-攻击理论作了一些修正,提出了攻击行为产生的相关因素:受挫的程度、受挫的范围、以前受挫的频率及对攻击反应可能受到惩罚的预期。

挫折-攻击理论在挫折心理研究中有重要影响,但该理论过于简单、概括。可以说,攻击行为只是人们遭遇挫折时可能做出的各种反应中的一种,并不是唯一的一种反应。

2. 挫折认知"ABC"理论

挫折认知"ABC"理论是美国临床心理学家艾里斯(Albert Ellis)在 20 世纪 50 年代创立合理情绪疗法时提出的。

艾里斯认为,挫折是否引起人的情绪恶化,并不在于挫折本身,而在于对挫折的认识。在 ABC 理论模型中,A 指诱发性事件即挫折情境,B 指个体遇到诱发事件后产生的信念即对挫折的认识,C 指个体的情绪及行为的结果。人们通常认为,挫折情境引起挫折行为即 A→C。但挫折认知"ABC"理论认为,A 只是引起 C 的间接原因,它是通过认知才起作用的,因此,人们对 A 的看法、解释及所持信念 B 才是导致行为反应 C 的直接原因。C 的性质及程度,主要取决于 B,A、B、C 三者的关系如图 3－3 所示。

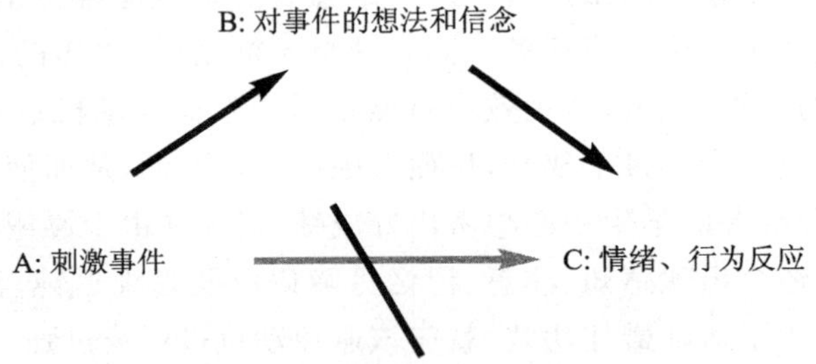

图 3－3 挫折认知"ABC"理论

艾里斯认为,人既可以是有理性的、合理的,也可以是无理性的、不合理的。当人们按照理性思维行动时,他们是愉快的,而不合理信念则会导致情绪困扰、不良适应及不适当的行为反应。

不合理信念具有三个特征:一是绝对化要求,二是过分概括化,三是糟糕透顶。

绝对化的要求是各种不合理信念中最常见的。它是指人们以自己的意愿为出发点对某一事物怀有认为其必然会发生或不会发生的信念。这种信念通常与"必须""应该"这类词相联系,例如,"我必须成功""大家都应该喜欢我",等等。怀有这样信念的人,最容易产生挫折感,并极易陷入情绪困扰状态,他们往往对挫折缺乏必要的心理准备,所以当某些事情的发生与其对事物的绝对化想法相违背时,他们就会感到受不了,难以接受,产生比较强烈的情绪反应。

过分概括化是一种以偏概全、以一概十的不合理思维方式。过分概括化的一个表现是人们对自身的不合理评价。如某些人一遇挫折便往往认为自己一无是处或毫无价值,把自己概括为"无能者""失败者",他们常以自己所做的某一件事或某几件事的结果来评价自己整个人。

常有学生因一次考试失败或交友遇到困难，就认为自己“不聪明”“是不受欢迎的人”，结果导致自责、自卑、自弃的心理以及焦虑、抑郁等情绪。过分概括化的另一个表现是对他人的不合理评价，即别人稍有过失便认为其很坏、一无是处，从而导致一味地责备他人，产生敌意和愤怒等情绪。大学生应该认识到，世界上没有一个人是十全十美的，每个人都应该接受自己和他人可能犯错误这一事实。因此，当对某人和自己做出评价时，应该评价某个具体行为而不是整个人。

糟糕透顶即认为一件不好的事情的发生是非常可怕的、非常糟糕的，甚至是一场灾难。当一个人以这种思路看待事物时，一旦遇到自认为绝对糟糕的事情时，便会把自己引向极端的负性情绪中。事实上，对任何一件事情来说，都有比之更坏的情况发生，没有一件事可以定义为100％的糟糕透顶。糟糕透顶常常与人们对自己、对他人及对周围环境的绝对化要求相联系。所以，一旦他们认为“应该”“必须”的事情并未像他们所想的那样发生时，他们便感到无法接受这种事实，于是其思想就会走向极端，认为事情糟透了。

不合理信念是人们产生强烈挫折感、诱发不良情绪反应和行为反应的重要原因。因此，人们如果能主动调节自己的看法和态度，以合理的思维方式代替不合理的思维，便可以减少挫折感以及情绪困扰带给人的不良影响。

五、挫折对大学生心理的影响

挫折是人的需要不能满足、动机受阻不能实现的情绪状态。因此，伴随挫折产生的情绪体验，几乎都是负性情绪，即不愉快的、消极的情绪。

挫折对大学生的心理具有积极和消极两方面的影响。这种影响是客观存在的，关键在于大学生怎样去认识和对待挫折。如果认识引导得当，则挫折可以成为成功的垫脚石；反之，则可能使他们从此一蹶不振，一事无成。

1. 挫折对大学生心理的积极影响

事实证明，人们成就事业的过程往往就是他们战胜挫折的过程。挫折对大学生具有积极有益的一面，这具体表现为以下几点：

(1) 有利于磨炼性格和意志

坚强的性格和意志，往往是长期磨炼的结果。多数大学生生活在条件较好的家庭环境里，虽然这种环境有利于他们的成长，但也降低了他们对挫折的适应能力，不利于他们坚强性格的形成，一旦遇到挫折，他们将会承受更大的压力。如果所经历的挫折多了，他们承受挫折的能力就会更强，就能更清醒、更深刻地认识所面临的问题，其性格也会变得愈坚强，这正是所谓的“愈挫愈勇”。

(2) 有利于增强情绪反应能力和解决实际问题的能力

当大学生面临困难或挫折时，其神经中枢受到强烈的刺激，会引起情绪激奋、精力集中，使整个神经系统兴奋水平提高，在这种情况下，人们精神焕发，思维加快，情绪反应能力大大提高。同时，在解决困难和应对挫折的过程中，大学生可以从中学习到许多经验与方法，能够迅速提高分析问题和解决问题的能力，做到“吃一堑长一智”。

(3) 有利于正确认识自我

许多大学生对社会、对自己有一些不切实际的想法，当他们用这些想法来指导自己的行动时，就容易出现挫折。挫折的产生无疑会给他们吃下一粒清醒丸，使他们对自己做出一个合乎实际的评价，同时也使他们对生活、对社会有一个较为客观的认识，从而增强其适应现实生活的能力。

2. 挫折对大学生心理的消极影响

挫折对大学生心理的消极影响主要表现为以下几点：

(1) 降低学习效率

学习是一种积极的思维活动，学习效率除受个体的智力水平和知识水平的制约之外，还与学习者的情绪状态、自信心等因素密切相关。大学生遭遇挫折后，一方面自信心会降低，出现自卑无能的感觉；另一方面，情绪状态会长期处于焦虑不安之中，使原有的思维能力受到影响，从而降低学习效率。在现实生活中，有许多大学生在遇到失恋、考试失败、择业受阻、家庭变故等挫折后，学习成绩明显下降，这就是挫折产生消极影响的表现。

(2) 降低思维能力

大学生受挫后，容易引起情绪波动和行为偏差。如果持续遭受挫折，则可能导致神经系统的紊乱。这样不但会大大地降低大学生的思维创造力，而且会使他们的生活适应能力也大打折扣。

(3) 损害身心健康

大学生受挫后，其整个身心都处于一种紧张、压抑和焦虑不安的状态。这种消极的心理能量如果长期得不到释放，就会损害大学生的身心健康，有时可能会成为精神病发病的诱因。例如，如果长期处于压抑焦虑之中，一个人的食欲便会明显下降，睡眠也会出现反常，这样就会严重影响他的身心健康。

(4) 形成不良个性

当大学生遭到重大挫折或持续挫折而又无法做出相应的调整时，某些行为反应会固化为特定的习惯模式或个性特征。如一位对爱情充满憧憬、热情开朗的女大学生，因恋爱屡次失败，导致她对男生怀有过度的戒心，对爱情不再抱有热情和希望。这种消极态度的持续发展，促使其个性产生了十分微妙的变化，她由外向热情变得深沉冷漠了。此外，某些受挫的大学生因为长期处在应激状态下，失去了自控能力，不能正确评价自己的行为及其后果，就可能会做出违反社会规范的行为，如个别大学生受挫后，喜欢几个人一起酗酒闹事或挑唆斗殴，甚至走上犯罪的道路。

六、受挫后的行为反应

挫折是人的心理发展由不成熟过渡到成熟的必经阶段。由于每个人的心理承受能力不同，自我调适能力不同，反映出来的强度大小也不同，因此，大学生遇到挫折后，会有不同的行为反应。他们的行为反应总体上可以分为两种：一是积极的行为反应，指不失常态的、有控制的、转向摆脱挫折情境为目标的理智性行为。这部分大学生心理素质高，有一定的承受挫折、适应环境变化的能力，面对挫折能冷静观察，客观分析，沉着应战，愈挫愈勇，视挫折为成功之母，从而更加奋进。二是消极的行为反应，指失常的、失控的、没有目标导向的情绪性行为。这部分大学生心理素质低下，心理承受能力差，面对挫折时悲观绝望，冷漠忧郁，恍惚焦虑，沉默呆滞，更有甚者喜怒无常，恶语伤人，自残轻生，伤及无辜。这种人视挫折如鸿沟，怨天尤人，把遭遇挫折归结为自己的无能或是社会和他人的阻碍。

1. 积极的行为反应

(1) 表　同

表同是指把别人具有的使自己感到羡慕的品质强加到自己身上，以使自己的失意与不满得到一定程度减轻的行为反应。表同往往表现为自觉模仿他人的优良品质以及获得成功的经验和方法，使自身更适应社会的要求，增强信心和勇气。

向成功人士学习、看齐或汲取他人的优点，有助于大学生的成长和发展。但是如果为掩饰内心的自卑而单纯去模仿他人的言行、举止、穿着，则不利于大学生个性心理品质的发展和成熟。另外，那种借父母、亲戚的权势"耀武扬威""炫耀显摆"的做法则更是令人不屑。

(2) 升　华

升华即用一种比较崇高的具有创造性和建设性的目标代替，借以弥补因受挫而丧失的自尊与自信，进而减轻痛苦的行为反应。升华是将挫折感受转化为一种奋发上进的动力的反应方式，是最积极的行为反应。人类从古至今演绎出众多不朽传奇：古之文王拘而演《周易》、仲尼厄而作《春秋》、屈原放逐乃赋《离骚》、司马迁遭宫刑而作《史记》，今有贝多芬失聪而谱《命运交响曲》，更有霍金在轮椅上靠三根手指著成《时间简史》，等等，这些都是升华行为的典型表现。

升华作用能使原有的动机冲突得到宣泄，消除焦虑情绪，保持心理安宁与平衡，同时，又能创造积极的社会价值，利己利人。大学生在遇到挫折时，应当学会运用升华作用，充分发挥自己的潜力和创造性，真正实现自我价值与社会价值的统一。

(3) 补　偿

补偿是指个人在实现某一目标过程中遭到挫折后，转向另一个更适合自己的目标并取得成功的行为方式。人们常说的"失之东隅，收之桑榆"就是一种补偿效应。例如，有的大学生遭受恋爱挫折后，积极参加文娱、体育活动，寻找业余爱好，以摆脱精神烦恼；有的大学生因生理缺陷或生活挫折而在专业学习上发奋努力，以优异的学习成绩求得心理平衡等。

补偿作用的合理运用，对维护自我形象，增进个人安全感，提高自尊心是极为有利的，但过分地运用或运用不当，则可能产生负面效应。如某男生性格柔弱，为证明自己是堂堂男子汉，便满口粗话，抽烟喝酒，口出狂言，这是过分运用补偿作用的结果。另外，并非所有的补偿目标都有积极的意义和价值，因为目标有高尚与庸俗、进取与沉沦之别，大学生应当选择具有正面价值、积极效能的补偿目标。

(4) 幽　默

幽默是指当一个人处境困难或陷入尴尬境地时，以自嘲和调侃来化解内心的焦虑和不安的一种行为反应。幽默是一种高尚成熟的行为方式，不是所有人都能达到的，必须有积极的生活态度，才能表现出睿智与从容。人格发展较成熟的人，常懂得在适当的场合使用幽默，摆脱困境，以减轻内心的紧张感。例如，有人失恋后，便自嘲地说："哇，我又得到了一次再恋爱的机会！"

大学生在学习和紧张的生活之余，培养一份幽默感，不但有利于自身的身心健康，而且有利于破除人际关系的僵局，促进人际交往。大学生可以从以下几个方面培养自己的幽默感：

① 尝试发现事物的光明面；

② 即使面临困境，也能保持豁达、开朗的态度；

③ 不必顾虑太多；

④ 有意识地培养自己的自嘲能力；

⑤ 感到沮丧不安时，试着想一些令人发笑的事；

⑥ 经常秉持开朗的态度待人；

⑦ 百思不得其解或心理矛盾时，尝试用幽默感来解决。

2. 消极的行为反应

(1) 对待挫折的直接的消极反应方式

遭受挫折后直接的消极反应方式主要有以下五种：

1）攻　击

有些大学生遭受挫折后，心理紧张，情绪激奋，一旦失去控制，很容易发生攻击性行为。这种行为是一种破坏性行为，可分为直接攻击和转向攻击。直接攻击是把愤怒发泄到使之受挫的人或物上，多以动作、表情、语言、文字等方式表现出来，如怒目而视、嘲笑、破口大骂、动手打人等。转向攻击是由于种种原因不能直接攻击使之受挫的对象而发生的变相攻击，一般以寻找“替罪羊”的形式出现，如发牢骚、摔东西、向别人发泄怨气、制造破坏事件等。当然，转向攻击的目标也可能是受挫者本人，例如，某女生因恋爱失身又遭男友抛弃后，觉得无脸见人，产生了绝望轻生的念头，最后服剧毒自杀。

2）退　行

退行也称倒退或退化，是指个体遭受挫折后所表现出来的一种与年龄、身份不相称的幼稚行为。一个人的人格是以循序渐进的方式逐步走向成熟的，当遇到挫折时，成人会采取比小孩更为成熟的应付方式。如果一个成人遇到挫折时放弃已经成熟的应付方式，而使用较幼稚的方式去应付困难或满足欲望，就是一种退行现象。发脾气、又哭又闹或做事没有主见，盲目地相信他人，缺乏责任心，轻信谣言等一系列不成熟的表现即属此类。

3）固　执

个体遭受挫折后，不去分析失败的原因和总结经验教训，而是采取刻板的方式盲目重复这种无效的行为即为固执。处在这种状态中的大学生，常常表现为麻木不仁、无动于衷，一再重复以前的错误行为。例如，有些大学生越是被强烈地批评，越要我行我素，一意孤行，故意犯错误，这种逆反心理就是固执的表现。固执通常是由于挫折降低了人的判断能力和解决新问题的能力所致。

4）逃　避

逃避是指个体遭受挫折后，不敢面对挫折和正视现实，放弃了原来追求的目标，逃避现实的行为反应。如某大学生有好几门功课不及格，他不是积极想办法应对，而是熟视无睹，放弃努力，跟什么事都没发生一样。逃避作用对减轻心理压力，避免不当的攻击行为，维护上下级关系等具有一定的作用，但逃避对象不当，或对他人采取直接的攻击行为则是十分有害的。

逃避的另一种形式是自惩，即个体在遭受挫折后，由于其耐挫能力极小，因而陷入万念俱灰的泥潭中不能自拔。此时，如果得不到别人的关心和帮助，就会有厌世轻生的念头，以图“彻底”逃避。此时，他们往往将自己作为发泄情绪的对象进行自我惩罚，如有的人采取自残、自杀的方式，借以向他人或社会示威。

5）冷　漠

冷漠是指个体在遭受挫折后表现出漠不关心和无动于衷的态度并失去正常的喜怒哀乐等情感的行为反应，也是一种比攻击更为复杂的反应。如某高校的一名学生干部一向敢于同班上的不良现象做斗争，但受到一些同学的非议、讽刺、打击后，转而对不良现象采取冷淡态度，漠然视之。

(2) 对待挫折的间接的消极反应方式

挫折和失败会使自我受到威胁、伤害，并可能会引起自卑、焦虑、痛苦等，这便使个体感到舒适的心理惯常状态即心理平衡，遭到破坏。心理平衡被破坏会使心理防御机制自发地发挥作用。换言之，人的心理具有一种摆脱痛苦、减轻不安、恢复情绪稳定、达到心理平衡的适应性倾向，此即为心理防御机制。对待挫折的间接的消极反应方式就是一种心理防御机制。

常用的心理防御机制主要有以下几种：

1）压 抑

压抑是指把不能被意识所接受的念头、情感和行动在不知不觉中排除于活动或意识之外，压抑到潜意识之中。这是心理防御机制中最基本的方式。由于压抑的作用，某些欲望、冲动或威胁、痛苦似乎被遗忘了，人在意识上并不感到焦虑和痛苦。这种遗忘叫主动性遗忘，它与因时间长久所造成的自然遗忘不同。在主动性遗忘中，被压抑的东西并没有消失，只不过在意识监察下暂时蛰伏而已，一旦有机会就会活动起来，并影响人的心理和行为。例如失言、笔误、记忆错误、动作错误等，究其实质都是无意识的内容进入意识领域而引起心理轻微、短暂的扰乱现象。

当个体产生与社会规范相悖的内心冲动或需求时，如果个体不加以压抑和控制而任其发展下去，就会不可避免地导致挫折并产生焦虑和痛苦。这时压抑就会起到保持心境安宁，维持正常的人际关系和社会秩序的作用。一个成熟的有修养的人是一个懂得运用压抑作用的人。但压抑有其负面作用，过分地使用压抑作用，对自己的正常欲望和本能拼命地加以压抑，就会形成一种病态的反应。如强迫型人格异常就与过分地使用压抑的心理防御机制有很大的关系。

2）否 认

否认与压抑极为相似，所不同的是，后者是把已发生的痛苦的事有目的地“忘却”（压抑到潜意识之中），而前者是对已发生的痛苦的事加以“否定”，认为它根本没有发生过，以躲避心理上的痛苦。这种情形就像沙漠里的鸵鸟一样：被追击得无法逃脱时，就把头埋入沙中，这样，危险看不见了，也就以为不存在了。各种形式的“鸵鸟政策”在人类身上是不少见的，常说的“眼不见为净”与成语“掩耳盗铃”等都是例子。

否认的目的是通过拒绝承认痛苦的事实来躲避心理紧张和不安，是一种最简单、最原始的心理防御机制。否认可以在一定的程度上保护自己，能给自己多一些时间来思考并做出决定，但它并不能使被否认的问题得到解决，从长远来看是不可取的。如果严重的话，否认还会减低人们对现实的适应能力，甚至产生妄想等精神病症。大学生作为具有健全神智的人，应当尽量避免运用否认，特别是在一些重大问题上更不应该使用。

3）文 饰

文饰又称合理化。它是指个体在遭受挫折时，为了缓解紧张情绪，从而给自己找一个在他人看来不客观的理由的一种心理反应，起着自我欺骗和自我麻痹作用。文饰作用的典型例子是“酸葡萄”机制，它源于《伊索寓言》中的狐狸吃不到葡萄就说葡萄酸的故事，即认为自己得不到或没有的东西就是不好的，以冲淡内心欲望，减少不安情绪。在大学生的生活中有许多“吃不到葡萄就说葡萄酸”的微妙心理现象。例如一个学习成绩虽好但其他能力较弱的学生会说自己“只想把学习抓好”；一位没被评上先进个人的学生会说自己“不愿与他们争”；一位没有追上他所爱的女同学的男生会说“她并不怎么样”，等等。鲁迅笔下的阿Q精神胜利法就是对文饰作用的绝妙描述。

适当地运用合理化作用，可以缓和心理紧张，消除心理压力，减少直接攻击行为的产生，具有一定的积极作用。但如果运用过度，就会产生“自欺欺人”现象，妨碍人们去追求真正需要的东西。

4）投 射

投射是指个体将自己不喜欢或不能承受但又是自己具有的冲动、动机、态度和行为转移到他人或周围的事物上，认为他人或周围的事物也有这样的动机和行为，从而掩盖自己那些不受欢迎的特征，以减轻自己内心的不安和紧张的一种心理反应。所谓“以小人之心，度君子之腹”“我见青山多妩媚，青山见我亦多情”等就是这种心理的表现。例如有些大学生自己没处理好人际关系，反倒责怪别人性情古怪等。

投射作用是客观存在的，通常又是无意识的。人际关系紧张的大学生可能会较多地运用投射作用。应该说，投射行为对减轻大学生自身的某些动机和行为带来的内疚感具有一定的作用。但如果总是将自己的过错或不当的想法归咎于他人和社会，就会妨碍自己正确地处理个人与他人、社会之间的关系，不利于自己的成长和发展以及社会的安定团结。

5）幻 想

幻想是指个人遇到现实困难时，因无力处理这些问题，便以想象的形式，使自己脱离现实，在空想中处理心理上的纷扰，让现实中不能满足的欲望在幻想中得以满足。例如有些大学生感到预定目标难以实现，前途渺茫，又没有精神寄托，便逃避现实，经常酗酒、算命迷信，以求在麻醉和幻想中获得满足。

幻想是一种思维退行现象。它可以使人暂时获得安全感与满足感，但也带有浓厚的自我陶醉的虚幻色彩，过分使用则容易使人逃避现实，不务实际，不利于大学生的心理健康。

6）反 向

反向是指个人的某些很强的动机或欲望如果与社会规范相悖，不愿表现出来，就会采取自我压抑的态度，将其压抑到潜意识中去，但在表面上常常表现出一种同内部动机或欲望相反的态度或行为。如自卑的同学往往表现出高傲自大，他们对异性充满向往，却装出不屑一顾的样子等。

反向的目的在于避免或减轻自尊心受损。反向作用若运用得当，可能有助于提高人们的社会适应能力，但过分使用，则会使自我意识扭曲，动机与行为脱节，导致心理异常。如某位大学生明明不喜欢某位老师，却为了掩盖这一点而过分地讨好对方，结果可能使对方因莫名其妙而产生警觉和怀疑，从而影响双方良好关系的建立和发展。

7）推 诿

推诿是指一个人受到挫折后，把自己的不良行为归罪于别人或其他事物，以减轻自己内心的紧张、焦虑、内疚和不安。例如，有些大学生考试成绩欠佳，就把原因归结为身体不好或老师评卷失误；明明自己犯了错误，却把责任完全推给别人，以求得精神上的慰藉。一些研究者认为，推诿是一种最有害的挫折后的行为反应方式，对人对己都没有好处。惯用此法者，一般人缘都不佳，也不易得到别人的谅解，严重者还会导致人格的分裂。

总之，积极的行为反应有助于大学生适应挫折、化解困境，利于成长；消极的行为反应只能暂时起到平衡心理的作用，不能解决问题，甚至有时会使当事人在一种自我欺骗中与现实环境脱节，降低适应能力，形成一些恶习，埋下心理疾病的隐患，进而影响其身心健康和全面发展。因此，大学生应该掌握应对挫折的积极策略，增强自己的耐挫力，以适应社会的发展。

七、挫折心理的调适

人们常说“自古英雄多磨难”，既然挫折是每个人在人生道路上必然要遇到的问题，那么，对于大学生来说，要学会的就不是绕开挫折，而是如何积极地应对挫折，使挫折经验成为自己成长的推动力。所以，学会正确地对待挫折，就显得十分必要。

1. 态度上积极应对挫折

面对挫折，人们是“明知山有虎，偏向虎山行”，以坚韧不拔的毅力顽强克服它，还是闻风丧胆，虚晃一枪就败下阵来，以致溃不成军，抑或是调整目标，改变策略，以“智取”代替“强攻”，这些都指向人们是否具有积极应对挫折的正确态度。

(1) 面对失败的不屈性

强者和弱者的区别很大程度就表现在他们对失败的态度上。世界上的事情往往就是这样,事业未成先尝苦果,壮志未酬先遭失败,而且,失败常常专与强者作对。这其中的原因很简单:期望水平低的目标容易达到,而弱者往往胸无大志;期望水平高的目标难度大,失败的机会自然也越多。有的人渴望成为强者,却经不住失败的打击,他们经过短期的奋斗,遭到一次乃至几次失败后,便偃旗息鼓,鸣金收兵,最终只能与一事无成的弱者为伍。

有些人认为,经受住数十、数百次失败的打击而精神不垮,大概需要有超人的毅力,一般人难以做到,其实未必如此。坚强的毅力并不单纯来自忍受,而首先来自明智和豁达。强者知道"失败是成功之母",一次失败即是一次经验的积累,因而能在失败中看到成功的曙光。被失败打倒的人,与其说是害怕失败,不如说是对失败缺乏正确的认识。他们把失败视为一种不幸和灾难,在事情刚开始时,就抱有"只许成功不许失败"的想法,这不仅是不现实的,也是不明智的。俗话说"胜败乃兵家常事",做什么事都会存在或胜或败两种可能性。在行动前只做成功的打算,不做失败的准备,这只会削弱对失败的耐挫能力,从而在失败面前变得十分脆弱。所谓"功亏一篑",亏就亏在心理准备的失败上。

在复杂的现实生活中,"成功者"和"失败者"这两个词很难恰当地用在一个人身上,它只能描述某一特定时间、特定地点的情况。此时的失败可能连着彼时的成功,这项工作的失败也许正蕴含着另一项工作的成功。如果你拒绝了失败,实际上你也就拒绝了成功。正如林肯所说的:"我所关心的,不是你是否失败了,而是你对失败能否无怨。"

(2) 面对厄运的刚毅性

对挫折的正确态度也表现在遇到困难、不幸和打击时,能够不灰心、不动摇、不悲观,顽强地与厄运抗争。古人说:"天下事不如意者常十有八九。"确实,生活中的事不可能总是一帆风顺的,鲁迅先生说得好:"伟大的胸怀,应该表现出这样的气概——用笑脸来迎接悲惨的命运,用百倍的勇气来应付自己的不幸。"在生活中,同学们倘若遭遇到不幸,就应表现出这种伟大的胸怀,鼓起勇气,振作精神,以刚毅的态度与厄运进行不屈的斗争。在生活中的不幸面前有没有刚毅的态度,从某种意义上说,也是区别伟人与庸人的标志之一。巴尔扎克说:"苦难对于一个天才是一块垫脚石……对于能干的人是一笔财富,对于弱者却是一个万丈深渊。"古罗马哲学家塞尼卡有句名言:"真正的伟人,是像神一样无所畏惧的凡人。"总之,如果谁能以刚毅的态度对待生活中的不幸,谁就能最终克服不幸,成为一个生活的强者、一个伟大的人。

值得指出的是,没有一个人生下来就刚毅,更不必神化强者,以为自己成不了那种钢铁般坚强的人。其实,普通人的犹豫、顾虑、担忧、动摇、失望等在强者身上都曾经出现过,如伽利略屈服过,乔布斯沉寂过,史玉柱被压垮过,俞敏洪卑微过,但这并不影响他们是坚强刚毅的人。换言之,刚毅的人不是从未软弱过,只是他们能战胜自己的软弱而已。

(3) 面对困难的勇敢性

对挫折的正确态度,还表现在能否勇敢地面对困难上。有的人在一般情况下,也是不怕困难的,但倘若遇到太多的困难,感到"对手"太强大了,则往往被慑服。其实,他们之所以过不了难关,是因为他们过不了自己这一关:怕疾病、怕苦难、怕劳累、怕吃亏。高尔基曾说:"我觉得奋不顾身的精神能克服任何障碍,能在世界上创造任何奇迹。"确实,有了这种奋不顾身的不惧困难的勇敢性,就有了征服困难的精神力量。

如果你是一个害怕困难的人,如果你想具有勇敢地面对困难的态度,不妨记住歌德的名言:“你若失去了财产——你只失去了一点儿;你若失去了荣誉——你就丢掉了许多;你若失掉了勇敢——你就失去了一切!”因此,正像古语“宝剑锋从磨砺出,梅花香自苦寒来”所说的那样,对于困难既不必害怕,也不必回避,而应以积极的态度勇敢地迎难而上,在征服困难的过程中,增强自己对挫折的心理承受力。

2. 战胜挫折的途径和方法

(1) 树立正确的人生观和世界观

俗话说:人为万物之灵。这是因为人具有一切动物所没有的“灵魂”,即人所独有的极其复杂、丰富的主观内心世界。而它的核心部分即是一个人的人生观和世界观。如果有了正确的人生观和世界观,一个人就能对社会、对人生、对世界上的事物持正确的认识和看法,并做到冷静而稳妥地处理现实生活中的各种矛盾和冲突。这是因为:第一,树立正确的人生观和世界观,能使个体对自我有较为客观的评价,不会因为自我评价不当在遇到挫折时心理失衡。第二,有利于正确认识和评价他人,增进同别人的团结和协作,学会与他人融洽相处。总之,树立正确的人生观和世界观,能够保持对自己充满信心,对他人充满理解,对社会主动适应的积极心态,是战胜一切挫折的根本点。

(2) 培养坚强的意志品质

生活实践表明,意志坚强的人,其耐挫能力亦较强;反之,意志薄弱的人,其耐挫能力亦较弱。而要使自己成为一个意志坚强的人,必须具备三个条件:一是有远大的志向,二是要有宽广的胸怀,三是要有顽强的毅力和百折不挠的精神。毛泽东同志曾说过:“最后的胜利往往就孕育在再坚持一下的努力之中。”可见,志向、胸怀和毅力是战胜挫折和失败的三大法宝。

(3) 提高自信心和抱负水平

自信心是应对挫折的保证。只有相信自己的能力,才不会认为一时的失败是大祸临头。抱负水平是指个人对自己所要达到的目标规定的标准。如果规定的标准高,抱负水平就高,规定的标准低,抱负水平也低。一个人的抱负水平与挫折感的产生有密切联系。实际上,一个人生活目标越高,越好强上进,就越容易感受到挫折。因此,大学生给自己确定的抱负水平要和自己的实际情况、所要完成的任务相适应,这样才不会总处于挫折的感受之中,自信心也不会总受打击。在面对挫折时,要客观地分析自己的优势和劣势,接纳自己的现状,为自己设定恰当的抱负水平,使自己在成功中体验到愉快,树立信心,再作努力,进而达到自己的远大理想。

(4) 面对现实学会放弃

虽然说大学生们对既定目标要有一种执着精神,但是绝不是提倡认死理,钻牛角尖。因为不同的人在兴趣爱好、能力水平、志向水平、动机水平和思维方式等方面存在差异,所以在对目标的成功概率进行评估时,他们都会表现出明显的差别。每个人在实际生活中都会对自己抱有一定的期望,希望自己能够达到某一标准,但到底期望值定得高一些好还是低一些好,不同的人有不同的情况,不同条件下有不同的要求。成功学从开发人的潜能增加成功机会的角度,主张期望值的水平应当高一些;而心理咨询从减轻心理压力的需要出发,对那些因目标过高而产生挫折感甚至引起心理障碍的人,更多的时候是要帮助他们降低不适当的期望水平。例如,大学生经常碰到的一个问题就是自己所学的并不是自己喜欢的专业,此时该怎么办?既然没有办法去转换专业,那么,同学们最明智的选择就是彻底放弃“不喜欢”这个负面情绪,转而用各种合理化的调节方式来安慰自己,坚信“行行出状元”,以使自己能够恢复心理上的平衡,全身心地投入到现有专业的学习中。由此可见,面对某些尽了最大努力仍无法实现的目标,必须学会及时调整和毅然放弃,这就叫“识时务者为俊杰”。

(5) 发愤图强升华行为

人们在遭到重大挫折后，通常都会产生一些很强的消极体验，如愤怒、悲痛、失望、委屈等。当产生这些消极体验时，宣泄的方式可以有两种，一种是以攻击的方式来释放内心的不快，这样做的结果虽然可以在一定程度上使消极情绪得到释放，但同时也要面临产生新的矛盾和付出更大代价的风险，由此而产生的压力甚至可能超过原有的压力，因此，这是一种得不偿失的宣泄方式。另一种宣泄方式就是升华行为，这是把原有的消极体验转化为奋发图强的动力，在更高的层次上去满足自己那些未能得到满足的需要，从而恢复心理的平衡。升华行为的选择通常都要经历一个痛苦的心理过程，如史蒂芬·威廉·霍金(Stephen William Hawking)克服了残废之患和40年轮椅的禁锢而成为国际物理界的超新星，尽管他那么无助地坐在轮椅上，但他的思想却出色地遨游到了广袤的时空，使他解开了宇宙之谜。能够以升华行为来应付挫折的人一般都具备这几个特点：一是有正确的价值观和远大的志向；二是有不轻易服输的坚强性格；三是有克服巨大困难的顽强毅力。具有这样的心理素质，才能在面临艰难险阻或受到更大打击时，表现出开朗豁达的胸怀，进而在新的活动领域中重新找到实现自我价值的有效方式。

3. 做好应对挫折的心理准备

在日常生活中，每个人都会面临各种各样的压力与挫折，当这些压力与挫折无法避免的时候，就需要采取一些积极的方式来疏解它、应对它。

(1) 合理宣泄

面对压力或产生挫折时，心中淤积的消极情绪会对身心造成极大的伤害，因此，采取合理的宣泄方式将其释放出来，是一种恢复心理常态、战胜挫折的有效措施。合理的宣泄方式通常有以下几种：

① 找人倾诉。可以找老师、同学、老乡以及亲友将心中的烦恼和委屈讲出来，也可以进行自我倾诉，把痛苦与不快述诸笔端，写成日记或文章。

② 自我宣泄。这是独自一人时可以采取的宣泄方式，包括一些对社会和他人没有危害的退化行为，如在空旷的地方大声喊叫或放声大哭，甚至可以对一些废弃物进行摔打等，都能起到宣泄的作用。

③ 音乐调节。采取听音乐或去KTV唱歌的方式可以释放心中的郁闷情绪。

④ 运动调节。通过参加某些体育运动也可以达到释放消极情绪的目的，尤其是一些比较激烈的、带有对抗性的运动项目(足球、篮球等)，这样的调节作用更明显。

(2) 超越挫折

要摆脱不良情绪，保持愉快的心理体验，就要学会超越自我，进行积极的心理防卫。具体方法是：第一，升华。即及时将狭隘的个人目标升华为社会化的大目标，追求更崇高、更伟大的目标，从而使人的精神境界更高尚，心胸更开阔，视野更广大。第二，补偿。一个人在某个方面受挫后应及时调整方向，用自己的优势和专长来替补。这是一种移换，一种以彼补此的方法，它能够帮助人们快速摆脱挫折心境，实现心理平衡。第三，幽默。当你的心情处于不愉快状态下而你无法排解时，不妨来点幽默，哪怕是阿Q式的解嘲，都有助于解除心理压力，润滑人际关系，缓解紧张情绪，忘却痛苦与烦恼，最终获得愉快心情。

(3) 心理咨询

大学生应当学会区分暂时的挫折状态和心理失调。暂时的挫折心理比较容易恢复，随着时间的流逝，应激状态会逐渐消失。有些挫折心理是中学时代造成的或长期形成的，这种状态克服起来较慢。所以，一旦有了难以克服的挫折感受或持久的情绪失调，而自己又无法摆脱时，就应主动寻求心理咨询，在专家的帮助下尽快地消除心理上的痛苦。

第四节　大学生优良意志的培养

由于意志对于大学生的学习、生活、成功、健康等具有重要的意义，加之大学生的意志品质具有较大的可塑性，因而培养大学生的优良意志品质，增强大学生抵抗挫折的能力，就成为学校教育，尤其是心理健康教育的重要任务，也是每个大学生完善自身的重要课题之一。

一、培养意志的原则

1. 明确意义，增强责任

对意志的重要性认识得越清楚，培养、锻炼意志品质的自觉性、积极性就越高，就越容易有成效。大学生处在一个改革开放、竞争激烈的时代，具备优良的意志品质显得尤为重要。从某种意义上说，竞争也是意志力的竞争。在现代社会，能否自觉地确定目标，主动地迎接挑战，果断地抓住机会，勇敢地坚持立场，在困难面前顽强不屈等，都将直接影响到一个人的成功。大学生应该站在时代的前列来深刻认识加强意志锻炼的意义。

现实生活中，有些人并不是缺乏知识、能力，而是缺乏意志。意志力的不足，阻碍了他们才能的发挥、潜能的开发，从而使他们失去很多机会。如果能提高意志品质，那么每个人都可能获得更多的成功和更大的满足。

2. 抓住机会，努力实践

没有行动，一切都是空的。人的实践活动中，从确立目标、制订计划、选择方法，到执行决策、付诸行动，整个过程都有意志的参与，而一个人的意志品质也可以通过实践活动培养起来，从日常生活小事到艰苦卓绝的工作，都是磨炼意志的机会。对此，心理学家认为，应该把系统地积累意志行为的经验，发展学生善于调动一切力量去克服困难的能力当作意志训练的重要条件。

一个人意志的培养和体现并不仅仅局限于挫折、困难、逆境中，对此，法国作家拉罗什弗科指出："取得成就时坚持不懈，要比遭到失败时顽强不屈更重要。"而"富贵不能淫，贫贱不能移，威武不能屈"也是意志力的良好体现。

3. 树立信心，持之以恒

虽然培养和训练优良的意志品质并非一朝一夕的事，但"滴水可以穿石""铁杵可以磨成针"，天长日久的努力，终能培养出顽强的意志。

美国心理学家莱肯(Lykken)在其《摆脱碌碌无为》一书中，把增强意志力的过程比喻成驯服一匹野马的过程："意志就像一匹野马，假如你想把一匹野马训练成有用的马，那么你显然不能抛开它来驯服它，你必须与马保持接触。这里成功的道路只有一条：骑上马并待在上面。……如果你有耐心不断这样做下去，你就能最终让这匹马去你想去的地方。"

意志锻炼的过程是艰苦而漫长的过程，正如孟子所言："天将降大任于斯人也，必先苦其心志，劳其筋骨，饿其体肤，空乏其身，行拂乱其所为，所以动心忍性，曾益其所不能。"即在任何情况下，精神不能垮，意志不能松懈。

4. 讲究方法，循序渐进

锻炼意志品质，还应讲究科学方法，否则不但达不到目的，还有损身心健康。愚公移山、悬梁刺股的故事赞扬的是坚韧和勤奋的精神。然而从现代人的眼光来看，其精神固然可嘉，但方法未免有失科学性，也违背了学习规律。因此，意志的正确运用要建立在科学的方法和目标上，否则，若违反了身心发展、运动规律，强行蛮干，就会适得其反，于人无益，于事无补。如果有大学生为了锻炼自己的顽强意志，在骄阳似火的正午练跑步，在寒冬腊月的深夜用冷水冲头强迫自己清醒，长此以往，就必然会出现身心紊乱、神经衰弱。

锻炼意志，还要注意循序渐进，切不可操之过急，因为“欲速则不达”。一般来说，把要达到的目标进行渐进式地分解能减轻负担，且易于完成，还能增强自信心，从而使人能更积极地实现下一个分目标，由此进入一个良性循环。

二、培养意志的途径

1. 树立理想，确立目标

俗话说：“有志者事竟成。”一个有理想、有目标并愿为之努力的人会产生一种积极的动力，激励他不畏艰难，百折不挠地向前。戴高乐曾这样说过：“伟人之所以伟大，是因为他们立志要成为伟人。”由此可见树立明确的奋斗目标的重要性。

经过深思熟虑确定目标，并且找到当前应采取的行动方式，有助于培养意志的自觉性。那么，如何才能确立目标呢？这时候不妨向自己提两个问题：我究竟想要什么？为什么这个目标是现在值得追求的？大学生若能通过合理思维、独立思考，解答这两个问题，就能真正确立合乎自己需要的、追求理想自我的、切合实际的目标。

2. 自我修养，自我激励

大学生意志的自我修养是培养良好意志的重要方法和环节。因为大学生已具备了自我教育、自我修养的能力，可以通过自我教育、自我修养来克服自己意志上的弱点，培养良好的意志品质。

大学生意志的自我修养，一般可以从以下几个方面进行：首先，树立自己学习的榜样，与他对照，向他靠拢。其次，养成自我检查、自我批评、自我监督、自我激励的习惯。可以通过列清单的方法，把自己意志品质的优点、缺点以及改进的进程都记录下来，如果做得好就奖励自己。此外，还可用格言、警句或座右铭来激励自己。

3. 优化个性，增强体质

人的意志品质同个性（尤其是气质）关系密切，因为人的高级神经活动类型及其特点（如反应性、兴奋性、敏感性、平衡性、可塑性等）是意志品质的生理基础。一般来说，意志薄弱的人较多见于气质属脆弱型、性格上软弱者。为此，应根据个性进行意志的训练，如黏液质的大学生应加强果断性和主动性锻炼；抑郁质者应加强大胆、顽强品质的培养；胆汁质者要重视培养自制力，学会沉着、耐心、克制；多血质者则应在持久力、意志力方面下功夫。有的放矢，扬长补短，能使意志品质更完善，更能发挥整体效应。

体育运动是大学生增强体质、锻炼意志的有效途径。因为在进行体育锻炼过程中，会遇到各种生理和心理上的困难和障碍，故通过体育运动，可以培养人的勇敢、坚毅、机智、果断、自制、吃苦耐劳、顽强进取的意志品质，诸如长跑、游泳、登山、打球等都是有益身心而且简单易学、切实可行的体育活动。

4. 改进认知，改善情绪

认知、情绪和意志作为人的心理过程的三个方面是相互影响、相互作用的。大学生的许多意志品质上的问题都可能与不合理的认知和消极的情绪情感有关。如缺乏自觉性、自制力，可能与大学生对目标缺乏足够的认识及认为考上大学就万事大吉的错误观念有关，也可能与他们苦闷孤独、情绪低落有关；固执己见、优柔寡断可能与大学生抱有“失败是可怕的，是糟糕透顶的”这样的不合理信念有关，也可能与他们的自卑感有关。

因此，大学生若能改进认知，改变不合理信念，改善情绪，使积极的情绪多于消极的情绪，则有利于培养良好的意志品质。

5. 克服缺陷，养成习惯

培养健全的意志品质与消除不良意志品质是相辅相成的。克服意志缺陷的过程就是培养意志的过程。要善于把某种意志行为变为习惯行为，因为仅有一次意志行为对于训练意志的稳定性或把软弱的意志变成坚强的意志是不够的。在行为心理学中，人们把一个人的新习惯或新理念的形成并得以巩固至少需要 21 天的现象，称为“21 天效应”。这是说，一个人的动作或想法如果重复 21 天就会变成一个习惯性的动作或想法。大学生不妨把“21 天效应”用在培养自己健全的意志品质上。

由于每个大学生的实际情况各不相同，所以，培养意志品质的方式方法也有所不同。然而无论是谁，都有不断健全意志品质的任务，因为谁都希望成功，希望活得有意义，希望成为生活的主人——这也是讲究意志心理健康的真正意义所在。

[思考与练习]

1. 谈谈大学生意志品质的特点。

2. 谈谈大学生的不良意志品质有哪些。

3. 谈谈当前大学生应如何培养自己的优良意志。

4. 认真学习挫折认知“ABC”理论，并联系实际说明为什么说信念 B 才是导致行为反应 C 的直接原因。

5. 举例说明对待挫折该如何进行合理的调适。

6. 假如生命还剩下 6 个月，你将怎样度过？

【课外拓展】

适应心理

经过了高考紧张的拼搏和激烈的竞争，大学新生带着父母的期望、个人的理想、信心十足地跨进了向往已久的大学校园。但身处陌生的学习环境和人际交往中，有些大学新生不能快速适应新环境的变化，随之产生心理上的迷惘和困惑，进而产生不同程度的情绪困扰和心理障碍，严重的甚至会被迫中止学业。那么，大一新生应如何克服适应障碍问题，尽快适应大学生活呢？

一、适应的含义

在心理学中，“适应”通常是指有机体对环境条件的顺应。再深入推究，可以发现这个概念包含着两个稍有差别的含义。

其一，适应是个体与环境在相互作用中发生改变的过程。既然是相互作用，发生改变的应该是双方。但人们在说到适应时，心目中想的主要是个体的改变，是个体改变自身去顺应环境条件。因为在许多情况下，外界环境（条件）的力量太强大，个人操纵环境的能力是有限的。例如，大学生从中学校园进入大学校门之后，面临陌生的学习和生活环境会产生一些新的心理矛盾，这时，他们不能指望环境和生活条件朝着有利于他们的方向改变，而必须要在自我调整、自我努力上下功夫。

其二,适应是个人与环境之间的关系的一种状态,即个人与环境之间的一种和谐协调、相宜相适的状态。我们有时说某人在其生活环境中如鱼得水,非常“适应”,就是指这一含义。但从历史角度来观察人的一生,便会发现这种适应状态总是暂时的。适应中总是孕育着变化的因子,这种变化要么是环境条件的改变,要么是个人自身的改变,这两种因素一旦变化到一定的程度,适应的天平便发生倾斜,接着便是一个调整期,以逐渐达到新的适应。

综上所述,我们可以将适应定义为:适应是个人通过不断的身心调整,在现实生活环境中维持一种良好、有效的生存状态的过程。例如一名大学新生不仅仅要面临中学生到大学生的角色变化,还要面临离开父母的生活环境的变化,以及与高中在课时安排、管理方式、学习方法等方面不同的学习环境的变化,此外,特别重要的是要面临人际环境的变化,如果他不能很快改变以往的生活模式,就会感到适应困难。

适应可以说是一辈子的事,个体在适应环境要求的过程中,渐渐获得健康的个性。

瑞士心理学家皮亚杰认为,智慧的本质从生物学来说是一种适应,它既可以是一个过程,也可以是一种状态。有机体是在不断运动变化中与环境取得平衡的,它可以概括为两种相反相成的作用——同化和顺应。

同化是指将客体纳入主体已有认知结构或行为模式的过程(在机能上,而不是物质方面,把客体整合到自己的活动格式中来)。

顺应是指调整原有认知结构或行为模式以适应环境变化的过程(主体修改或重建自己的活动格式以适应客体的特征或变化)。

适应状态则是这两种作用之间取得相对平衡的结果。这种平衡不是绝对静止的,某一个水平的平衡会成为另一个水平的平衡运动的开始,这种平衡—不平衡—平衡的动态变化过程就是适应。

刚入校门的大学新生,大都面临着许多困难和需要适应的问题。多数大学新生能够实现令人满意的适应,他们熟悉了新环境,结交了新朋友,培养了新兴趣,参加了新活动。但是,仍有少数大一学生生活得不那么顺利,例如有些大学新生会变得孤僻,有些大学新生会刻意强调自我,少数人还会过度眷恋以前的高中生活等,这样势必会严重影响他们的学习。因此,是否适应大学所在地的自然环境和社会环境,便成为大学生能否顺利成才的一个重要影响因素。

二、大一新生适应障碍的表现

1. 失去目标的空虚感

在中学时代,许多同学读书都有一个明确而具体的目标,即考上大学。在大学以前的十多年教育里,同学们一直为应付最后的高考闯关而紧张努力。但身处大学之后,同学们发现大学是一个强调学生自立自强、个性张扬和创新意识的有着相对宽松的教学管理环境的地方。两者的巨大反差导致了一些还未树立起明确人生目标的大学新生内心产生迷茫和彷徨。

2. 相形见绌的自卑感

据调查,在不同程度上有自卑感的大一新生占调查对象人数的61%,主要表现为:

① 为自己被录取的专业学科不是热门专业而感到自卑;

② 为自己来自农村山区和贫困地区而自卑;

③ 为自己在知识、才艺、人际关系、家庭背景乃至身体容貌等方面不如别人而自卑。

许多新生升入大学后会发现自己原来的心理优势已不复存在。再加上大学里课程设置较多、教学进度较快,课程难度较大、要求也较严格,稍一分心就有可能掉队。这样,在新的学习阶段,个人的各种排名就会重新洗牌,那些排名靠后的同学很可能会与自己过去的心理优势相冲突。如果这种冲突不能得到缓解，就可能导致自信心不足，从而产生自卑感。

3. 理想破灭的挫败感

新生在大学生活了几个月之后，常常会感到目前自己就读的大学与实际想象中的大学差别很大。进入大学前，多数人认为大学应该是鸟语花香的曲巷长廊，是汗牛充栋的藏书场馆，是笙歌箫管的多彩舞场，是绿茵场上的潇洒驰骋和杨柳依依下的朗朗晨读……。这些被大学生们理想化了的场景一旦被戳破，或者一旦他们发现所面对的大学并非理想中的殿堂，就会造成一种消极的情感体验。还有一种失落感是由在群体中的地位下降所造成的。中学的学习尖子、班团干部和三好学生，进了大学一般难以继续成为"人中麟凤"，甚至可能在竞争中逐渐落伍，这些学生有可能因为地位变化带来的落差而变得闷闷不乐、心情抑郁。

4. 知音难觅的孤独感

处于青年期的大学生，情感丰富而又敏感，但新生们往往不愿轻易向别人表露自己的心迹，初期的人际交流总是有些隔阂。然而，年轻人天生有着与人交往的强烈需要，也迫切需要加入一些团体以满足心理上的归属感，这些矛盾冲突如不能很好地解决，就有可能导致心理的自我封闭。另一方面，面对种种选择和决断，面临比过去复杂得多的人际关系，面临自身的种种心理矛盾，他们比过去任何时候都更需要朋友的理解、支持和帮助。孤独感就是自我封闭与渴望友谊这种矛盾冲突的产物。

5. 竞争压力带来的恐惧感

近年来由于就业压力不断增大，很多大学生在刚进入大学时就闻到了竞争的火药味，校园里的求职、招聘广告铺天盖地，考研、考证、考级热浪弥漫。而这种情况对于大一新生来说，可能是以前未曾预料到的，再加上对学习环境、人际环境的不适应，他们往往会感到焦虑、不安，感到竞争压力很大并产生莫名的恐慌。

总体上讲，大一新生自我认识的变化反映了他们心理正常发展和适应的过程。大一新生应尽快消除自我认识与社会认识不一致导致的心理上的不适应，否则就可能会产生因某些适应障碍而导致的不良后果。

三、主动适应，改变自己

提高自立和自理能力，主动适应新的学习和生活方式，充分认识自我和完善自我，正确运用心理调适策略以尽快适应大学生活，是大一新生亟待解决的问题。

1. 接受现实

事实上，校园环境的优劣、教学设备的齐全和先进与否、大学管理水平的高低并不是个体能否成才的决定因素和惟一因素，个人能否有所成就、有所突破还取决于个人的努力程度。所以，大学生要树立自立精神，提高自主能力。自立精神表现为在生活中形成的一切用自己的力量去完成的独立意识。比如，积极参加大学里的各类竞赛、社会实践或者志愿服务、创新创业活动等，这一方面可以锻炼自己的意志，另一方面也可以扩大对社会的多方位了解，从一定程度上拓宽本人学业上的视野。

2. 主动适应

一般来说，大学生的自理能力是不成问题的。大一新生来自全国各地，生活习惯和性格特点各不相同，他们组成的新群体中的成员之间能否和睦相处是一个新的生活课题。因此，尽快了解群体成员各自的生活习惯和心理需要，学会理解别人，关心别人，是每个大学生应掌握的处世技巧，也是大学生应具备的个人素质之一。比如，通过参加服务性的社团活动，一方面可以发展自己的责任心和义务感，另一方面也有机会认识社会。再如，参加一些娱乐性的社团，一方面可以借助娱乐活动使感情升华，减少情绪困扰；另一方面也可以表现自己的才艺并被人欣赏。总之，大学生有必要根据自己的性格特点和条件刻意培养和发展一些业余爱好，这对于培养自己的适应能力是十分有益的。

3. 规划生涯

大学时期是充分认识自我和完善自我的重要时期。大一新生在发展与完善自我的过程中，首先必须充分了解自己，然后确定合适的目标，并围绕目标制订计划，最后通过自己的努力去实现目标，这也叫做生涯设计。一个人的人生蓝图是由自己描绘的，从同样的起点出发却不一定到达同样的终点。如果不想留下终生遗憾，从入学的第一天起，大学生就应该对自己的大学学习生活和职业生涯进行设计。

4. 积极调适

掌握个体心理调适的技巧对于维护心理健康，增强个人对环境的适应能力是非常重要的。大一新生可以尝试运用以下几种心理调适方法：

（1）自我激励法

自我激励法主要是用生活的哲理、榜样的事迹或先进的思想行为激励自己，以调整自己的不良心态。比如，少一些抱怨、消沉，多一些竞争、奋进，以宽容大度的心态来接受现实，相信困难只是暂时的，未来是美好的。另外，在学习上要相信自己有发展前途，要相信凭自己的能力、意志和奋斗精神将来一定能达到目标。

（2）词语暗示法

词语暗示法可以默念的方式进行，也可以通过自言自语甚至在无人处大声呼喊的方式进行，还可以以写日记或记在练习薄的扉页上，以及写好后挂在床头以便自己能经常看到想到的方式进行，从而不断鞭策自己去做。比如，在担心自己意志不坚定时，可以把励志名言作为自己的座右铭来暗示自己。

（3）迁移法

迁移法主要是把注意力从消极方面转移到积极方面去，尽量避免或减轻精神创伤，以便从挫折或失败中重新确定新的、更高尚的目标，比如，可以去旅游或投入激烈的体育运动中。

（4）行为补偿法

当在某一方面不能取得成功时，可以在自己力所能及的别的方面发挥所长并努力取得成功，做到“失之东隅，收之桑榆”。比如，有的学生在爱情上碰到了苦恼，就加倍地努力学习以调适自己的心理。

在心理调适中有三种不同的态度，即积极、消极和妥协。积极的态度能激励个体前进，消极的态度可能导致新的挫折，妥协的态度则是采取一种折中的态度对待挫折。我们提倡用积极的态度来进行心理调适，但在某些自己无能为力的情况下，也可以用折中的态度来进行心理调适。

需要强调的是，大学生的适应心理也可以通过外部途径来调适，其中心理咨询、心理辅导与心理治疗就是最重要的三个途径。各高校都建有心理咨询机构，心理咨询与心理辅导是学校心理健康教育的重要组成部分，学生们可以主动向心理咨询老师请教。

第四章　情绪与情感

情绪和情感每时每刻都围绕着我们，也正因为有了喜、怒、哀、乐、爱、憎等不同的情绪和情感，生活才显得如此丰富多彩。处在青年期的大学生，心理上正经历着急剧的变化，这尤其反映在情绪和情感方面，表现为情绪起伏波动大，情感体验深刻、丰富和复杂，容易陷入情绪困扰。这一特点会明显地影响到大学生的学习、生活、交往等各个方面，长期持续的不良情绪还会危害大学生的身心健康。所以，培养良好的情绪和情感，对增进大学生的心理健康有着重要的意义。本章从大学生情绪和情感发展的特点入手，帮助大学生调适情绪，掌握消除不良情绪的方法。

第一节　情绪与情感概述

一、情绪与情感的含义

情绪是一个复杂的心理过程，是人对客观事物的态度体验及相应的反应，即人对客观事物是否满足需要、愿望和观点而产生的态度体验，是伴随着认识而产生的心理现象。情绪是基于人的需要产生的。研究表明，情绪具有先天遗传性，人的恐惧、愤怒、欢乐、悲哀等基本情绪及其表现方式是生来就有的，但成人的复杂情绪则是后天习得的。情绪在形式上以心理特质的方式蕴含在人格结构之中。

情感是与社会性需要相联系的高级的主观体验，是在人类社会发展进程中形成的，具有较大的稳定性、深刻性和持久性，是人对事物稳定的态度反映。

心理学家把情绪结构归结为三个方面，这也是任何情绪都具备的三要素，即内省的情绪体验、外在的情绪表现以及情绪的生理变化。

1. 内省的情绪体验

内省的情绪体验，简单地说，就是人对情绪状态的自我感受，一般用愉快度、紧张度、激动度和确信度四个维量来反映和衡量心理感受。愉快度表示主观体验的享乐色调；紧张度表示情绪的生理激活水平，包括肌肉紧张和动作抑制等成分的激活水平；激动度或冲动度表示个体对情绪、情境出现的突然性，即个体缺乏预料和缺乏准备的程度；确信度表示个体胜任、承受感情的程度。内省的情绪体验是人脑对客观环境和客观现实的重要反映形式之一，这种反映形式不同于感觉、知觉和思维反映形式，即情绪活动不同于认知活动，它不是对客观事物本身实质的反映，而是带有主观色彩的基于主体需要的反映。

2. 外在的情绪表现

外在的情绪表现即表情，具体指面部表情、言语表情和体态表情。在情绪发生过程中，人的行为会发生习惯性反应，面部及身体其他部位都会随着主体体验而显现出相应变化，也会有相应的言语。如有的人遇到伤心、悲痛的事就捶胸顿足、呼天抢地，遇到高兴的事就手舞足蹈。可见，表情在情绪活动中具有独特作用，是情绪本身不可分割的发生机制，也是传递情绪信息的外在表现。

3. 情绪的生理变化

情绪的生理变化即情绪产生时各系统器官发生的生理变化和物理反应，尤其是脑和神经系统，它们为情绪的发生和持续提供着能量。其生理机制就是大脑皮层的不同神经元产生兴奋，皮下中枢，包括海马、丘脑和脑干网状结构不断传递和反馈信息，协调和支持脑的激活水平和情绪状态。伴随着脑和神经系统的变化，机体的其他内脏器官也会随之产生不同的生理变化，如呼吸急促、心跳加快等。情绪生理变化是主观体验的深化，也是外在情绪表现的基础，在情绪结构中起承上启下的作用。

内省的情绪体验、外在的情绪表现、情绪的生理变化作为情绪的三个组成部分，在评定情绪时缺一不可，只有三者同时活动，同时存在，才能构成一个完整的情绪体验过程。例如，当一个人佯装愤怒时，他只有愤怒的外在情绪表现，却没有真正的内省的情绪体验和情绪的生理变化，因而也就称不上有真正的情绪过程。因此，情绪中必须有上述三个方面同时存在，并且有一一对应的关系，一旦出现不对应，便无法确定真正的情绪是什么。

在日常生活中，情绪和情感经常混用。但在心理学上，情绪和情感是两个不同的概念。情绪分为心境、应激和激情，情感分为道德感、美感和理智感。二者的区别和联系包括以下三个方面：

① 从所联系的心理层次看，情绪的心理层次低一些，是先天与生理需要相联系的；情感与人的社会性需要相联系，属于高级心理现象。

② 从所具有的品性看，情绪一般不稳定，具有较大波动性；情感则较稳定，持续时间较长，甚至影响人的一生。

③ 情绪与情感相互联系和依存。情感是在情绪的基础上产生的，进而发展成为情绪深层核心，它通过情绪得以实现。情绪包含着情感，受已形成情感的制约，是情感的外在表现。而新的情绪蓄积又促成情感的衍变，二者相互依存、制约，共同发展。

二、情绪情感的种类

情绪本身是非常复杂的，又是瞬息万变的，因此要对情绪进行准确的分类就显得尤为困难。许多研究者对此进行了长期的探索，其中有两种分类方法颇具代表性。

1. 从情绪呈现的形式看

人类具有四种基本情绪：快乐、愤怒、恐惧和悲哀。快乐是一种追求并达到目的时所产生的满足体验。它是具有正向享乐色调的情绪，具有较高的享乐维和确信维，使人产生超越感、自由感和接纳感。愤怒是由于受到干扰而使人不能达到目标时所产生的体验。当人们意识到某些不合理的或充满恶意的因素存在时，愤怒便会骤然产生。恐惧是企图摆脱、逃避某种危险情景时所产生的体验。引起恐惧的重要原因是缺乏处理可怕情景的能力与手段。悲哀是在失去心爱的对象或愿望破灭、理想不能实现时所产生的体验。悲哀情绪体验的程度取决于对象、愿望、理想的重要性与价值。

在上述四种基本情绪的基础之上，可以派生出众多的复杂情绪，如厌恶、羞耻、悔恨、嫉妒、喜欢、同情等。

2. 从情绪呈现的状态看

依据情绪发生的强度、速度、紧张度、持续性等指标，可将情绪分为心境、激情和应激。

(1) 心　境

心境是一种具有感染性的、比较平稳而持久的情绪状态。人处于某种心境时，会以同样的情绪体验看待周围的事物。如人伤感时，会见花落泪，对月伤怀。古诗云："感时花溅泪，恨别鸟惊心"反映的就是一种哀伤的心境。心境体现了"忧者见之则忧,喜者见之则喜"的弥散性特点。平稳的心境可持续几个小时、几周或几个月,甚至一年以上。

(2) 激　情

激情是一种爆发快、强烈而短暂的情绪体验。如在突如其来的外在刺激作用下,人会产生勃然大怒、暴跳如雷、欣喜若狂等情绪反应。在这样的激情状态下,人的外部行为表现比较明显,生理的唤醒程度也较高,因而很容易失去理智,甚至做出不顾一切的鲁莽行为。例如,大学生中出现的打架斗殴、报复伤害之类的人身伤害事件,多是由于大学生不能理智处理而导致的害人害己恶果。因此,在激情状态下,要注意调控自己的情绪,以避免冲动和伤害。

(3) 应　激

应激是指在意外的紧急情况下所产生的适应性反应。当面临危险或突发事件时,人的身心会处于高度紧张状态,出现一系列生理反应,如肌肉紧张、心率加速、呼吸变快、血压上升、血糖升高等。例如,当遭遇歹徒抢劫时,人就可能会产生上述生理反应,从而积聚力量以进行反抗。另外,人们在面对突然发生的水灾、火灾和地震时所产生的特殊的紧张情绪状态或巨大的逃生反应,以及铤而走险的冒险行为等都属于应激反应。人们的应激状态不能维持时间过久,因为这样很消耗人的体力和心理能量。长时间处于应激状态可能会导致适应性疾病的发生。"范进中举"就是典型的案例,范进面对突如其来的特大喜讯,长时间处于亢奋状态,导致生理反应过激,最终陷入疯癫状态。

3. 情感的种类

情感是与社会性需要相联系的高级的主观体验。

(1) 道德感

道德感是根据一定社会的道德标准,对人的思想、行为做出评价时所产生的情感体验。当自己或他人的言行符合道德规范时,对自己会产生自豪、自慰等情感,对他人会产生敬佩、羡慕、尊重等情感;当自己或他人的言行不符合道德规范时,对自己会产生自责、内疚等情感,对他人会产生厌恶、憎恨等情感。

(2) 理智感

理智感是在认知活动中,人们认识、评价事物时所产生的情绪体验,如发现问题时的惊奇感,分析问题时的怀疑感,解决问题后的愉快感,对认识成果的坚信感,追求真理的喜悦感和幸福感,等等。理智感常常与智力活动的愉悦感相联系。

(3) 美　感

美感是根据一定的审美标准评价事物时所产生的情感体验。它是人对自然和社会生活的一种美的体验,如对优美的自然风景的欣赏,对良好社会品行的赞美。美感的产生受思想内容及个人审美标准的制约,丑陋的内涵冠以漂亮的外表,也无法使品德高尚的人产生美感。而且,不同的人的审美标准不同,这也会使不同个体的美感产生差异。

三、情绪情感的表达

1. 表情的作用

表情是情绪表达的一种方式,也是人们交往的一种手段。人与人之间除了言语交往之外,还有非言语交往,如通过表情交往。在人类交往过程中,言语与表情经常是相互配合的。同是一句话,配以不同的表情,会使人产生完全不同的理解。所谓的"言外之意""弦外之音"就是更多地依赖于表情的作用。而且,表情比言语更能显示情绪的真实性。有时人们能够运用言语来掩饰和否定其情绪体验,但是表情则往往掩饰不住人内心的体验。情绪作为一种内心体验,一旦产生,通常会伴随相应的非言语行为,如面部表情和身体姿势等。一些心理学家在研究人类交往活动中的信息表达时发现,表情起到了重要的作用。

2. 表情的种类

表情可以分为三类:面部表情、身段表情和语调表情。

(1) 面部表情

面部表情是由面部肌肉和腺体变化来表现情绪的,是由眉、眼、鼻、嘴的不同组合构成的,如眉开眼笑、怒目而视、愁眉苦脸、面红耳赤、泪流满面等。面部表情是人类的基本沟通方式,也是情绪表达的基本方式。面部表情有泛文化性,同一种面部表情会被不同文化背景下的人们共同承认和使用,以表达相同的情绪体验。心理学家们经过研究发现,有七种表情是世界上各民族的人都能认出的,它们是快乐、惊讶、生气、厌恶、害怕、悲伤和轻视。研究者发现,具有不同文化背景的人们都能精确辨认这七种基本表情,5 岁的孩子在辨认表情的精确度上便等同于成人了。面部表情识别的研究还发现,最容易辨认的表情是快乐、痛苦,较难辨认的是恐惧、悲哀,最难辨认的是怀疑、怜悯。一般来说,情绪成分越复杂,表情越难辨认。

(2) 身段表情

身段表情是由人的身体姿态、动作变化来表达情绪的,如高兴时手舞足蹈,悲痛时捶胸顿足,成功时趾高气扬,失败时垂头丧气,紧张时坐立不安,献媚时卑躬屈膝等。身段表情受不同文化的影响,不具有跨文化性。研究表明,手势表情是通过学习获得的。在不同的文化中,同一手势所代表的含义可能截然不同。如竖起大拇指在许多文化中是表示夸奖的意思,但在希腊却有侮辱他人的意思。手势表情具有丰富的内涵,但隐蔽性也最小。弗洛伊德曾描述过手势表情:"凡人皆无法隐瞒私情,尽管他的嘴可以保持缄默,但他的手指却会多嘴多舌。"

(3) 语调表情

语调表情是通过声调、节奏变化来表达情绪的,也是一种副语言现象,如言语中语音的高低、强弱、抑扬顿挫等。例如人们惊恐时尖叫,悲哀时声调低沉、节奏缓慢,气愤时声音变高、节奏变快,爱慕时语调温柔且有节奏。

总之,面部表情、身段姿态和语调变化成为情绪的有效表达方式,它们经常相互配合,更加准确或复杂地表达不同的情绪。

四、情绪情感的功能与作用

1. 情绪和情感的功能

(1) 适应功能

情绪的适应功能从根本上说是服务于改善和完善人的生存和生活条件的,是人们心理活动的"晴雨表"。无论是儿童还是成人,都是通过愉快表示处境良好,通过痛苦表示急需改善,通过悲伤和忧郁表示无奈和无助,通过愤怒表示反抗的倾向。同时,由于人生活在高度文明的社会里,情绪的适应功能形式也有了很大的变化,例如,人用微笑向对方表示友好,通过移情维护人际关系,通过察言观色了解对方的情绪状况,以便采取适当的、相应的措施或对策等。也就是说,人们通过各种情绪、情感了解自身或他人的处境与状况,适应社会的需要,以求得更好的生存和发展。

(2) 动机功能

情绪、情感是动机的源泉之一,是动机系统的一个基本成分。它既可以促进人的行为,也可以抑制人的行为。当人们处于积极的心境或适度的热情中时,它是激励人的活动、提高活动效率的动力因素之一;当人处于消极的心境或过度兴奋、紧张的状态中时,情感也会降低活动效率，阻碍人们完成任务。

法国启蒙思想家德尼·狄德罗(Denis Diderot)说过："只有情感，而且只有伟大的情感，才能使灵魂达到伟大的成就。"人们在追求理想的过程中，所表现出来的勇敢、执着、顽强、持之以恒的精神，都是以某些强烈的积极情绪情感为基础的。学生对学习自觉、主动的态度，也必然包含着浓厚的兴趣、高度的责任感等情绪与情感的作用。

(3) 组织功能

情绪是一个独立的心理过程，有自己的发生机制和发生、发展过程。情绪心理学家斯洛夫(L. A. Sroufe)认为，作为脑内的一个监测系统，情绪对其他心理活动具有组织的作用，这种作用包括对活动的瓦解或促进两个方面。一般来说，中等强度的愉快情绪有利于提高认知活动的效果，而消极的情绪，如恐惧、痛苦等会对操作效果产生负面影响。消极情绪的激活水平越高，操作效果越差。

情绪的组织功能还表现在影响人的行为上。人们的行为常被当时的情绪所支配。当处在积极、乐观的情绪状态时，人们倾向于注意事物美好的一面，态度和善，乐于助人，并能勇挑重担；而消极情绪状态则使人产生悲观意识，失去希望与渴求，也更易产生攻击性。

(4) 信号功能

情绪和情感的交流是人们在工作、学习和生活中传递信息、相互影响、相互了解的重要方式。它在人际交往中具有联络感情、形成态度、决定交往倾向的功能。这种功能是通过情绪情感的外部表现——表情来实现的。情绪情感的信号作用，不仅可以使人表达自己的感受，也能使他人觉察你的内心感受。情绪情感的表达与传递在人际交往中具有不可替代的表现力和感染力。有研究证明，在人际沟通中，情绪情感信息所起的作用远远超过认知信息的作用。

2. 情绪和情感的作用

情绪和情感在人的学习、工作和生活中具有重要的作用。

(1) 情绪影响认知发展

情绪与认知相互制约，情绪影响认知的种类和进程，认知参与情绪的产生。情绪对认知的影响较大，具体表现在：情绪影响个体的感知，比如学生对课堂上学习的内容的掌握程度与情绪状态有关；情绪影响记忆效果，积极的情绪有助于集中注意力，提高感知水平，记忆效果好，反之则记忆不牢；情绪影响思维的灵活性和敏捷性，思维的方向选择也受情绪的支配；良好的情绪状态是激发想象力和创造力的重要条件。

(2) 情绪影响学习效率

情绪影响认知过程，也就会影响学习效率。在积极情绪的影响下，学习的效率能够提高；反之，在消极情绪的影响下，学习的效率就会下降。如果学生对学习内容产生了浓厚的兴趣，就会表现出积极、主动的态度倾向，效果和效率都会提高，而且会乐此不疲。这就正如《论语》中所说的"知之者不如好之者，好之者不如乐之者"。

(3) 情绪影响身心健康水平

持久消极的情绪状态和过强的情绪体验，都会对人的身体和心理健康产生不良影响。中医理论当中的"怒伤肝、思伤脾、喜伤心、恐伤肾"的说法，就告诉了人们情绪与身体健康之间的关系。良好的情绪还是疾病康复的一剂良药，而消极情绪则会引发多种心理障碍和心理疾病，特别是长期的紧张、焦虑、抑郁和极度的愤怒，是引发身心疾病的主要原因。

(4) 情绪影响个性的发展

人的全部活动和行为方式都会受到情绪的影响，而情绪本身的表现和稳定性、控制性也构成了一个人的性格中的情绪特征。稳定、持久、愉快等良好的情绪特征能够帮助学生形成稳重、可靠、乐观、活泼等好的个性特征；相反，则容易形成多疑、忧郁、孤僻、易怒等不良的个性特征。良好的情绪状态，有助于个性全面均衡的发展。

(5) 情绪状态影响人际交往

积极稳定的情绪是发展良好人际关系的重要条件。在人际交往当中，人不但依靠语言传递信息，情绪的外部表现也是很重要的人际交往手段。

3. 健康情绪的标准

健康情绪和不健康情绪之间的区别是相对的，很难有严格的界限。目前大多数人所采用的一种观点认为，健康情绪应当符合以下几个标准：

(1) 情绪是由适当的原因引起的

心理学的研究表明，情绪反应都是有其原因或对象的。同时，当事人一般都能觉察到，并且周围的人也能觉察到情绪产生的原因，或赞同其对情绪产生原因的解释。毫无原因的情绪反应不是健康的情绪反应。

(2) 情绪反应的强度和引起它的情境相适应

过于强烈的情绪反应或强度不足的反应都不是健康的情绪反应。

(3) 情绪反应能够随客观情境的变化而转移

在日常生活中，人们的情绪反应持续的时间是不同的。当引起情绪的因素消失后，情绪反应会在较短的时间内恢复平静，但有的情绪(如失恋、亲人的死亡等)则需要较长时间才能恢复到正常的状态。不能随客观情境的变化而变化的情绪反应，不是健康的情绪反应。

第二节　大学生情绪情感发展的特点

情绪情感作为人类心理活动基本过程的一个方面，影响着认识、意志活动的进行，也影响着个性心理的形成和发展，只有当大学生的情绪情感得到良好的发展，其心理才能够全面和谐地发展。

一、情绪情感发展的特点

大学生是青年中的一个特殊群体，其情绪情感的发展既具有一般年轻人表现出来的个体发展上的年龄特征，又受到特定经历和环境的影响，形成了一定的特点。大学生情感发展的特点主要有：

1. 情绪情感丰富多彩

从人的生理发展阶段来看，大学生正处于青年期，这一时期是人生面临多种选择的时期，学习、交友、恋爱等人生大事基本上都是在这一阶段完成的。大学生作为特殊群体，生理基本成熟而心理尚未完全成熟，处于心理断乳期，易受到外界的干扰。他们对人、对事、对社会上的各种现象等特别关注，对友谊与爱情执着追求，对新鲜事物十分好奇，对学业和未来充满信心。他们朝气蓬勃、积极进取，拥有许多积极情绪(增力情绪)。但大学并不是伊甸园，也有竞争与压力。考试不及格、被朋友误解、恋爱失败、评奖失利等都可以导致消极情绪(减力情绪)的产生。可以说大学生的情绪极其丰富又极其复杂。

2. 情绪易起伏波动

大学生的情绪起伏波动比较大。这主要表现在两个方面：一是大学生的情绪在两极间变化频繁。诸如人际关系的变化、学习成绩的好坏都可能引起大学生情绪的变化，从而使他们的情绪时而高涨，时而低落，从一个极端转向另一个极端。二是大学生还常常表现出莫名其妙的情绪波动、交替。大学生的情绪产生起伏波动的主要原因体现在两个方面：其一，大学生在生理和心理上发展的不平衡性所产生的矛盾冲突，常在情绪体验中得以显现；另外，大学生的辩证思维发展水平还不是很高，对待矛盾时容易很偏激，从而引起情绪上的两极反应。其二，大学生的社会活动范围扩大了，影响情绪的各种因素也大量出现，如人际关系、学习成绩、交友恋爱等因素。这些因素所引起的情绪有些是能够被意识到的，而有些则未被意识到，这也会导致情绪的波动。

3. 情绪兴奋性比较高

美国心理学家霍尔(G. S. Hall)曾把青年期称为“疾风怒涛”的时期。大学生的情绪具有强烈性、爆发性和易激动的特点，即兴奋性比较高。同样的刺激情境，可能不会引起成年人的明显情绪反应，但却能引起大学生较强烈的情绪体验。他们对各种事物比较敏感，反应迅速，遇事容易冲动。例如，大学校园中的打架、斗殴事件就是因为大学生对一些小事的处理不够冷静，进而产生激烈的情绪导致的。造成大学生情绪激动的原因主要有两个：首先，由于在青年期肾上腺激素进入分泌旺盛阶段，这使得大学生的神经活动的兴奋过程往往优于抑制过程，并且容易引起兴奋的泛化和扩散，导致情绪的兴奋性较高。其次，大学生自我意识的发展、社会活动范围的不断扩大，使得外界事物与心理需要的矛盾频繁发生，这也会导致较强烈的情绪反应。

4. 情绪呈现心境化特点

大学生情绪的强烈冲动、起伏波动只是一个方面，与之相对的是大学生情绪的心境化，也就是一种微弱、持久的情绪状态。大学生情绪心境化的主要表现是情绪和情感持续的时间比较长。例如，一次考试的成功或比赛的胜利所引起的愉快的心情会持续一段时间，同样，一次考试受挫或人际关系矛盾也可能使大学生的心情数日都不好。但由于大学生普遍具有较高的智力水平和知识素养，随着社会经验和知识的积累，他们对情绪、情感的控制调节能力逐渐增强，情绪、情感也会出现较稳定的特点，具有明显的心境化趋势。情绪心境化和情绪激动这两个特点都存在于大学生的情绪体验中，体现了大学生情绪从不成熟到成熟的发展过程。

5. 情绪情感具有内隐现象

一般情况下，大学生的情绪体验与外部表现是一致的。例如，当班集体在文体比赛中获胜时，学生们欢呼雀跃，毫不掩饰自己的情绪。但是，由于大学生知识经验的增加和自我意识的成熟，在一些特定场景和事件上，他们的情绪外在表现和内心体验往往并不一致，从而表现出情绪文饰的特点。他们的情绪表现不仅受自己的主观体验制约，而且也受客观环境因素的影响。例如，考试不及格，明明心里很难过，却装得很淡定；明明上课未听懂，却装出已听懂的神态；两位男女大学生虽相互爱慕，但在公开场合却表现得若无其事。这些现象的出现主要与大学生自我意识的发展和成熟有关。社会意识的觉醒使他们注意到自己的情绪在特定的社会情境中表达的适当性，而衡量这种适当性的重要标准之一就是是否有损于自己在他人心目中的良好形象。其实，这也是大学生心理闭锁性的特点在情绪中的体现。这种情绪文饰、内隐现象，表明大学生对情绪情感已具有相当的自我控制能力。

6. 高级情感日趋成熟稳定

随着大学生知识经验的增多、能力的提高，他们的道德感、理智感和美感获得了高度的发展并日趋成熟、稳定，逐渐成为个性特征的一部分。

在道德感的发展上，由于大学生的道德认识不断提高，他们的道德情感进一步深化，符合社会准则和期望的道德感逐步形成。他们热爱祖国和家乡，有高度的使命感和责任感；他们期望平等和谐的人际关系，憎恨不正之风；他们颂扬助人为乐、无私奉献的道德行为，鄙视损人利己的丑恶行为；他们珍惜集体荣誉，崇尚团结、正义。

大学生在理智感方面的发展更为突出，他们的求知欲望、认识兴趣趋向深刻和稳定，对社会、自然和自身的探索已变成一种自觉的追求。研究结果表明，求知需要在大学生众多的需要中占据了首位。正是这种强烈的求知需要，为大学生理智感的高度发展提供了内在的基础。他们在学习新知识的过程中经常会出现紧张感，会因一个理论观点争得面红耳赤，也会因一道难题冥思苦想进而倍感学习中的甘苦喜忧。此外，大学生们也会在科学实验和社会实践过程中表现出较强的好奇心和惊讶感。

在美感发展方面，大学生的审美观和审美情感日益深刻。他们对美有着敏锐的感受力，对美好事物不论是自然美、社会美、艺术美，还是人格美均有着强烈的需要和执着的追求。因而，他们喜爱在大自然的美景中陶冶情操，渴望良好和谐的社会风气和人与人之间的真挚友情，并不断从品德、心灵、语言、行为等方面加强修养以追求人格的完美。

二、影响大学生的情绪情感的因素

影响大学生的情绪情感的因素是多方面的，一般认为有内外两方面的因素。

1. 外部因素

所谓外部因素是指与大学生相关的一切环境，它包括家庭环境、学校环境和社会环境。而社会环境是影响大学生情绪发展的重要因素。它不仅影响大学生情绪发展的方向、速度，而且影响大学生情绪的具体表现形式。大学生的正常和异常情绪心理及其表现形式都是一定社会环境的反映。

（1）社会因素的影响

社会因素的影响表现为当今社会变革的影响与多元价值观的冲击。随着经济全球化的快速发展，竞争机制的全面引入，生活节奏的明显加快，人际关系的日益复杂，传统观念不断受到冲击，价值体系坐标也随之需要重新选择。转型时期的行业区别、就业失业、社会治安和贫富差距等问题会在短时间内以连续不断的方式作用于大学生，如果一些大学生社会阅历浅，心理应对和承受能力弱，就极易引发心理与行为严重失调，产生不良情绪。

（2）学校环境影响

目前高等教育改革正在不断深化。教育的国际化、专业的融合化以及社会对复合型人才的需求，导致了教育成本的增加，加之就业压力的增大、择业理念的转变，这些无不牵动着每一个大学生的神经，影响着大学生的情绪。另外，校园文化的偏差和心理健康教育的薄弱也是影响学生情绪的重要因素。校园文化作为亚文化对大学生的情绪健康的影响深远而直接。近年来，由于学业负担沉重和就业压力加大，许多学生社团组织名存实亡，校园人际关系也变得淡漠化和难以协调。理想与现实的反差使不少大学生产生心灵孤独感、寂寞感和不适应感，甚至产生抵触情绪。在此情况下，学校心理健康教育的滞后，对学生情绪能力培养的忽视，也直接导致了情绪问题在大学生群体中的日益严重。

（3）家庭因素的影响

家庭是人才培养的启蒙学校，可以说，一个人的良好情绪状态的培养最重要的在于幼时的家庭教育，例如，家庭的经济状况、家长的教育方式、家庭成员之间的亲疏关系等，其中任何一个方面出问题都会影响学生的情绪、情感水平。目前工作、生活节奏的加快，对家庭的冲击较大，单亲家庭、下岗家庭逐渐增多，这一切都会在一定程度上影响大学生的情绪，给大学生的心理造成更多的矛盾冲突，进一步加剧大学生心理变态的可能性。

2. 内部因素

所谓内部因素一方面是指遗传、激素分泌紊乱以及神经系统的功能或器质性变化等，这些因素可以造成大脑机能活动的失调或器质性变化；另一方面是指大学生所处特定时期的心理活动的特点。这些因素都可能影响大学生的情绪情感。

研究表明，一般情况下，情绪反应都是由大脑皮层决定的。但美国纽约大学的科学家莱克杜斯通过研究发现，并不是所有的情绪发生都必须经过大脑皮层的整合与评估。他认为"在情绪产生的一般通路之外，另有一小缕神经元直接自丘脑连接到杏仁核，通过这些窄小通道，杏仁核可直接接受感觉讯息，在皮层尚未做出评估之前抢先做出了反应"，导致了有机体一时情绪冲动，失去应有的理智，即发生"感情冲昏了理智"的现象。处于青年期的大学生因其内分泌系统尤其是性腺处于空前活跃时期，加之性激素的大量分泌，导致大脑神经活动过程的兴奋与压抑不平衡，内制力较差，因而极易形成冲动。

从大学生的心理特点看，大学生的情绪同其整个心理过程一样，正处于蓬勃发展的时期，即由不成熟迅速走向成熟的重要时期，并且情绪的成熟比认知的成熟要晚一些，因而具有冲动性、爆发性、两极性、心境化、倾向性的显著特点，特别是冲动性、爆发性和两极性构成了大学生情绪的基本特征。例如，冲动性使大学生对刺激情境比较敏感，轻微的刺激就会引起他们强烈的情绪体验；爆发性使大学生情绪的变化在时间上没有过渡和酝酿，来势凶猛，具有突然发作的性质，并且一旦发作，就会形成巨大冲力，难以驾驭，不易控制；两极性则使大学生的情绪表现不仅强烈，而且极不稳定，很容易从一个极端走向另一个极端。

另外，大学生自我意识发展的不完善，角色转换适应不良，理想的我与现实的我常常矛盾，缺乏对情绪的准确知觉和分析，耐挫能力较低等也都使大学生的情绪常常不可控制并表现出情绪化的特点。

第三节　大学生情绪调节与疏导

一、什么是情绪调节

情绪调节是个体管理和改变自己或他人情绪的过程，在这个过程中，通过一定的策略和机制，使情绪在生理活动、主观体验、表情行为等方面发生一定的变化。具体分析，情绪调节有以下几个方面：

1. 具体情绪的调节

情绪调节包括所有正面和负面的具体情绪，例如快乐、兴趣、悲伤、愤怒、恐惧、抑郁、焦虑等。关于情绪调节，人们很容易想到对负面情绪的调节，如当愤怒时人们需要克制，悲伤时需要转换环境想一些开心的事情等。其实，正面情绪在某些情况下也需要调节。例如，当学生在学校里取得了好成绩时，也要适当控制自己的情绪，以避免忘乎所以，举止失当。

2. 唤醒水平的调节

对唤醒水平的调节，一般认为，主要是调节过高的唤醒水平和强烈的情感体验。研究表明，高唤醒水平会对认知操作起到瓦解和破坏的作用，如狂怒会使人失去理智，出现越轨行为。成功的情绪调节就是要管理情绪体验和行为，使之处在适度的水平。当然，情绪调节也包括削弱或去除正在进行的情绪，激活需要的情绪，掩盖或伪装一种情绪。所以情绪调节既包括抑制、削弱和掩盖等过程，也包括维持和增强的过程。

3. 情绪成分的调节

情绪调节的范围相当广泛，它不仅包括情绪系统的各个成分，也包括情绪系统以外的认知和行为等。情绪系统的调节主要是指调节情绪的生理反应、主观体验和表情行为，如情绪紧张或焦虑时注意控制血压和脉搏，痛苦时设法离开情境使自己开心一点，过分高兴时掩饰和控制自己的表情、动作等。此外，还有情绪格调的调节、动力性的调节等，如调节情绪的强度、范围、不稳定性、潜伏期、发生时间、情绪的恢复和坚持等。

二、情绪调节与疏导的方法

和谐的情绪会给人的学习、工作和生活带来高质量、高效率，因此对不良情绪的及时调节对大学生保持心理平衡十分重要，下面介绍几种主要的方法以供参考。

1. 自主训练法

自主训练法的具体做法是：

① 静坐在椅子上，把背部轻轻地靠在椅子背上。头摆正，稍稍前倾，两眼正视前方，两手平放在大腿上。两脚摆放与肩同宽，全脚掌落地，脚心紧紧贴住地面。

② 两眼轻轻闭合，慢慢地深呼吸三次，静养，此时排除杂念，把注意力放在两手和大腿的边缘部分，然后把注意力集中到手心。这时心里缓慢默念："静养、静养……"两手就会暖和起来。

③ 逐渐将意念导向脚心，重复上述动作，脚心处也会感到暖和。手脚都感到温暖时，身体有一种飘然的感觉，此时头部会感到轻松。

这种方法易学、省时，可以调节情绪，消除心理紧张、烦恼和心理压力。需要注意的是：第一，要相信这种方法是有效的；第二，贵在坚持。经过一段时间的锻炼，就会尝到甜头。当你熟练地掌握了这种自主训练法之后，就可以随时随地使用了：可以坐着练，可以步行、乘车时练，可以在休息时练，也可以在学习、工作间歇时练。抽出15～20分钟练习一下，就可能缓解你的不良情绪，使你永远保持舒畅愉快的心境。

2. 心理平衡法

调节情绪最根本的方法是保持心理平衡，获得良好的心境。为此，美国心理卫生学会提出了11条要诀：

(1) 不要过分苛求

对自己严格要求是对的，但过于苛求就很容易产生挫折感。为了获得心理平衡，应当将目标和要求定得切实可行，即定在自己能力范围之内，并学会从成功中获得欣慰，这样就能保持心情舒畅。

(2) 对他人不要期望过高

对他人期望过高往往容易忽视自己的能力和自己的努力，其结果必然使自己大失所望，并带来不良情绪。

(3) 疏导自己的愤怒情绪

遇事不冷静，就很容易爆发激情，产生愤怒、生气等不良情绪，这时大学生们最好是具备一点"阿Q精神"，抱着笑骂由人的态度，这样可以把愤怒的情绪抛到九霄云外，使心理获得平衡。

(4) 偶尔也要屈服

大学生应该是有理想、有远大抱负的人，因此应学会做事从大处着想而不斤斤计较。要做到与人交往时求大同、存小异。只要大前提不受影响，在小处可以不必过分苛求，以减少自己的烦恼。

(5) 暂时逃避

当你在生活中受到挫折时，应该将烦恼的事放下，去做你喜欢做的事，比如参加体育活动、看电影、听音乐或者睡上一觉，等到心境平静时，再重新面对自己的难题。

(6) 找人倾诉烦恼

当你被烦恼所困时，把抑郁埋在心里只会使你郁郁寡欢。如果把内心的烦恼告诉给你的知己好友或师长，心情就会顿感舒畅。

(7) 为别人做点事

帮助别人等于帮助自己。你在帮助别人时，不仅可以使自己忘却烦恼，而且可以体验到自己存在的价值，在交往中还可以获得更加珍贵的友谊。

(8) 在一段时间里只做一件事

美国心理学专家乔奇(Gyorgyi)博士的研究发现，导致忧思、精神崩溃等疾病的主要原因是患者面对很多急需处理的事情，精神压力太大。因此，要减少自己的精神负担，不要同时进行一件以上的事情，以免弄得心力俱竭。

(9) 不要处处与人竞争

有些同学情绪不好、心理不平衡完全是因为他们处处与他人竞争，总想“拔尖”“超过别人”，从而使自己经常处于紧张状态。在与同学相处时，不要总把人家看成是对手，其实，人家也不一定是与你为“敌”。

(10) 与人为善

同学之间由于竞争和误解，不免产生一些戒心，并可能在交往中出现一些不友好的言行。这种情况直接影响着同学们的情绪，会造成交往中的心理不平衡。解决这一问题的方法是与人为善，多交朋友，少树对立面，这样心情就会舒畅。

(11) 参加娱乐活动

有的同学在学习或生活上总感觉有一种压力，这是正常现象。心理上没有压力的人是没有的。怎样才能摆脱这种压力而保持心理平衡呢？专家们经过研究认为，参加娱乐活动是调节情绪、愉悦身心最好的办法。娱乐内容要丰富、健康，如打球、登山、跑步、唱歌、看电影、练书法、下棋等都很好。有的同学压力越大越不敢“玩”，其结果会导致心理压力不但不能减轻，反而会更加严重。

3. 疏导排泄法

有经验的人总会劝告别人：该哭的时候就哭，该笑的时候就笑，过度压抑会使内心的苦闷不能发泄出来从而可能导致疾病。所以，同学们不要为了保持所谓的“尊严”“体面”而强行束缚自己的感情，而摆脱这种不良情绪的办法就是疏导排泄法。

所谓疏导排泄法，就是以不伤害自己和他人的健康、不破坏社会道德的方式，把心里积存的郁闷通通打发出来，使神经通路畅通无阻。这种方法既是传统的心理治疗法，也是日常生活中调节情绪的有效方法。那么，如何运用这种方法呢？

① 多交几个知心朋友。朋友之间能够以诚相见，将心换心，互诉衷肠。因为有话不说不好，乱说更不好，而只有对知心朋友(包括老师和家长)说出心里话才能得到善意的劝告，使心理压力减轻。

② 注意调节自己的性格。要改变孤僻、胆怯、怕羞、不擅交际的自我压抑状态，努力找到

疏导排泄不良情绪的机会和方法。

③ 写日记。写日记是一种良好的自我疏导方法。不少大学生可能有这样的经历:有时遇到烦心事时,就把自己的苦闷情绪和憋在肚子里的话毫无顾忌地写在日记里面,借以消除自我压制的情绪。过了许久以后,翻开日记不禁觉得自己可笑,而当时的不良情绪,则早已消失得无影无踪了。

4. 冲突缓解法

烦恼是一种不愉快的情绪体验,然而,一个心理健康的人是不会无缘无故地出现这种情绪体验的,必然是事出有因。其"因"往往是个人的心理冲突。什么是心理冲突呢?当人们面临两种不相容的目标时,往往会感到左右为难,这个时候就会产生一种矛盾的心理,这种体验就是心理上的冲突。心理冲突分为双趋型心理冲突、双避型心理冲突和趋避型心理冲突(和前面"第三章 意志的发展"中的动机冲突相类似)。如果你对自己心理上的冲突处理不当,烦恼就会找上门来。

烦恼有强烈的主观性,对于同样的烦恼,有的人不以为然,有的人则难以脱身。可见,要预防和解除烦恼也必须从这个"主观性"上想办法。

那么,应怎样预防和解除心头的烦恼,心情愉快地生活和学习呢?

(1) 不要自寻烦恼

人们常常说:烦恼是自找的。这话是有一定道理的。当你感到烦恼的时候,引起烦恼的事情往往并没有发生,甚至根本不会发生,只是你自己跟自己过不去。美国著名作家马克·吐温曾经说过:"我知道的烦恼很多,但却大部分都始终没有发生!"可见,一个人不去多想烦恼的事,他就不会烦恼。

(2) 做一个"乐天派"

一个长期被烦恼纠缠的人不可能取得事业上的成功。然而,在事业上取得成功的人,也不可能事事如意、一帆风顺。在前进的道路上是不可能没有烦恼和忧愁的,关键在于在事业上取得成功的人多是现实主义者,是情绪开朗的"乐天派"。当遗憾、悔恨、难过、内疚等消极情绪袭来的时候,他们能用"过去的已经过去""俱往矣,数风流人物,还看今朝"来调节自己的情绪。其实,当你真的忙起来的时候,当你的时间和精力经常"顾此失彼"的时候,你就会"顾不得"烦恼。

(3) 遇事不要拖延

烦恼都是由具体的事情引起的。为了预防和消除烦恼,你要把你认为烦恼的事一一记下来,对需要你抉择"拿主意"的事,应慎重地分析利弊,然后下决断:"如果这件事发生,我便这样去做;如果那件事发生,我就那样去做。"要立即行动,决不拖延。

(4) 创设积极的情境

有人说,可以通过遗忘来消除烦恼,但有的时候这种方法并不能奏效。因为记忆心理学里有这样一条规律:有意遗忘是困难的。比如,有人想忘掉某件事,但这件事偏偏总是出现在脑海里。因此,要想消除烦恼可以有意识地做点别的事,如看电影、看演出、旅游、散步、打球、唱歌、听音乐,等等,通过创设新的、积极的情境,使自己远离烦恼。烦恼往往是自找的,消除它主要靠自己,这也就是人们常说的"解铃还须系铃人"。

(5) 不要回避

首先,要平心静气地考虑使你烦恼的事会不会发生,如果不会发生,就不要杞人忧天;其次,对预料中的事情,应有一个切实可行的方案,对不能预料的事情要做好充分的思想准备,并以饱满的热情去迎接它。因为有些事情只能是"车到山前再找路"才能办到,过早的忧虑只能是自寻烦恼。

(6) 加强修养

前面已经说过,在同样的情境、同样的事情面前,有的人泰然自若,有的人烦恼不休。这说明外因是条件,内因是根据。一位改革家在谈到自己战胜烦恼情绪的体会时说:"不是吗? 马克思在受到攻击时,就是把流言蜚语当做蛛网一样轻轻抹掉! 我们为什么不学学老祖宗的胸怀? 争议,何足惧之! 何足恼之! 世界是在争议中被认识的,真理是在争议中完善和发展的,人是在争议中得到锻炼的。"有了这样的思想境界就会正确对待人生,烦恼的情绪也就挡不住你前进的脚步了。

5. 格式塔疗法

格式塔疗法是美国精神病专家珀尔斯(Friedrich Salomon Perls)博士创立的心理调节技术。格式塔疗法学派是心理学界的一个重要学派。这个学派的基本理论认为:人是一个完整的统一体,人的情感和一切其他心理活动以及人格都是完整的、有规律的;人的大脑不是被动地接受信息的,它可以主动地活动,有把对外的知觉"理解为整体、完形的趋势"。

珀尔斯医生运用这一理论,创设了心理调节技术。他认为人对自己的情绪、身体状况以及所作所为都是有察觉、有体会的,可以自我醒悟,于是他提出了调节情绪的九条原则:

你是"生活在今天",不要懊悔"昨天"的事,也不要总想着"明天"的事。因为你生活在今天,对昨天的遗憾、悔恨、内疚和难过并不能改变"昨天",忧虑"明天"也无益于"明天",而且这两种情绪都有害于"今天"。

你是"生活在这里"。不要为与你无关的、离你很远的事无端忧愁、苦恼。杞人忧天,徒劳无益。

"停止猜想,面向实际。"猜疑是引发不良情绪的祸根之一。生活中如果凭猜测处理问题,无异于庸人自扰。

"暂停思考,多去感受。"格式塔疗法强调感受,认为感受比思考更重要。如果人们整天为如何学习好、如何做好工作及处理好人际关系绞尽脑汁,而没有欢乐,没有心思去观赏大自然和丰富自己的感情,久而久之,人便会成为没有情感的"冷血动物"。

"也要输进不愉快的情绪。"这是说愉快与不愉快是相对而言的。人总是希望自己有愉快的情感体验,但不能没有不愉快的思想准备。

"不要先判断,而要先发表意见。"当你认为别人有差错时,你应该怎样对待? 有些人会立刻说对方"是笨蛋""无能",这样做就是"先判断"了。这种做法是不对的。因为,很多时候,实际情况与你感受到的并不一致。应该先说出自己的看法,发表自己的意见,表达自己的情感。否则,很容易引起人际关系的不协调。

"不要盲目地崇拜偶像和权威。"

"要对自己负责。"把失败的原因归到家庭、学校,而把成功的原因归于自己,这是一种对自己不负责任的归因。因为归因关系着你以后的行为,影响着你再干下去的情绪,所以要本着对自己负责的原则处理好自己周围的一切问题。

"我就是我",不要把自己幻想成"某某",应该从实际出发,排除干扰,自强不息,如此,最终必获成功。

上述几种方法是保持良好情绪的基础,也是可以帮助同学们摆脱不良情绪的良药。同学们可在日常生活中试试看效果如何。

[思考与练习]

1. 说说情绪与情感的作用。

2. 谈谈自卑心理产生的原因。如何克服自卑心理?

3. 情绪调节与疏导的方法有哪些?请谈谈当前你自己排解不良情绪的方法。

【课外拓展】

乐观主义和悲观主义

近年来,有研究发现,在面临即将发生的大事时,相信自己能做好的人和那些认为事情会变糟的人相比,在处理问题时,表现更出色且自我感觉良好。同样,当遇到困难时,相信自己能战胜困难的人,比认为自己不能克服困难的人可能表现更出色且感觉更良好。调查显示,在接受心脏移植手术的患者中,有积极期望的患者比想法消极的患者术后适应要好得多。

乐观和悲观并不仅仅与特定的事件或困难有关,心理学家能够根据人们迎接生活中的挑战的方式来查明这种个体差异。我们可以把人们放在一个连续体上,一端是以最乐观的眼光看待生活的人,另一端是以最悲观的眼光看待世界的人,由于人们持有这两种观点的程度相对稳定,所以研究者通常把这一人格变量称为本质性乐观主义。

将本质性乐观程度高的人与低的人相比就能发现,乐观主义者有明显优势,即乐观地面对生活的人比悲观的人取得的成就更多。这其中的原因就是,乐观主义者常常给自己设置较高的目标,并积极地筹划,相信自己能达到这些目标。研究发现,一个人对自己的能力充满信心是取得成功的关键。几位研究者在分析人寿保险推销员的销售业绩时发现,在任职的第一年里,悲观者的辞职人数是乐观者的两倍多。在工作很难取得进展的时候,许多悲观主义者认为情况再也不会好转了,但同时,那些不气馁并坚持下来的乐观主义者比悲观的同事推销了更多的保险。

一、乐观主义者是如何应对逆境的

研究者发现,乐观主义者和悲观主义者在面临意外的压力事件时,应对的方式有明显差别。例如在海湾战争中,以色列海法市经常受到飞毛腿导弹袭击,研究者分析了该地区居民的应对和调节方式,结果发现,在样本中,本质性乐观主义者比悲观主义者较少体验到焦虑和抑郁。另一项研究分析了经历亲人死亡或重病的人的健康状况,发现在事件发生后的18个月中,乐观者比悲观者的健康问题要少。

还有研究分析了乐观者和悲观者对疾病和治疗过程的反应,发现平时乐观的女性在乳腺癌手术后第一年比悲观患者较少感到沮丧;几年后,与悲观者相比,她们的适应水平更高。同样,本质性乐观的风湿性关节炎患者在心理适应测试中的得分要高于悲观的风湿性关节炎患者。

本质性乐观主义者比悲观主义者在掌控压力情境方面做得更好。原因之一是,乐观主义者和悲观主义者运用不同的策略应对他们遇到的问题。乐观主义者更多地直面问题,就是说,他们使用积极的应对策略。相反,悲观主义者面临困难时更多地采用自我封闭或拒绝策略。一项研究比较了乐观的大学生和悲观的大学生在面对大考时的应对策略,发现乐观的大学生采用直接解决问题的方法应对考试的压力,例如,努力复习,跟其他同学交流自己的体会,而悲观的大学生则通过胡思乱想和回避交往来应对焦虑。大学新生在应对初进大学的压力时也显示出了这种在应对策略使用上的差异。乐观的学生以直接解决问题的方式来应对新课程、新朋友和新的社会压力,而悲观的学生则更多是以尽量长时间地假装问题不存在或以简单回避的方式面对这些问题。

二、乐观主义与健康的关系

研究发现,乐观主义者的身体健康状况通常要好于悲观主义者。为什么会这样呢?乐观主义与健康之间的关系似乎很复杂,但是研究者查明了几种可能的联系。例如,我们知道乐观主义者喜欢建立广泛的社交圈子,在遇到困难时会求助于朋友,而悲观者倾向于减少与朋友的接触。很多研究发现,社会支持有利于健康。反之,悲观主义者因为经常体验消极情绪,因此血压更高,这可能影响他们的健康。

乐观主义者比悲观主义者更健康,对此的最好解释也许是乐天派的心胸导致了有利于健康的态度和行为。研究发现,乐观主义者比悲观主义者更关注健康信息,较多地锻炼身体,吃健康食品,较少沾染有损健康的习惯,如吸食致瘾物。与悲观的病人相比,乐观的病人在减少饱和脂肪摄入、减轻体重以及提高供氧量方面做得更好。乐观的被试确信,他们能够实现康复目标,并朝着这个方向努力。另外,悲观主义者持有的宿命论观点可能使他们不会采取合理的预防或保障措施。几位研究者发现,悲观主义者,尤其是遇事就往坏处想的人,比乐观主义者更容易遭遇致命事故。

三、防御性悲观主义的策略

多项研究清楚地表明,乐观主义态度比悲观主义态度更容易带来快乐和成功。但是我们怎么来解释斯帕基·安德森现象?

安德森是美国棒球运动史上最成功的教练之一。他在大联盟担任主教练的时间超过1/4个世纪,他率领球队获得冠军的次数在棒球史上仅次于另外两位主教练,他还是同时赢得美国全国棒球协会和美国棒球职业大联盟两项冠军的第一位主教练。你可能认为,斯帕基·安德森是个自信而乐观的人。但是你想错了。每次穿上西装准备上阵时,激励安德森的却是另外的东西——对失败的恐惧。虽然他指导过近4000场比赛,经验丰富,但到每个比赛日的早晨,他就开始紧张,而且一整天都如此。他考虑可能出错的所有细节,估计球队失利的所有方式。在安德森已经具备丰富经验和累累战功之后,只要一想到即将开打的比赛,他还是会双手发抖,甚至拿不稳一杯咖啡。斯帕基·安德森为我们展示了某些人在面临一项任务时所使用的另一种策略。研究者把这些人称作防御性悲观主义者。与只是做最坏预期的悲观主义者不同,防御性悲观主义者做出的沮丧预期,只是应对当前事件时故意采用的策略。防御性悲观主义者在想到失败时,不仅对最坏的结果感到忧虑和担心,而且告诉自己,他们在即将来临的任务中可能做得不好。当研究者让学生们估计自己在下次考试中的成绩时,防御性悲观主义者的预期明显比多数学生更差。

为什么有人会刻意采用这种悲观主义的方式?其实,防御性悲观主义者并不希望失败。相反,正是对失败的恐惧激励了他们。防御性悲观主义者持这种沮丧的观点可能出于两个原因:第一,这些人应对失败的方式之一就是提前设定一个较低的预期。对于防御性悲观主义者来说,如果一直预期失败,失败刺激就会减弱。经过这样的低预期,当成功到来时,体验的可能是加倍的甜蜜。第二,真正失败的可能性会促使防御性悲观主义者更努力。成功的喜悦似乎不足以激励这些人,相反,害怕自己做不好却能给他们提供动力。

第五章 人格发展

心理学认为，随着社会的发展，人类健康而幸福的生活越来越多地取决于人类自身的人格健康状况，而且人格的健康发展也是促进社会健康发展的一种不可或缺的力量。人格是大学生综合素质的重要组成部分，而人格的发展和提高对综合素质的发展和提高又有着重要的促进作用。因此，寻找通向健全人格之路、塑造健全的人格是大学生心理健康教育的重要目标之一。本章主要为大家介绍人格的形成因素，大学生气质、性格、能力的特点以及大学生健全人格的塑造等。

第一节 人格概述

一、什么是人格

人格，英文为 personality 一词，最初源于古希腊语 persona，其原意是指希腊罗马时代戏剧演员在舞台上戴的假面具，它代表剧中人的身份。心理学沿用其含义，转义为“人格”，其中包含了两方面的意义：一方面是指一个人在人生舞台上所表现出来的种种言行，以及人遵从社会文化习俗的要求而做出的反应。这就像舞台上根据角色要求所戴的面具，它表现出一个人的外在人格品质。另一方面是指一个人由于某种原因不愿展现的人格成分，即面具后的真实自我，这是人格的内在特征。

在日常生活中，“人格”是使用非常广泛的词汇，可以在生理、心理、宗教、社会、伦理、法律和美学等不同领域赋予它不同的含义。比如说某某的人格高尚，某某的人格卑鄙，也常说某某人缺乏人格，这是从伦理道德上对人的行为进行评价。在某种情境下有人气愤地说：“这是对我人格的污辱。”这里的“人格”又是属于法律范畴，说明有人侵犯了他的尊严和人权。西方人常常把“人格”一词用于广告宣传用语，如“某产品能增进你的人格”，其意是指对你的衣着、发型、装饰等有所改进，令你的外表更加美观，这里的“人格”则是指容貌、仪表、给人的印象等。这些“人格”包含心理学中关于人格的部分含义，而远非心理学中对人格的解释。

在心理学中，“人格”是一个很复杂的概念。人格的定义因人格心理学家的理论观念而异，有多少种理论就可能有多少种定义。据著名人格心理学家阿尔波特(G. W. Allport)统计，至少有 50 个以上对人格的不同定义，可谓是众说纷纭。

总的说来，心理学上所说的人格是相对于认知、情绪、意志等的一种心理现象，亦称个性，它反映了一个人总的心理面貌，是相对稳定、具有独特倾向性的心理特征的总和。人格是人们在长期的社会生活实践中形成、发展起来的。一般认为，人格包括气质、性格、能力、兴趣、爱好、需要、理想、信念等方面的内容。人与人之间的显著差别就在于人格。

二、人格的特征

1. 独特性

人格是在遗传、成熟、环境、教育等先天和后天环境交互作用下形成的。不同的遗传、存在及教育环境，会促成独特的心理特点。人与人之间没有完全一样的人格特点。比如在兴趣、爱好上，有的人喜欢体育，有的人爱好美术，有的人酷爱音乐，有的人对文学爱不释手；在能力上，有的人善于组织工作，有的人表达能力强，有的人富于想象力，有的人逻辑思维较发达；在气质和性格方面，有的人脾气暴躁，有的人慢性子，有的人热情直率，有的人缺乏真诚，有的人勇敢，有的人胆怯，如此等等。所谓的"人心不同，各如其面"正说明了人格是千差万别、千姿百态的，而这就是人格的独特性。另一方面，人格的独特性并不排斥人与人之间在心理上的共同性。就是说，人格中还存在着共性。所谓心理上的共性，是指某些人具有的共同的典型特征，如中华民族是一个勤劳的民族，这里的"勤劳"品质，就是共性的人格特征。

2. 稳定性

人格的稳定性是指那些经常表现出来的特点，是一贯的行为方式的总和。比如，一个性格内向的大学生，在各种不同的场合都会表现出沉默寡言的特点，这一特点从入学到毕业都不会有很大的变化。这就是人格的稳定性。俗话说："江山易改，禀性难移。"当然，强调人格的稳定性并不意味着它在人的一生中是一成不变的。因为现实生活是十分复杂的，人们之间的交往也是纷繁多变的，因此，作为人的生活历程反应的人格特征，也必然随着现实的多样性和多变性而发生或多或少的变化。

3. 整体性

人是极其复杂的，人的行为表现出多元性、多层次的特点。人格的组合千变万化。一个人的人格特征并非各种特征的机械总和，而是彼此紧密联系、相互依赖着构成的有机整体，具有内在的一致性，受自我意识的调控。正常人的行动并不是某一特定心理特征单独发挥作用的结果，而是各个成分密切联系、协调一致所进行的活动。当一个人的人格结构的各个方面，如能力、气质、性格、动机、情绪、态度、需要、价值观、人生观等彼此和谐一致时，就会呈现出健康的人格特征，否则就会出现各种心理冲突，甚至出现"人格分裂"。

4. 社会性

人格的形成必然要受周围社会环境和社会条件的影响，人格既是社会化的对象，也是社会化的结果。一位哲人说过："一个人的性格就是他的命运。"人格是一个人生活成败、喜怒哀乐的根源。人格决定一个人的生活方式，甚至有时会决定一个人的命运。人们经常会使用人格特征来解释某人的言行及事件的原因。当面对挫折与失败时，坚强者发奋拼搏，懦弱者一蹶不振。当面对悲痛时，一些人可以将悲痛化为力量，而另一些人则会变得消沉。此外，当人格功能发挥正常时，人们健康而有活力，而当人格功能失调时，人们则会表现出软弱、无力、失控，甚至变态的人格特征。严重的人格变态甚至会对他人或社会造成一定的伤害。

三、影响人格形成的因素

人格形成受多种因素的影响，包括父母的言传身教、同伴的影响、社会风气、民族习俗、遗传基因、外貌体格等，概括起来不外乎先天的遗传因素与后天的环境因素。所以，每个人的人格不尽相同。

1. 先天遗传因素

心理学家对"生物遗传因素对人格具有何种影响"的探讨由来已久。由于人格具有较强的稳定性，因此人格研究者更会注重遗传因素对人格的影响。

心理学家对双胞胎的研究被许多人认为是研究人格遗传因素的最好方法，并提出了双胞胎的研究原则：同卵双胞胎具有相同的基因形态，他们之间的任何差异都可归因于环境因素。异卵双胞胎的基因虽然不同，但在环境上有许多相似性，如出生顺序、母亲年龄等，因此也提供了环境控制的可能性。系统研究这两种双胞胎，就可以看出不同环境对相同基因的影响和相同环境下不同基因的表现。

同学们应该如何看待、评价遗传对人格的作用呢？遗传对人格有影响，但是遗传作用有多大，是一个复杂的问题。根据以往的研究，有学者认为遗传是人格不可缺少的影响因素，遗传因素对人格的作用程度因人格特征的不同而异。通常，在智力、气质这些与生物因素相关较大的特征上，遗传因素较为重要，而在价值观、信念、性格等与社会因素关系紧密的特征上，后天环境因素更重要。在个体发展过程中，人格是遗传与环境交互作用的结果，遗传因素影响人格的发展方向及表现。

人既是一个生物个体，又是一个社会个体。人一出生，各种环境因素的影响就开始了，并作用于人的一生。

2. 后天环境因素

后天环境的因素是多种多样的，小的如家庭因素，大的如社会文化因素等。

(1) 家庭环境

家庭是社会的细胞，不仅具有自然的遗传因素，也有着社会的“遗传”因素。这种社会遗传因素主要表现为家庭对子女的教育作用。俗话说：“有其父必有其子。”这句话的合理性就表现在父母在待人接物、情感交流等方面对子女的人格形成造成了潜移默化的影响。

人格中的信任感、语言能力、交往能力、情绪的稳定性和攻击性、爱的表达能力及自我认同感等，都与家庭环境有密切关系。家庭环境影响主要是指父母的个性、家庭教育方式与家庭心理气氛对子女人格的影响。心理学家认为，过分苛求、粗暴打骂或放纵溺爱的教养方式都会对儿童的人格发展产生不良影响。比较理想的家庭教育模式是父母对孩子有高标准的要求，同时又能给孩子相对的自主性。这样的家庭环境有助于孩子良好人格的形成。

研究者一般把家庭的教养方式分成三类，不同的教养方式对孩子的人格特征具有不同的影响。

第一类是权威型教养方式。采用这种方式的父母在子女教育中表现得支配过多，孩子的一切都由父母来控制。在这种环境下长大的孩子容易形成消极、被动、依赖、服从、懦弱的人格特征，做事缺乏主动性，甚至会成为不诚实的人。

第二类是放纵型教养方式。采用这种方式的父母，对孩子过于溺爱，让孩子随心所欲，父母对孩子的教育有时达到失控的状态。在这种家庭环境中成长的孩子，多表现为任性、幼稚、自私、野蛮、无礼、独立性差、唯我独尊、蛮横无理、胡闹等。

第三类是民主型教养方式。父母与孩子在家庭中处于一种平等和谐的氛围，父母尊重孩子，给孩子一定的自主权和积极正确的指导。父母的这种教育方式使孩子能形成一些积极的人格品质，如活泼、快乐、直爽、自立、彬彬有礼、善于交往、富于合作、思想活跃等。由此可见，家庭确实是“人类性格的工厂”，它塑造了人们不同的人格特质。

家庭的心理气氛对孩子的人格形成亦具有重大影响。心理学的研究结果表明，58%的品德不良少年来自缺损家庭，25%的来自经济残破家庭，而且双亲不和比双亲不全影响更坏。父母之间长期的敌对、争吵会使子女心理产生严重的焦虑、多疑或神经质，甚至引发人格障碍。在孤儿院长大的孩子往往比在正常家庭长大的孩子性格更孤僻，且缺乏对社会的信任感，这和这些孩子从小就缺少母爱有关。由此可见，家庭心理气氛对孩子人格形成的重要性。

综合家庭因素对人格影响的研究资料，有学者得出这样的结论：家庭是社会文化的媒介，它对人格具有强大的塑造力；父母的教养方式的恰当性，会直接决定孩子人格特征的形成；父母在养育孩子的过程中，表现出了自己的人格，并有意无意地影响和塑造着孩子的人格，形成家庭中的“社会遗传性”。

(2)早期的童年经验

“早期的亲子关系决定了行为模式，塑成一切日后的行为”，这是麦肯侬(Macknnon)有关早期的童年经验对人格影响力的一个总结。中国也有一句俗话“三岁看大，七岁看老”，它说的也是相同的意思。人生早期所发生的事情对人格的影响，历来为人格心理学家所重视，特别是弗洛伊德。为什么人格心理学家们会如此看重早期经验对人格的作用呢？西方一些学者的研究发现，“母爱丧失”的儿童(包括受父母虐待的儿童)，在婴儿早期会出现神经性呕吐、厌食、慢性腹泻、阵发性腹痛、不明原因的消瘦和反复感染，这些儿童还表现出胆小、呆板、迟钝、不与人交往、敌对、攻击、破坏等人格特点。这些人格特点会影响他们一生，甚至会导致出现情绪障碍、社会适应不良等问题。

早期的童年经验的问题曾引发了许多争论，如：早期经验会对人格产生何种影响？这种影响是永久性的吗？

一般认为，其一，人格发展的确受到童年经验的影响。幸福的童年有利于儿童向健康人格发展，不幸的童年也会引发儿童不良人格的形成，但二者不存在一一对应的关系，溺爱也可以使孩子形成不良人格特点，而逆境也可磨炼出孩子坚强的性格。其二，早期的童年经验不能单独对人格起决定作用，它与其他因素共同来决定人格。其三，早期的童年经验是否对人格造成永久性影响因人而异。对于正常人来说，随着年龄的增长、心理的成熟，童年的影响会逐渐缩小、减弱，其效果不会永久不衰。

(3) 社会文化环境

社会文化环境因素包括社会制度、经济状况、阶级差别、民族传统、风俗习惯、伦理道德观念和教育方式等。人从诞生之日起，就无时无刻不在受社会文化环境的影响，在特定的社会文化关系中不断地成长、成熟。从这个意义而言，人不仅仅是一个生物个体，还更多地体现为一个社会成员。生物的人在成长过程中，会随时随地对社会要求做出各自独特的反应，调节个体生物需要与社会文化环境的关系，主动或被动地实现个体社会化的过程。在这个过程中，个体形成独特而稳定的人格，所以，社会文化环境的方方面面都对人格的形成有潜移默化的影响。“孟母三迁”就是一个很好的例子。

(4) 学校环境

学校对学生人格的影响主要是指教师和同伴的影响。因为人格是在实践过程中形成的，是在人与人交往的过程中形成的。教师的言行举止、情绪反应方式都可能成为学生模仿的对象，从而潜移默化地影响学生待人处事的方式、学习的态度以及对自己、对他人、对社会的看法等。

同伴的影响在青少年中，尤其是大学生中更为显著。因为这个年龄阶段的大学生更倾向于赢得同龄人的赞许和认可，因而从众现象在群体中普遍存在。但由于人格尚未完全成熟定型，故良好的集体环境对他们的成长、成才很重要。所谓“近朱者赤，近墨者黑”就是这个道理。

(5) 自然物理因素

生态环境、气候条件、空间拥挤程度等这些物理因素都会影响到人格的形成和发展。一个著名的研究实例是，巴理(Berry)关于阿拉斯加州的爱斯基摩人和非洲的特姆尼人的比较研究。这个研究说明了生态环境对人格的影响。爱斯基摩人以渔猎为生，夏天在水上打鱼，冬天在冰上打猎，主食为肉，没有蔬菜，过着流浪的生活，时常以帐篷遮风避雨，因而这个民族形成了以家庭为单元，男女平等，社会结构比较松散的生活模式。爱斯基摩人除了家庭约束外，很少有持久、集中的政治与宗教权威。在这种生存环境下，父母对孩子的教养原则是使之能够具备成人那样的独立生存能力。由父亲在外面教男孩打猎，由母亲在家里教女孩家务，对儿女的教育比较宽松、自由，不打骂孩子，鼓励孩子自立，使孩子逐渐形成了坚定、独立、爱冒险的人格特征。而特姆尼人生活在灌木丛生的地带，以种田为生，居住环境固定，常以300～500人组成一个村落。他们的社会结构紧固，有比较分化的社会阶层，建立了比较完整的部落规则；在哺乳期内，父母对孩子很疼爱，断奶后孩子就要接受严格的管教。这种生活环境使孩子形成了依赖、服从、保守的人格特点。

中国的北方人与南方人的差别，以及北欧人的极地生活对其人格的影响等，无不证明着自然环境对人格的影响。

另外，气温也会提高人的某些人格特征的出现频率。如热天会使人烦躁不安，对他人采取负面的反应，进而发生反社会行为。一般来说，世界上那些炎热的地方也是出现攻击行为较多的地方。

关于自然物理环境对人格的影响作用，心理学家认为，自然环境对人格不起决定性影响作用，而更多地表现为一时性影响。自然物理环境对特定行为具有一定的解释作用，在不同的物理环境中，人可以表现出不同的行为特点。

综上所述，人格是先天和后天的结合，是遗传与环境交互作用的结果，遗传决定了人格发展的可能性，环境决定了人格发展的现实性。这是研究者们已达成共识的结论。但是，二者是如何相互作用并对人格的形成产生影响的，则又是研究者们目前面临的新课题。此外，社会生物学家们也尝试做了一些研究，主要研究生物因素与人的社会行为之间的关系问题。

四、人格的结构

人格是一个由不同成分构成的复杂的结构系统，不同成分从不同侧面反映了人格的差异。人格结构系统包括认知、动机、气质、性格、能力、自我调控等成分。气质、性格与能力是人格的重要方面。

1. 气　质

气质是指个体表现在心理活动的强度、速度、灵活性与指向性方面的一种稳定的心理特征。气质是人格的基础结构之一，是人格结构中与遗传素质密切联系的成分。在日常生活中，人们常说某人稳重、文静、慢条斯理，某人爽快、泼辣、手脚麻利，就是指人的气质表现。气质这种心理活动的特征，主要表现在心理活动的强度、速度、稳定性、灵活性及心理倾向性和指向性上，如感知觉的敏锐度、思维的灵活性、情绪的反应性等，它使个体的心理活动披上一种独特的色彩。

(1) 气质类型的一般特征

构成气质的各种心理特征主要有：

① 感受性。它是指人对外界影响产生感觉的能力。它是神经系统强度特性的表现，可以根据人们产生心理反应所需要的外界影响的最小强度来判断。

② 耐受性。它是指人在经受外界事物的刺激作用时，在时间和强度上的耐受程度，也是神经系统强度特性的反映。它表现在长时间从事某项活动时注意力的集中性、对强烈刺激(如疼痛、噪声、过强或过弱的光线)的耐受性以及对长时间的思维活动能保持优越效果的坚持性等方面。

③ 反应的敏捷性。反应的敏捷性根据特性可分为两类：一类为不随意的反应性，即引起心理的各方面的指向性，如不随意注意的指向性、不随意运动反应的指向性等；另一类指随意

的反应性，即一般的心理反应和心理过程进行的速度，如说话的速度，记忆的速度，思考的敏捷程度，注意转移的灵活程度，一般动作的灵活、迅速等。反应的敏捷性主要是神经系统灵活性的表现。

④ 可塑性。它是指人根据外界事物变化的情况而改变自己的适应性行为的可塑程度。它表现在对外界环境或要求的变化，主体在顺应上的难易，产生情绪上的愉快或不愉快，采取行动的简捷或迟缓，态度上的果断或犹豫等方面。凡是在顺应上容易做到、不出现为难情绪、行动果断的人一般都具有更大的可塑性，而在顺应上阻碍大、情绪上出现纷扰、行动迟缓、态度犹豫的人则表现出更大的刻板性或惰性。

⑤ 情绪兴奋性。情绪兴奋性是神经系统特性在心理上表现出的重要特性，它既表现神经系统的强度特性，也表现其平衡性。例如有的人情绪兴奋性很强，而情绪抑制力较弱。情绪兴奋性还包括情绪向外表现出的强烈程度。这一点可以有不同的组合，例如，有人可以具有强烈的兴奋和强烈的外部表现，而另一些人则可以只有强烈的兴奋但无强烈的外部表现，体现为极度兴奋但又不外露的气质特征。

⑥ 外倾性与内倾性。外倾性是兴奋性强的体现，内倾性则是抑制过程占优势的反映。外倾的人表现为心理活动、言语反应和动作反应倾向表现于外，内倾的人则相反。

(2) 气质的分类

气质类型是指表现为心理特性的神经系统基本特性的典型结合。各种特性的不同结合，构成不同的气质类型。一般来讲，气质分为四种类型(见表 5-1)：

多血质——感受性低而耐受性较高，不随意的反应性强；具有可塑性和外倾性；情绪兴奋性高，情感丰富，外部表露明显；易接受新鲜事物，反应速度快而灵活。缺点是情绪不稳定，精力易分散。《西游记》里的猪八戒、《红楼梦》里的王熙凤的气质类型都是这一类。

胆汁质——感受性低而耐受性较高，不随意的反应性高；反应的不随意性占优势，外倾性明显，情绪兴奋性高，抑制能力差；直率热情，精力旺盛；反应速度快，但不灵活。缺点是脾气急躁，易冲动，准确性差。《西游记》里的孙悟空、《红楼梦》里的晴雯的气质类型都是这一类。

黏液质——感受性低而耐受性高，不随意的反应性和情绪兴奋性均低；内倾性明显，外部表现少；安静稳重，善于自制、忍耐；反应速度慢，具有稳定性。缺点是对周围事物的反应冷淡。《西游记》里的沙和尚，《红楼梦》里的秦可卿、薛宝钗的气质类型都是这一类。

抑郁质——感受性高而耐受性低，不随意的反应性低；严重内倾；情绪兴奋性高而体验深刻，反应速度慢；观察敏锐，办事细致认真；具有刻板性，不灵活。缺点是过于多愁善感，行为孤僻。《西游记》里的唐僧、《红楼梦》里的林黛玉的气质类型都是这一类。

表 5-1　典型气质类型与心理指标

气质类型	感受性	耐受性	敏捷性	可塑性	兴奋性	倾向性	速度
胆汁质	低	较高	不灵活	小	高	外向	快
多血质	低	较高	灵活	大	高	外向	快
黏液质	低	高	不灵活	稳定	低	内向	慢
抑郁质	高	低	不灵活	刻板	体验深刻	内向	慢

应当指出，在日常生活中，仅具有一种典型气质类型的人一般较少见，大多数人的气质类型都是两种或多种气质类型的混合，比如《红楼梦》里的贾宝玉的气质类型就是多血质和抑郁质的混合。

（3）气质的现实意义

气质本身无优劣之分，任何一种气质都有其积极和消极的方面，气质也不能决定一个人活动的社会价值和成就的高低。

每一种气质类型的人都可以成才。例如，俄国著名文学家普希金、赫尔岑、克雷洛夫、果戈理的气质类型分别属于胆汁质、多血质、黏液质和抑郁质，但他们在文学领域都取得了杰出成就。因此，大学生要正确对待自己的气质类型，经常有意识地控制自己的气质类型的消极品质，发扬其积极品质，以形成良好的个性。

① 气质特征会对学习活动产生影响。胆汁质学生思维敏捷，学习热情高，刚强但粗心、急躁；多血质学生机智灵敏，适应性好，兴趣广泛，但烦躁、不踏实；黏液质学生刻苦认真，但迟缓、不灵活；抑郁质学生思想深刻，谨慎细心，但迟缓、精力不足。了解自己的气质，可以有的放矢地调整自己，使学习更上一层楼。

② 气质对职业性向也会产生影响，某些气质特征常常能为个人从事某种职业活动提供有利条件。胆汁质者适宜竞争激烈、冒险性高、需具备较强风险意识的职业，如探险、地质勘探、登山、体育运动等。他们能较快地适应喧闹、嘈杂的工作环境，而对于需要长期安静、细心检查的工作则难以胜任。多血质者适合从事要求迅速、灵活反应的职业，如导游、外交官、警察、军官等，但他们不适宜做过细的工作，对单调机械的工作也难以胜任。黏液质者比较适合从事稳定、细致、有较长持久性的工作，如会计、法官、管理人员、外科医生等，但不适宜从事具有冒险性的职业。对于抑郁质者来说，胆汁质者无法胜任的工作却正好很适合他们，如校对员、打字员、检查员、化验员、保管员、机要秘书、艺术工作者等都是他们理想的职业。

③ 了解自己和他人的气质在人际交往中也有重要意义。如向黏液质者提出要求时，应让他有时间考虑，对抑郁质者应多给予关心和鼓励，与胆汁质者打交道时应避免发生冲突等，当然，这都是从一般意义上来说的，不可一概而论。

2. 性　格

性格是一种与社会相关最密切的人格特征，是人格结构中表现最明显也最为重要的心理特征。它是一个人对现实的稳定态度以及与之相适应的习惯化了的行为方式的总和。性格表现了人们对现实和周围世界的态度，以及对自己、对别人、对事物的态度。恩格斯说："人物的性格不仅表现在他做什么，而且表现在他怎样做。""做什么"指的是对现实的态度，"怎么做"指的是行为方式。性格的个别差异是很大的，有人深沉、内敛、多思，有人热情、开朗、活泼，它们都体现了人格的个别特质的差异性。

（1）性格结构

性格有多种多样的特征，它们的组合形成了复杂的结构特征。性格的特征主要包括以下四个方面：

① 性格的态度特征。人们对自己、对他人、对集体、对事物有各自不同的态度，这些态度上的差异会直接影响到他们的为人处世，如爱祖国、爱集体、助人为乐、诚实、正直、见义勇为、自强自律等。

② 性格的意志特征。意志是一种设定行为目标，自觉地调节自己，努力克服困难，达到目标的心理品质。意志特征是性格结构的一个重要方面，它是一个人在控制和调节自己的行为方式时表现出来的，如顽强拼搏、当机立断等。一个人的性格是坚强还是脆弱，是根据意志特征来评判的。

③ 性格的情绪特征。情绪是人们对客观现实的一种主观体验。当人对不同的事物产生不同的态度时,在内心世界会产生肯定或否定的体验。每个人都有其稳定而独特的情绪活动方式,这些就构成了性格的情绪特征,如热情或低沉、乐观或悲观等。

④ 性格的理智特征。这是在人们的认知活动中所表现出来的个人风格。人们在感知、记忆、思维、想象等方面的差异,就是性格的理智特征,如有主动观察型与被动观察型,有听觉记忆型与视觉记忆型,有思维分析型与思维综合型,有想象广阔型与想象狭窄型,等等。性格并不是上述特征的简单堆积,而是它们的有机结合,从而使性格结构具有动力性。

性格的各个特征是相互联系、彼此制约的,人们可以依据某人的某些性格特征来推测其在其他方面的特征,如急躁多与冲动、粗心、好激动等特征有关。个人的性格会随个人的角色转变、环境和情境的变化以及自我要求的不同而呈现出不同的特征,从而使人的性格表现具有丰富性和复杂性。例如,一个懒散的学生在父母面前懒散的表现较多,而在整洁有序的寝室内可能表现较少。

(2) 性格的类型

性格类型是指按照某种标准对人们的性格所作的分类。由于性格现象的复杂性,在心理学中至今没有一个公认的、有充分科学依据的、统一标准的性格分类系统。心理学家曾以各自的标准,对性格作过分类。下面介绍几种性格类型。

按照个体的心理倾向,性格可分为外倾型和内倾型两类。外倾型的人心理活动倾向于外部,活泼开朗,善于交际,感情易于外露,处事不拘小节,独立性较强,但有时粗心、轻率;内倾型的人心理活动倾向于内部,一般表现为感情含蓄,处事谨慎,自制力强,交往面窄,适应环境比较困难等。

按照生活适应的程度,性格可分为A型性格、B型性格和C型性格。所谓A型性格、B型性格和C型性格,是根据易感身心疾病的不同,而划分出的三种性格类型。A型性格或A型行为模式,即易患冠心病的行为模式,其主要特征是:①对时间有紧迫感,做事快,感到时间不够用、过得快;②长期处于亢奋状态,总想同时做几件事,认为把工作日程排得越满越好,每天大部分时间都处于紧张状态;③争强好胜,爱与别人比高低,强烈地希望自己主宰自己的身体和社会环境并维护控制权;④缺乏耐心和容忍度,遇到挫折时易变得有敌意和攻击倾向,对他人怀有戒心。B型性格或B型行为模式的主要特征是:悠闲自得,不爱紧张,一般无时间紧迫感,不喜争强,有耐心,能容忍等。有研究表明,A型性格者冠心病的发病率是B型性格者的两倍,而心肌梗死的复发率是B型性格者的五倍。其中敌意是导致冠心病的主要原因。C型性格即癌症倾向性格。其主要特点是:不表现愤怒,把愤怒藏在心里加以控制;在行为上表现出与别人过分合作,原谅一些不该原谅的行为;生活和工作中没有主意和目标;不确定性多;对别人过分耐心;尽量回避各种冲突,不表现负面情绪(特别是愤怒),屈从于权威等。虽然上述提法是否与癌症有直接的联系尚需进一步研究,但是,与对愤怒的压抑、抑郁与癌症的发生和导致治疗失败有联系的研究报告则相当多。

按照认知方式标准,性格可分为场依存型和场独立型两类。认知方式是指个体面对问题时其知觉、记忆、思维等心理活动,在外部行为上所表现出的习惯性特征。场独立型是指倾向于更多地利用自我内部的参照来认知,而很少受外界刺激改变的影响,对空间方位判断正确;场依存型是指倾向于以外界的参照作为认知的依据,受外界刺激的影响大,对空间方位判断不正确。这两类性格特点的人在人际交往中会表现出不同的特点。场依存型者比场独立型者往往更多地利用外在的社会参照来确定自己的态度和行为,特别是在模棱两可的情况下更是这样。他们比较注意别人提供的社会线索，优先注意他所参与的人际关系的情况，对其他人有较大的兴趣，表现出善于与人交往的能力，他们的行为是社会定向的。而场独立型者往往是非社会定向的，对社会线索不敏感，比较喜欢孤独的与人无关的情况，比较关心概念和抽象原则，社交能力差。场依存型的人和场独立型的人在学习偏爱方面也有明显差异。在威特金(Within)等的一项追踪 10 年的研究中，某大学对 1584 名(男女各半)新入学大学生进行了集体测验，以确定他们是属于场依存型还是场独立型。结果发现，在所有阶段的选修科目的选科方面，场独立型学生往往偏爱需要认知改组技能的、与人无关的学科(如自然学科)，而场依存型学生则往往偏爱不重视这种技能而重视人际关系的学科领域(如初等教育)。同时，他们还发现，学生学习与他们性格类型相一致的学科时，成绩一般比较好。

性格与气质都是构成人格的重要因素，二者相互渗透，彼此制约。首先，气质影响性格特征的表现方式。其次，性格也对气质发生作用，它能影响和改变气质。

如果说气质是个性特征系统中影响其特征表现形式的一种外部色彩的话，那么性格则是个性的特征系统中具有核心意义的成分。它与人们日常生活中所说的人品、秉性等涵义相近。

3. 能 力

能力是指能够顺利完成某种活动所必须具备的个性心理特征，即能力是直接影响活动效率，并使活动得以顺利进行的心理特征。能力既包含个体的实际能力，也包含个体的潜在能力。潜在能力是实际能力形成与发展的基础和条件；实际能力是潜在能力的结果与展现。多种能力的完备结合称之为才能，它是完成某种活动任务所必需的多种能力的独特结合。多种能力的高度完善与最完备的结合能造就天才。需要指出的是，某种单一能力即使达到很高的发展水平，也不能称为天才，而仅能称为“偏才”。例如，有非凡记忆力的人不能称为天才。天才不是先天素质，先天素质只是天才的基础。多种才能的培养都离不开后天环境、教育、训练等因素，同时还需要自己的主观努力以及一定的社会历史条件，即社会的进步和时代发展。

能力与活动紧密联系，人的能力是在活动中形成、发展和表现出来的，同时也是从事某种活动所必需的。能力的发展不是等速的，一般是先快后慢。到了一定年龄时能力会停止增长，然后随着衰老能力开始下降。心理学家迈尔(W. R. Mile)等人研究了几种能力的发展，他们发现能力的不同侧面的发展和衰退是不同的，如表 5-2 所列。

表 5-2 不同能力的平均发展水平

年龄/岁 能力	10～17	18～29	30～49	50～69	70～89
知 觉	100	95	93	76	46
记 忆	95	100	92	83	55
比较和判断	72	100	100	87	69
动作和反应速度	88	100	97	92	71

从迈尔的研究可以看出，知觉能力发展较早，但下降也早；其次是记忆能力；然后是比较和判断能力，它在 80 岁时才开始迅速下降；动作及反应速度在 18～29 岁时发展达到高峰，在以后的年龄阶段中仍保持较高的水平。

当代的一些研究表明，人即使到了老年，能力也可能有所增长。只是这种增长只限于智力的某一个方面，而且比较缓慢。朱智贤教授指出：“关于人的智力的发展限度问题，目前还无十分可靠而一致的结果，但有一点似乎是清楚的：人到 18 岁左右，智力已达到成熟时期(与成人接近)。在此以后,随着知识经验的增长,智力的总量虽然不会有显著增长,但某一方面的智力可能还会以不同的速度在增长着。通常,身体健康、勤奋、参加体力和脑力劳动的人智力的衰退较慢;体弱、特别是神经系统和脑部有疾病的人,智力衰退迅速。"

(1) 能力发展的个体差异

① 发展水平差异。能力发展存在水平上的差异,人类的智力差异从低到高有许多不同的层次,但在总人口中,智力分布基本上呈正态分布,即两头小,中间大,如图 5-1 所示。

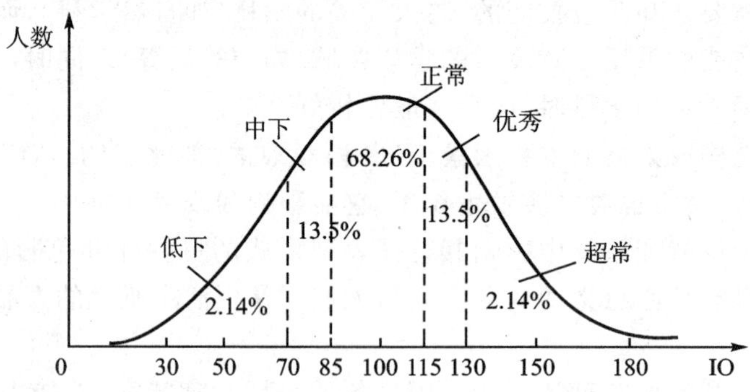

图 5-1 人类智力水平高低基本上呈正态分布

② 表现早晚差异。这其中又存在三种情况:

a. 少年早慧。能力早期表现又称人才早熟、早慧。一般智力超常儿童多有能力早期表现的情况。能力的早期表现在音乐、绘画、体育等领域较为常见,一方面是因为具有良好的遗传基础,另一方面还与环境的早期影响、家庭的早期教育和自己的实践活动有关。

b. 中年成才。中年可以说是人生当中成才和进行创造发明的最佳年龄,是人生的黄金时期。人到中年,兼备了丰富的基础知识和实际经验,精力充沛。大多数人都在中年表现出最佳能力。一般认为,30～45 岁是智力最佳的年龄阶段,峰值出现在 37 岁左右。

c. 大器晚成。能力的晚期表现称为大器晚成。能力晚期表现的原因是多方面的:

第一个原因可能是儿时不努力,但后来加倍努力。

第二个原因是小时候智力平平,但经过长期的主观努力后,潜能在各种因素的作用下得到爆发。

第三个是社会制度的原因。

大家都知道能力是在活动中形成与发展起来的,离开实践活动,即使有良好的素质和环境的作用,人的能力也得不到发展。一个人的能力水平与他从事活动的积极性成正比。

(2) 影响能力形成与发展的因素

① 遗传因素。遗传是父母把自己的性状结构和机能特点传给子女的现象,基因是遗传的基本单位。人们在对智力发展的研究中发现,遗传因素的作用是最重要的。

② 环境因素。环境是指客观现实,包括自然环境和社会环境。一般认为,大多数儿童的先天素质相差是不大的,其能力发展之所以有差异则是环境、教育和实践因素影响的结果。

③ 实践活动和个性品质。实践活动和个性品质在能力发展中具有重要作用。环境和教育是能力发展的外部条件,人的主观能动性即人在活动中的积极性,是能力发展的内部条件。一般来说,具有完成任务的毅力、自信心、进取心以及谨慎和好胜的个性品质,是能力发展的重要条件。

对气质的培养、对性格的完善和对能力的提高,在很大程度上,就是对良好个性的塑造。

第二节　大学生的人格特点

一、大学生的人格发展

大学生正处于身心急剧发展和自我意识分化的特殊时期，因此大学阶段仍然是大学生人格不断发展的重要时期。

人格是社会文化的产物。在我国，处在经济快速发展和丰富多元的校园文化氛围中的大学生有了更多的适应性、灵活性和更自由的发展空间，他们的人格塑造也有了一个广阔的天地。例如，在改革开放伊始，大学生强烈的主体意识显现为"寻找自我、渴望成才"，这是 20 世纪 80 年代大学生人格发展的显著特点。进入 21 世纪以后，随着社会主义市场经济体制的建立，大学生逐步形成独立、平等、开放、竞争的人格特征。

当代大学生的人格发展呈现如下几个方面的特点：

1. 能正确认知自我

当代大学生能正确认知自我，这表现在两个方面：首先是能自我认可，基本上能接受一切属于自我的东西，从而形成对自己的积极看法；其次是自我客体化，对自己的所有与所缺都比较清楚和明确，能理解现实自我与理想自我之间的差别。大多数人都有明确的奋斗目标和愿望并尽量为之努力。

2. 智能结构健全合理

当代大学生具有良好的观察力、记忆力、思维力、注意力和想象力，他们的各种认知能力能有机结合并发挥其应有的作用。

3. 适应社会的能力较强

当代大学生喜欢参与各种形式的社会实践，对外部世界有着浓厚的兴趣，人际交往范围也在不断扩大。同时，他们能容忍别人在价值观与信念上与自己存在差别，能根据事物的实际情况来判断是非，思辨能力有所增强。

4. 具有创造性和竞争意识

当代大学生能把事业看做生活的重要组成部分，在事业上有较强的进取心和责任感。他们喜欢创造，敢于创新，甘愿冒险，独立性强，富有幽默感。

5. 情感饱满适度

大学生在情绪上稳定性与波动性、外显性与内隐性并存，情感丰富多彩，其中积极的情绪和情感体验在他们的学习、生活中占据着主导作用。

这些特点表明，我国大学生在人格教育方面具有良好的自觉性，人格发展状况基本良好。

二、大学生的气质类型

1. 胆汁质

这种气质类型的大学生，在日常活动中带有强烈的情绪色彩。情绪高时，学习和工作热情高，肯出大力；反之，什么事都不感兴趣。他们喜欢参加各项课外活动，甚至喜欢倡导一些别出心裁的事，尤其喜欢运动量大和场面热烈的活动。在学习中，他们完成作业比谁都快，连考试交卷也争第一，活动效率较高。如果想干的事未完成，他们饭可不吃，觉可不睡。他们的理解能力和接受能力很强，但不求甚解。他们喜欢与同学争辩，总想抢先发表自己的意见。他们喜欢在公开场合表现自己，坚信自己的信念。他们喜欢看情节起伏、激动人心的小说和电影，不爱看表现日常生活题材的作品。

这类大学生有理想，有抱负，有独立见解，行为果断迅速，表里如一，不愿受人指挥，而喜欢指挥别人。一旦认准目标，他们就希望尽快实现，遇到困难也不屈不挠，但往往比较粗心，学习和工作带有明显的周期性特点，能以极大的热情和旺盛的精力投入学习和工作，但一旦精力消耗殆尽时，便失去信心，情绪顿时转为沮丧并很快心灰意冷。

2. 多血质

这种气质类型的大学生，内心的体验一般会在面部表情和眼神中明显地表现出来。他们积极参加学校的一切活动，但表现散漫，有始无终。学习疲倦时，他们只要稍休息一下，便会立刻精神焕发，重新投入学习。他们理解问题总比别人快，但学习常会见异思迁，注意力不容易集中。在学习中，他们希望做难度大、内容复杂的作业，但不耐心细致。他们容易激动，但情绪表现不强烈，容易产生骄傲情绪，觉得自己比别人要机智和灵敏。他们情绪方面变化迅速，遇到稍不如意的事就情绪低落，稍得安慰或又遇到其他高兴的事，马上就会兴高采烈。他们善于交际，待人亲切，容易结交朋友，但友谊常不牢固。

这类大学生易适应环境的变化，性情活泼热情，善于交际，在群体中精神愉快，相处自然，常能机智地摆脱困境。他们在学习和工作上肯动脑、主意多，不安于机械刻板、循规蹈矩地做事，常表现出较强的工作能力和办事效率。他们兴趣广泛，但容易浮躁，见异思迁。

3. 黏液质

这种气质类型的大学生不爱活动，安静沉稳，很少发脾气，情感很少外露，面部表情单一；课堂上遵守纪律，喜欢静坐静思，不愿打扰别人，生活有规律，很少违反作息制度；在学习方面，理解问题比较慢，希望老师能多重复几遍；学习态度认真严谨，喜欢复习过去学过的知识，对新知识接受能力差，但弄懂之后就很难忘记。他们与人交往时多沉默寡言，较少主动搭话，但也会有几个要好的朋友。他们在情绪方面善于自制，善于忍耐，且兴趣爱好稳定专一，有毅力。

这类大学生反应较为迟缓，但无论环境如何变化，他们都能基本保持心理平衡。他们凡事深思熟虑，力求稳妥，一般不做无把握的事情，在各种情况下都表现出较强的自我克制能力。他们外柔内刚，沉静多思，不愿流露内心的真情实感，与人交往时，态度恰当，不卑不亢，不爱抛头露面和做空泛的清谈。他们在学习和工作中有板有眼，严格恪守既定的生活秩序和制度，但过于拘谨，不善于随机应变，固定性有余而灵活性不足，有墨守成规、因循守旧的表现。

4. 抑郁质

这种气质类型的大学生，喜欢安静独处，性情孤僻，但是在友爱的集体中，又可能是一个很容易相处的人。他们办事通常犹豫不决，优柔寡断，做事情总比别人花费的时间多，细心谨慎，稳妥可靠，不爱表现自己，对抛头露面的工作尽量回避。他们在陌生人面前会害羞，当众讲话时常表现出惊慌失措的表情。他们最明显的特征是感情比较脆弱，容易神经过敏，患得患失，容易因为一点小事就出现情绪波动，当学习或工作失利时，会感到很大的痛苦。他们爱看感情细腻、心理活动描写丰富的小说和电影。

这类大学生在生理上难以忍受或大或小的神经紧张，厌恶那些强烈的刺激。他们感情细腻而脆弱，常为小事出现情绪波动。他们自己心里有话更愿自己品味，而不愿向别人倾诉。他们喜欢独处，与人交往时显得腼腆、忸怩，善于领会别人的意图，在团结友爱的集体中，很可能是一个容易相处的人。他们遇事常三思而行，求稳不求快，对力所能及的工作能认真负责地完成。在学习和工作一段时间后，他们常比别人更感疲倦，在困难面前常会怯懦、自卑和优柔寡断。

从大学生的各种气质类型的特点可以看出，各种气质类型均有优缺点。大学生应该认识到：大家的气质类型虽然不同，但成才机遇均等，因为不同专业、不同职业对气质特点有不同要求。大学生应充分掌握自己气质类型的优缺点，这样将来在选择职业和进行专业深造时，就能做到扬长避短、人尽其才。

三、大学生的性格特征

1. 大学生性格的形成与发展

影响大学生性格形成、发展的因素是多方面的，主要有遗传、环境、家庭教育、学校教育以及自我教育等。在这里着重谈一下自我教育的作用。

在性格发展的一定阶段，个人对性格的自我培养具有重要的意义。大学生由于自我意识发展已基本成熟，因而能够通过自我分析、自我激励、自我暗示、自我反省、自我约束等方式进行自我教育。因此自我教育对性格的形成和发展具有巨大作用。在一定意义上可以说，同学们每个人都在塑造自己的性格。

俗话说："江山易改，本性难移。"它指的是人的态度和行为方式具有某种稳定性，但它并不是不可以改变的，当人们一旦认识到自己的性格不符合某种要求时，就会通过不懈的努力来改变它。

大学生性格发展的一个突出特点是他们对性格的自我认识、自我控制水平提高了。大学生常常会主动地反思自己，进而自觉地分析、总结和评价自己的态度及行为，并积极做出调整以达到适应环境和完善自我的目的。这样，大学生性格特征的外部表现就变得更为丰富复杂了。

2. 大学生的性格特点

环境因素在性格的形成和发展中作用巨大。性格是一个人的生活经历的反映，是在人和环境的相互作用过程中形成和发展的。从性格结构的四个方面来分析，当代大学生的性格有如下特点：

(1)性格的态度特征

在对社会、他人的态度方面，大学生主要表现出热爱祖国、关心集体、守纪律、乐观、富于同情心、正直诚实、有礼貌等良好的性格特征，但也有人对祖国缺乏感情，具有个人第一、自由散漫、冷漠、虚伪、粗暴等不良的性格特征。

在对学习、工作、劳动的态度方面，有些大学生表现出勤奋、认真、细致、具有创造性和节俭等良好的性格特征，有些人则表现出懒惰、粗心、保守、浮夸、浪费等不良的性格特征。

在对自己的态度方面，多数大学生具有严于律己、谦虚、自信、自尊、自强等良好的性格特征，但有些人则具有自负、自傲、自卑、羞怯等不良的性格特征。

(2) 性格的意志特征

多数大学生表现出自觉、独立、主动、自制、果断、坚强、沉着、勇敢、持之以恒等良好的性格特征，而有些人则表现出一定的盲目、依赖、被动、经常冲动或优柔寡断、软弱、慌张、敷衍等不良的性格特征。

(3)性格的情绪特征

有的大学生情绪一触即发，有的不易激动；有的喜怒无常，有的情绪很少起伏；有的情绪体验持久、深厚，有的稍现即逝；有的非常欢乐愉快，有的终日愁眉不展；有的冷静沉着，有的任性。

(4) 性格的理智特征

大学生在认知的态度和活动方式上,经常表现出的特征是性格的理智特征。在感知、记忆、想象、思维等活动中,多数大学生是主动而不是被动,大胆而不妄为,深思熟虑、细心谨慎而不是怕动脑筋、粗心轻率。

上述大学生性格结构的四个部分并不是彼此孤立的,而是相互联系的,它们构成了大学生性格的基本特点。

四、大学生的能力特征

现代社会的进步和科学技术的发展,要求每个出色的社会成员都必须具备较强的综合能力,能力是将知识转化为物质的重要保证,是高级专门人才所必备的重要素质。对大学生而言,无论今后从事教学、科研工作,还是在生产一线从事技术管理工作,或是想在各类服务行业大显身手,综合能力的强弱都将直接影响到工作效率的高低。因此,对于当代大学生来说,在校期间各种能力的培养尤为重要。

1. 自我决策能力

自我决策能力是一个人能否独立思考、果断处事和独立完成某项工作的能力。对于大学生来说,如何协调学习、工作、娱乐的关系,如何在交往中做到游刃有余,如何在求职择业时取舍别人的意见或各种各样的信息,最终要靠自己决定,这就是自我决策能力。在未来的工作中,每一件事情、每一个问题以及它们的变化发展都不可能像在学校那样依靠老师指导,而必须靠自己迅速做出决定,及时予以处理。因此,具有良好的自我决策能力对大学生成长成才是十分重要的。

2. 适应社会的能力

适应社会和改造社会是对立统一的两个方面,现实生活常常不尽如人意。五彩纷呈的现实生活常常使刚接触社会的大学生眼花缭乱,很不适应。在面对现实生活时,大学生对学校所学知识和现实社会实践的脱节常常会感到不安、不满、无所适从,常常以改造社会为己任的大学生往往容易忽视适应社会正是为了担当社会赋予大学生的职责和使命。适者生存,就是对社会、对环境主动的、积极的适应过程。大学生只有具备较强的社会适应能力,走向社会后才能尽可能地缩短自己的适应期,充分地发挥自己的聪明才智。

3. 实践能力

实践能力是大学生将知识转化为物质力量的凭藉,是专业工作者必须具备的一种能力。在现实生活中,大学生实践操作能力的强弱,将直接影响到其作用的发挥。比如,作为一名教师,只有丰富的知识是不够的,还要有把自己的知识传授给学生的能力。因此,大学生应注意克服只注重理论学习,而轻视实践操作的倾向。一个大学生如果在实践中有过硬的本领,就一定会受到用人单位的青睐,在社会上也一定能闯出自己的一片天地。尤其是理工科的学生,许多用人单位在招聘毕业生时,往往注重的是大学生的实践能力和各种获奖情况,而不只是他们的专业考试成绩。

4. 表达能力

表达能力是指运用语言阐明自己的观点、意见或抒发感情的能力,主要包括口头表达能力和书面表达能力。一个人要想被别人了解和重视,更好地发挥自己的才能,就要抓住表现自己的机会并要有表现自己的能力,而要合理表现自己,就离不开出色的表达能力。大学生不仅在参加工作时会立即强烈地意识到这一点,而且在求职择业的时候也会有深切的感受。比如撰写求职信、自荐信、个人材料,回答招聘人员的提问,接受用人单位的面试等,每一个环节都需要较强的表达能力。在参加工作以后，如何向同事、上级表达自己的观点，如何与同事和睦相处，都需要较好的表达能力。因此，大学生自觉地培养良好的表达能力非常重要。

5. 组织管理能力

虽然不是每个大学生将来都会从事管理工作，但是在实际工作中各行各业都会不同程度地需要组织管理才能。现代职场表明，不仅领导干部、管理人员应当具备组织管理才能，其他专业人员也应当具备这种能力。随着时代的发展，纯“书生型”的人才已不能适应社会的需要。近年来，许多用人单位在挑选录用大学毕业生时，在同等条件下，往往会优先考虑那些曾担任过学生干部，有社会实践经历，具有一定组织管理能力的毕业生，这正反映了时代的客观要求。所以大学生在校期间应抓住一切机会锻炼自己的能力。

以上主要是从普遍性这个角度来谈大学生应具备的能力，除此之外，大学生还应在自己的专业领域具备一技之长。大学生在培养自己的各项能力的时候，应注意这几点：一要意识到各种能力的具备不仅是自身发展的需要，也是社会发展的需要；二要意识到能力是实力的展示，掌握较多的技能，善于把握时机，敢于展示自己才会在各类竞争中取胜；三要意识到事业有成实际上更是对人格的考验，必须在社会竞争中保持健康的心态。

第三节 大学生健全人格的发展

瑞士著名心理学家荣格(Carl G. Jung)认为：“影响人格发展的首先是人的个性化程度，其次是环境。”在人格形成、发展的过程中，内外不良因素的作用会不同程度地影响人格的健康发展，从而导致人格发展缺陷，严重的还会引起人格障碍。

一、健全人格的含义

1. 健全人格的特点

健全人格是指各种良好人格特征在个体身上的集中体现。健全人格的基本特点可以概括为以下几个方面：

第一，和谐的人际关系。人格健全者的心胸比较开阔、善解人意，尊重自己也尊重他人，对不同的人际交往对象都表现出合适的态度，既不狂妄自大，也不妄自菲薄，其观点、行为和情绪反应与周围人协调一致，在人际交往中具有吸引力。

第二，宁静的心境。人格健全者有积极健康的人生态度和正确的价值观，需求合理，言行一致，自信并能自我控制，能调节好内心世界与外部世界的关系，保持内心世界和谐一致。这是人格内在统一性的表现。

第三，有效地运用个人的能力。人格健全者对未来的成就充满希望。这种成就动机和能力相结合，能引发巨大的创造力。这种创造发现会给生活带来欢乐并进一步激发兴趣，维持动机，从而形成良性循环。

2. 健全人格的意义

(1) 有助于提高生活质量

有的人生活很安定也很富有，但总感到并不幸福和满足，反而觉得生活百无聊赖。在电影、电视、小说中，同学们经常可以看到这类人的影子，这是一种心理不健全的反映。因为心理健全者与财富拥有者并不是同义词。如果一个人在获得成功时无人祝贺、无人与其分享这份快乐，在遇到挫折时没有人安慰，没有倾诉的对象，那么纵有万贯家财，他也体会不到生活的快乐。还有的人总是不能原谅别人的过错，对一些小事耿耿于怀，心存怨恨；或者由于对自己的认识不足而没有充分发挥潜能,整日怨天尤人。这种种心态都会使生活褪色。健全人格者能帮助人们充分体验生活的乐趣,挖掘人的潜能,充实人的精神世界,面对挫折不轻言失败,碰到突发事件能沉着冷静,善于自控。总之,健全人格者善于营造一个有利于心理健康的环境,从真正意义上提高自己的生活质量。

(2)有利于稳定社会秩序

人不仅是自然人,更是社会人。社会人的道德品质和行为方式对社会秩序会产生巨大影响。人格健全的人会尽可能地使自己应该和需要做的事与其所处的特定的社会文化背景相一致,从而产生积极的满足感。精神病患者、人格障碍患者都是影响社会秩序稳定的隐患。如果说前者由于其病症明显,较容易被人发现而加以防备,那么后者则会因为其症状不明显,较具隐蔽性而对社会稳定造成更大危害,如反社会型人格的犯罪倾向、抑郁症患者的自杀企图等都会对社会、对家庭的稳定造成威胁。

3. 健全人格的模式

(1)"成熟者"模式

人格心理学家奥尔波特在哈佛大学长期研究高心理健康水平的人,并把他们称作"成熟者",他从他们身上归纳出七个特征:

① 能主动、直接地将自己推延到自身以外的兴趣和活动中;

② 具有对别人表示同情、亲密或爱的能力;

③ 能够接纳自己的一切,好坏优劣都如此;

④ 能够准确、客观地知觉现实和接受现实;

⑤ 能够形成各种技能和能力,专注并高水平地胜任自己的工作;

⑥ 自我评价现实、客观,知道自己的现状和特点;

⑦ 着眼未来,行为的动力来自长期的目标和计划。

(2)"机能健全者"模式

人本主义心理学家罗杰斯认为机能健全者所表现的是真实的自我,这种人很像小孩,是纯洁和真善的。他们认为幸福并不在于全都满足,而在于积极参与和持续奋斗的过程,罗杰斯概括出了"机能健全者"具有的六种特征:

① 能接受一切经验。他们不拒绝或歪曲某些经验,一切社会经验都能正确地符号化地进入他们的意识领域。

② 自我与经验的和谐一致。他们在评判事物时,以自己的内在评价机制来评价经验,不断同化新经验。

③ 个性因素都发挥作用。他们的行为既受理性因素的引导,也受无意识和情绪因素的制约。

④ 有自由感。他们相信自己能掌握自己的命运,生活充实并充满希望。

⑤ 具有高创造性。

⑥ 乐意给他人以无条件的关怀,能与其他人高度协调。

(3)"创发者"模式

西方最知名的人道主义哲学家、新精神分析派的代表人物之一弗洛姆(Fromm)认为,人都有个性化发展和内在成长的潜能,现代社会使人变得更自立自治并具有活力,使人人都可以凭自己的努力走向成功,但同时它又使人变得更孤独、彷徨和无助。只有通过社会变革才能造就大量可以充分发挥个人潜能的"创发者"。"创发者"具有四个特征:

①创发性的爱。爱的双方是平等、自由的,不会因为“爱”而泯灭了个性。

②创发性的思维。尊重、关心思维对象。

③幸福。一种生机盎然、充满活力、身体健康和充分发挥潜能的状态。

④良心。“人本主义”的良心,是发自内心的道德准则的体现。

以上这些模式是心理学家研究了高水平心理健康的人所得出的结论。生活中有很多人都达不到这样的标准。但这些模式至少可以给同学们一些启示,使同学们在发展健全人格的过程中有一个参考。

二、人格发展缺陷及其调整

这里所说的人格发展缺陷是介于健康人格与病态人格(即人格障碍)之间的一种人格状态,表现为人格发展的不良倾向。在大学生心理咨询中常会发现,有相当一部分大学生有着不同程度的人格发展缺陷,常见的主要有自卑、懒惰、拖拉、粗心、鲁莽、急躁、悲观、孤僻、多疑、抑郁、狭隘、冷漠、被动、骄傲、虚荣、焦虑、自我中心、敌对、冲动、脆弱,等等。

下面从人格的角度简要分析一下自卑、害羞、怯懦、懒惰、狭隘、拖拉、抑郁、虚荣、自我中心等人格发展缺陷及其调整方法。

1. 自 卑

自卑感是对自己不满、鄙视、否定的情感。进入大学后,有些大学生发现“山外有山”,尤其是当学习、社交、文体方面显露出某些不足时,就会陷入怀疑自己、否定自己之中,产生自卑心理。因此,自卑往往是自尊心受挫的结果,没有自尊心也就不会有自卑感,过强的自卑感往往又以过强的自尊心表现出来。有些大学生敏感脆弱,经不起批评,原因即在于此。

如何才能走出自卑的阴影?

首先,要正确认识自己,悦纳自己。人有所长也有所短,有所短也有所长,不要为自己的所短而自卑。

其次,要进行自信心磨炼,将目标定得小些,切合实际些,多积累成功的愉悦体验。

再次,要确立合理的评价参照系和立足点。若以强者为标准则可能自卑,因而寻找适合自己的评价标准就显得很重要。俗话说:“人比人,气死人。”理性的比较方式是多与自己作纵向比较而不是一味地与人作横向比较。

有了足够的自信心,自卑感就会悄然而退。

2. 害 羞

害羞在大学生中并不少见,比如不敢在大众场合发表意见,害怕与陌生人打交道,路上见到异性同学会手足无措,见到老师会难为情,说话感到紧张,等等。

害羞是一个人自我防御心理过强的结果。害羞者常常过于胆小被动,过于谨小慎微,过于关注自己,自信心不足。他们特别注重自己在别人心目中的形象,总觉得自己时时处在众目睽睽之下,于是敏感拘束,一句话要在喉咙口反复多次,一件事总要左思右想,为此搞得神经紧张,坐立不安。

害羞之心人皆有之,但过分害羞,不该害羞时害羞,尤其当害羞成了一种习惯时,则是有害的。它会导致压抑、孤独、焦虑等不良心理状态,还会阻碍人际交往,影响一个人才能的正常发挥。因此可通过有意识的调节来改变:

(1) 增强自信心

许多害羞者在知识才能和仪表方面并不比别人差。美国心理学家的一项研究表明,害羞的女大学生自以为长得不美,但不相识的男生凭照片都认为她们与那些社交活跃的女生一样动人。因此要正确评价自己，多看到自己的长处。

(2) 不计较别人的议论

每个人都会说错话、做错事，这并没什么大不了的，因为这个世界上根本就没有完美的人和事，所以即使有人议论也是正常的。俗话说“哪个人后无人说”，同学们要学会放下思想包袱，不要过于计较别人的议论。“走自己的路，让别人去说吧！”这样会使自己变得更洒脱。

(3) 有意识地锻炼自己

胆量和能力都是锻炼的结果。要敢于说第一句话，敢于迈第一步；上课、开会时尽量坐到前排去；走路时抬头挺胸，把速度提高四分之一；主动大胆地和别人尤其是陌生人、异性、老师讲话；与人说话时正视对方的眼睛；在高兴时开怀大笑；等等。

3. 怯　懦

怯懦主要表现为缺乏勇气和信心，害怕可能面临的困难和挫折，在挫折、困难面前常常知难而退，甚至不战而败。有些大学生过去的经历一帆风顺，因而特别害怕失败。“只能成功，不能失败”的非理性意念是造成一些大学生怯懦的认知因素。

有些大学生由于胆怯，不敢与人讲话，不敢出头露面，也不敢表明自己的态度，甚至不敢向老师提问题。有些大学生由于软弱，不敢冒风险，不敢担重任，不敢与坏人坏事作斗争，不敢坚持自己的正确观点。但越是这样回避矛盾、躲避失败，越是容易体验到强烈的挫折感。

在挑战与机遇并存的现代社会，怯懦者会失去很多成功的机会，并可能成为落伍者。积极迎接挑战，争做生活的强者才是明智的选择。改变怯懦的最好办法是要敢于抓住机遇，积极锻炼，不怕失败，不怕丢面子，不怕担子重，多给自己鼓励并适当给自己加压，从生活的词典中去掉“不敢”二字。

4. 懒　惰

大学生本应是充满朝气和活力、开拓进取的群体，但事实并不总是如此。其中，懒惰是不少大学生为之感到苦恼并难以克服的一种人格发展缺陷，是意志活动无力的表现。懒惰是影响大学生积极进取、张扬青春活力的天敌，尤其是在改革开放、日新月异的今天，它与时代是那么格格不入，必须予以改变，否则会有被时代淘汰的危险。

处于懒惰状态的大学生也常因此感到内疚、自责、后悔，但又觉得无法自拔，心有余而力不足，这主要是因为他们往往想得多而做得少，缺乏毅力所致。要克服懒惰，就应充分认识到其危害性，自己对自己负责，振作精神，“起而行之”，从日常小事做起，并努力做到不给自己找借口，不原谅自己偷懒，力争今日事今日毕，多与人交往，多关心外部世界，多参加有益身心的社会活动，而要做到这一切，有一个坚定而有价值的理想是非常重要的。

5. 狭　隘

受功利主义影响，大学生中的“狭隘”现象有增无减。凡事斤斤计较、耿耿于怀、好嫉妒、好挑剔、容不得人等，都是心胸狭隘的表现，即日常所说的“气量小”。心胸狭隘往往影响人际关系，伤害他人感情，也常给自己带来烦闷、苦恼，影响自己的情绪和在他人心目中的形象，因此，于人于己有百害而无一利。狭隘人格多见于内向者，尤其是女性。

如何克服狭隘呢？

一要胸怀宽广坦荡，一切向前看。正如歌德所言：“比海洋更广阔的是天空，比天空更广阔的是心灵。”二要丰富自己。一个人的视野越开阔，就越不会陷入狭隘之中，这就是所谓的“站得高，看得远”。三要学会宽容，宽以待人。

6. 拖　拉

拖拉是不少大学生的通病。拖拉是指可以完成的事而不及时完成,今天推明天,明天推后天,正是"春天不是读书天,夏日炎炎正好眠,秋多蚊虫冬又冷,一心收拾待明年"。导致拖拉的原因主要有三个,一是试图逃避困难的事,二是目标不明确,三是惰性作用。拖拉一方面耽误学习、工作,另一方面并没有使人因此而感到轻松,相反往往会导致心理压力,进而引起焦虑,总觉得有事情没完成,干别的事也难以安心,还会贻误时机。

如何改变拖拉的习惯呢?

首先,要充分认识其危害性,找到自己拖拉的原因,并下决心改变。

其次,要科学安排时间,凡事有轻重缓急,要一件一件完成,还要讲究科学的学习和工作方法。

最后,要敢于做不合心意或者需要花大力气的工作。必须完成的事与其拖着、欠着,还不如及早动手干,完成后会有一种如释重负的感觉,会有一种欣喜感、满足感、成就感,而拖拖拉拉只会带来疲倦、松垮及焦虑。

7. 抑　郁

抑郁是大学生中常见的情绪困扰,是一种因感到无力应付外界压力而产生的消极情绪,常伴有厌恶、痛苦、羞愧、自卑等情绪体验。抑郁人皆有之,但对于大多数人来说,抑郁只是偶尔出现,时过境迁,很快就会消失,但那些性格内向、多疑多虑、不爱交际、生活中遭遇意外挫折的人则更容易长期处于抑郁状态,甚至导致抑郁症。

有抑郁倾向的大学生的主要表现是:情绪低落,郁郁寡欢,闷闷不乐,思维迟缓,兴趣丧失,缺乏活力,反应迟钝,干什么都打不起精神,体验不到快乐。抑郁在低年级大学生中更为普遍。所谓的"周末综合征"在很大程度上即是抑郁。

要避免抑郁或从抑郁中解脱出来,就需要正确地评价自己,看清自己的长处,建立自尊,增强自信,并进一步调整认知方式,建立理性认知,不把事物看成是非黑即白的,再者还要扩大人际交往,多与人沟通,多交朋友。如果抑郁情绪较严重,则应寻求心理咨询帮助。

8. 虚　荣

可以说,虚荣心普遍存在于每一位大学生身上,这是正常的,但一旦过分,则会有害无益。因为虚荣心往往与自尊心、自卑感联系在一起,没有自尊心,就没有虚荣心,而没有自卑感,也就不必用虚荣心来表现自尊心,虚荣心是自尊心和自卑感的混合物。虚荣心强的大学生一般性格内向、情感脆弱、多愁善感,既易自惭形秽又害怕别人伤害自己的尊严,过分介意别人的评论与批评,与人交往时总有一种防御心理,不允许稍微被侵犯,而且常会千方百计地抬高自己的形象。他们捍卫的往往是虚假的、脆弱的、不健康的自我,以致无暇来丰富壮大真实的自我。

如何防止或改变过强的虚荣心呢?

第一,对其危害性要有清醒的认识,并有勇气有决心改变自己。

第二,要了解自己的长处与短处,扬长避短。

第三,要树立自信和健康的荣誉心,正确表现自己,不卑不亢。

第四,不为外界的议论所左右,能正确对待个人得失。

9. 自我中心

随着自我意识的发展,大学生越来越感到自己内心世界的千变万化、独一无二,他们越来越多地把关注的重心投向自我,尤其是那些有较强自信心、自尊心、优越感、独立感的学生,他们更容易出现自我中心倾向。当这种倾向与一些不健康的思想意识(如个人主义、自私自利思想)和心理特征(如过强的自尊心、唯我独尊等)相结合时,就会表现出过分的、扭曲的自我中心。过度自我中心的人往往以自我为核心,想问题、做事情从“我”出发,不能设身处地进行客观思考,往往颐指气使,盛气凌人,不允许别人批评,“老虎屁股摸不得”。这种人往往见好就上,见困难就让,有错误就推,总认为对的是自己而错的是别人,因而他们常不能赢得他人的好感和信任,人际关系多不和谐。克服过分自我中心的途径包括:

第一,树立健康的人生观,自觉地将自己和他人、集体结合起来,走出自己的小天地;

第二,恰当地评价自己,既不低估也不高估,既不妄自菲薄,也不自高自大;

第三,尊重他人,只有尊重和信任才能获得友谊;

第四,设身处地地从他人的角度思考问题,将心比心,真诚地关爱他人,从而做到“我爱人人,人人爱我”。

三、健全人格的塑造

1. 认识自我,优化人格

生活中的许多事例告诉人们,人格系统中存在着一种基本的动机,它是个体的一个中心能源。为了有效地进行人格塑造,就应该充分了解自己的人格状况,深刻理解这一动机,明确人格塑造的目标、内容、途径和方法。认识自我是改变自我的开始。

人格塑造就是实现人格优化整合,以达到健全的人格。人格整合的基本含义是:随着个体心理的成熟,人格的各个方面逐渐由最初的互不相关,发展到和谐一致状态的过程。人格的优化整合需要不断地择优和汰劣。

择优即选择某些优良的人格特征作为自己努力的目标,如自信、勇敢、勤奋、坚毅、善良、正直等可作为人格塑造的依据。汰劣即纠正自己人格上的缺点、弱点,比如自卑、胆怯、抑郁、冷漠、懒惰、任性、自我中心等。当然,择优与汰劣往往是同步进行的。

2. 努力学习科学文化知识

荣格有句名言:“文化的最后成果是人格。”培根也有名言:“知识就是力量。”学习科学文化知识,增长智慧的过程也是优化人格整合的过程。事实上,有不少人格发展缺陷源于无知,如无知容易使人自卑、粗鲁,而丰富的知识则使人自信、坚强、理智等。

各学科的全面发展是人格健全发展的智力基础,因为各学科的知识同处于一个庞大的系统中,它们既相互联系又能在各自的发展中相互迁移、相互促进。可以说,有了智力基础,人格发展的速度与质量才有保证。对此,培根的论述很深刻:“读史使人明智,读诗使人灵秀,数学使人周密,科学使人深刻,伦理学使人庄重,逻辑修辞之学使人善辩,凡有所学,皆成性格。”近年来,受应试教育影响,许多理工科大学生缺乏人文知识底蕴,而文科大学生缺乏缜密钻研的科学精神,这对于人格的健全发展是不利的,当代大学生应做到科学与人文并重。

3. 积极参加实践活动

实践是人格发展的必由之路。无论是知识的获取、能力的形成,还是意志的磨炼都离不开实践。诸如一个人的勤奋、坚韧、乐观、细致等人格特征都是长期实践锻炼的结果。大学生应积极参加各种有益身心健康的实践活动,如校园内的青年志愿者活动,对于大学生人格的发展与塑造就很有意义。

一个人的一言一行往往是其人格的外化,反过来一个人的日常言行积淀成为习惯就是人格。例如,有人一天刷牙三次、勤洗手,还有勤换衣服、常洗床单等习惯,就反映了他具有“清洁”这一人格特质。因此,人格优化整合要从眼前的小事做起,无数良好的小事可“积沙成塔”,最终构建成优良的人格大厦。

4. 发展良好的人际关系

人格发展、塑造的过程是个体实现社会化的过程，是个体与他人、集体、社会相互作用的过程。人格是在行为中表现的，健全的人格也只有在与人交往中才能体现出来。要塑造健全人格，就必须发展良好的人际关系，尊重社会习俗，关心他人的需要，真诚地赞美他人，不做无建设性的批评，多与他人沟通意见，保持自尊和独立。

集体是人格塑造的土壤，通过与集体交往，自己的某些人格品质或受到赞扬、鼓励，或受到压制、排斥，从而有助于做出有针对性的调整，而且集体能够伸出手来帮助集体中的个体择优汰劣。

5. 锻炼身体，强健体魄

人格发展的过程是身体因素、心理因素与智力因素协同作用、相互促进的过程，健康的体质是人格健全发展的物质基础。一个体弱多病的人是难以发展健全人格的，拖拉、懒惰、急躁、怯懦等人格发展缺陷与不坚持体育锻炼明显有关。

6. 防止“过犹不及”

凡事都有“度”，人格发展和表现的“度”是十分重要的，人格塑造过程中应把握辩证法，掌握好度，否则就会“过犹不及”，适得其反。具体来说，应该是自信而不自负，自谦而不自卑，勇敢而不鲁莽，果断而不冒失，稳重而不犹豫，谨慎而不怯懦，豪放而不粗俗，好强而不逞强，活泼而不轻浮，机敏而不多疑，忠厚而不愚昧，干练而不世故，等等。

对于人格的“度”的把握还表现在不同的人格特质要协调发展，做到“刚柔兼济”。对于“刚”者应多发展些“柔”，对于“柔”者应多发展些“刚”，这样才能形成合理、和谐的人格结构。此外，还要因人因时因地地表现人格特征，有时表现“刚”比表现“柔”好，有时表现“柔”比表现“刚”好，有时应多表现自信，有时应多谦恭，即所塑造出的人格应有韧性，有较强的应变、适应能力。

人格健全的过程，就是心理健康和心理成熟的过程。塑造健全人格是一项系统的自我改造、自我实现的工程，要从小事做起，贵在坚持。当代大学生应从塑造健全人格做起，努力将自己塑造成为符合时代要求的具有良好综合素质的新时代人才。

[思考与练习]

1. 说说当代大学生的气质特点，并分析自己属于哪种气质类型，以及如何在大学生活中更好地利用自己的气质特长。
2. 说说健全人格的意义，剖析自己人格中的不足之处，并想一想该如何改进。
3. 你准备从何处入手提升自己的能力？

【课外拓展】

游戏成瘾被列为精神疾病

2018 年 6 月 18 日世界卫生组织发布的新版《国际疾病分类》中，首次将沉溺于强迫性电子游戏列为一种精神健康状况。根据定义，这是一种对游戏（“数码游戏”或“视频游戏”）失去控制力，日益沉溺于游戏，以致其他兴趣和日常活动都须让位于游戏，即使出现负面后果，游戏仍然继续下去或不断升级的现象。

即将于 2022 年 1 月 1 日生效的《国际疾病分类》是未来确定全球卫生趋势和统计数据的

基础，其中含有约5.5万个与损伤、疾病以及死因有关的独特代码，这将使卫生专业人员能够通过一种通用语言来交换世界各地的卫生信息。虽然将游戏障碍列入新版《国际疾病分类》之中的还只是个草案，但这足以让我们对这一现象保持足够的警惕。

新版《国际疾病分类》将游戏障碍列为一种成瘾性疾病，这意味着游戏成瘾将属于一种精神疾病，其相关症状包括：无法控制或无节制地沉溺于单机或网络游戏；因过度游戏而忽略或放弃其他兴趣爱好和日常活动；明知会产生负面后果却仍沉溺于游戏；该游戏行为模式已足够严重，导致对个人、家庭、社交、教育、职场或其他重要领域造成重大损害；持续至少12个月。

世卫组织表示，确诊"游戏障碍"疾病往往需要相关症状持续至少12个月，如果症状严重，观察期也可缩短。研究表明，玩游戏的人中，只有一小部分人受游戏障碍影响。但世卫组织提醒，游戏玩家应警惕耗费在游戏上的时间，不要让游戏影响到其他日常活动，并警惕玩游戏者在身心健康和社交方面引发的所有变化。

以前，"网络成瘾"是一个充满争议的概念。它最初由美国的一名精神科医生提出，并经过了若干年激烈的学术讨论。但即使是全球最先提出网络成瘾诊断标准的美国心理学家金伯利·杨也认为网瘾不是一种独立的精神疾病，而是已知的"冲动控制障碍症"在网络使用者身上的体现。在最新版的美国《精神障碍诊断与统计手册》中，虽然探讨了"网络成瘾症"并且有大量的文献研究，但因为存在严重的样本偏差，因而没有将其纳入正式诊断。那么，作为世界各国医生用来诊断病症的国际标准《国际疾病分类》为何要将游戏成瘾列为一种精神疾病呢？世卫组织做出类似界定的目的是希望唤起人们对精神卫生问题的重视，具体讲，是为了推动其诊断和治疗的规范化，同时提醒人们提高自我控制力，不要让"游戏耽误生活"。

公布新版《国际疾病分类》的另一个意义在于，它给出了"网络成瘾"的明确诊断标准。要知道，在医学没有定论之前，有些社会机构早就将"网瘾"当成了疾病，主张采取军事化管理、强制运动或体力训练等手段进行医学矫治，主张电击疗法的人们甚至认为"网瘾是精神疾病，根源是性格缺陷"。在这样的观念的影响下，孩子的行为很容易被扩大化解释，有的说只要连续玩6个小时就是成瘾，有的家长一看孩子成绩下降就送到戒瘾机构，以至于卫生部叫停电击疗法的时候，很多家长表示不理解。世界卫生组织提出的综合测评，将玩游戏的时间、频率、强度等纳入考量，特别是将时间标准作为一个重要的量化因素，相关行为至少持续12个月才能确诊，应该说，这可以强有力地回应某些错误看法，也有助于进一步规范社会机构的医疗资质要求。

最后要强调的是，从临床经验来看，广大游戏爱好者大多是不恰当地使用了网络资源，包括在电子设备上看小说、刷抖音、疯狂网络购物等，他们远没有到患成瘾性疾病的程度，而且这样的病例很少，发病率也不高。不要因为"游戏成瘾被列为精神疾病"这样的字眼就产生不必要的担心。

第六章　人际交往

人际关系是否协调，将深刻地影响大学生的生活、学习、交友等，甚至会影响他们一生的发展。在当今高度现代化、信息化、网络化、快捷化的社会，人们之间的交往越来越频繁，而身处这个全新环境中的大学生几乎无时无刻不在与人打交道。可以说，人际交往是大学生适应环境与社会，在人生舞台上扮演好自己应该扮演的角色（大学生、朋友、子女、兄长、学姐、求职者等），形成丰富健全的人格，成为受人欢迎的好青年的基本途径。那么，一个人应如何在群体中扮演好自己的角色，如何在群体中与他人和谐相处？本章将就此展开讨论。

第一节　人际交往概述

一、人际交往与人际关系

1. 人际交往与人际关系的含义

人际交往是指人与人之间通过一定方式进行接触，在心理或行为上产生相互影响的过程。

人际关系是在社会生活中人与人之间的直接交往关系，它是在人们物质交往和精神交往的过程中产生和发展起来的关系。它反映的是人与人之间心理距离的具体状态。

人是社会的人，是一切社会关系的总和。社会关系是指人们在共同的社会实践中结成的一切关系的总称。生活在社会中的人总是通过一定的纽带联系起来，总是处在各种联系之中。人与人之间在政治、经济、文化、思想等方面都有联系，由此产生政治、经济、文化、思想上的关系。这种关系是相互的、广泛的，具有普遍性和客观性。所以人际关系本质上是一种社会关系。人际关系存在于社会关系的各种具体形式中，是社会关系的一个或多个方面的缩影和直接表现。

人际交往与人际关系有联系也有区别。两者的区别是：人际交往与人际关系的含义不同，人际关系一般是从静态角度衡量的一种状态，人际交往是从动态角度考察的一个过程，是指人的行为和活动。人际交往与人际关系两者联系十分紧密。一方面两者互相依赖，人际交往是一切人际关系实现的根本前提和基础，任何人际关系都是以往人际交往的产物；而人际关系又是人际交往的起点和依据，是人们进行人际交往的渠道。人际关系通过交往表现，又通过交往实现。另一方面两者又互相影响，人际关系发展和变化是人际交往的结果，交往的状况与人际关系发展程度成正比，人际关系的程度又影响和制约着人际交往的深度和广度，决定交往的内容和性质。

2. 人际交往的主要特征

（1）信息交流

凡交往必须有人们之间的信息交流，如知识、经验的交流，需要、欲望、态度、情绪的交流。

（2）心理接触

交往的双方都是活动的主体。通过交往双方的相互作用可实现对观念、思想、兴趣、心境、情感、性格特征等的相互交流及相互影响。

在不同的群体中，不同职业、年龄、性别的人们之间的交往尽管有不尽相同的特点，但却有共同的心理结构，这种心理结构主要包括认知、情感和行为三个方面：

① 认知。它是指人们的相互感知和理解。人们在交往过程中如能相互理解，就易于形成协调、和谐的关系。如果由于某种主观条件的影响，彼此间产生错觉、偏见或误解，就难以形成融洽的关系。

② 情感。它是指人与人之间的情感体验和情感上的联系，如喜爱、满意、不满意、有无吸引力等。人们在交往过程中如果情投意合，情感融洽，则易于达到关系和谐，团结紧密；反之，如果情感存有隔阂甚至情绪对立，则关系就会紧张。一般来说，积极的情感，如热情、欢喜、舒畅、亲近、同情、信赖、爱护、关心、耐心、乐意、满意等，有利于在人际关系中形成融洽的心理气氛；而消极的情感，如冷淡、憎恶、嫉妒、仇视、猜疑、埋怨、厌烦、不满等，则有损于关系的融洽和团结。

③ 行为。它是指人的言谈举止。一个人的言谈举止是其心理活动的外在表现，一个人的能力、气质、性格等个性心理特征都是通过其言谈举止表现山来的。在人际交往过程中，行为成分常常起着直接的作用。人际关系的协调性，主要体现在行动的配合上，表现在劳动、工作、学习等具体活动的相互支持和合作上。所谓团结一致，不仅包括认识和情感的因素，更重要的是行动的一致性。

二、人际交往的功能

人的成长、发展、成功、幸福都与人际交往密切相关。没有人与人之间的交往，就没有生活基础。对任何人而言，正常的人际交往和良好的人际关系都是其心理正常发展、个性保持健康和生活具有幸福感的必要前提。

1. 获得信息功能

庄子说："吾生也有涯，知也无涯。"一个人直接从书本上学到的知识毕竟是有限的，即便是皓首穷经、学富五车，与浩瀚的知识海洋相比，也只能是沧海一粟而已。更何况在现代社会中，新信息如钱塘之潮，汹涌澎湃，层出不穷。但是，通过人际交往后，人就能以各种方式迅速地获得信息。"独学而无友，则孤陋而寡闻。"英国作家萧伯纳曾形象地比喻说："如果你有一个苹果，我有一个苹果，彼此交换，每人只有一个苹果；如果你有一种思想，我有一种思想，彼此交换，每个人就有了两种思想。"人际交往比之于从书本上获得的信息具有内容更广泛、渠道更直接、速度更快捷等特点。随着交际范围的扩大和友情的深厚，人就能认识更多的人，听到更多的事，交换更多的思想，获得更多的信息。

2. 知人自知功能

人贵有自知之明。所谓自知之明，即具有成熟的自我意识。人的自我意识并不是自然而然地成熟的，而是通过交往，在与别人的相互作用中逐步成熟起来的。首先，人是以他人为镜，在与别人的比较中认识自己的。离开了交际对象或可供比较的对象，就失去了衡量自己的尺子。而友伴交往，能使人们从别人的个性中找到与自己的相似之处，发现别人身上有好或不好的东西。与别人交往越深，对别人个性的长短优劣了解也就越深，从而也就越能"以人为镜"，调整和改进自己。其次，人还通过他人对自己的态度和评价，以及自己与他人的关系来认识自己的形象。一个人生活在社会群体中，其处世、为人、思想、言行总要反映到别人头脑中，形成别人对其的各种看法，引起别人对其的各种评价和议论，这对于人们客观、全面地认识自己也是有好处的。

除了要"自知"外，还要"知人"。俗语说："千人千品，万人万品。"人际交往范围越大，接触的人就越多，也就越能了解更多人的品行，进而有助于人们思维更全面，避免简单化和克服片面性。退而言之,即使在交往中受到愚弄,甚至遭到暗算,也可以“吃一堑,长一智”,从中去了解一些人,这也是十分难得的人生经历。人生的许多经验就是在人际交往过程中积累和丰富起来的。

3. 自我表现功能

人总是希望别人了解自己、理解自己、信任自己的。只有扩大交际范围,在更大的范围内表现自己,别人才可以了解你的为人、你的性格、你的学识、你的才能。假如人生有机遇的话,那么,这种机遇就首先蕴含在人们对你的了解和赏识之中。换言之,扩大社交范围为人的自我表现提供了现实性,也为人的才能得以发挥、抱负得以实现提供了可能性。

4. 人际协调功能

人际交往也是人类在改造自然界过程中协作的产物。个人在自然面前是软弱的,而集体的力量则是无穷的。俗话说:“一个篱笆三个桩,一个好汉三个帮。”正是通过社交,使单独的、独立无援的个体结成一个强有力的集体来共同征服自然。社会发展到今天,对交际能力的要求更是有增无减。当前,各类知识飞速发展,既高度分化,又高度综合。无论做什么事,要想获得成功,不依靠集体的智慧和力量,不运用联合效应,是不可想象的。所以,作为一个现代人,要想取得事业的成功,就要学会善于与人合作,要能组织、协调各种力量,调动各方面的智慧。要想做到这一点,就必须依靠人际交往。

5. 社会化的功能

人的社会化进程自出生之日起就已开始,人一出生就处于人际交往之中。首先,人依赖于父母的照顾以及为其提供生长所需的食物、衣着、爱抚、关怀等。与此同时,人也要接受父母和其他人的影响,使自己的行为适合周围环境的需要。所以,人际交往是个人社会化的起点,也是个人社会化的必经之路。个人社会化,即个人学习社会知识、技能和文化,从而取得社会生活的资格。只有与其他个体进行交往,才能积累丰富的社会生活经验,学到更多社会生活所必需的知识、技能、态度、伦理道德规范等,逐步摆脱以自我为中心的倾向,意识到集体和社会的存在,意识到自我在社会中的地位和责任,学会与人平等相处和竞争,养成遵守法律及道德规范的习惯,从而自立于社会,取得社会的认可,成为一个成熟的、社会化的人。

6. 身心保健功能

人作为一个社会成员,有着强烈的合群需要。通过相互交往,诉说个人的喜、怒、哀、乐、爱、憎、恐、悲,就会引起彼此间的情感共鸣,从而在心理上产生一种归属感和安全感。关于这一点,培根说得最为透彻:“当你遭遇挫折而感到愤懑抑郁时,向知心挚友一席倾诉可以使你得到疏导。否则这种积郁会使人致病……只有对朋友,你才可以尽情倾诉你的忧愁与欢乐,恐惧与希望,质疑与劝慰。总之,那沉重地压在你心头上的一切,通过友谊的肩头而被分担了。”生活中不难发现,那些交际能力较强的人,往往精神生活更丰富,身心也更健康些,反之,那些孤僻、不合群的人,往往有更多的烦恼和难以排遣的忧愁,因而也会有更多的身心健康问题。

三、制约人际交往的因素

在现实生活中,制约人际交往的因素有很多,如距离的远近、交往时的客观环境和条件,个体的性格、脾气、心理品质、思想境界、道德水平,以及在与他人交往时的自我认知、情绪、态度和行为,等等。其中,比较主要的有以下这些因素:

1. 熟　悉

毫无疑问,在人际交往中,人们更多的时候喜欢在周围选择自己熟悉的对象作为交往或合作的伙伴。心理学研究表明,熟悉本身可以增加喜欢的程度。也就是说,在其他条件相同的情况下，人与人之间相互交往的次数越多，就越容易具有共同的经验，具有共同的话题，彼此之间就越熟悉，也就越容易形成密切的人际关系。

大学生进入大学后，最初的人际交往都是从宿舍与老乡开始的，相比之下，由于被安排在一个屋檐下，同宿舍成员间彼此的熟悉程度显然要高于非同宿舍成员，大学生们最好的朋友往往都在同一宿舍；而老乡之间由于地缘关系，在陌生环境中也容易产生心理上的亲近感。

2. 个人特征

(1) 才　能

很明显，当其他条件都相同时，一个人越有能力，人们就越喜欢他。但是，那些被认为是最有能力、最会出主意的"完人"，往往却不是最受喜欢的人。这是因为人人确实都希望自己周围的人有才能，自己能有一个令人愉快的人际交往背景。但如果一个人的才能大到让人觉得可望而不可即，则会让别人产生心理压力。这正如俗话说的"木秀于林，风必摧之"。显然，才能与被人喜欢的程度在一定范围内成正比，超出这个范围，就可能会产生逃避或拒绝，因为任何一个人都不愿意选择一个比自己能力高出太多总是让自己显得无能的对象去喜欢。

社会心理学家时蓉华曾对能力水平不同的四种人进行了关于人际吸引力的测试，通过测试发现，白璧微瑕的人最具人际吸引力(见表 6-1)。这就提醒人们：作为当事方，才能出众者要避免自命清高，更不要将自己装扮成一贯正确的完人，以免出现曲高和寡效应；作为班干部，在介绍某人的过人之处时，也不要一味拔高，而要使他贴近普通人，从而使人能真诚地接受他；在工作中，既要保持班干部的尊严，又不必刻意掩饰自己的过失，否则，就会使同学产生疏远的感受。因此，一个才能出众但偶尔有点小错误的人在一定程度上比没有错误的人更受欢迎。

表 6-1　能力高低与人际吸引力的关系

能力高低	吸引力高低
甲：能力高超	20.8 分
乙：能力高超，小有差错	30.2 分
丙：能和平庸	17.8 分
丁：能力平庸，小有差错	−2.5 分

(2) 外貌的辐射作用

大量的研究表明，外貌魅力会引发明显的"辐射效应"，使人们对高魅力者的判断具有明显的倾向性。因为，爱美是人的天性，无论在哪种文化背景中，美貌都是一种财富，都令人向往。在大学生组织的集体活动中，那些最先受到关注的学生总是在同等条件下最具有外貌吸引力的人。值得注意的是，人们对具有外貌魅力的人的其他方面也易给予积极评价。但如果人们感到有外貌魅力的人在滥用自己的美貌时，反过来就会倾向于对其实施严厉"制裁"，如逆反、远离、嗤之以鼻等。

(3) 个性品质

个性品质是指一个人的综合心理品质对人际关系的影响，它包括个性倾向、气质、能力和性格等，其中最主要的是一个人的道德品质。在人际交往中，个性品质是一种最为可靠、稳定、长久起作用的因素。因为个性品质是人对客观现实的稳固的态度以及与之相适应的经常性的、习惯性的行为方式，是一个人的稳定的心理结构，也是一个人与其他人相区别的、明显的和主要的特点，代表着一个人的本质。但并不是任何个性品质都会为人所喜欢，只有那些优秀的、积极的个性品质才会被人喜欢。

美国心理学家安德森(John Robert Anderson)1968 年所做的一项调查表明,影响人际关系好坏的主要个性品质如表 6-2 所列。

表 6-2　影响人际关系好坏的主要个性品质

最积极的品质	中间品质	最消极的品质
真诚	固执	古怪
诚实	刻板	不友好
理解	大胆	敌意
忠诚	谨慎	饶舌
真实	易激动	自私
可信	文静	粗鲁
智慧	冲动	自负
可信赖	好斗	贪婪
有思想	腼腆	不真诚
体贴	易动情	不善良
热情	羞怯	不可信
善良	天真	恶毒
友好	不明朗	虚假
快乐	好动	令人讨厌
不自私	空想	不老实
幽默	追求物欲	冷酷
负责	反叛	邪恶
开朗	孤独	装假
信任	依赖别人	说谎

由此可见,排在最前面、受喜爱程度最高的六个个性品质是:真诚、诚实、理解、忠诚、真实、可信,它们都或多或少、间接或直接与真诚有关。而排在最后、受喜爱程度最低的几个品质,如说谎、装假、不老实、冷酷等,都与不真诚有关。真诚受人欢迎,虚伪令人讨厌。因此,一个人要想赢得别人的喜欢,与别人保持良好的交往,真诚是必须具有的品质。

3. 相似与互补

在人际交往中,相似有着重要的意义。共同的态度、信仰、价值观与兴趣,共同的语言、出生地、受教育水平、年龄、职业、社会阶层,乃至共同的性格、命运、遭遇等都能在一定条件下,不同程度地增强人们之间的相互吸引。“物以类聚,人以群分”就是这个道理。

与相似相关联的是互补。当交往双方的需要和满足途径正好是互补关系时,双方之间相互喜欢的程度也会增加。也就是说,在某些条件下,人们往往选择那些能补充自己的需要和特征的人进行交往。如外向型的人喜欢与内倾型性格的人友好相处,相互欣赏;依赖性强的人更愿意与独立性强的人交朋友,等等。还有一种情况是补偿作用,如一个看重成绩而自己成绩又不很理想的学生,更看重成绩优秀的学生。

从表面上看,相似与互补是矛盾的,但实际上,二者是协同的。建立在相同态度与价值观基础上的相似与互补有着重要意义。当互补性涉及人际吸引中的关键因素并与社会角色相互对应时,互补比相似更重要。

4. 距离的远近

空间距离无疑是制约人际交往的一个重要因素。地理位置接近的人之间容易自然发生人际交互关系。这是因为位置接近可以增加交往的频率，使相互之间能更多地了解，从而使关系更密切，所以，远亲不如近邻。需要指出的是，距离的远近对人际交往的影响非常复杂，只有在其他因素大体相同的情况下，地理因素的重要性才能充分显露出来。

第二节 大学生的人际交往

一、大学生人际关系的分类

根据不同的分类标准和方法，人际关系的类型可以有不同的划分。

按照交往的范围可分为三类，即个体与个体之间的关系，如同学关系、朋友关系、师生关系和亲子关系；个体与群体之间的关系，如个体与家庭、学生与班级之间的关系；群体与群体之间的关系，如班级与班级、社团与社团、学校与学校之间的关系。

如果按照社会学的标准分类，人际关系则分为血缘关系、地缘关系与业缘关系。

血缘关系指父母与子女的关系、兄弟姐妹之间的关系及由此衍生出的亲戚关系。目前家庭教养方式与大学生成才的相关研究得到充分重视，家庭中的人际关系显得相当重要。

地缘关系指以地理位置为联结纽带，在一定的地理范围内共同生活、活动而产生的人际关系，如同乡关系、邻里关系等。这种关系因建立在共同的乡土观念、相似的生活方式、相同的语言文化基础上，因而能带来更多的心理相容性，特别是大学新生初次离家求学，老乡在一定程度上起着心理稳定剂的作用。

业缘关系是指以共同的事业、爱好而结成的关系，如师生关系、师徒关系等。大学里的师生关系有别于中学里的师生关系。在大学里，师生之间是平等的，是以学术为纽带的，他们之间看似关系疏淡实则志同道合。

二、大学生人际交往的方式

大学生相互交往的方式随着他们社会交往内容的扩展、范围的拓宽，从单一向多样化发展。目前，大学生交往的方式有学习、大学讲堂(讲座)、聊天、通信、参加文体活动、郊游、联欢、社团活动、社会实践、军训，等等。

1. 学　习

学习活动是大学生相互交往的主要方式，它主要是通过课堂讨论上的双方应答、自习中的互相帮助、课堂练习和实习活动中的相互鼓励以及追求优异成绩过程中的竞争表现出来。这些以学习为核心的活动有时会被一些人排除在大学生社会交往的方式之外，这显然是不恰当的。可以说，大学生的社会交往是以学习为中心的，是包括了学习在内的全部大学生活的。

2. 社团活动

社团活动是在高校中不断壮大起来的一种灵活的大学生相互交往的方式。大多数社团活动举办时都有一定的主题。通过丰富多彩的社团活动，大学生能彼此在思想上或情感上获得理解和沟通。也有些社团活动没有恒定主题，如青年志愿者活动，但也成为一些非正式团体成员之间和好友之间相互交往的方式。

3. 宿舍聊天

大学生中还有一种更常见的交往方式，那就是宿舍聊天。宿舍聊天无论是从所聊的内容、聊天的时间还是从对大学生的影响程度来讲，都不亚于任何一个讲座或聚会，而且，在一定的时间内它会紧紧围绕一个主题而展开，恋爱观、评论时政和追随时尚是它永恒的主题。

4. 文娱体育活动

这是大学生经常采用的一种社会交往方式。文娱体育活动的内容很广泛，包括各种球、棋、书、画活动，各种舞会和歌咏活动，以及郊游、联欢，等等。

5. 社会实践

社会实践作为一种交往方式，除了包括大学生之间的相互交往，更多的是大学生与社会其他人员之间的相互交往。例如，军训使大学生与部队官兵之间相互联系，这是大学生了解军旅生活，加强组织性、纪律性的一种良好方式。深入工厂、农村进行社会实践活动，使大学生与工人、农民打成一片，并受到他们良好品质的感染与熏陶。

6. 网络交往

随着互联网和信息技术的发展，网络交往开始成为大学生人际交往、信息沟通的一种常用手段，尤其是微信、QQ、微博上的交往，它可以扩大人们交往的范围，甚至消除和陌生人交往的不利因素，使远距离的人际关系不断持续下去。

三、大学生人际交往的特点

人际交往是大学生身心健康发展的需要。大学生自我意识的逐渐成熟以及社会参与意识的逐渐增强，使其急于让他人了解和承认自己，期望得到他人的理解、关心和尊重。同时，大学生也有急于了解社会和他人的强烈愿望。他们普遍希望通过交往获得友谊。特别是大学新生，由于环境的改变、首次离开家庭使他们产生了孤独感，而为摆脱孤独感，他们一般都急于与人交往。同时，他们也希望通过交往获取更多的知识并拥有行为的参照对象。

1. 主动追求开放式交往

从交往心理看，大学生开始主动追求开放式交往。在中学阶段，学生的注意力都集中在学习上，没有时间和精力进行大量的人际交往。进入大学后，没有了学习的重压，他们迫切需要走出家门，走进公共场合，结交更多的朋友，交流更多的信息，接受更多的新思想。在这种心理的作用下，大学生的人际交往呈现出前所未有的多元化、开放式趋势，这表现在以下几个方面：

(1) 交往的范围扩大

大学生的交往对象由以前的亲戚、邻居、伙伴转向大学同学和在公共社交场合认识的其他人，其中又以同学为主。同学交往不局限于同班同学，还可以发展到同年级、同系甚至是同校的可认识的所有同学，不仅是同性之间的交往，异性之间的交往也很频繁。

(2) 交往频率提高

大学生的交往由偶尔的相聚、互访发展为较为经常的聊天、社团活动、聚会、体育活动、娱乐、结伴出游以及其他一些集体活动。

(3) 交往手段增多

大学生的交往手段由传统的互访、通信等方式转向使用现代化的通信设备、迅捷的网络工具、虚拟的交往场所等交往辅助手段。交往手段的发展，使大学生的人际交往变得更方便、更快捷，交往距离更远，交往范围更广，交往内容更广泛。

2. 社会工作和网络社交占主导

从交往方式看，大学生的人际交往是以寝室为中心，向社会工作和网络社交辐射的。大学生虽然主动追求开放式的人际交往，但由于时间、精力、生活环境、经济条件等方面的限制，他们交往的主要场所仍然在校园内，中心是宿舍。尽管微博、微信和QQ等新兴社交方式已深度渗入他们的生活中，但新兴社交方式所发挥的作用并不能代替现实生活中的人际交往。不少大学生表示，网上交流再怎么方便，也没有面对面交流那么让人感觉亲切和真实。

3. 情感型交往与功利型交往并重

从交往目的看，大学生的情感型交往与功利型交往并重。随着社会的发展变化，大学生在社交目的上也趋于"理性化"，他们选择什么样的人做朋友，有时并不纯粹是出于情感和志同道合，交往的动机已变得复杂。可以说，大学生的人际交往在注重情感交流的同时，越来越注重与自身社会利益相关的务实性，呈现出情感型交往与功利型交往并重的趋势。

4. 对自己的社交能力评价不高

从交往效果看，大学生对自己的社交能力和人际关系环境普遍评价不高。现在的大学生虽然从心理上积极主动地与他人交往，并且很注意学习社交知识，但实际效果并不理想，与他们自己的预期要求还有较大差距。尤其是大学新生，他们往往不懂得怎样尊重他人，怎样与他人交往，缺乏与人交往的基本知识和技巧，他们想做好，却又不知道怎么做。

5. 重视个性品质

从交往的标准看，大学生在人际交往中最重视的是个性品质，其中以"真诚"为首位。调查表明，大多数大学生把"诚实坦率"(64.8%)和"品德高尚"(60.5%)作为选择朋友的首要标准；其次是"聪明、有才华和富于创造精神"(43.9%)，最后是性格方面的特点，如"尊重别人""重友谊""兴趣广泛""助人为乐""风趣幽默"等。大学生对"人缘型"(人缘好，讨人喜欢)学生和"嫌弃型"(人缘差，令人讨厌)学生的评价往往以个性特征为依据。认为"人缘型"学生主要是尊重、关心他人，对人一视同仁，富有同情心，热心班级集体活动，工作负责任，持重，有耐心，忠厚老实，热情开朗，待人真诚等，而"嫌弃型"学生则具有相反品性。

第三节　人际交往的策略

每个成长中的大学生，都希望自己生活在良好的人际关系气氛中，希望提高自己的为人处世能力，与周围的人友好相处。但是，在现实生活中，有不少大学生由于缺乏与人交往的经验，经常为错综复杂的人际关系而感到困惑、苦闷、烦恼，这将会严重地影响到他们的学习和身心健康发展。因此，在校大学生应从个性品质、性格、能力、学识、体态、交际手段与社会经验等方面锻炼自己，使自己能够适应大学生活。

一、人际交往的原则

1. 真诚与守信的原则

真诚与守信是人际交往必须遵循的一个重要原则，也是人与人之间建立信任和友谊的基础。

所谓真诚，就是为人处世要真、要诚，要讲真话，办实事，态度诚恳，为人实在，不虚伪，不说谎。为人最重要的就是真诚。只有真诚，才能使人放心，才能获得别人的信任，才能使交往和友谊得以巩固和发展。如果给别人以虚假、靠不住的印象，就会失去别人的信任，就会很难与别人进一步交往。

人一般都喜欢同真诚、坦率、正派的人相处。因此，大学生们无论与同学还是其他人交往，都应该老老实实做人，堂堂正正办事，真诚待人，表里如一，胸怀坦当，光明正大，切不可弄虚作假，口是心非，当面一套，背后一套，因为这样会使自己失去友谊，失去信任，最终被孤立起来。

所谓守信，就是为人处世要遵守诺言，讲究信用。不守信用的人，在人际交往中，往往是最不受欢迎的人，也是人们最不愿意相处的人。因此，在人际交往中，必须做到说话算数，言行一致，遵守诺言，重义轻利。能帮别人办到的事就答应，不能办到的事就不能轻易答应。对没有把握的事说话要留有余地，答应别人的事，应想方设法尽最大努力去完成，万一因情况变化或其他原因而不能完成，亦应如实说明，求得对方谅解，做到善始善终。切不可信口开河，不办实事或说话办事虎头蛇尾，不了了之，随便失言、失约、失信于人，因为这样会损害自己的形象，失去别人的信任，使别人今后不愿或不敢再与你交往。

2. 理解与尊重的原则

理解与尊重是搞好人际关系的基础，每个人都希望获得别人的理解与尊重，只有相互理解、相互尊重，才能形成融洽的人际关系。

相互理解主要是指人与人之间的言行能够得到对方的接纳、赞成或支持，从而引起双方看法、意见的一致和情感上的共鸣。

人人都需要别人的理解，人人也需要理解别人。否则，遇到纠纷互不相让，很容易使矛盾激化，造成人际关系紧张。由此，互相理解对大学生的人际交往也是很重要的。那么，在与人相处时，怎样才能做到彼此之间相互理解呢？首先，应该从自己做起，设身处地去理解别人。当别人的某些说法或做法在你看来不妥，甚至错误的时候，你最好不要盲目地责备别人，而应换个位置，站在别人的角度为别人设想一下这样说或这样做的原因和理由，这样往往就能更容易理解别人的言行。其次，不应事事都强求别人理解自己。我们都需要别人的理解，这就要求我们自己的言行要符合常理，有一定的透明度，使对方易于接受、易于明白。但现实生活中确有许多事不一定能被人理解，此时也不要强求别人理解，更不要以能否被别人理解来决定自己的喜怒哀乐，只要认为自己的言行从根本上来说是对的，就可以坚持走自己的路，让事实来说明一切。

相互尊重是人们对人际关系提出的客观要求。每个人都有获得尊重的愿望。俗话说："人活脸，树活皮。"如果要求他人把我们当做真正的"人"来看待，那我们自己就要维护自己人格的完整。一个不尊重别人的人，必然也得不到别人的尊重，相反还会遭到众人的轻视。因此，人与人之间只有相互尊重，才能和睦相处。

"敬人者，人恒敬之。"大学生在人际交往中，首先应学会尊重别人，做到为人谦虚有礼，平等待人；切不可骄傲自大，看不起别人，在他人面前总是盛气凌人，摆出高人一等的架势；也不可为人粗鲁，出言不逊，不知道尊重别人的感情，讽刺人，挖苦人，背后议论人，揭人家的短，宣扬别人的隐私。这样，不但现在能以尊重别人去换取别人尊重自己，而且对于今后走向社会，在更广阔的领域与别人友好相处、广交朋友也能起到一个打基础的作用。

3. 互助互爱的原则

人们在相互交往中，只有互相关心、互相帮助、互相爱护，才能促进平等、融洽的人际关系的形成。

人要富有同情心，对别人的困难、挫折、烦恼和痛苦不能漠不关心、麻木不仁，更不能幸灾乐祸，应予以同情和关心，做到乐于助人，帮助别人解决实际困难。只有这样，才能建立起良好的人际关系。

因此，在人际交往中，不仅要尊重别人，而且也要乐于关心、爱护、帮助别人，帮助别人排忧解难，给别人以信心和勇气，而不能只索取，不奉献。孟子说："爱人者，人恒爱之。"只有首先真诚地关心、爱护、帮助别人，使人们感到你在他生活中的重要性，他才会转而关心、爱护、帮助你。另外，切忌在关心、帮助别人时，存有私心，表面上显得很热情，而实际上却是"不以为然"，或试图“放长线钓大鱼”,从别人那里捞取更大的好处。这样的人可以博得别人一时的好感,但久而久之还是会遭到别人的厌弃,因而不可能形成良好的人际关系。

4. 严以律己与宽以待人的原则

严以律己就是时时事事要严格要求自己,标准要高,不伤害别人,不把责任推给别人。宽以待人就是要能悦纳别人,对人宽厚大度,能与不同的人友好相处,不计较别人的小节,不嫌弃别人的短处。宽容是人际关系中人道精神的一种表现形式,指对他人的利益、信仰、行为习惯及不同于自己的或传统的观点、见解持一种仁慈、谅解的态度。具有宽容品德的人,在人际交往中,能为他人做出自我牺牲,对犯错误的人坚持“治病救人”的原则。对反对过自己并已被实践证明是不正确的人既往不咎,重新合作。宽容对树立良好的社会风气,增强人们之间的团结合作十分重要。

5. 宽宏大量与心胸宽广的原则

宽宏大量、心胸宽广指一个人表现出宽广的胸怀、宏大的气量和较深的涵养。它是人与人之间交往和建立友谊的另一个原则,也就是大度待人的原则。它能使人赢得人们的好感,从而拥有更多的朋友。要做到宽宏大量、心胸宽广即大度待人,首先要克己忍让。忍让是一种美德。在人际交往中,常常会有摩擦、争执,也会有误会、误伤,忍让能化干戈为玉帛。所以一定要有容人之过、谅人之短的度量,做到“大事清楚、小事糊涂”。

大学生在人际交往中,要培养自己宽宏大量、心胸宽广的气质,提高自己的思想品德修养,正确地对待对自己和对别人的表扬与批评,正确看待成功与失败,切不可在一些小事上斤斤计较、患得患失。要容忍别人的缺点和过失,要虚心听取别人的意见,尤其是对自己的批评意见,要做到有则改之、无则加勉,切不可在对方已认识到批评、错误时,还一味深究不止。

二、人际交往的认知策略

1. 改善认知模式

首先,大学生要充分认识人际关系的意义和重要性,采取积极的态度学会与人相处和协调人际关系。其次,要正确认识自己和评价他人,平等地与人交往。现实生活中的每个人都有自己的长处和短处,在与人交往时不要自傲自负,不要拿自己的长处与别人的短处相比。曾有人说,每个人都是一块闪光的金子。这至少可以从一个角度说明无论伟人、名人身上,还是普通人身上,都有值得学习的地方。最后,在与人交往中也不要自卑。自卑是影响人际交往的严重心理障碍,也是交往的大敌。自卑表现在人际交往活动中就是缺乏自信,它直接阻碍一个人走向社会的进程,进而严重影响个人发展。自信是人生最好的财富,要明白每个人都有自己的不足,正视自己的短处,勇于把自己的短处转化为长处,就能顺利克服自卑、实现交往成功。

2. 克服人际知觉中的偏差

人际知觉是人对人的知觉,它是一种社会知觉。当人们知觉别人时,并不停留在被知觉者的面部表情、身体姿势等外部特征上,还要根据这些外部特征进一步了解他的内部心理状态,即了解其动机、意图、观点、信念、能力、品质等,然后根据这些观察到的印象,给对方作一个初步的评价。这种根据人的外部特征对其内心状态所作的解释和推论,叫做归因判断。人们彼此的感知与理解,往往直接影响到人际交往的融洽与否及人际关系的深度。

在人际交往中,大学生常遇到的人际知觉偏差主要有以下几类:

(1) 首因效应

首因效应是指最初获得的信息比后来获得的信息影响更大的现象,也称为第一印象或最初印象。

人际交往总是通过第一印象进行的，第一印象对人际交往的影响表现在很多方面。首先，它会使人际认知带有表面性。人们初次相遇时，彼此常根据对方的外貌、表情、姿态、谈吐、衣着等表面特征，对对方做出一个初步的判断和评价，形成某种印象，这就容易出现“以貌取人”的现象，使认知具有表面性。其次，它会使人际认知产生片面性。当人对对方一无所知时，自然要特别留意其一切未知信息。由于“先入为主”的原因，人们往往偏信这一印象。尽管人们都知道在很短的时间内根据有限的、表面的观察内容判断一个人往往是错误的，但人们还是心甘情愿地“上当”，常常跟着第一印象走，忽视以后的新信息，或仅仅根据第一印象来解释新信息。当新信息与第一印象不一致时，甚至会否认新信息而屈从第一印象，这就造成了人际认知的主观片面性。总之，人际交往中的第一印象是影响人际关系的一个重要因素。初次见面时留下的第一印象，不论好坏都会影响人们对你以后一系列行为的看法。例如一位大学生刚入大学时出色的自我介绍会在同学们的头脑中留下深刻的第一印象，即使以后他的表现不如以前，学生们也会认为不是能力问题，而是因为不够尽力；相反，有的同学在求职应聘时若不慎给面试官留下很不称职的第一印象，那么也许就会失去人生中的一次重要机会。要转变第一印象的劣势往往需要很长时间。

认识第一印象的作用，对于搞好人际关系有实际的意义。一方面，大学生在看待同学时，要尽量避免受第一印象的影响，以免对同学产生错误的看法；另一方面，在与人交往中，要学会利用第一印象效应，加强自己的个性表现力，力争给人以良好的第一印象，从而为日后保持良好的人际关系打下成功的基础。

首因效应在大学生人际交往中比较普遍。有些大学生往往仅凭第一印象就轻易对别人做出判断或妄下结论，第一印象好，什么都好，第一印象差，就不屑于交往。这种先入为主的认知方式容易使人陷入人际交往的误区，是要注意避免的。所以大学生在人际交往中如能坚持事必躬亲，注重调查研究，多了解、多观察、多留心，就不会因“一叶障目”而“不见泰山”。

(2) 近因效应

与首因效应相比，在总的印象形成上，新近获得的信息比原来获得的信息影响更大，这种现象就是近因效应或最近效应，也就是心理学上所说的“后摄”作用。

近因效应不如首因效应突出，它的产生往往是由于在形成印象过程中不断有足够引人注意的新信息提供，或者是原来的印象已经随时间推移而被淡忘。近因效应还与个性有关，一个心理上开放、灵活的人倾向于产生近因效应，而一个高度一致、稳定倾向的人的自我一致和自我肯定则会产生首因效应。

人们在相识、交往过程中，第一印象固然很重要，但最后的最近的印象也很重要。一般来说，在对陌生人的认知过程中，首因效应比较明显；在对熟悉的人或对久违的人的认知中，近因效应所起的作用则更为明显。

近因效应在大学生的人际交往中也是普遍存在的。例如小王与小刘本来相处很好，小王对小刘堪称关怀备至，可是最近却因一件小事“得罪”了小刘，就遭到小刘的痛恨，这就是近因效应的作用。大学生在人际交往中，一方面不能被此类近因效应现象所蒙蔽而造成误解，另一方面也应注意克服近因效应带来的认知偏差，要用动态的、历史的、发展的眼光看待他人，看待人际关系。

(3) 光环效应

光环效应又称晕轮效应、月晕效应、成见效应、以点概面效应等。它是指在观察某个人时，对于他的某种品质或特征有清晰、鲜明、突出的知觉，从而掩盖了对这个人的其他特征和品质的知觉。换言之，这一突出的特征或品质像耀目的光环一样笼罩着这个人，使观察者看不到他的其他品质，从而由这一点做出对这个人的整个面貌的判断。人们常说的“情人眼里出西施”“爱屋及乌”就是一种光环效应。光环效应在判断一个人的道德品质或性格特征时往往表现得最为明显。

美国心理学家戴恩·伯恩斯坦(Dane Bernstein)等人的一项研究证明了这个效应。他们让被试者看一些照片，照片上分别是很有魅力的、无魅力的和魅力中等的人。然后让被试者在与魅力无关的方面评论这些人，如他们的职业、婚姻、能力等。结果发现，有魅力的人在各方面得到的评分都是最高的，无魅力者得分最低。这种“漂亮的人各方面都好”就是光环效应的典型表现。

光环效应对人际认知的影响表现在很多方面，其中首要的是心理定式。一些研究者指出，光环效应实际上是观察者对他人形成的一种心理定式，它表现在一个人已有的态度会直接影响到对他人的认识和评价。人们把从外部获得的信息按已形成的定式加以分类、归属、推导，将之加到已形成的关于他人的印象中去，并以此为以后交往的依据。例如，因为对方的成绩好，所以认为他样样都好；反之，对方成绩差，就觉得他一无是处。其次，是中心性质的扩张化。所谓中心性质，是指对形成印象有决定意义的特殊信息，如人的外表、行为、道德品质等，就是决定人际认知的中心性质。人一旦先获得这些信息，就会“爱屋及乌”，使这些特征扩张化，即具有弥漫性，从而导致对他人的认知带有很大程度的主观臆断。

光环效应是一种明显的从已知推未知、由片面看全面的人际认知现象。它往往会歪曲一个人的形象，导致不正确的评价，使集体中出现不平等的待遇而影响人际关系的融洽性。了解这一现象将有助于大学生在人际交往中全面看待别人，也有助于了解其他人产生这一偏见的根源。

(4) 投射效应

投射效应是指在人际交往中，认知者形成对别人的印象时，总是假设他人与自己有相同的倾向、特征，亦即“由己推人”，即把自己的情感、意志等特征投射到他人身上，强加于人，以为他人也如此。投射效应实质上就在于从主观出发简单地去认知他人，自我与非我不分、认知的主体与客体不分、认知的主体与认知的对象不分，其结果往往导致对他人的情感、意向做出错误评价，造成人际交往障碍。

现实生活当中，投射效应的现象比较普遍，如情感投射，它的表现之一是以为别人与自己的好恶相同，对别人进行自我同化，从而导致对他人的认知障碍。情感投射的表现之二是对自己喜欢的人越看越觉得喜欢，越看越觉得优点多，对自己不喜欢的人越看越讨厌，越看越觉得缺点多，因而表现出过度地赞扬和美化自己所喜欢的人，过分指责甚至中伤自己所厌恶的人。还有一种是愿望投射，即把自己的主观愿望投射到他人身上，认为他人也如自己所期望的那样，把希望当成现实，这当然会造成交往障碍。这种投射也容易产生猜疑心理。例如，自己对某人有看法，就认为对方也在搞鬼，并搜罗一些似是而非的证据来表明确实如此，这样越猜越疑，越疑越猜，友谊便在无尽的猜疑中逐步消失了。

(5) 刻板效应

刻板效应是指在人们头脑中存在的关于某一类人的固定化认知，它影响着对人的认知和评价。如青年人往往认为老年人是墨守成规的，而老年人往往认为青年人举止轻浮；有的大学生认为南方人小气、自私、不好相处，等等。这种刻板印象容易形成先入为主的定势效应，妨碍大学生正常人际关系的形成。

刻板效应有正反两方面的作用。积极作用是使自己认识他人的过程简单化，有利于对某一个人、某一群人做出概括性的反映。借助于某一类人的共性，可以使人想象出某一个人可能会有的典型特征。消极作用是刻板效应不一定符合实际，因为即使在同一类人中，每个人除了具有同类的特征外，还有自己的个性，两者是有差异的。所以刻板效应不一定正确，它还会造成偏见、成见，从而给人际关系造成不必要的伤害。因此，大学生在认识他人时应该懂得不能只依据刻板印象，而要具体观察，切不可想当然、乱画像、乱对号，要在实际交往中去发现和理解一个人。

综上所述，人际知觉中出现的上述种种偏见，常常成为人际关系融洽的障碍。因此，在认知过程中应注意客观性，力求从客观实际出发，深入考察，摒弃主观臆断、妄想猜测，尽量减少人际交往中的误会和矛盾。

三、人际交往的技巧

为了能建立良好的人际关系，还必须掌握一些交往的实际技巧，主要应掌握三种技巧。

1. 聆听的技巧

聆听在人际交往中具有十分重要的意义。越是善于倾听他人意见的人，人际关系就越融洽，因为聆听本身就是褒奖对方的一种方式，你能耐心倾听对方说话，等于告诉对方“你是一个值得我倾听你说话的人”。这在无形之中就能提高对方的自尊心，加深彼此的感情。反之，如果对方还没有把要对你说的话说完，你就听不下去了，就容易使对方的自尊心受挫。通常，能否给人留下深刻第一印象的决定因素之一就是能否认真聆听别人说话。当周围的人意识到你能耐心倾听他们的意见时，他们自然会向你靠近。这样，你就可以与很多人进行思想交流，建立较为广泛的、融洽的人际关系了。

聆听对于增进人际关系是如此重要，那么，应该怎样聆听呢？一些研究者认为，主要应注意以下三个方面的问题：

(1) 耐心聆听

一般交谈中并非总是包含着许多信息。有时，一些普通的话题，对你来说已经相当熟悉，堪称如数家珍，可是对方却眉飞色舞，谈兴正浓。此时，出于礼貌，你应保持耐心，不能表现出任何不耐烦的神色。一些心理学家指出，人们说话的速度是每分钟120～180个字，而思维的速度却是它的4～5倍。所以，对方还没说完，听者也许早就理解了，或者对方只说了几句话，听者就已经知道了他所要表达的全部意思。这时，人们的思想就会开小差，注意力就会涣散，就会出现心不在焉的下意识动作和神情，以致对对方的话“充耳不闻”。这样，当对方突然问一些问题时，如果听的人只是毫无表情的缄默，或者答非所问，对方就会十分难堪和感到不快。因此，听人谈话时，应精神集中、表情专注，不要东张西望、心不在焉，也不要目光游离、哈欠连天，更不要修指甲、挖耳朵、搔痒痒、晃动腿脚等，因为诸如此类的举止不仅是不礼貌的表现，也无异于告诉对方你不想听了。即使你认为对方的谈话没有价值，也不必马上皱起眉头，或者激烈反驳，可用改变话题的方法暗示你不希望再谈这个话题了。改变话题可用提问的方法，如“我倒想听听你对某个问题的看法……”“我听说……你说呢”等。

(2) 虚心聆听

交谈的主要目的是沟通思想、联络感情，而不是进行演讲比赛。所以，在别人说话时，应抱虚心聆听的态度。有些人习惯于在交谈前先对对方抱某种成见，如认为“这人好吹牛，言过其实”“这人讲话不得要领，啰里啰唆”等。如果有了此类成见，就不可能把对方的话听进去。还有些人觉得某一问题自己知道得比对方多，常常不等对方把话讲完，便插话打断，不顾对方的想法而自己发挥一通，这同样是不尊重对方的表现，当然也不可能虚心听人家讲话了。在一般社交场合，如果你不赞成对方的某些观点，可以委婉的口气这样说："这个问题值得我想一想"或"我对这个问题的看法是这样的……"如果你想纠正对方的错误，可以在不伤害对方自尊心的前提下这样说："我记得好像不是这样的吧，似乎有另外一种说法……"这样，就足以使对方心领神会了。在这种场合下，切忌得理不饶人，因为不必要的争辩会打乱亲切和谐的交往气氛。有时，人们刚刚结识，可是没谈几句就"面红耳赤"，这常常就是由于双方互不让步，都想纠正对方的错误，都"好为人师"，这样当然就会"话不投机半句多"了。

(3) 会心聆听

听人谈话，不只是在被动地接受，还应该主动地反馈，这就需要做出会心的呼应。在交谈时，你要注意与说话人经常交流目光，不停地赞许性地点头，或做出催促性的手势，并不时地用"哦""是这样"等来表示你在认真倾听，以鼓励对方继续往下讲，也可以有意识地重复某句你认为很重要、很有意思的话。如果你一时没有理解对方的话，或者有些疑问，不妨提出富有启发性和针对性的问题，对方一般是乐意以更清楚的话来解释一番的，这样就可以把本来比较含糊的思路整理得更明晰。同时，对方心理上也会觉得你听得很专心，对他的话很重视，因而会产生"酒逢知己千杯少"之感。古语说："有动于衷必形于外。"不管你是否意识到，你的表情对对方的谈话总是在做出相应的呼应。例如，眼睛凝视对方，表明你对他的谈话感兴趣；如果东张西望，则说明你心不在焉；有些人会下意识地看看手表，这可能意味着他听得无聊，不想再听下去。当然，如果你确实有事想脱身，这倒是一种能使人心领神会的暗示。当你用表情对对方的谈话表示呼应时，要注意与对方的神情和语言相协调。当对方说笑话或幽默话时，你的笑声会增添他的兴致；他说得紧张时，你的屏气凝神则会强化紧张的气氛。当然，表情呼应应自然坦率，不可矫揉造作，如动辄大惊小怪、尖声大叫，或无故挤眉弄眼、搔首弄姿，就会使人觉得你缺乏修养，甚至滑稽可笑。

2. 谈话的技巧

在人际交往中，当与别人谈话时，你必须始终能意识到双方同时兼有说话者和听话者的双重角色，意识到言语交往的双向性。换言之，要意识到自己的责任不仅是把自己的思想表达清楚，还应考虑怎样谈才能使对方产生兴趣，易于理解，并根据对方的各种反馈信息来调整自己的讲话内容和方式。

为此，要注意以下四个方面：

一是选择话题。与熟人交谈，自然可以开门见山地直接引出各种话题，但与人初相识，或参加一次社交活动，则应认真考虑如何选择话题。初次见面，难免要作一番自我介绍。从某种意义上说，自我介绍是进行社会交往的一把钥匙。这把钥匙如运用得好，可使你在社交活动中如鱼得水；反之，就可能给你带来种种困难。那么，怎样作自我介绍才能获得交际的成功呢？一般来说，自我介绍要讲究适度。有人喜欢先作一番自我贬低式的介绍，以示谦虚和恭敬，其实这是大可不必的。在通常情况下，对方或许会觉得你是老生常谈，言不由衷，也可能真的对你不屑一顾，那就弄巧成拙了。当然，也要避免炫耀自己博学多才，显得锋芒毕露、令人生畏，或使人觉得你夸夸其谈，华而不实。只有实事求是、恰如其分地介绍自己，才能给人以诚恳坦率、可以一谈的印象。

在自我介绍之后，就要选择话题了。为了能使话题成为初步交谈的媒介、深入细谈的基础和纵情畅谈的开端，话题应达到的标准是：至少有一方熟悉，能谈；大家感兴趣，爱谈；有展开讨论的余地，好谈。找话题的方法主要有：

① 中心开花法。面对众多的陌生人，选择众人关心的事件为题，围绕人们的注意中心，引出许多人的议论。

② 即兴引入法。巧妙地借用彼时、彼地、彼人的某些材料为题，借此引发交谈。

③ 投石问路法。与陌生人交谈，先提一些“投石”式的问题，在略有了解后再有目的地交谈，便能谈得较为自如。

④ 循趣入题法。问明陌生人的兴趣，循趣而发，往往能顺利地进入话题，因为对方最感兴趣的事，总是其最熟悉、最有话可谈，也最乐于谈的。

二是讲究对话。社交性谈话，既不同于个人的自言自语，也不同于当众演讲，而是交往双方构成的听与讲相配合的对话。对话的本质并非在于你一句我一句地轮流说话，而在于相互间的呼应。真正成功的对话，应该是相互应答的过程，自己的每一句话都应是对方上一句话的继续，对对方的每句话都应做出反应，并能在自己说话时适当引用和重复，这样，彼此间心理上就真正沟通了。

为了能成功地进行对话，应避免以下十种不正确的对话方式：

① 打断别人的谈话或抢接别人的话头，扰乱别人的思路；

② 忽略了使用解释与概括的方法，使对方一时难以领会你的意图；

③ 由于自己注意力的分散，迫使别人再次重复谈过的话题；

④ 像倾泻炮弹似的连续发问，使人穷于应付；

⑤ 对他人的提问漫不经心，言谈空洞，不着边际；

⑥ 随便解释某种现象，妄下断语，借以表现自己是内行；

⑦ 避实就虚，含而不露，让人迷惑不解；

⑧ 不适当地强调某些与主题风马牛不相及的细枝末节，使人厌烦；

⑨ 当别人对某个话题兴趣盎然时，你却感到不耐烦，强行把话题转移到自己感兴趣的方面去；

⑩ 将正确的观点、中肯的劝告佯称为错误的，使对方怀疑你话中有戏弄之意。

三是转移话题。在两种情况下需要转换话题：一种情况是自己对谈论的话题已失去兴趣，而对方却谈兴正浓，彼此难以谈到一块儿。此时，不必硬着头皮去听，而应当通过提出一个富有启发性的问题，或接过对方的某一句话，自然地转移到另一个双方都感兴趣的话题上。这样，可以使对方的自尊和谈兴都不会受到损害。另一种情况是，自觉、敏感地观察对方的反应，知趣地感受对方的暗示和约束自己的谈兴。例如，当对方表现出厌倦神色时，就该“适可而止”了。

四是注意“小”事。在交谈中，倘若能注意以下“小”事，一定能达到增进人际关系的效果。这些“小”是指：

① 让先。让别人先说，一方面可以表现你的谦虚，另一方面可以借此机会来观察对方，给自己一个适度的余地和从容考虑的时间。

② 避讳。不论与什么人交谈，都应对对方有所了解，聪明地避开某些对方忌讳的话题，如个人的隐私、疾病及不愿提及的事情，否则就可能会引起对方不快。要学会察言观色，一旦发现自己不小心触及了对方的忌讳，对方面有不快之色或尴尬时，应立即巧妙避开。

③ 谦虚。社会心理学家发现，一般人总不喜欢嘴上老挂着“我”的人。因此，应避免过于显露自己的才学，开口便“我如何如何”。须知，谦虚的态度，总是易为人所接受的。在一般情况下，人们总是先接受一个人，而后才肯接受他的意见的。

④ 诚恳。交谈的态度以诚恳为宜。如若油腔滑调的,纵然有很好的意见,也难以为人们所接受。

⑤ 幽默。恰到好处的幽默能使人在忍俊不禁之中,体会到深刻的哲理。幽默运用适当,可为社交增添活跃愉快气氛。但妙趣横生的谈话,来源于一个人修养和才华的有机结合,不可强求。如果仅仅为了追求风趣的结果,而讲些格调不高的笑话,甚至不惜侮辱他人,则只能显出自己的轻薄与无聊。

⑥ 口头禅。口头禅固然能体现个性,但多数是语言的累赘,即使内容相当吸引人,但如果加上若干个“这个”“那个”“嗯”“啊”之类的口头禅,就如同在煮熟的白米饭中掺上一把沙子一样,令人难以下咽。所以,对作为语言累赘的口头禅,应当割除。

⑦ 插话。要尽量让对方把话说完再插话。实在需要中途插话时,也应征得对方同意,用商量的口气说:“对不起,我提个问题可以吗?”或“我插句话好吗?”这样可避免对方产生误解。

⑧ 平衡。如果几个人一起交谈,你应注意不要只把注意力集中到某一个人身上而冷落了其他人。除了你的对话者外,可用目光偶尔光顾一下其他的人。对于沉默者则应设法使他开口,如问他“你对这事有什么看法”,这样便可打破沉默,机智地引出他的话来。

3. 非言语交往技巧

在一般交往中,非言语行为很少能独立担当起沟通信息的功能,它往往起着配合、辅助和加强言语的作用,所以又可称伴随语言。完全离开口头语言的非言语行为并不比哑语高明多少,其传播范围是有限的,也难以表达一些抽象概念。然而,一旦口头言语与非言语行为结合起来,言语就只起了方向性和规定性作用,而非言语行为才能准确地反映出话语的真正思想和感情,担当起绝大部分的信息传播职能。俗语“一句话说得人笑,一句话说得人跳”就是这种现象的写照。

为了能达到增进人际关系的目的,在人际交往中,应当注意以下几点最主要的非言语交往技巧。

(1) 服饰技巧

人的服饰也起着传播信息和人际沟通的作用。著名影星索菲亚·罗兰(Sophia Loren)说过:“你的衣服往往表明你是哪一类人物,它们代表着你的个性。一个和你会面的人往往不自觉地依据你的衣着来判断你的为人。”美国社会心理学家奥尔波特曾做过一项研究,他发现在一群陌生人初次相见时,影响一个人的吸引力的因素尽管很多,但身体和风度上的魅力,如容貌、体型、服饰等,是一个非常重要的因素。因此,为了有助于增进人际关系,在与人交往时,必须注意自己的服饰问题,服饰要整洁美观,要与自己的身份相符,同时还要照顾所在群体的习惯。

(2) 目光技巧

目光接触,是人际间最能传神的非言语交往方式。人们总是凭借别人的眼神来了解其思想感情,并以眼神来传递思想感情。心理学家发现,在一般文化背景中,人们相互之间频频的目光对视是一种亲切的交往,但其对象大多限于情侣和亲人之间。如果一般异性敢于长时间地对视,则意味着彼此感情和关系的升级。在相互不大亲密的交往对象之间,直愣愣地盯着对方,往往是一种失礼行为,而上下打量人则更是一种轻蔑和挑衅的表示。所以,在人际交往中,应尽量避免以好奇的目光打量对方或过于直露地凝视对方。在一般社交性谈话中,听讲者应看着对方,以示关注;而讲话者不宜再凝视对方的目光,除非两人的关系已密切到能以目传情。讲话者在说完最后一句话时,往往将目光移向对方的眼睛,这可能是在表示一种询问,如“你认为我讲得对吗?”也可能是一种希望对方接着讲下去的暗示。在空间较大的社交场合中,目光交往还有一个作用,即可以通过相互对视来弥补交往距离过远的不足,从而使整个交往气氛更为融洽和亲切。

(3) 体势技巧

在人际交往中,人的一举手一投足,一回眸一顾盼,都能体现特定的态度,表现特定的含义。交往时,如果身体各部分肌肉绷得紧紧的,则可能是由于紧张、拘谨、畏惧所致,也可能是由于内心充满敌意,不准备与对方友好交往。在这种情况下,不论出于哪种因素,对方都很难与你坦诚交往。反之,身体各部分肌肉都十分放松,坐立都无定姿,就显得内心十分放松、坦然、随便,是一种开放式的交往神态。但如果过于随便,比如随便在别人肩上拍拍,特别是在异性的肩上拍拍,就显得不大雅观,以致会引起对方不快。心理学家梅拉比安(Albert-Mehrabian)认为,身体的放松程度是一种传播行为。向后倾斜十度以上是极其放松;前倾约一二十度,向一边倾斜不到十度是较为自然的交往姿势;最拘谨的是肌肉紧张,姿势僵硬,这就缺乏社交风度了。人的思想感情也会在体势中反映出来,身体略微倾向对方,表示热情和感兴趣;微微欠身,表示谦恭有礼;身体后仰,则显得轻视傲慢;侧转身子,则表示厌恶和蔑视;背朝人家,表示不屑一顾;拂袖而去,则是拒人千里的表示了。这些都是人们习以为常、彼此心照不宣的交往体态。

在人际交往中,手的动作更能起到直接沟通作用。对方向你伸出手,你也伸出一只手迎上去握住它,这就表示了你的友好与交往诚意;你伸出两只手迎上去紧握它,这就表示你的热情;如果你懒懒地握住对方的手,或者干脆手也舍不得伸出去,那就意味着你不想与他交朋友。对方伸手的姿势也有讲究,例如,伸手时把手摊得大大的人,表明了他的豁达、热情;伸手时把五指都并拢的人,表明了他的严谨、达礼;伸手时只有大拇指单独离开,其余四指全部并拢的人,则表明他是一个出色的社交家;而习惯伸出两三个指头让人握手的人,表明了他的骄傲和蔑视。当然,这些是指同性间的握手。异性间的握手往往并不握得太紧,也不全掌接触,否则是鲁莽之举。男女分开时也只是稍微触碰一下对方的食指和中指,即使如此,如果感到对方在你小手指和无名指上多用了点力,那就是向你表示一种眷眷之意了。再如,你向对方伸出拇指,自然是表示夸奖;反之,若伸出小手指,则是贬低对方,这都是些不言自明的、不可滥用的交往符号。

(4) 声调技巧

心理学家发现,在人际交往中,每一个信息都至少有三种意向:字面的意向、结构的意向和内涵的意向。字面的意向指所说的或所写的字、词的直接含义。结构的意向取决于交际双方所处的文化环境。例如,当一个救生员向一个溺水者叫道:“我来救你!”时,溺水者可以相信他是要拉自己出水;如果一个牧师对一个人说:“我来救你。”听者便会明白他想帮助自己成为一个虔诚的基督教徒。内涵的意向则是指说话者想让他人听的到底是什么,说话者到底想用这句话来怎样影响与听话人的关系,这通常是通过其说话的声调、速度、节奏、起伏等表示出来的,此亦即所谓的“弦外之音”。在人际交往中,能否恰当地运用声调,也是能否顺利交往的重要条件。一般情况下,柔和的声调表示坦率与友情;高日尖,并略有颤抖的声调表示因不满、愤怒而导致的激动;缓慢、低沉的声调则表示对对方的同情;不管说什么话,阴阳怪气的就显得冷嘲热讽;用鼻音、哼声则往往表现出傲慢、冷漠、恼怒和鄙视,自然会引起对方的不快和反感。诸如此类的声调技巧常识,在进行人际交往时,不可不注意。

(5) 距离技巧

距离技巧,即人际交往中应掌握的得体的个体空间距离。心理学家霍尔(E. T. Hall)和索玛(R. Somme)通过观察和实验发现,人都具有一个把自己圈住的心理上的空间,它就像一个无形的气泡一样为自己割据了一定的领土,一旦这个气泡被人触犯,人就会感到不舒服或不安全甚至恼怒不已。研究者指出,人都有一种保护自己的个体空间的需要,这并非表示拒绝与他人交往,而只是想在个体空间不受侵占的情况下自然交往。

个体空间实际上是使人在心理上产生安全感的缓冲地带,人一旦受到侵犯就会做出两种本能反应:一是觉醒反应,如手脚的许多不自然动作及眨眼的次数增加;二是阻挡反应,如挺直身子,展开两肘呈保护性姿势,避开视线接触等。觉醒反应是引起的紧张状态,阻挡反应则是一种防御的方式。如果实在忍无可忍,则只好退避三舍了。心理学家对此做过许多实验研究,如弗希尔(J. Fisher)发现,当一个人单独坐在图书馆的桌旁时,一个陌生人坐在他对面,或隔一个椅子远坐着,或正好挨着他坐,三种情况引起的反应是不尽相同的。男性最不喜欢别人占据他对面的座位,他们试图在自己面前放书隔开陌生人,以避免被打扰。女性最不喜欢别人坐在她旁边,她们经常在旁边的座位上故意放本书或包之类的物品,以防别人坐下。如果别人在她旁边坐下,她就会产生觉醒反应和阻挡反应。别人离她越近,她的不自然动作就越多,心神也越不安定。当别人离她只有 3 英寸(7～8 厘米)时,也许就到了她能忍受的极限,此时,约有 70%的女性会愤然拂袖而去。上述研究说明,在人际交往中,随意闯入对方的个体空间是犯忌的,也是失礼的。在与异性交往时,这种对空间距离的分寸感尤为重要。

在人际交往中,到底应该怎样把握个体空间距离呢?或者说,人们之间应保持怎样的距离呢?除了交往对象、内容、场合、心境等因素外,在一般情况下,交往双方的人际关系情况对此的影响最大。心理学家弗里德曼(J. L. Freedman)认为:“人们越亲密、越友好,他们就站得越近,朋友比陌生人站得近。想成为朋友的人站得也很近,彼此相互吸引的异性站得也要近一些。虽然大多数人很少考虑到个人空间问题,但我们知道站得近通常是友好或有兴趣的标志。”

[思考与练习]

1. 人际交往与人际关系的联系与区别是什么?
2. 制约人际交往的因素有哪些?
3. 如何避免出现人际知觉偏差?
4. 你认为人际交往还有哪些技巧?

【课外拓展】

人际交往中的“读心术”

读心术并不像大家所想的那么神秘,它通常是根据心理学的理论对对方的言行举止进行剖析,在一定程度上捕捉对方内心想法的一种非常普通的心理分析技巧。读心术的运用会受到一定地域、社会文化和风俗习惯的制约,掌握了读心术之后,我们就可以根据自己的需要,达到自己的交往目的。这听上去好像是非常神秘的巫术,但实际上却只是心理学的一种普通的实践罢了,有兴趣的同学不妨一试。

一、看穿谎言的方法

交谈过程中，如果觉得对方在对你撒谎，不妨观察一下他(她)的手。当人在说谎的时候，即便脸部表情泰然自若，手的动作还是会暴露其最真实的想法。说谎的人通常都会有用手触摸脸部的倾向。触摸的部位因人而异，但大多是遮捂嘴巴或触摸鼻子之类的动作。

捂嘴这个动作，代表了说谎者不希望对方看清楚自己的口型，而下意识地采取了一种人为的掩饰。摸鼻子也可以非常自然地起到遮掩嘴巴的效果。诸如此类的动作因人而异，有的人说谎的时候还会把手藏起来。由此可见，手的动作绝对是出卖内心活动的有力证据。

说谎其实是一件非常痛苦的事情，还要承受被揭穿的不安，因此人在说谎的时候大多有逃避心理，而这种心理往往会造成肢体动作的扭捏。当然，逃避心理还表现在说话双方的距离上。一般来说，第一次见面的双方在交谈时，心理距离在1米左右。如果其中一方有说谎的情况发生，两者间的距离会明显拉大。

如果发现既没招惹对方，也没做什么过分举动，但对方却总是拉开距离，感觉像要马上离开的样子，那么很可能是因为他(她)在说谎。

二、改变座位位置能提高亲密度

和意中人一起吃饭好几次，可两人的关系就是没什么进展，原因很可能是在吃饭的时候你们面对面地坐着。当两个人面对面坐着的时候，视线产生交集的概率会变得很高，随之而来的紧张感会令双方陷入尴尬。相比之下，寿司店或酒吧吧台的那种相邻而坐的位子效果更好。这种座位可以避免因视线造成的压力，让双方处于一个相对放松的氛围，这样关系自然更容易发展。

相邻而坐还可以缩短双方物理上的距离。要知道，心理距离和物理距离有着密切的联系。有的人担心盲目拉近物理距离会给对方带来私人空间被侵犯的不快，其实不然，因为物理距离被拉近会带动心理距离的接近，从而为提升亲密度创造绝佳的条件。

此外，一些带有90度转角的座位也可以提高双方的亲密度。两个人如果坐的位置形成90度，视线上的交流就不会太明显，这样就能很自然地拉近彼此之间的距离。这种位置被称为"Counseling Position"，是最适合用于谈心、沟通的位置。

无论是相邻的位置，还是90度的位置，都应该选择能看到对方左脸的一边。换句话说，就是让对方坐在你的右边。研究表明，人类的感情更容易在左脸上显露出来。

三、抖腿是内心不安的表现

在地铁或是会议桌上，如果旁边的人老是不停地抖腿，总会让人觉得不舒服。女性对下半身的姿态格外在意，所以相比之下，习惯抖腿的人绝大多数都是男性。

那些习惯抖腿的人，其内心往往处于各种不安之中。此外，容易喜新厌旧的人和完美主义者也常有抖腿的现象。这类人由于积压了相当大的欲望或不满，因此造成了他们焦躁、不安的心理，而这种心理的外在表现形式就是抖腿。反复抖腿的肢体动作会形成一种刺激，并通过中枢神经传递到大脑，起到缓和紧张、焦躁情绪的作用。换言之，抖腿是身体为了放松而采取的一种下意识行为。当然，这种行为并不局限于抖腿。有的人喜欢敲桌子，有的人喜欢摸头发，有的人喜欢频繁切换电视频道……这些都是紧张、焦躁的另一种表现形式。做出这些动作的人，其内心深处很有可能压抑着强烈的欲望或不满。

抖腿虽然可以让人在情绪上稳定下来，但对于周围的人来说，这是一种非常不好的习惯。尤其是面对长辈或者客户等你希望给其留下好印象的人时，千万不能有这种失礼的举动。反之，如果发现对方有抖腿或类似的行为，千万不要只顾着皱眉头，对方显然对目前的话题失去了兴趣，不妨考虑终止或更换话题。

四、经常接触容易引起好感

看相声的时候，面对重复得不能再重复的老段子，很多人还是会不假思索地笑出声来，甚至有人会特意等着那个老套的段子出现。这就是被美国心理学家称之为"单纯接触原理"或"熟知性法则"的心理定律。

简单地说就是，虽然对于第一次见到的人或事物不会有太强烈的反应，但随着见到的次数的增加，原先的不协调感就会逐渐消失，取而代之的是正面的印象。这就是所谓的"单纯接触原理"。

根据单纯接触原理，心理学家做了一个实验：以视觉记忆实验为名，准备了 12 张大学毕业生的照片，并随机选取给接受实验的学生看。结果显示，接受实验的学生对每一个人的好感度和看到其照片的次数成正比。也就是说，如果想要博得别人的好感、信赖，不妨适当增加相互间的接触，增进了解，如此一来，对方就会自然而然地对你产生好感。需要注意的是，"单纯接触原理"只适用于第一印象一般或一般以上的情况，如果对方对你的第一印象一塌糊涂，那么接触再多也无济于事。

五、对方是否用心在听

当你在说话的时候，如果对方背靠椅子，那么很遗憾，这说明对方对你所说的内容并不感兴趣。如果改变话题后，对方的坐姿也随之变成前倾，那可以肯定的是，这个话题引起了他（她）足够的兴趣。

将身体前倾，意味着拉近彼此间的距离。换句话说，这个姿势代表了本人对对方抱有好感或是对目前的话题深感兴趣。反之，当出现肢体和脸部动作增多时，则说明对方已经开始厌倦了目前的话题。

所以，如果希望对话双方都能谈得融洽，谈得愉快，不妨尝试在对话时将上半身向前倾，拉近彼此之间的距离。毕竟，谁都希望自己感兴趣的话题同样能引起对方的共鸣。

六、你的眼神出卖了你的心

我们经常在警匪片中看到这样一幕：罪犯在面对审问时总是制造各种谎言，而英明神武的警探一看到罪犯的眼神往右上角飘，就立刻断定他是在撒谎。

人在撒谎的时候，为了捏造一些自己闻所未闻、见所未见的事情，会有意识地在大脑里组织语言。众所周知，负责语言系统的是左脑，而左脑又同时管理着右半身的肢体活动。所以，当人在组织语言的时候，眼睛会向右上方移动。反之，当人如实回答问题的时候，负责思维的右脑就会处于活跃状态。由于右脑负责支配左半身，所以当一边寻找记忆一边做出回答时，眼睛通常会往左上方移动。有一点需要注意，这个方法并不适用于左撇子。

当试图回忆起过去听过的歌曲，或其他与听觉有关的想象时，眼睛会向左下方移动。反之，视线向右下方移动的时候，则说明对方在回想运动等一些与肢体活动有关的记忆。另外，如果对某些对话产生兴趣，想竖起耳朵仔细听的话，眼睛会下意识地向左右做水平移动。如果想知道对方在想什么，我们不妨观察一下他的眼神。毕竟，眼睛是心灵的窗户，它是不会骗人的。

第七章　恋爱心理

爱情是人世间最美好的感情！古往今来，多少文人墨客都对爱情进行过深刻的阐释和绝妙的赞美。但毋庸讳言，爱情又是一把“双刃剑”，不知伤害过多少人的心。毋庸置疑，恋爱问题是当代大学生最困扰的问题之一，严重影响到他们的学习、生活、人格乃至心理的健康发展。因为恋爱问题处理不当，将导致当事人心理痛楚、人格扭曲，甚至引发精神失常。因此，当代大学生很有必要了解有关恋爱的心理知识。本章重点介绍恋爱心理发生发展的一般特征及其矛盾冲突与调适，大学生的性心理发展等内容，以利于大学生更理智地去爱并被爱。

第一节　爱情心理概述

一、爱情的内涵

1. 爱情是什么

爱情是一个亘古不变又常新的话题。按哲学心理学家弗洛姆(E. Fromm)在其名著《爱的艺术》一书中所述，人类的爱分为五种，即兄弟之爱、父母之爱、异性之爱、自我之爱和神明之爱。本章所指爱情当属异性之爱。这就是说，爱情是建立在传宗接代的本能基础上，男女双方产生的含有特别强烈的肉体和精神享受的相互仰慕，并渴望对方成为自己终身伴侣的高尚感情。尽管人们对于爱情定义的表述有很多，但其基本内容是一致的，主要涉及生物因素、精神因素和社会因素三个方面。生物因素是指爱情产生于男女两性之间，异性相吸的生物本能使人产生性欲，从而具有与之相结合的强烈愿望；精神因素主要是指爱情是一种高尚的情操，健康的爱情能愉悦身心，使人产生美好的心理体验；社会因素指爱情是一种社会现象，一方面受社会道德、法律规范制约，另一方面爱情还将涉及生儿育女、传宗接代的社会功能。

一般而言，美好的爱情都要经历一个萌芽、开花和结果的过程。男女双方培育爱情的过程，称为恋爱，按进程一般又可分为初恋期、热恋期、恋爱质变期(失恋或结合)。处于恋爱状态的男女双方会产生特别强烈的相互倾慕之情，通常呈现出一些明显的特征：恋人之间常有眉目之间的传情和语言的沟通；恋人之间有美化对方，只见对方优点而不顾及其他的倾向；恋人有力图完善自己而与对方积极协调的倾向；恋人会在日常的一举一动里表达对对方的关心，有“一日不见，如隔三秋”的思念；恋人常会戒备对方会被别人抢走，有独占对方的欲望。要准确理解爱情的真正内涵，就要明白真正的爱情具有三个特点：爱需要彼此相互理解、关心、宽容，拥有共同的志趣；爱情是催人上进的；爱情是需要不断追求和培养的，而不是一劳永逸的。

2. 爱情的属性

(1) *爱是行动和给予*

成熟的爱情是在保留自己完整性和独立性的条件下，也就是保持自己个性的条件下与他人合二为一的。因为爱情具有社会属性，所以她首先有一种积极向上的力量，这种力量只有在双方保持相对的自由时才能得以发挥，而且永远不会是强制的产物。恋人将自己的生命给予对方，同对方分享快乐、兴趣、知识、悲伤、生活、成长等，没有生命力就没有创造爱情的能力，因此，爱情是对生命以及所爱之人的积极关心，爱的本质是培养与创造。

（2）爱是责任和尊重

人只有认识对方，才能尊重对方。不成熟的爱情是“我爱，因为我被人爱”；成熟的爱情是“我被人爱，因为我爱人”。不成熟的爱是“我爱你，因为我需要你”，成熟的爱是“我需要你，因为我爱你”。

（3）爱是能力和成长

对自己的生活、幸福、成长以及自由的肯定是以爱的能力为基础的，它取决于你有没有能力关怀人、尊重人，有无责任心了解人。利己者没有爱别人的能力，他们对自己的生活、幸福、成长以及自由的肯定是以索取为基础的。

3. 爱情的种类

心理学家约翰·李（John Alan Lee）研究发现，现代青年男女的爱情关系，不外乎以下六种形式：

（1）浪漫式爱情

浪漫式爱情将爱情理想化，强调外在美，追求肉体与心灵融合的境界。

（2）游戏式爱情

游戏式爱情视爱情如游戏，只求个人需要的满足，对其所爱者不肯负道义责任，常轻易更换恋爱对象。

（3）占有式爱情

占有式爱情对所爱的对象赋予极其强烈的感情，并希望对方回应以同样的方式；对所爱之人极具占有欲，对方稍有怠慢或忽视，就心存猜疑妒忌。这是一种病态感情。

（4）伴侣式爱情

伴侣式爱情是在缓慢的过程中由友情逐渐演变成的爱情，温存多于热情，信任多于嫉妒，是一种平淡而深厚的爱情。

（5）奉献式爱情

奉献式爱情信奉“爱情是付出而不是索取”的原则，甘愿为其所爱牺牲一切，不求回报。此类恋人认为爱是一种感情奉献，在第三者对自己的恋人产生感情时常采取退出的办法，认为这样才能使恋人更幸福。可见，此类爱情也略带病态。

（6）现实式爱情

现实式爱情将爱情视为彼此现实需求的满足，也就是说，人们根据自己的需要（如自尊、金钱、地位）来选择可令其满足的对象，是较理性化而不是理想化的追求。“男子娶妻，煮饭洗衣；女子嫁汉，穿衣吃饭”正是这种爱情的典型写照。

在上述六种爱情形态中，只有伴侣式爱情和现实式爱情才真正牢固持久，过于浪漫或过于游戏化都会使爱情短命。

4. 爱情的三因论

与上述将两性之爱作硬性分类不同，另一种很受重视的爱情理论是由美国心理学家斯腾伯格（Stemberg）提出的爱情三因论。该理论认为，人类的爱情虽复杂多变，但基本上是由以下三种成分组成的：

（1）动机成分

人类产生爱情行为的一个重要原因是性的需求，这种需求除了受内在的性驱力的驱使外，还受异性的外表、情境等因素的诱发。

(2) 情感成分

情感成分即两性在一起时所感受到的各种情感体验,如相知的亲密感、愉悦感,冲突后的伤心、委屈、嫉妒和痛苦等。

(3) 认知成分

认知成分即从理智上对双方感情的认知,如对感情的评价、对爱情行为的调节控制等。按斯腾伯格爱情三因论的见解,虽然两性间的爱情形式因人而异,但其实都是由这三种成分以某种方式的组合所演绎的。

斯腾伯格进一步将动机、情绪和认知各自在两性间发生的爱情关系,称为热情、亲密与承诺,即以动机为主的两性关系是热情的,以情绪为主的两性关系是亲密的,以认知为主的两性关系是承诺的、守约的。如果分别用曲线表示这三种不同的爱情关系及其在两性间维持时间的长短,即如图 7-1 所示。

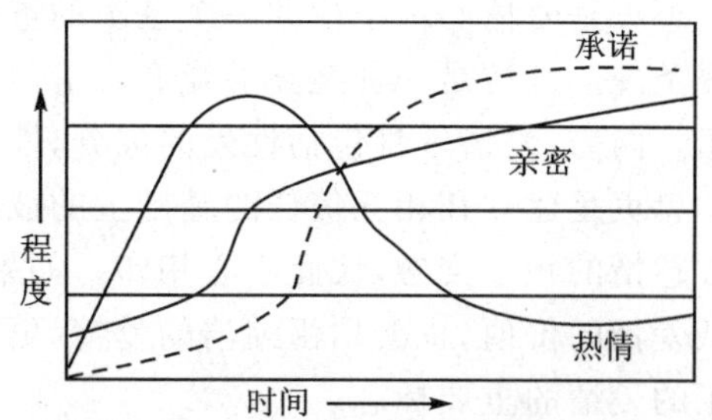

图 7-1　斯腾伯格爱情三因论

由此可见,仅凭热情难以维持爱情的长久,只有当三者很好地结合时才能使爱情地久天长。能达到这种境界的,斯腾伯格称之为圆满之爱,即男女的关系既有相知的亲密、生理的吸引,还有对婚姻的追求与承诺。

二、爱情的心理结构

1. 思想感情一致

思想感情的一致是真正爱情的思想基础,它使双方有着共同的志向和理想,有着共同的人生观、人生态度。人的心理社会性对爱情有着重要的影响,这是人类的爱情与动物的性爱的区别所在。人类的爱情是在非性爱的基础上,在社会实践的作用下,在个人人生观的指导下,在青春期由性心理的发展而逐渐形成的。教育学家马卡连柯曾经指出:"人类的爱情不能单纯地从动物的性的吸引中培养出来。'爱'的力量只能在人类的非性欲的爱情素养中存在。一个青年人如果不爱他的父母、同志和朋友,他就永远不会爱他选来作他妻子的那个女人。他的非性欲的爱情范围越广,他的性爱也就愈为高尚。"

2. 双方心理相容

心理相容是恋爱双方的特性最协调的结合,它包括心理和谐、心理互补两个方面。心理和谐是思想感情与心理特点等各方面的充分了解和适应,是彼此间能否成为恋人的一个衡量标准。心理互补是融合双方的爱好、情趣、个性、习惯等重要方面,用对方的长处来弥补自己的不足,用自己的优点来影响对方的缺点,双方共同努力从而达到和谐,使爱情得到完善和升华。

心理相容是爱情成功的心理背景,可使爱情巩固与发展。世界观、信念、情操与感情是否一致是决定心理是否相容的最重要的因素。如果恋爱的双方心理相容,就能体验到欢乐、幸福与美好;否则,就会感到惆怅、痛苦与失望。心理相容的程度越高,双方就越合得来。心理相容的前提是相爱的双方在思想感情与心理特点方面的充分了解,但了解与协调不是一朝一夕所能完成的,正如邓颖超同志所指出的:"真挚的持久的爱情,不是'一见倾心',因为相互的全面的了解、思想观点的和谐不是短时期能达到的,必须经过相当的时间才能真正了解,才能实际地衡量双方的感情。"

3. 性心理健康

性是爱情心理结构的重要组成部分。性生理成熟为个体恋爱提供了物质基础，而性心理的成熟是恋爱的一个必要准备。个体的性心理活动，主要包括性意识、性情感、性观念、性需求以及对性的自我调节等，各方面既要符合社会文化的道德规范，又要有利于自己身心的健康发展。个体的性心理应该是社会、心理和生理三方面在性问题上的和谐统一，否则将使爱情庸俗化，充满低级趣味，也必将有损真正的爱情。

4. 相互忠贞

忠贞是爱情心理结构的一个基本的重要的心理因素，是爱情成功的基础，也是婚姻幸福的前提条件。爱情是一种纯真的爱恋之情，应是情感专一、忠贞不贰的，绝不能三心二意，脚踩两只船。因为，爱情本身包括性爱的成分，性爱具有排他性，这是符合现代人类社会的伦理原则的。忠贞是建立在相互信任的基础上的彼此的忠贞，但忠贞又和私有财产不一样，它是相爱的双方感情的相互交融，彼此心心相印。如果把忠贞当作自己的财产、当作一种约束，那么就会降低爱情的价值，也会玷污纯洁的爱情，更不会得到真正的爱情。所以说，忠贞是一种美德，是真正的爱情的重要标志。

5. 彼此尊重

尊重也是爱情心理结构中的一个不可缺少的心理因素。一对恋人的互相尊重是恋爱成功的一个重要心理条件。爱情是相互爱恋之情，是由双方美好的、相互尊重的心理特征在维系着。因此，真正的爱情是相互尊重的。那种“男尊女卑”或“妻管严”的思想意识及恋人之间的讽刺挖苦、冷嘲热讽、污辱人格甚至打骂，是违背爱情的互相尊重原则的，是导致爱情动摇的心理结构。

6. 自尊自爱

在爱情的心理结构中，尊重与自尊是相辅相成、缺一不可的。没有自尊就没有真正的尊重，没有尊重，也就不可能有真正的自尊。尊重与自尊是对爱情意识进行评价涉及的两个方面。爱情之所以成为人类最高尚、最纯洁的感情，也是与自尊、尊重在爱情中很自然地融合为一体有着密切的关系的。

在爱情中，自尊与自以为是、发号施令是格格不入的。尊重与低三下四、有辱人格也是风马牛不相及的。青年人在爱情中正确处理好自尊与尊重的关系，就会使爱情越来越纯洁，越来越高尚。

三、气质与爱情

爱情之花是美丽而娇嫩的，人们热切地追寻它，但有时候往往不知如何去呵护它，以至于爱情之花夭折。如何才能保证爱情的和谐呢？

心理学家曾经调查过大量幸福美满的家庭，他们发现爱情和谐至少需要三个前提：相互了解、地位背景相配、气质类型相投。前两者恰恰是友情之爱和现实之爱的特点，第三个前提则是心理学的范畴。所以，选择与自己心理特点如气质类型相配的恋人是很有必要的。

胆汁质的人心理活动一般较强，心理变化比较频繁，对爱情的追求具有主动狂热的特点。他们对自己的内心秘密毫不掩饰，对异性也非常热情，一旦确定目标就会毫不羞涩地向对方表白自己的爱。这种气质特征的人的缺点是热情有余而冷静不足，容易造成爱情不能专一持久，两性关系较随便。多血质的人敏感而感情丰富，能灵活地适应环境。他们善于交际，易博得异性的好感，表露爱情的方式也较坦直，而且多血质人较高的创造性会使他们的爱情生活充满情趣。但这种气质的人在爱情的稳定持久方面却略有不足。抑郁质的人怯懦腼腆，不善与异性交往。他们深沉内敛,经常缺乏表露感情的勇气,这使得他们的感情生活并不顺利。但这种气质的人对爱情的体验非常深刻持久,不易改变。黏液质的人做事较有计划性,他们对异性的追求也是如此。他们通常会先对异性进行周密的考察,并制订一套计划,然后再按步骤行动。他们在爱情追求方面有锲而不舍的韧劲。

从以上内容可以看出,各种气质都有其优缺点。气质的相投主要是指一种互补效应。从择偶心理上来说,人们容易排斥具有相同气质的人,并想通过恋爱弥补自己的缺点。一般来说:胆汁质的男性宜选择黏液质的女性;抑郁质的男性宜选择胆汁质的女性;多血质和黏液质的男女应相互选择。这并不是说其他的就不能选择,但最好不要胆汁质气质的男女互配或抑郁质的男女互配。因为,从气质契合的角度来说,以上两者是最不理想的搭配。选择互补气质的恋人可以使恋爱生活处于平衡且和谐相容的状态。

第二节　大学生恋爱心理的特点

一、恋爱心理的发展过程

大学生恋爱心理不是一成不变的,而是有一个发生发展的过程。其过程大致可分为萌芽期、发展期、稳定期三个阶段。

1. 萌芽期(一般为大学一年级)

经过高考的激烈角逐,挤过升学独木桥进入大学的学生们,一下子从升学压力中解脱出来,春风得意,踌躇满志,思想上暂时出现了“空档”。同时,大多数大学生由于远离家乡、远离父母,面对全新的生活环境、全新的人际关系,心里的孤独感会油然而生,从而渴望得到别人的关心、帮助,并希望与人建立友谊。于是,他们找老乡,找朋友,你来我往,慢慢地,男生女生接触就频繁起来了,接触多了便可能产生好感,进而坠入情网,这就是所谓的“日久生情”。这是大学低年级学生恋爱的主体形式,往往也是“单相思”阶段。此外,还有少部分学生在上大学之前就“名花有主,佳人在旁”了,升入大学后,无论是在异地还是异校,这种恋情大多都能够持续发展。

2. 发展期(一般为大学二、三年级)

经过一年左右的大学生活,同学间有了较深入的了解,有的还建立了友谊。而友谊是一种表现为情感依赖的人际关系,它使人发现自我,了解别人,从中体验到深深的情感依恋。异性之间的友谊容易上升为性爱的依恋,友情可以成为爱情的基石。这样,二、三年级的大学生谈恋爱就呈现出了迅速发展之势。据调查统计,二、三年级大学生恋爱的人数占整个大学生恋爱人数的60%～70%。

3. 稳定期(一般为大学四年级)

进入四年级后,大学生变得更加成熟老练,看问题也更加现实。许多人的精力多花在毕业实习、毕业论文、就业分配等问题上,加之他们害怕出现新的“牛郎织女”,所以对爱情的思考趋于冷静理智,恋爱呈现出较稳定的态势。这期间,新确立的恋爱关系一部分是条件成熟的,还有一部分是为毕业分配找依托的,后者占大学生恋爱总数的10%～20%。

二、恋爱的特征

1. 普及化

有关调查表明,大学生中谈恋爱的人数占总数的三分之一左右,高年级学生谈恋爱的人数占 50%～60%，而赞成谈恋爱的学生约占学生总数的 95%。

2. 低龄化

大学生谈恋爱历来有之，但过去多是高年级或毕业班的学生谈恋爱，而现在很多低年级的学生学业未成却恋爱先行，有的刚进大学校门就走进了恋爱圈。

3. 公开化

以往，大学生谈恋爱讲究含蓄和深沉，常采取比较稳妥的方式，不到比较成熟的阶段不愿意公开。现在，大学生谈恋爱不仅不怕别人知道，而且还有故意让人知道的心态。一些大学生还在公共场合卿卿我我，旁若无人。

4. 快速化

以往的大学生从恋爱走向婚姻常经过漫长的岁月，而现在的大学生从相识到热恋进展迅速。

5. 多元化

以往大学生谈恋爱多以结婚为归宿，而现在相当一部分大学生不以婚姻为目标，恋爱的动机和目的多种多样。有的大学生谈恋爱是为了减轻学业和就业的压力；有的是为了证明自己的魅力；有的则纯属从众心理。

三、恋爱的心理特点

1. 情感依赖较重，承受能力薄弱

现在的大学生很多都是独生子女，习惯了别人的呵护和关爱，又比较容易产生孤独感，所以这部分学生谈恋爱常显示出“情感寄托”的依赖心理，缺乏独立意识、自立能力和自己的想法。而有依赖心理的大学生谈恋爱较容易受挫，并导致失恋，这样就产生了一支失恋大军。值得注意的是失恋后应怎么办。感情受挫后出现一段时期的心理阴影是正常的。正常情况下，应对自己和对方都采取宽容的态度，尊重对方的选择，但仍有一部分大学生摆脱不了这种“情感危机”。他们有的失去信心；有的放弃对爱情的追求，立下誓言“横眉冷对秋波，俯首甘为光棍”；有的一蹶不振，沉沦自弃，认为一切都失去了意义，以至于悲观厌世；有的视对方如仇人，肆意诽谤，甚至做出极端行为伤害对方。因失恋而失志、失德者，虽为少数，但负面影响很大。

2. 恋爱观念开放，传统道德意识淡化

随着时代的发展，当今的大学生恋爱观念日益开放，传统道德意识逐渐淡化，对“性”十分好奇，这种好奇心理是随着由生理发育成熟导致的性冲动与性亲近的产生而形成的。虽然中国传统文化及伦理道德对大学生影响较深，但随着对外开放的范围的不断扩大，加上一些网络传媒的大肆渲染，“性开放”的观念逐渐影响了大学生，使大学生常常处于理智与感情的矛盾漩涡中不能自拔。有的大学生在理智上觉得应该保持贞操，应遵守传统伦理道德观，但在爱的激情下又不愿受传统观念束缚，所以恋爱公开、光明正大、洒脱热烈，甚至在公共场所旁若无人，做出过分亲密的举动。

3. 注重恋爱过程，轻视恋爱结果

注重恋爱过程有利于双方互相了解、加深认识，也有利于培养感情、增加心理相容程度，同时也反映了大学生不愿落入世俗，着意追求爱的真谛的事实。但是，有的大学生只注重恋爱过程，强调爱的“现在进行时”，把恋爱与婚姻分离，不考虑爱的“将来完成时”，这未免失之偏颇。现代大学生中流传着一句顺口溜：“不求天长地久，只求曾经拥有。”一些大学生把恋爱当做一种感情体验，及时行乐，借以寻求刺激，满足精神享受；一些大学生为了充实课余生活，排遣寂寞，填补空虚，把恋爱当做一种消遣文化。这些行为实质上只是强调爱的权利，而否认爱的责任。

4. 主观学业第一，客观爱情至上

大学阶段以学业为主，这是大多数大学生所认同的。这部分学生赞同学习是学生的天职，爱情应当服从学业；或者，希望爱情与学业双丰收，既渴求学业有成，又向往爱情幸福。这说明大学生在对待爱情与学业关系上的自觉意识和能力更加成熟。但是，不少大学生还是不能做到真正在客观上、行为上正确处理好学业与爱情的关系。这些大学生一旦坠入情网就不能自拔，强烈的感情冲击一切，学习因此受到严重影响。很多大学生在不知不觉中变得“儿女情长，英雄气短”，成就事业的热情一天天冷却，爱情逐渐成为生活的唯一追求。这些大学生把爱情摆在学业和事业之上有两种情况：一是反映这样一种看法，即认为爱情在人生历程中的重要程度不是均等的，而青年时代的爱情特别重要；二是确有少数学生推崇“爱情至上”，把追求爱情作为人生的唯一目标。

四、恋爱心理的矛盾冲突

1. 恋爱自主与社会干预的矛盾

大学生谈恋爱者日趋增多，随之而来的，一方面是学校和社会从培养人才、规范校风的角度出发，要加以教育引导，提出规范性的管理和防范性的约束措施；另一方面是青春期的大学生由于性生理的发育和性心理的发展已基本成熟，不少大学生对学校的管理约束有抵触情绪，认为“恋爱是私事，不应干涉”。当然，当代大学生并非不懂得学校防范管理的意义，也正因为如此在大学生的心理上产生了矛盾冲突。

2. 浪漫情感与道德要求的矛盾

文化程度较高的大学生十分看重两性交往中的精神生活，追求情感上的默契及浪漫色彩。但是近年来受社会风气的负面影响，他们追求浪漫色彩的恋爱由隐蔽转向公开，甚至在公共场所勾肩搭背、拥抱亲吻。但社会道德舆论、校风校纪教育、大学生个人道德修养等都是不容许上述现象存在的。于是乎，追求恋爱情感的浪漫心理与恋爱行为应有的适当分寸的道德意识之间的矛盾，在大学生的心理上发生了强烈冲撞。

3. “给予”与“索取”的矛盾

爱情的基础是双方相爱，相爱的双方在情感上的“给予”与“索取”本是结合在一起的。但是，不少恋爱中的大学生在对待“给予”与“索取”方面感到困惑。他们一方面追求爱情的感情基础，具有恋人的奉献精神，而另一方面在对爱情的态度、行为上又有自相矛盾的现象。作为接受高等教育的大学生，内心情感自然倾向爱情的相互理解、思想的默契、感情的融洽。但现实社会的种种负面影响，也使他们有可能以庸俗、市侩的眼光看待爱情。于是，“给予”与“索取”的心理矛盾也容易出现在大学生恋爱过程中。至于个别大学生的极端情况，如在恋爱中要求对方给予，自己只是一味索取，甚至表现为自己放纵可以，但对方必须忠心耿耿或者一味无私奉献、不求回报等，则是错误的和不健康的恋爱心态。

五、恋爱对大学生心理发展的影响

1. 恋爱对大学生心理发展的促进作用

首先，恋爱是大学生释放日益强烈的感情的重要途径。通过恋爱接触异性，使大学生不再感觉到学习的压抑紧张。其次，性意识的发展必须经过恋爱阶段才能完善。性同一性的建立也要通过恋爱。而且，恋爱对大学生的意义还不止于此。因为恋爱是两个人人格的深层接触。在此过程中，大学生的自我概念因受到对方的影响而发展，这使他们真正懂得了如何在保持独

立性的前提下调整自身缺陷以适应对方。也就是说，恋爱对一些个性因素和社会情感的发展有重大意义。而且恋爱中两人的深层交往为大学生提高交际能力，适应以后的社会打下了基础。难怪有些心理学家认为，恋爱是青春晚期和成年早期最重要的事件，只有经过了恋爱，人才会真正成熟起来。

大学环境有它的独特性，对大学生来说，它在青年走入社会的过程中提供了一个缓冲环节。有了这个缓冲，大学生能更从容地完成社会化，更完善地发展自我概念，而不至于感受到从青春中期直接进入社会的强大反差和心理不适。由此看来，大学生恋爱并不是件坏事，它对青年的成熟很有帮助。另外，大学生普遍认为自己已不再是幼稚的少年，文学艺术中颂扬的爱情当然是他们追求的目标。

2. 恋爱对大学生心理发展的消极影响

恋爱虽有积极的一面，但有时也会危害大学生的心理健康。首先，热恋、婚姻及失去配偶等生活大事是在心理紧张量表上分值很高的事件。过度的兴奋和悲痛都会加剧心理紧张。恋爱正是使人时而高兴时而痛苦的事。处在热恋中的大学生常会为一些小事而高兴或烦恼，因此恋爱常会带来高度的心理紧张。恋爱的进一步发展还会带来社会问题，这也是产生心理失调的重要因素。如婚前性行为的增加等会造成大学生心理负担超重。

热恋中的男女虽然感觉到强烈的心理紧张，但双方的共处和抚慰、爱情的甜蜜又会降低他们的焦虑感。而那些遭受恋爱挫折的人就没这么幸运了。失恋的大学生会失魂落魄，觉得人生的意义不复存在，生活下去只有苦难和折磨，有人甚至因此走向了绝路。如果没有恰当的心理指导或较强的自我调控能力，失恋对大学生的心理打击是很大的。

可见，恋爱对大学生来说是一把双刃剑，一方面它能帮助大学生的心理发展走向成熟，另一方面它又会带来各种心理问题。

第三节　大学生性心理的发展

一、性的内涵

从生理的角度讲，性是人类最基本的生物学特征之一，性的需要就如同人需要呼吸、饮食一样，都是人的一种自然本能。

从社会的角度讲，性是人类得以繁衍、进化之本，性活动则是人类社会生活的基本内容之一。

从心理的角度讲，性的基本意思是指与“性”有关的一切心理现象，它不仅包括性交、性爱抚等所有直接的性活动，还包括人们对于性的情感、态度、价值观和性方面的喜好等心理方面的表现。

性心理的内容包括：

性感情——两性之间微妙的感情，具有吸引力。

性意识——性别意识和性欲意识。

性知识——关于性的知识与内容。

性经验——关于性的感受和体验。

性观念——关于性的看法、态度和评价。

健康性心理的表现是，具有正常的性欲望，与同龄人的性心理发展水平相当，具有较强的性适应能力，如愿意接受自己的性别、调控自己的性冲动、对自己的性行为的考虑与外界环境及社会文化背景相符等。

1. 性行为

性行为是以生育和获得性的满足为基本目的的行为，性行为的产生与生育、欢愉、性别和情感有直接的关系。男女之间的性别差异在产生性行为中具有重要的意义，情感对性行为也具有较深的意义。

2. 性心理发展的三个阶段

(1) 疏远期

性意识在萌芽的初期，常常以否定的形式表现出来。小学四五年级的儿童开始关注异性，但表现为男女之间的对抗、排斥，与异性关系密切者会受到同伴的嘲讽。这时并没有萌生真正的性意识。进入青春期，少男少女的男女性意识开始觉醒，他们对两性差别特别敏感，开始产生性不安与羞涩心理。

(2) 爱慕期

随着少年进入青年初期，情窦初开，与异性的疏远逐渐缩小。他们很快便对异性表现出好奇心，并以善意、友好、欣赏的态度对待异性同学。他们也愿意与异性同学一起学习，一起参加社会劳动并发展友谊。这个时期是青少年性意识发展的一个重要阶段，其主要是由青春期发育高潮的到来引起的。

(3) 恋爱期

恋爱期处于青春晚期，是性亲近的自然延续。这一时期男女在交际中逐步将异性作为结婚对象而加以选择。男女交往的标准也逐渐从外在转向内在，高尚的思想品德、广博的文化知识、健康的兴趣爱好、丰富细腻的情感等对于异性都有巨大的吸引力。

3. 性态度

性行为是人类所有行为中最重要的一种，许多行为直接或间接以性为动机。因为性行为能引起最强烈的情绪反应，所以人们对性的态度有千百种。

(1) 传统式性观点

持这种观点的人认为，只有婚姻承诺才是允许性行为的必备先决条件，光有爱不足以作为允许性行为的理由。所以他们认为若无婚姻约定，禁绝性行为才是两人之间爱和尊重的表现，但他们仍有爱抚。

(2) 温和式性观点

持这种观点的人认为，相爱是允许性行为的先决条件，他们把性看做是表达关怀与爱的浪漫的一种方式，但不需要长期或婚姻的承诺。

(3) 开放式的性观点

持这种观点的人认为，由爱而导致性行为是理所当然的，纯粹为性而性也可以接受，性行为是约会中的必然，他们能享受偶发或休闲式的性行为，不一定要存有爱意。他们在开始交往阶段就可以粗略测得情侣对性与爱的态度。他们认为对性行为的态度与情侣两年后的关系无关，在初期发生性行为不会使情侣更易或更难坠入情网，不发生性行为也不会增强或减弱关系的持久性。

我国广东省性学会曾开展了一项对全国 24 个省市的 2000 名本、专科学生进行的调查研究，该研究报告称，大学生在观念上对婚前同居日趋宽容，但在行为上依然谨慎保守。大学生中赞成婚前同居的占 28.4%，表示应顺其自然的占 57.6%，明确表示反对婚前同居的占 13.5%。值得注意的是，大学生，特别是男性大学生，在对婚前同居持宽容态度的同时，对自己法律上的配偶的贞洁却看得非常重。62.4%的女性对自己的婚前同居行为表示后悔。研究者指出,未婚同居会给大学生带来消极影响,并可能影响他们的学习,损害他们的身心健康,同时还可能给他们未来的婚姻埋下隐患。

二、大学生性心理发展的基本特征

1. 性心理的本能性和朦胧性

大学生性心理的本能性和朦胧性缺乏深刻的社会内容,基本上还只是由于生理急剧变化带来的本能作用。他们对异性的认识还披着一层朦胧的面纱,对异性的兴趣、好感和爱慕主要是异性间的吸引。不少青春期的大学生对性有很多神秘感。

2. 性意识的强烈性和表现上的文饰性

大学生虽然十分重视自己在异性心目中的形象,但表面上却表现出拘谨、羞涩、冷漠,心里明明对某一异性很感兴趣,却表现得无动于衷、不屑一顾,或做出回避的样子。他们表面上显得讨厌那种亲昵的动作,实际上很渴望能体验一下。

3. 性心理的动荡性和压抑性

大学生所处的青年期是人一生中性能量最旺盛的时期,但由于不少大学生的心理还不成熟,他们的性心理易因受外界的不良影响而动荡不安。同时,有的大学生由于性的能量得不到合理的疏导、升华而导致过分的压抑,少数还可能以扭曲的方式、不良的甚至变态的行为表现出来。

4. 男女性心理的差异性

一般来说,女生性意识比男生成熟早,而男生获得某些性感的体验在年龄上要比女生早。在对异性感情的流露上,男生较外显和热烈,女生则含蓄深沉;在内心体验上,男生多感到新奇、喜悦和神秘,而女生则常常是惊慌、羞涩和不知所措;在表达方式上,男生一般较主动,女生往往采取暗示的方式。此外,男生的性冲动易被视觉刺激唤起,而女生则易在听觉、触觉刺激下引起兴奋。

三、性心理的健康及其标准

1. 性健康的概念

世界卫生组织认为:“所谓健康的性是融合了有关性的生理、情绪、性知识及社会诸因素、人际沟通和爱等。”可见,性健康涉及生理、性情感、性知识和性的社会适应性,并把与社会有关的整体表现是否积极增进人际交往和情爱作为性心理健康的标准。

2. 性心理健康的标准

(1) 有正常的性欲望及性需求

任何一个成熟的个体都有正常的性欲望。性欲望及性需求是能够获得性爱和性生活的前提条件。一个人如果没有性欲望,就不会有性爱与和谐的性生活,性心理就无从谈起。但性欲望及性需求并非都是正常的,有的人性欲望及性需求很强烈。

(2) 能够正确地认识自我并愉快地接纳自己的性别

一个性心理健康的人,能够正视自己性心理的发育、性心理的变化,会自觉地在整个社会的大背景下认识自我,能客观地评价自己和他人,并乐于承担相应的性别角色。心理健康的人不仇视自己的性别,能以坦然的心理接受自己,能理解性别是父母给的,不期求改变它,而注重在社会化的过程中优化自己的性别心理。

(3) 性心理特点和性行为符合相应的性心理发展年龄特征

人在不同年龄发展阶段,其心理特点与行为特征是不同的。不过,一个正常人的心理特点与行为特征必定符合他的年龄发展阶段。在性的成熟过程中，性心理特点和性行为与性心理发展的年龄特征要求是相符合的。如果一个人的性行为与其性心理发展不协调，或严重偏离同龄人特征的话，那么，他的性心理就不健康。

(4) 能和异性保持和谐的人际关系

随着性心理的发育和成熟，个体自然而正常的性要求就是与异性交往，并能保持良好的关系。性心理健康的个体能够在日常学习生活中与异性进行自然的、符合社会规范要求的交往，在彼此的交往过程中，保持独立而完整的人格，有自知之明，做到互相尊重，互相信任，得体大方。

(5) 性行为符合社会道德规范

性心理健康的人具有一定的性知识和性道德修养，能自觉地去分辨性文化中的精华与糟粕、淫秽与纯洁、庸俗与高雅、谬误与真理，自觉抵制腐朽没落的性文化的侵蚀，并以自己文明的性行为、性形象去增进社会风尚的文明。

健康的性心理不仅表现为个体身心的健康，也表现为在健康性心理作用下的性行为的健康，从而构建整个社会的性心理健康。

四、大学生性心理的困扰及调适

性心理的困扰有生理上的因素，也有心理上的因素。一般来讲，心理上的因素导致的性功能障碍要多一些。性功能障碍指因性压抑与性能力的降低，而无法得到性满足的现象。

1. 大学生常见的性意识困扰

(1) 性意识困扰的表现

大学生产生性意识困扰的原因主要在于缺乏对性知识的了解，认为性是罪恶的和淫秽的，过分地压抑合理的性需求及有严重的情感障碍。

大学生由于对性知识的无知导致的心理困扰并不少见。大学生在性发育基本成熟后，由于性激素的作用，不仅在生理上而且在心理上都会产生巨大的变化。虽然大部分人对性的基本知识有所了解，但也存在明显缺陷甚至谬误，从而导致心理困扰。例如一些大学生将出现性梦、性幻想，产生接触异性的念头等正常的心理反应视为异常，以至于心情焦躁、丧失信心，产生自我否定的评价。另外，对性病知识的无知也令他们担忧。

认为性是罪恶、淫秽的错误观念在少数大学生身上也时有体现。这种观念与我国几千年来封建社会长期的性愚昧和谈“性”色变的保守观念有关系。多数大学生在中小学时期未受到系统的性科学教育，学校、家庭和社会都未给他们提供消除陈旧性观念的条件，有些人甚至认为只要出现性的念头就是“下流”的、“无耻”的。据调查，在对性生活的道德情感反应方面，多数男生和女生都认为它是“人皆有之的正常事”，还有一些人认为是“光明磊落的事”“纯洁快乐的事”，但也有少数人认为它是“见不得人的事”“肮脏下流的事”。

过分地压抑合理的性需求是导致大学生产生性心理困扰的主要原因。对于两性之间的强烈吸引，大学生本应通过适当的异性交往满足心理上的渴求。但产生性意识困扰的大学生，大多都是人为地压抑了自己的合理需求。他们由于内心存在着对性欲念的自责和恐惧不安的念头，因而常常主动回避异性，长期处于紧张、焦虑、矛盾、困惑的过度性压抑之中。这种性压抑往往容易导致强迫性观念和神经衰弱，因为越要让自己不去想“性”，结果越是适得其反，造成心理失调。据调查，多数大学生都有过性压抑或性苦闷感觉。当然，这些感到性压抑的大学生大多表示希望与异性建立友谊或希望与异性来往，也有表示什么都不需要的，而表示需要性行为方式的只是少数。

性意识困扰往往伴有自卑、抑郁、焦虑、紧张、烦恼、担忧等消极情绪。而在这些消极情绪的控制下，大学生通常不能与他人自然和谐地相处，这就有可能诱发更严重的情感障碍，反过来又加重性意识方面的困扰。如果当事人处在这样一个消极的怪圈中，自然难以自拔并深受其害。

可见，性意识活动是大学生性心理的主要表现之一，而大学生能否正确认识和接纳自己的性意识活动，对其心理的健康发展是很重要的。

(2) 性意识困扰的对策

处在性意识困扰之中的大学生不可简单粗暴地试图去阻断性意识的自然发展，而要从以下几个方面入手，因势利导，促进性心理的健康发展。

① 掌握科学的性知识。

通过各种正规渠道学习有关性生理、性心理的知识，了解青春期性意识的发展规律，树立科学、健康的性观念。这将有利于消除对性意识的罪恶感、自卑感及种种自我否定的评价，增强自信心，确立自尊、自爱的独立意识。

② 完善审美心理。

大学生的性心理在很大程度上受社会媒体的影响。文化媒体和文艺作品的社会功能，是通过审美心理起“中介”作用的。如果大学生的审美心理有缺陷，阅读文艺作品时，就会偏离作品所揭示的主题，专门寻求个别情节的刺激，诱发异常的性心理。而完善的审美心理则能避免这种偏差。因此，要通过影评、书评、读书演讲等活动对大学生开展审美教育。大学生应通过正确鉴赏生活美、自然美、艺术美，提高对真善美与假恶丑的识别能力，培养良好的审美情趣。

③ 自然大方地与异性交往。

社会本来就是由男女两性组成的，所以大学生要了解自己作为男性或女性在社会上所应表现的角色，同时还要学习和掌握与异性交流、合作的方法，这不仅是恋爱的必要准备，也是社会交往中不可缺少的本领与技能。只有在日常学习与生活中观察了解异性，自然地与异性相处，广交朋友，建立友谊，才能破除对异性的无知和神秘感，从而有益于性心理的健康发展。

④ 掌握移情方法。

性意识是人的一种自然的必不可少的本能。绝大多数大学生都是未婚者，在他们身上，欲望与规范之间的矛盾尤为突出。性心理的发展有一个由积欲到解欲的过程，如果性的能量积累到一定程度释放不出去，就可能导致性心理异常，进而发生道德和法律所不允许的宣泄。所谓移情，就是转移心境，通过神经系统的抑制分散作用和良好环境的“转移刺激”，把精力、兴趣转移到学习、工作和有益的活动中去，借以排遣性的冲动。人的需要是分层次的，是不断由低级向高级递进的，掌握了移情方法，就可以通过自我调节系统，用理智战胜狂热，使性的欲求得到“替代”和“升华”。

⑤ 坦然面对恋爱问题。

性意识困扰不仅可能发生在未谈过恋爱或者拒绝接触异性的大学生身上，也可能发生在谈过或正在谈恋爱的大学生身上。由于恋爱中更可能要经常面对性的问题，有时候反倒会加重性意识方面的困扰。其实，有了恋爱的要求和进一步的行为十分正常，关键是要有利于自身的进步，有利于身心的健康。有了这样的心态，就会有利于正确对待恋爱中的性问题，自觉把握好其中的分寸，增强责任意识，自觉抵制婚前性行为。

2. 大学生常见的性行为困扰

（1）关于边缘性性行为

边缘性性行为是指两性之间因有性吸引而产生的一系列亲昵性行为，如两性交往中，具有性吸引倾向的握手、谈话、接吻、拥抱，以及恋爱中的眉目传情、耳鬓厮磨等。人类性行为的概念是相当宽泛的，并不专指单一的性交行为。性交活动只是整个性行为中的一个方面，而今称之为目的性行为。除此之外，还有过程性和边缘性性行为。前者主要指的是两性的情感交流，而后者指的就是男女的一般亲昵动作。

边缘性性行为所带来的心理困扰更多地发生在其与恋爱的关系上。有人简单地以为，一旦发生了拥抱、接吻等行为，不管当时的实际情况怎样，就标志着恋爱关系的确立；有的人疑心重重，反复纠缠如何分辨、验证对方是否出于真情实感的问题；有的人在出现感情纠葛或可能分手时，就反复考虑发生这类行为的情况，进而产生一系列心理上的矛盾与冲突；还有的人似乎对恋爱中的这类行为感到索然无味，不能产生激情，对恋爱的意义感到茫然。对于这种种的困惑，关键是要厘清恋爱与边缘性性行为之间的关系：恋爱是一个较为漫长的过程，成功的恋爱过程应该是能够让自己体会到自身的成长与进步的，它并不单指某个特定的恋人，更不仅仅意味着某种特定的边缘性性行为。因此，恋爱期间更重要的事情是，如何达到志同道合，共同创造一个丰富、充实的内心世界，这样也就不至于因边缘性性行为这样的问题而陷入困惑，难以自拔。

（2）关于婚前性行为

大学生中发生性行为的虽是少数，但也不是个别现象，而发生的原因则较为复杂。大学生发生性行为的特点主要有三个：一是突发性，即往往是在无心理准备的情况下突然发生的；二是自愿而又非理性，除较少数为别人胁迫外，大多数是在双方自愿而又不理智的情况下发生的；三是反复性，由于年龄和观念的影响，一旦冲破这一防线，便不再过多顾虑，还会多次反复发生。

调查显示，近 50 年间，青少年男女性成熟的年龄平均提前了两岁，而平均结婚年龄则推迟了 5 年以上。这种反差的扩大，大大增加了青少年婚前性行为的概率。自 20 世纪六七十年代以来，许多国家相继出现了青少年婚前性行为大幅度上升和少女怀孕率激增的状况。据统计，在全球范围内，15～19 岁少女生育孩子的数量已占年出生总人口的 10％以上。对大学生个人来讲，未婚先孕也面临着很多麻烦：经济不独立、耽误学业、集体生活不便利、不懂得就医的基本常识、难以向父母启齿、羞于向同伴咨询等，所以未婚先孕对身心伤害特别大。

尤其是近 20 年来，青少年性传播疾病发生率明显上升，在许多国家，性病患者的第一群体都是处于性活跃期的青少年。世界卫生组织（WHO）的报告表明，在每年全世界新发生的 3.33 亿性传播疾病患者中，至少有 1.11 亿是 25 岁以下的年轻人。另据联合国艾滋病规划署（UNAIDS）的报告，至 2019 年底，全球艾滋病感染人数已达 3950 万人，其中有三分之一是 15～24 岁的青年人，15 岁以下的儿童感染人数已达 230 万。我国 2019 年新发生的艾滋病和免疫缺陷病毒（HIV）感染的病例中，经性传播的占 49.8％，经注射吸毒传播（血液传播）的占 48.6％，母婴传播的占 1.6％。所以大学生做到洁身自好很有必要。

如果当真因为发生了性行为而导致大学生产生了一定程度的心理困扰时，可以从以下几个方面着手解决遇到的矛盾：

① 观念与行为的矛盾。

发生性行为的大学生中，有相当一部分是受到了西方“性自由、性解放”观念的影响，他们不加过多思索就发生了这种行为；但另一方面，事发之后，传统的贞操观又使他们陷入无限的痛苦与自责之中。这种矛盾在女生中表现特别突出。据调查，女生与男朋友有过性关系后，有一半想嫁给他。显然，女生深受“从一而终”的传统观念的影响，如果这种观念与行为的矛盾没有处理好，就极易造成心理上的不平衡，弄得自己不知所措，从而背上沉重的心理包袱。其实在当代，女性的地位早已今非昔比，大可不必因为“从一而终”的想法而庸人自扰。

② 理智与情感的矛盾。

已发生性行为的，可能会因为自责或怨恨对方、顾及名声、担心怀孕等原因，理智上不愿再做这种事，但另一方面，既已冲破那道防线，对性的需求可能变得难以自控。在这种矛盾之下，当事人不仅会因为当初的草率之举而后悔，还会因为对这种行为的难以自控而谴责自己，内心懊恼不已。对于这种情况，要考虑到性并不能成为维系俩人关系的牢固纽带，不能让做爱还是不做爱成为当事双方交往的主要形式，因为能够吸引彼此的一定是性以外的东西，而那才是当事双方需要精心呵护的。性行为只有承载了爱的因素才会长久。

③ 精神与肉体的矛盾。

人类的性爱本应是精神与肉体的完美和谐的统一。但对于特定的恋爱阶段而言，恋人之间保持一定的神秘感有利于双方精神的探索与追求。如果一开始就是肉体上的亲热，往往意味着精神探索之门的关闭。原以为两性生活很神秘，现在尝到滋味了，觉得也不过如此；或者“亲热”完了，感觉特烦，看对方哪儿都不顺眼。因此，是追求恋爱的精神价值还是贪图两性的肉体享乐这一矛盾也现实地摆在了这些大学生的面前。对于这种情况，当事人应重新考量两人之间的恋人关系。抛开发生性关系不说，当事人应想清这几个问题：你到底还爱不爱对方？你到底看中了对方的哪一点？这一点还是不是吸引你的地方？把这些问题想清楚了，该怎么做自然就明了了。

对于因性行为而产生的上述几个方面的矛盾，摆脱心理困扰的关键还在于如何看待这种行为。应该说，从自身发展、道德纯洁和身心健康等方面来考虑，轻率地发生性行为是断不可取的。但如果已经发生了，惊惶失措甚至自暴自弃则更是不可取的。“性”本身是不可耻的，只要及时调整心态，把两性关系的重心放在爱情的培育和学业的发展上，共同努力，就能在不断取得的进步中找到生活的支点。

3. 大学生性伤害后的心理困扰与调适

性伤害是指由性行为给受害者心理上造成严重伤害性体验的现象。这类性行为本身可以是侵犯性的、违法的，也可以是非侵犯性的，但其行为后果都给当事人造成事发当时或以后长期消极退缩、担惊受怕、回避人际交往、自尊心严重受损等心理反应，并使当事人的学习、生活，甚至身心健康受到或轻或重的困扰。对性伤害问题的心理咨询涉及的问题较为复杂，一般来说，要从以下几个方面着手加以调适：

(1) 认识性伤害的社会特性

应该看到，任何社会都存在对儿童、青少年的性侵害，如同自然灾害一般，“人祸”不可避免，区别只在于是谁打了“遭遇战”。被色狼攻击、被色情引诱、被坏人教唆或其他袭击和侵害，往往不是凭个人力量就能抵御的，尤其是天真幼稚、涉世不深的青少年更易受到伤害。认识到性伤害的社会特性，也就不至于无谓地谴责自己，嫌弃自己，或是怨恨自己的不幸，从而有助于化不幸经历为经验教训。正因为受过伤害，才更懂得怎样保护自己。遭受过性伤害的大学生，通过观念的转变来改变心境十分必要，也很有益处。

(2) 摆脱非理性情绪

遭受性伤害肯定不是一件好事,也确实是人生的缺陷,但通常并没有糟糕到当事人主观臆断的程度,更不意味着一个人的未来失去希望。所谓完美人生从来就不是绝对的,而是相对的,积极的人生体验不仅在于你的际遇如何,更在于你如何看待自己的种种遭遇。

(3) 树立新的生活目标

被消极情绪控制的受过性伤害的大学生,在相当程度上也是由于受许多陈旧落后观念的影响,自感罪孽深重,因而难以自拔。大学生活开辟了自我完善与发展的广阔空间,大学生应该抓住机遇,树立新的生活目标,鼓励自己有所改变。有了目标,当事人就能振奋精神,积极面向未来,在为实现自己的目标而努力奋斗的过程中,那些消极的情绪会自然而然地得以化解。

(4) 克服性格弱点

受过性伤害的学生往往将自己列入弱者,其性格中怯懦、依赖、顺从、自卑、自暴自弃等弱点较为明显。从某种意义上说,这也正是他们遭受性伤害的内因。因此,从根本上说,当事人很有必要在现实生活中,通过扩大人际交往,培养多方面兴趣,发现人生价值等实际行动,摆脱过去的弱者自我概念,从而塑造自尊、自信、自爱、自立的强者形象。

五、大学生性心理困扰的预防

性生理、性心理的正常发展是大学生走向人格成熟的重要方面,也是心理健康的重要标志。因此,如何正确认识自己的性心理活动并对自己已出现的性心理问题进行自我调节和处理,是大学生保持和增进心理健康的重要途径。一般来说,性心理困扰的预防途径主要有以下几种:

1. 调整认知,端正思想

了解青春期性生理、性心理发展变化的规律,正确认识这些变化带来的各种情绪和行为反应,是大学生进行自我调节的重要基础,因为学生的许多性心理问题的产生都与其不正确的认识密不可分。具体而言,这些认识包括:正确看待身体的变化,愉快地接纳自己的性身份。

随着第一性征的发育成熟和第二性征的显现,男女青少年的身体会发生显著的变化。这些变化是非常自然的,无需为此感到害羞与不安。相反,从古到今,男子的强壮勇敢、女子的美丽温柔是区别两性的一个"永恒的性质",所以大学生应该为自己性特征的发育成熟而感到高兴。当然,由于个体差异,每个人的性特征发育有很大的差别,大学生也不要过分地为自己与他人的不同而担心。临床心理咨询中常发现,有的同学为自己的体形太纤细、太柔弱或太肥胖而担心,有的同学则为自己的月经或遗精过多或过少而担心。其实,这些担心都是不必要的,只要性特征在正常生理范围内,则个人的内在美就起更为重要的作用。因此,愉快地接纳自己的性身份与性特征,是大学生心理健康的重要保证。

首先,要正确看待性意识活动,树立科学、健康的性意识观念。处于青春期的大学生,应该科学地学习性生理、性心理的有关知识,了解青春期性意识发展的规律,正确看待和处理自己的性幻想、性梦以及被异性吸引、常想到性的问题等表现。一方面,要认识到这些性意识活动是青春期性心理的正常反应,以消除性意识活动所带来的罪恶感、自卑感和种种自我否定的评价;另一方面,也要注意让自己的性意识活动有适当的宣泄途径,如通过与异性同学的自然交往或与同性同学讨论有关的话题来让自己的性幻想有表达的机会,以免使自己陷入性幻想中不能自拔。

其次,要正确看待性冲动和自慰行为,确立顺其自然的坦然态度。由于受一些不正确观念的影响,在大学生中仍有不少人认为手淫是一种"见不得人的""很坏的行为"。即使有的人在理论上知道手淫是一种自慰行为,适度手淫并无害处,但在潜意识里仍认为它是有害的。这些错误的观念往往导致学生的心理困扰和心理障碍。其实,手淫是成年人中很普遍的一种性行为,它不仅没有那么多可怕的恶果,而且还是一种自然的生理调节机制。正如美国心理学家哈密尔顿认为的那样:"手淫这种行为是一种自我限定的功能,就像吃饭、喜欢某种体育运动或任何其他的自然功能一样。假如过度手淫,那么你的生殖区就会感到不舒服。如此而已。"当然,说适度的手淫无害,并不是说手淫是必需的,更不是说要手淫无度。这里要强调的是不要对手淫有犯罪感和恐惧心理。最好的准绳也许是:顺其自然。

最后,要正确看待恋爱问题,明确恋爱与学习的关系。如何看待恋爱问题、如何处理好恋爱与学习的关系,是学生面临的人生重要一课。有的同学认为读书期间不应该谈恋爱,一旦喜欢上某异性或被某异性追求,就感到寝食难安,不知所措;有的同学则认为可以谈恋爱,并大胆追求异性。其实,对大学生来说,顺其自然可以作为是否恋爱的准则,即如果对某异性产生了恋情,也无需惊慌,只要认识到这是性心理的自然表现,并将这种情感进行积极的转化,就不会影响自己的学习与生活;但如果为了满足自我的需要而刻意去追求,甚至不顾一切地恋爱至上,则是不可取的。学习始终是大学生的首要任务,这一点必须明确。

2. 顺应变化,主动适应

在正确认识性心理发展规律的基础上,如何去顺应这种变化以达到良好的适应,是自我调节和预防性心理问题的第二个重要方面,当然,更主要的是大学生也要学会主动适应性心理发展的规律。

(1) 树立正确的人生观和远大的理想

青春期的性生理发育给大学生带来了心理上的骚动,他们感到了自己的性欲望和性冲动,但是社会道德规范要求他们必须予以控制,延缓性的满足,这令他们感到压抑和烦恼。这种矛盾并不是不可调和的,它可以通过注意力的转移和情感的升华来化解。因而,树立正确的人生观和远大的理想是首要的。因为有了正确的人生观和远大的理想,就可以使自己明确奋斗的目的和方向,并通过积极的行动来达到所确立的目标。在这个过程中,性心理的欲望及其带来的困扰成了个人生活中的一个小插曲,并且个人会随着自己的成功而变得理性和成熟。当然,不可将性欲望看成是实现理想的绊脚石,而应该顺其自然。即使有一些性幻想和其他性心理表现都无需惊慌,只要认识到这是正常反应并加以适当宣泄即可。

(2) 积极参加各类集体活动

性生理和性心理的发展成熟,带来了一些生理和心理上的紧张,而这种紧张必须得到适当的宣泄才有利于心理健康。积极参加集体活动,可以满足与异性交往的需要,而且参加各种社团活动、体能和艺术的竞赛、野外活动等,还有助于个体宣泄多余的能量,获得生理和心理的放松。此外,参加集体活动也有助于将自身的注意力转移到有益的活动中,并从活动中增加自信,扩展视野,拓宽胸襟,增进心理健康。

(3) 建立正常的异性交往关系

性生理和性心理的不断发展成熟,将风华正茂的青年男女推向了两性交往的崭新生活领域。自然、正常的异性交往有助于学生的身心健康和人格发展,对其以后的婚恋生活也会奠定良好的基础。相反,抑制、回避正常的异性交往,不仅会影响学生健全人格的发展,也会为今后的成长设下障碍。因此,如何适当与异性交往,就成为大学生自我调节的重要内容了。一般来说,与异性交往时,不妨遵循"自然"和"适度"两个原则。具体来说,大学生应注意以下几点:

① 克服过分羞怯。与异性交往时要感情自然,仪态大方,不失常态,避免因为过分羞怯而

引起对方的误会。

② 真实坦诚。与异性交往过程中要做到坦荡无私,以诚相待,相互信任,这是建立和发展良好异性关系的前提和基础。

③ 留有余地。虽然是结交知心朋友,但所言所行要留有余地,不能毫无顾忌。比如谈话中涉及两性之间的一些敏感话题时,要尽量回避或谨慎地应对。交往中的身体接触要把握好分寸,不能过于轻浮,也不要过于拘谨。在与某异性的长期交往中,更要把握好立场,亲密程度要恰到好处。

3. 早发现,早处理

性心理困扰是大学生常见的问题,因此了解性心理困扰常见的原因和表现,并能及早发现和给予积极的处理,是有效预防性心理障碍的第三个途径。

通常,性心理困扰的直接后果是自责和自我否定的倾向,它不仅影响大学生的情绪,也影响其人际交往和学习的效率。所以,一旦发现自己存在性心理问题就应及时处理。具体来说,可以采取以下措施:

(1) 阅读有关书籍,修正错误认识

性心理困扰与性知识缺乏多半有密切关系,因此,寻找一些性生理和性心理的科普书籍来阅读,以便对大学生性心理发展的规律及其行为表现有正确的了解,将有助于帮助自己消除误解,解除心理负担,进而避免自卑、自责的不良情绪。要强调的是,阅读的有关书籍并不包括那些"黄色书刊"。因为青少年对性生理和性心理的许多错误认识就是由此产生的,性心理困扰大多来自这样一些不科学的、富有煽动性的书刊。事实上,淫秽书刊、色情影视录像带等对大学生性心理和性行为的形成会带来畸形冲击。所以,大学生应选择健康、科学的性知识书刊来阅读。

(2) 结交知心朋友,帮助认识自我

许多人的性心理困扰源于对自己性身份、性幻想、性欲望、性冲动的害怕,他们以为只有自己才会遇到这些困扰,因而担心、恐惧。如果这种不安情绪没有得到倾诉,而是压抑在心里,则会出现问题。相反,如果找朋友交谈,一方面有助于宣泄自己的不良情绪,更重要的是这样做会使当事人了解到:原来每个人都有同样的烦恼,因而心里会放松许多;另一方面,通过与好友交流,还可以获得一些应付青春期烦恼的信息和经验,从而有助于自我的调节。

(3) 咨询心理学专家,消除心理困扰

有时,同学与好友的意见和建议并不是完全正确和适当的,而且一些严重的心理问题,比如关于失恋后的自贬心理、社交恐惧症、性心理变态等,也无法通过与好友的交谈来解决问题。所以,向心理学专家请教具有必要性和有效性。心理学专家不仅能帮助解决一个具体的问题,还能协助个体心理和人格的健全发展,因此咨询的意义颇为深远。

总之,人对异性的要求不是以简单的自然方式,而是以社会方式进行的。在两性关系的发展过程中,是先有性欲才有爱情的,但爱情高于性欲并反过来支配它。当然,承认性爱在爱情中的地位和性冲动的合理性,不是宣扬纵欲主义,性爱不是爱情的全部,它更深刻地包含着社会伦理的道德因素。当前一部分大学生忽视爱情中圣洁、崇高的感情交流,无视爱情的道德与义务,偏重爱情的庸俗心理或生理体验,这是极不可取的。研究表明,性心理的发展变化与一个人的道德认识、道德情感和道德意志相联系,在对异性的情感中,表明着一个人的价值观。那些思想情趣卑下、缺乏情感自我调控能力的人,往往在性刺激和性冲动面前肆意放纵自己,这必然会造成难以挽回的后果。处于热恋中的大学生应把自己的爱情建立在高尚的情感之上，努力寻求双方精神上的相容与互通，学业上的相互帮扶与促进，在共浴爱河的过程中，不但要加强道德意志的锻炼，更要学习做自己情感的主人。

第四节　恋爱心理的培养

大学生恋爱是其身心发展的需要，对其心理健康发展也有积极的促进作用，但大学生的恋情必须是建立在真正的爱情基础之上的，否则，不仅不利于其心理健康，而且由于大学生的身心发展并未完全成熟，还可能对其身心健康造成很大的危害。

一、树立正确的恋爱观

1. 提倡志同道合的爱情

在恋人的选择上最重要的条件应该是志同道合，应该是理想、道德、义务、事业和性爱的有机结合。大学生的思想品德、事业理想和生活情趣等大体一致，从这一点来看，大学生寻找志同道合的人不是太难。一般情况下，异性感情的发展是沿着熟人—朋友—好朋友—知己—恋人这一线索发展的，当一方成为另一方心中任何人都不可代替的角色时，爱情就可能降临。在分享快乐和痛苦、共同成长的过程中，爱情就会产生和发展。

2. 摆正爱情的位置

（1）爱情与事业

学生应以学业为重，以事业为重。对大学生来说，真正的爱情应该成为激发学习热情、推动事业发展的动力。如果能处理好爱情与学业的关系，就能在爱情与学业的互动中，既品尝到爱情的甘甜，又享受到学业成功的喜悦，自然十分有利于身心的健康成长。反之，把爱情与学业对立起来，或者因为“谈恋爱”而荒废了学业，或者借口学习而人为地拒爱情于千里之外，使自己陷入孤独、矛盾之中，难免有害于身心健康。

（2）爱情与人生

爱情是神圣的，是人生的终身大事，但爱情并不是人生的全部。作为新时代的大学生，既不要视恋爱为儿戏，亵渎神圣的爱情，也不要因“爱情”蒙蔽了自己的眼睛，失去了生命的意义。就是说，大学生们要理解爱情与人生的关系，使自身在纷纷扰扰的恋爱问题中把握住生活的方向，保持健康向上的良好心态，这一点十分重要。

（3）爱情与婚姻

美满的婚姻是以爱情为前提的，但爱情的结果不一定是结婚。这一事实使得爱情与婚姻的关系问题经常困扰着当代的大学生，并产生种种误区。有的人把爱情与婚姻完全割裂开来，谈起恋爱来也就“不求天长地久，但求曾经拥有”，甚至轻率地做出越轨的性行为；有的人不加批判地接受所谓“婚姻是爱情的坟墓”的观点，恋爱中也就“理直气壮”地放任自己的感情；也有的人见多了“不圆满”的结局，对爱情心存疑虑。以上种种表现虽各不相同，但从心理健康的意义上说，都有不健康的成分。对大学生来说，健康的心态应是：既有追求爱情的勇气，又有承担爱情责任的准备。恋爱的双方最终能否步入婚姻的殿堂，本身并不是恋爱是否成功的标志。其实恋爱是否成功的真正标准在于是否促进了双方的成长，尤其是爱与被爱能力的提升。

3. 爱情与个人修养

爱情需要相互尊重、相互理解、相互信任。尊重的前提是责任和奉献，代表着个人的道德修养，它是获得崇高的爱情的基础。相互理解是为自己和对方营造一种轻松快乐的氛围，因为没有人会为了被约束而追逐爱情。相互信任是自信的表现。如果自己都不相信自己是值得别人去爱的人,那别人又怎么会全心全意爱你呢?

二、提升爱与被爱的能力

1. 提高主动给予爱的能力

爱的能力,包括主动给予爱的能力和接受爱的能力。一个人心中有了爱,在理智分析之后,要敢于表达、善于表达,这是一种爱的能力。一个人面对别人的示爱,能及时准确地对爱做出判断,并做出接受、谢绝或再观察的选择,这也是一种爱的能力。

爱的能力,首先表现为给予的能力,爱是一种奉献而非索取,爱是一种给予而不仅仅是一种获得。但是,这种给予、奉献并不是一般意义上的给予与奉献,他是用自己的人格来影响对方的人格,用自己的生命力去激发对方的生命力。

(1) 影响主动给予爱的能力的因素

① 爱的需要的满足。主动给予爱的能力来自成长过程中爱的需要的满足,这一点无论从逻辑上还是从直觉上都能得到证明。一般情况下,一个得到爱的满足的人会成为一个积极的爱的给予者,他不必把精力全部花在满足个人需求上面,他有条件为他人的幸福和进步付出一定的时间和精力。

② 爱的价值的肯定。一个人如果明确地意识到爱的可贵,必然将寻求爱的机会。他的自尊至少有一部分是建立在主动给予爱的能力的基础之上。换言之,假如不处在积极主动的爱的地位,他将感到没有彻底地体现自我。

③ 合乎情理的恋人理想。有的人可能会塑造一种任何人都不能企及的完美得足以使他表达感情的恋人形象,继而无休止地,然而又是毫无结果地寻觅这种理想的恋人,或者长期生活在某种幻觉中。这种人很可能向恋人提出不现实的、苛刻的要求,觉得对方不配得到自己的爱,除非对方达到所谓"完美"的标准。一个爱的给予能力极为有限的人,有时却能很"高明"地发现对方的弱点,而一旦发现,便以此作为不爱对方的理由。所以说,对恋人抱有合乎情理的要求和理想,也是促成一个人具有主动给予爱的能力的一个重要条件。

④ 自爱。一个不爱自己的人,谈不上爱他人。因为爱自己意味着关心自己的幸福和进步,并为实现这一目标而努力,爱自己实际上是爱他人的一种实践。由于人们之间存在着不同程度的共性,当自爱行为延伸到他人身上时,自然会使接受者幸福。自爱使人关注自己的需要,同时也增强了对他人的需要的关心。一个体验过需求和满足的人,对他人的需求和满足更会有深刻的体会。与此相对,一个忽视自我或仇视自我的人,是很难或不会爱他人的,因为他要求自己为之付出"牺牲"的人的绝对服从。临床经验证明,一个关心自我幸福和进步的人,会将这一愿望付诸行动,于是,自爱的程度不断提高,给予的能力不断增强。

(2) 影响接受爱的能力的因素

有些人不能接受他人的爱情。对于他们来说,那些爱情表现得过分甜蜜,令人畏惧或使人难堪。他们怀疑对方可能在逢场作戏,或利用他们达到某种目的。他们不接受爱情,认为需要他人的爱意味着懦弱和降低自尊。概括地说,导致他们拒绝接受真挚爱情的原因有二:

① 害怕感情受到伤害。由于以往的某些经历,一个人可能臆造出别人根本没有的动机。他们认为别人不爱他,或不可能爱他。由此,他曲解别人对他的爱的表露,认为对方不过是一时的感情冲动,没有真正把他放在心上。

② 压抑自己对爱情的渴望。一个人可能因过去渴望爱情而没有实现,或因在追求爱情的过程中感情受到过伤害,便压抑自己爱的愿望,筑造起抵御爱情的"防护层",宣扬"不需任何人、任何东西"的所谓"独立"精神,千方百计阻止来自他人的爱。

具有健康人格的人能够接受别人自发奉献的爱，就像他自发地给予爱一样。在他看来，如果被某人所爱，那个人的爱便是发自内心的，不受任何束缚的。因此，他能够心安理得地接受。

大学生要具有接受爱的能力，就应懂得爱是什么，有健康的恋爱价值观，知道自己喜欢什么，需要什么，适合什么，就应对自己对他人对万事保持敏感和热情，就应主动关心他人，热爱他人。当别人向你表达爱时，能及时准确地对爱的信息做出判断，坦然地做出选择，能合理承受求爱被拒或拒绝求爱所引起的心理困扰。

2. 拒绝爱的能力

对自己不愿意或不认为值得接受的爱，大学生应有勇气加以拒绝。拒绝爱要注意两个方面：一是在并不希望得到的爱情到来时，要果断、勇敢地说“不”，因为爱情来不得半点勉强和将就，如果优柔寡断或屈服于对方的穷追不舍，发展下去对双方都是不利的；二是要掌握恰当的拒绝方式，虽然每个人都有拒绝爱的权力，但是珍重每一份真挚的感情是对他人的尊重，也是一种自珍，同时还是对一个人道德情操的检验。不顾情面，处理方法简单轻率，甚至恶语相加，结果使对方的感情和自尊心受到伤害，这些做法都是很不妥当的。

3. 发展爱的能力

教育家马卡连柯说：“爱的力量只能在人类非性欲的爱情素养中存在。他的非性欲的爱情范围愈广，他的性爱也就愈为高尚。”发展爱的能力，并不是非要具体到对某一异性的爱，而可以是更广泛意义上的爱，如对亲人、同学、朋友、祖国和人民的爱。发展爱的能力，就是要培养无私的品格和奉献精神，要培养善于处理矛盾的能力，有效地化解、消除恋爱和家庭生活中的矛盾纠纷，为恋人负责，为社会负责，只有这样才能创造出幸福美满的婚恋。

三、增强恋爱道德观

真正的爱情是同高尚的道德融为一体的，没有高尚的道德就没有纯洁的爱情。具体到当前大学生的恋爱问题上，从内在方面说，就是要增强恋爱的责任感；从外在方面说，就是要把握好恋爱行为的分寸。

1. 增强恋爱的责任感

大学生具有强烈的爱的欲求，但在爱情及恋爱的道德观念上还常常模糊不清，盲目性较大。如一些学生置恋爱前景与结局于不顾，只追求所谓的“过程体验”，这种建立在游戏人生心态上的所谓“爱情”，不仅违背最起码的恋爱道德，也不可能给自己带来真正的幸福和进步。因此，必须在恋爱过程中加强自己的责任感和义务感，并从中体会到爱情的珍贵。

2. 把握亲昵行为的分寸

恋爱过程中，随着感情交流和心理相容程度的提高，有一些亲昵行为是很自然的。但恋人间的亲昵行为，一定要把握好分寸，要体现出新时代大学生良好的个人修养和精神风貌。

（1）言谈要文雅，讲究语言美

交谈中要诚恳坦率自然，不要为了显示自己而装腔作势，矫揉造作；不能出言不逊，污言秽语，举止粗鲁；要相互了解，但不要无休止地盘问对方，使对方自尊心受损。否则只会使人厌恶，伤害彼此的感情。

（2）行为要大方，掌握好分寸

一般来说，男女双方初次恋爱，在开始时常感到羞涩和紧张，随着交往的增加双方的举止会逐渐自然与大方。这个时期要注意行为举止的检点。有的人感情冲动，过早地做出亲昵动作，反而会使对方反感，影响感情的正常发展。

(3) 亲昵动作要高雅,避免粗俗化

高雅的亲昵动作能发挥爱情的愉悦感和心理效应,而粗俗的亲昵动作有损于爱情的纯洁与尊严,更有损于大学生的形象,往往会令对方反感。

(4) 恋爱过程中要平等相待,相敬如宾

不要拿自身的优点去与对方的不足比较,以此炫耀抬高自己,戏弄贬低对方;也不宜想方设法考验对方或摆架子,这些都可能挫伤对方的自尊心,影响双方的感情。

(5) 善于控制感情,理智行事

对恋爱引起的性冲动,一方面要注意克制和调节,另一方面要注意转移和升华,如双方主动参加各种文娱活动,恋人之间多谈谈学习和工作,考虑一下行为的后果是否在社会规范内,这样双方就不至于越轨,并能使爱情沿着健康的方向发展。

四、提高恋爱挫折承受能力

大学生的恋爱受多种因素制约,因而在追求爱情的过程中遇到各种波折是在所难免的。像单相思、失恋等等恋爱心理挫折对大学生的心理承受能力就是一种考验。如果承受能力较强,就能较好地应付挫折,否则就有可能造成不良后果。因此,提高恋爱挫折承受能力对大学生的心理健康是非常重要的。

当爱情受挫后,要学会用理智来驾驭感情,通过增强理智感,分析原因,总结经验教训,寻找解决问题的方法和途径,在新的追求中确认和实现自己的价值,从而提高自己的心理承受能力和思想水平。

对失恋的应对方式反映了一个人的心理成熟水平和恋爱观。一个人能够理智地从失恋中解脱出来,往往会使自己变得更成熟。

那么,该如何从失恋的痛苦中摆脱出来呢?

1. 正视现实

失恋之苦,在于一个"恋"字。爱情是双向的、相互的,以双方的爱为基础,失去任何一方,爱情就失去了平衡,恋爱即告终止。这时,失恋的一方无论对另一方爱得多深,恋爱再也不能成立。作为一个有理智的大学生,应勇敢地正视这个现实,爱情不是同情、怜悯,更不是强求。恋爱既然有成功,也就会有失败,所以只苛求成功而不正视失败是不可取的。在这一点上,要特别指出的是,那些把失恋看成自我价值的贬损,感到"面子"丢尽,最怕看到失恋事实的大学生,更是要认真面对分手的事实,摆正自己的位置。

2. 换位思考

要设身处地为对方着想,这样做的结果,将有助于你理解对方终止恋爱关系的原因,有助于接受失恋这一现实。可以客观、冷静地考察对方与自己的恋爱关系及其进程,如果理智的分析表明恋爱有可能继续的话,则不妨做一些让步或解释;如果双方的隔阂实在令人难以容忍,又都不可能改变的话,失恋就是难以避免的了。

3. 合理化

根据理性情绪疗法的观点,一个人失恋之后,顿感昔日恋人一切都好,认定自己绝对不可能再找寻到如此美好的爱情,把失恋看得糟糕透顶、可怕至极等,都是源于非理性的信念。因此,针对失恋,应该通过自己跟自己辩论的方式,有意识地在头脑中强化理性的信念,如"塞翁失马,焉知非福""天涯何处无芳草"等。再加上"酸葡萄"与"甜柠檬"效应,多想想昔日恋人的缺点,多罗列自己的优点,对于缓解失恋的焦灼和苦恼都是有利的。

4. 情感宣泄

不要过分埋藏和压抑失恋的痛苦。写写日记，找亲朋好友倾诉一番，甚至大哭一场，你会感觉好受得多。如果感到积郁很深，实在难以排解，甚至自觉已有某些神经失控的症状，就有必要寻求专门的心理咨询机构的帮助。

5. 行为转移

失恋后之所以难以摆脱恋情的困扰，就在于生活的方方面面都已与昔日的恋人发生了千丝万缕的联系。有些失恋者的痛苦情绪更是陷入了自我惩罚式的恶性循环之中。因此，可以有意识地安排一些自己喜欢但却一直没时间做的事情，例如短程旅游、钻研技术、投身学习、参加活动、观看比赛、欣赏音乐、阅读小说等。一方面，由于日程的繁忙，将没有时间去想失恋的痛苦；另一方面，在从事这些活动的同时，也许会得到生活的启发，从而摆脱失恋的痛苦。要相信，随着时间的推移，再痛的伤都能愈合。

6. 升　华

要尽快把精力引向学习及自身事业的发展之中，把失恋升华为一种奋发向上的动力。爱情固然重要，但不是生活的全部。切不可因为盲目的爱，而将别的人生意义全盘丢失。要提醒自己：只要不断地进步，就有机会赢得新的、更为美好的爱情。

[思考与练习]

1. 如何提升爱与被爱的能力？
2. 如何处理恋爱中的心理问题？
3. 请结合你的理解谈谈什么是爱情。
4. 如何正确看待恋爱中遇到的挫折？

【课外拓展】

婚姻与智力

在一段婚姻中，人的性情总是被最明显地体现出来。在婚姻走向结束时，总会听到类似诅咒的声音："当时傻了才会看上你。"但其实这种说法有些因果倒置，因为并非傻了才会看上对方，而是看上对方后才变傻的。有研究表明，婚姻对智商的影响是立竿见影的。新西兰心理学家詹姆斯·福莱恩建议，那些有结婚打算的男女在寻找另一半时别只顾着以貌取人，否则以后几十年的智商可能会为此付出代价。他认为，最好寻找那些"能让你感到智力受到挑战"的伴侣，因为"他们会带领你开辟一个全新的世界，并让你的生活更加有趣"。

有意思的是，来自日本的一项调查间接地验证了这个观点。甲南大学经济系的森刚志副教授向一千名年收入超过一亿日元的富翁妻子发出问卷，做了关于她们个人经历和生活态度的调查。在很多人的印象里，富翁太太都是穿着名牌服装的超级美女，调查结果却出乎人们的意料。首先，日本的富翁太太和普通女性最大的区别是学历。超过七成的富翁太太有大专以上学历，比日本女性平均学历高出大约三倍。考虑到她们的年龄(平均 59 岁)，这个数字可以说相当突出。其次，当被问到自己长大的家庭富不富裕时，三分之二的富翁太太回答说自己出生于很富裕或比较富裕的家庭。其中，不少富翁太太出生的家庭，比丈夫家有更高的社会经济地位。虽然说她们嫁给富翁以后大多做家庭主妇，但她们一般都有女主人的气派：善于交际、谈吐不俗、懂得幽默。而在相对年轻一点的富翁太太当中，女强人占的比率逐年升高。其中的原因不言而喻，因为智商高的太太能够在事业上帮助丈夫，使家庭资产更增值。也就是说，无论是哪个时代，像好莱坞影片《麻雀变凤凰》里那样，社会下层出身的女性被富翁看中并结婚的可能性非常低。最后，关于富翁太太的生活态度，调查发现，她们平时过日子相当节省。在调查的所有富翁太太中，没有一位是热衷于购买名牌货的。相反，她们对投资、扩大资产的兴趣大得多。显而易见，经济头脑是做富翁太太的必要条件。没有经济头脑的女性，不管多么漂亮，都很难做富翁的太太，所以，与其研究穿衣打扮，不如提高智商、研究理财。

所以，好的伴侣是生活中的一位老师，能在生活中给另一半各种启迪，而且另一半也会有机会汲取营养，不断进步。人们一旦择偶不慎，就易跌落入“他人就是地狱”的困境，陷入暴躁与责备组成的怪圈中难以自拔，而这种负面的情绪对智商也是有不良影响的。

关于婚姻和智商的研究还发现，在心理学家的统计中，智商对男女选择婚姻的影响是不同的。英国阿伯丁大学、布里斯托大学、爱丁堡大学和格拉斯哥大学四所学校测试了 900 个 11 岁男孩和女孩的智商，40 年后追访了他们的结婚率，然后得出结论称，男人的智商每增加 16 分，结婚的概率便升高 35%；而女人的智商每增加 16 分，结婚的概率就降低 40%。因此，智商越高的男人结婚率越高；而高智商的女性却不那么希望落入婚姻的窠臼。这一结果大概能解释为何在北上广深这样的一线城市里，存在着大量的大龄单身女性吧。

智商只是人们在选择婚姻伴侣时看重的其中一个方面。人们在遇到“未来伴侣”的时候，往往还会考察对方的财产状况、地位、健康状况、容貌、性格、能力、职业、家庭背景等，用经济学家的话说，会出于本能开始评价对方的价值，这完全是下意识的。只是人类的价值非常难评估，没有谁会把数字贴在自己的脑门上，何况有时人们往往还会故意夸大自己的价值。

就像经济学里所有东西都可以量化一样，要想在婚姻里与对方“旗鼓相当”，你必须要有足够的“资本”可以和对方“对峙”。当然，我们都是有感情、有弱点的动物，而婚姻的神奇之处就在于，这种“对峙”有时候是不对等的，而让它不对等的原因，是我们所说的变量，这个变量叫感情。

下　篇

开篇　走近心理咨询

一、什么是心理咨询

心理咨询是由受过专门训练的咨询者运用心理学的理论和技术，通过语言及非语言的交流，给来访者以帮助、启发和教育，使来访者改变其认识、情感和态度，解决其在生活、学习、工作等方面出现的问题，促进来访者人格的良性发展和改善其社会适应能力的活动。

心理咨询具有如下特点：

(1) 心理咨询是助人自助

心理咨询不仅是解决某些具体的心理问题，更多的是通过交谈等方式启发来访者全面地了解自己，找到自己身上的潜在力量，使来访者在咨询师的帮助下，学会依靠自我克服成长中的障碍，自尊自立地均衡发展。

(2) 心理咨询是人际互动的过程

心理咨询既不依靠药物治疗，也不依靠理论说教，而是通过咨询师与来访者之间的平等交流互动来调动来访者的内在智慧，达成咨询目标。

(3) 心理咨询具有"心理性"

心理咨询是在心理学原理指导下，按照心理规律进行的辅导过程。它是在没有指责和评判、完整接纳的氛围中，完成真实呈现、真诚助人的过程。

(4) 心理咨询有一个安全的空间

心理咨询按照心理工作的需求，规定了为来访者保密信息的职业纪律，再加上咨询师观念中立的态度，都为心理咨询建立了一个独特的、安全的心理空间，为深层心理问题的解决提供了安全保障。

(5) 心理咨询是一个过程

心理咨询要解决的不仅仅是某一具体问题，更是因为这样或那样的原因而长期郁积在来访者心里的各种困扰。心理问题通常不是一次咨询就能彻底解决的，同时，个体的心理成长、行为改变，也不是一蹴而就的。因此，心理咨询通常是一个或长或短的成长发展过程，短则数日，长则数月，从而协助来访者身心健康地成长。

二、心理咨询的主要形式

1. 根据咨询性质分类：发展心理咨询和健康心理咨询

① 发展心理咨询。在个人成长的各个阶段都可能产生困惑和障碍，为适应新的生存环境，为选择合适的职业，为个人事业的成功突破等而进行的心理咨询就是发展心理咨询。

② 健康心理咨询。当一个精神正常的人，因各类刺激出现焦虑、紧张、恐惧、抑郁等情绪问题，或者因各种挫折出现行为问题时，也就是说，发现自己的心理健康遭到破坏时，进行的咨询就是健康心理咨询。

2. 根据咨询规模分类：个体心理咨询和团体心理咨询

① 个体心理咨询。个体心理咨询是咨询师与求助者建立一对一的咨询关系，咨询活动与求助者所处的那个集体及家庭无直接关系。在内容上，着重帮助求助者解决个人的心理问题。

② 团体心理咨询。咨询师在团体情境中，向求助者提供心理帮助和指导，它是通过团体

内人际交互作用，促使个体在交往中观察、学习、体验，进而认识自我、探讨自我、接纳自我，调整和改善与他人的交往，学习新的态度与行为模式，以促进个人的、发展良好的、生活适应的助人过程。

3. 根据咨询的方式分类：门诊心理咨询、电话心理咨询和互联网心理咨询

① 门诊心理咨询。门诊心理咨询是指进行面对面咨询。这类咨询的特点是能及时对求助者进行各类检查、诊断，及时发现问题，及时做出妥善处理。因此，它是心理咨询中最主要的也是最有效的方法。

② 电话心理咨询。电话心理咨询是利用电话给求助者提供支持性咨询。

③ 互联网心理咨询。互联网心理咨询是心理咨询师通过互联网来帮助求助者。互联网咨询除了可以突破地域限制之外，还可以凭借行之有效的软件程序进行心理问题的评估与测量，或将咨询过程全程记录，以便于深入分析求助者的问题和进行案例讨论。

三、大学生常用心理咨询治疗技术

1. 家庭治疗

这种方法把家庭看成一个系统，其中每一个人的痛苦的出现和消失都和家庭中其他人有千丝万缕的联系，从而也需要整个家庭合作来共同处理和面对心理障碍及家庭成员的相互影响。这种方法几乎适用于所有受到心理障碍影响的家庭，尤其是家庭文化浓厚的中国家庭。NLP(Neuro Linguistic Programming，神经语言程序学)的创始人就受惠于系统式家庭治疗。萨提亚是人本主义家庭治疗的一种，并且近年来逐渐发展出众多疗法，如亲子治疗、海灵格系统家庭排列、萨提亚家庭雕塑等。家庭治疗流派众多，其中最为著名的是以下两种：

① 系统式家庭治疗：认为家庭是一个系统，同时又包含许多子系统，每个子系统既相对独立又相互联系，并不断发生相互作用和进行信息交流，个人深深植根于大系统之中；个人在系统中的行为是由相互交往模式塑造的，认识和解决问题是用环性或循环的方式而不是线性的因果方式，强调治疗时要把焦点从个人动机、目的转移到行为、行动上来。

② 结构式家庭治疗：认为家庭内部存在一种结构式组织，使每个成员都有归属感，同时又允许成员保持各自的个体化；这种结构必须有灵活性，以适应环境的变化；结构中要有明确的界线或规则，明确每个人有自己的权力；如果家庭结构混乱或者界限不清，则家庭的组织、关系、角色、权力执行都会混乱，并表现出不适当的行为。

2. 认知-行为疗法

治疗师和来访者共同协商，议定一系列可以解决行为问题的明确可操作方案，并通过家庭作业、恐惧情境实地暴露等方法不断贯彻这些方案，以达到治愈心理疾患的效果。此过程可以帮助来访者改换旧有的不适应信念并改变其有害的行为模式。较多研究证据证明，这是目前对焦虑障碍、抑郁障碍、创伤后应激障碍、人格障碍、精神分裂症等患者行之有效的疗法之一。新一代的认知-行为疗法，如内观认知疗法，更对预防抑郁症复发有较好的效果。

【心理超市：内观认知疗法】

内观认知疗法是在美国临床心理学家阿尔伯特·艾利斯于20世纪50年代创立的理性情绪疗法及ABC理论基础上发展起来的一种心理治疗方法，属于认知心理治疗方法的一种。理性情绪疗法旨在通过纯理性分析和逻辑思辨的途径，改变当事人的非理性信念，以帮助当事人解决情绪困扰以及行为上的问题。而内观认知疗法则是以来访者的自我回忆和思考为主要治疗手段，为了减少来访者的心理阻抗，回忆的内容全部为其过去亲身经历的事实。在这个过程中，来访者不需要先确认自己心理异常，不需要理解很多深奥的心理学概念和理论，不需要向指导者报告全部想法和事件。指导者只是起到陪伴、帮助和支持的作用，让来访者实现自我觉察和心灵成长。内观认知疗法比较符合现代人倾向于自我解决心理问题的意愿。

内观认知疗法是围绕帮助来访者建立理性的内观三主题的认知展开的。内观三主题，即我为对方做的（付出），对方为我做的（收获），自己给对方添的麻烦（麻烦）。来访者常常想着自己付出很多，他人给自己的回报很少，自己得不偿失，因此感到烦恼和痛苦。运用内观认知疗法，可以转变来访者的上述认知偏差，主要步骤如下：

① 对"被给予"的觉察：人经常会夸大自我的力量，而忽略他人（外界）的支持。内观的第一主题是"对方为我做的"，通过反复思考这样的主题，使其认知模式发生潜移默化的改变，觉察到自己所拥有的一切首先都是他人（外界）所给予的这一客观事实。当人不断觉察到这样的客观事实时，内心就会充满了幸福和感激。

② 知道"付出"也"快乐"：很多人认为如果付出不能得到回报就是吃亏，在进行内观的第二主题"我为对方做的"后，他们会感悟到其实能够为他人（特别是亲人）做一些力所能及的事情也是一种快乐。

③ 懂得"付出"远少于"得到"：通过对"对方为我做的"和"我为对方做的"这两个主题的对比思考，觉察到自己在生活中已经得到了以父母为代表的他人的太多的爱和给予，而且自己其实是无法完全回报的，使自己产生被爱感和获得的满足感，以及因不能回报亲人而产生的健康的愧疚感。

④ 对"添麻烦"的正视：通过对内观的第三主题"自己给对方添的麻烦"的思考，人们会发现自己过去有意无意之中已经给他人（外界）增添了很多的麻烦。当对这个主题和内观的第二主题"对方为我做的"同时进行内观时，人们会产生健康人应有的羞耻感和自罪感。

⑤ 对"连带感"的感受：在内观时人们会发现自己做了好事亲人会感到高兴，做了错事亲人会感到失望和痛心。对"连带感"的感受，会让来访者学会在今后做事时顾及他人感受，减少自私和自以为是等自我中心主义的行为。

综上所述，在利用内观认知疗法治疗过程中，通过对内观三主题的反复思考，可使来访者的认知模式潜移默化地转变为：对方为我做的（收获），我为对方做的（付出），自己给对方添的麻烦（麻烦）。这样，来访者转变后的认知模式就与他人的认知模式相一致了，来访者的主观经过内观认知治疗就会与客观变得更接近一些。来访者会常常想自己得到很多，回报他人很少，给他人添麻烦很多，也就会首先感到幸福满足，然后自察自省，产生健康人做错事后应有的愧疚，继而纠正自己的不良行为。

人遇到外部刺激时，情感反应优先于认知判断。也就是说，人通常是先有情感判断，再做认知解释。而内观认知疗法正是通过情感与认知的良性交互作用，使被治疗者的认知改变得到强化和固定，提高其同他人共鸣协调和自我控制的能力，使其情绪行为变得稳定，各种精神症状得以减轻，从而焕发精神、保持乐观。

3. 催眠疗法

催眠疗法可以让人们进入一种半梦半催眠的意识状态，即催眠状态。在传统的催眠疗法中，治疗者的言语指示会对病人产生巨大的推动作用，使其产生较为深刻的心理状态的变化，释放出心中的问题，从而使某些症状减轻或消失，疾病明显好转。在埃瑞克森派催眠术中，催眠师不做直接的建议：他利用隐喻或朗诵来引导患者的潜意识朝正确的方向发展。他也要求患者参加他设定的催眠状态。很多治疗师会采用催眠疗法作为辅助。催眠疗法是行为治疗中的一项主要技术，可快速、有效地控制抑郁、焦虑等情绪，对某些创伤后应激障碍、心身疾病也有效果。

4. 心理剧疗法

心理剧疗法是一种通过一场现场戏剧的形式使来访者的感情得以宣泄,从而达到治疗效果的疗法,剧情可以是工作压力、母子冲突、家庭纠纷等,也可以是与来访者的实际情况相近似的内容,来访者通过扮演生活中重大事件中的某个人物,体会角色的情感与思想,从而改变自己以前的行为习惯。这种疗法通常运用在团体治疗中。

【案例导读:角色扮演】

角色扮演是心理咨询中的一个很好的方法。角色扮演主要指个体在想象中扮演他人的角色,即试图把自己想象成他人,以他人的观点来看待问题,理解他人的处境和感觉,预测他人可能采取的行动及其对自己的行动所做出的反应。通过这种方式可以达到消解个体的心理困扰、促进心理正常发展的目的。在社会心理学领域,角色扮演被看做是个体扮演社会所期望的角色,进而来解释个体社会化过程中的心理现象和规律。

角色扮演在心理辅导中的作用主要表现在:首先,角色扮演可以排解来访者的不良情绪。在学校心理剧的演出中,学生扮演某一特定的角色,模仿现实生活情境,以戏剧演出的形式宣泄和释放压抑着的情感,可以达到排除心理困扰和心理障碍的目的。其次,角色扮演可以促进来访者对他人的理解。角色扮演的一个重要特征是要求来访者站在所扮演的角色的角度认识事物,思考问题,展开行动。这样,对来访者来说,他只有放弃自己原有的一些观点,从所扮演的角色的角度来认知、体验周围的世界,才能很好地完成角色扮演的任务。

有关角色扮演的理论认为,人的社会行为一般是通过在后天的观察学习中模仿和体会出来的。人们在观察和学习自己所模仿的榜样时,就可以获得一种新的行为,从而形成一种特有的行为来指导自己的行动。角色扮演法常用的技术包括饰演心理剧、空椅子技术、替身技术、镜像技术、魔术店理论等,通过这些技术可以对学生进行有效的心理辅导和人生观、世界观的引导。

最近几年,心理剧在高校中颇受欢迎。心理剧最初是由罗马尼亚精神病理学家莫雷诺(Moreno)在 1921 年创立的,它是由来访者将自己的心理问题通过表演的方式展示给治疗师,从而表达出自己的内心感受,并培养、提高自己的洞察力,借此走出困境,实现自我整合和人际关系和谐。心理剧以其参与性、自创性、体验性、直观性、后发性和回味性的特点,开始成为一种独具魅力的心理治疗方法,并日益得到发展和推广。

心理剧从诞生至今,已经演绎出艺术治疗心理剧、音乐治疗心理剧、神话心理剧等 10 多个流派,在心理治疗、人力资源管理、家庭治疗、教育等方面得到越来越广泛的运用。近年来,神话心理剧可谓异军突起,其以瑞士心理学家荣格的分析心理学为基础。分析心理学告诉我们:人类还会被潜意识的力量驱使,而不仅仅是认知的观念和行为。有学者认为,和心理剧相比,神话心理剧不把重点放在个人的情境上,而是更集中在团体的神话上,它更尊重深层的心理结构。神话心理剧没有离开无意识,而且更尊重人们正在经历的过程,冲突不被看做是一种误解或什么可以避免的事,它更多地被看做是成长和改变所必需的。神话心理剧试图提供一种新的方法来解释和放下团体之间的纠缠,帮助人们面对不能忍受的或非常困难的情境,是一种解决冲突的有效方法。

5. 叙事心理疗法

叙事心理疗法,是咨询者运用适当的方法,帮助当事人找出遗漏片段,以唤起当事人改变内在力量的过程。叙事心理疗法对"人类行为的故事特性"即人类如何通过建构故事和倾听他人的故事来处理经验感兴趣。

叙事心理疗法的创始人和代表人物为澳大利亚临床心理学家麦克·怀特及新西兰的大卫·爱普斯顿。叙事作为一种方法在心理学研究中有着不可替代的作用。首先,叙事可作为心理学研究中获得深度资料的重要手段。叙事资料作为数据资料的补充,可以通过对具体个案的深入剖析而揭示出一般的规律或独特的意义。其次,叙事还可作为干预手段在研究中使用。叙事总是与反思联系在一起,人们在诉说生活故事的过程中,也就审视了自己。这种反思或审视是一种内源性的干预,使当事人自律,变得对自己的生活负责。

叙事心理疗法把人与事分开,以人性的眼光看人,而不以道德教育人。叙事心理疗法相信当事人才是自己的专家,咨询师只是陪伴者,当事人应该对自己充满自信,相信自己有能力并且更清楚解决自己的困难的方法。叙事心理疗法对多数适合心理咨询的人都有较好的作用,是当今的重要心理咨询方法之一。

6. 沙盘疗法

沙盘疗法又称箱庭疗法或沙箱疗法,是在欧洲发展起来的一种心理疗法。1939 年,受威尔斯“地板游戏”的启示,英国伦敦的儿科医生劳恩菲尔德将收集的各式玩具模型放在箱子之中,让孩子们在箱子中玩。孩子们将这个箱子称为“神奇的箱子”,并将这一儿童心理治疗方法命名为“世界技法”。

瑞士的精神分析学家考尔夫接受了劳恩菲尔德的指导,并结合荣格的分析心理学,注重治疗者与被治疗者的信赖关系的确立,他使用荣格的心像、象征理论观点去分析患者的作品,进一步发展了沙盘疗法。

河合隼雄在瑞士的荣格研究所留学时跟考尔夫学习了这一技法,并将其介绍到日本。进入 21 世纪,沙盘疗法在心理咨询中被广泛使用并得到相当程度的肯定,已成为心理治疗的主流方法之一。

7. 团体心理辅导

团体心理辅导是咨询师以团体为对象,运用适当的策略和方法,通过团体成员间的互动,促使个体认识自我、探讨自我、接纳自我、激发潜能、增强适应能力等的一种心理辅导形式。团体心理辅导是咨询师需要掌握的最基本的实务技能之一。

8. 成瘾治疗

成瘾治疗主要针对的是网瘾、药物滥用以及酒精、尼古丁、性等的成瘾治疗。

四、积极心理学导向的心理咨询

传统心理咨询注重心理问题的消除和修复,咨询师多关注的是学生的“心理问题”,这种以问题为导向的咨询师必会对学生产生消极暗示,并不利于学生发掘自身力量解决问题。而积极心理学认为心理治疗不是修复受损部分,而是培育人积极的正向力量,把注意力放在挖掘和发展来访者的各种能力上。该理论秉承积极的人性观,认为每个人身上都存在积极心理品质,都有巨大的心理潜能。心理咨询应调动这些积极潜能,发展积极品质。

积极心理学导向的心理咨询,可通过一系列的干预训练策略来增进个体的积极情感,识别并发挥个体的品格优势。首先应建立积极的咨访关系,咨询师应真诚地对待来访者,充分共情,对学生无条件积极关注。积极心理学视角下的心理咨询,应将学生身上的积极因素调动起来,发挥学生正向的或积极的潜能,如幸福感、自主、乐观、智慧、创造力等。在咨询过程中,通过直觉与想象,运用故事作为咨询师与学生的媒介,激发学生的主观能动性,使学生的消极因素得到抑制,积极力量得到培育和增长。

五、寻求适合自己的心理咨询

心理咨询会解答疑难、化解症状,但根本目标是助人成长,促进人格完善。因此,可根据自身状况寻求心理咨询,即一方面考虑自身状况,另一方面参考咨询师的情况来进行选择。

1. 考虑自身状况

一是自己的时间安排。心理咨询需要时间的保证。一旦与咨询师约定了时间,就要按时到达咨询室。咨询师通常在与你约定时间后,就会按时等待你的到来,不再安排给别人咨询。

二是自己的经济能力。目前,高校内设置的心理咨询服务大多数都不收费,只有极个别学校开展收费心理咨询服务。校外医院的心理咨询门诊和社会咨询机构一般都是收费服务。因此,要根据自己的经济能力来选择心理咨询机构。

三是自己的问题状况。通常,一些因具体事件引发的、时间较短的心理问题,对咨询师的选择要求不高,绝大多数咨询师都能帮助你解决问题。但对某些困扰自己时间较长、症状较重的问题,则应选择向经验丰富一些的咨询师咨询。

2. 参考咨询师的情况

咨询师所受教育、培训各有特点,咨询经历各不相同,这造成咨询师的咨询特长存在差异。因此,可先在咨询机构相关宣传资料上查询了解,然后做出自己的选择。

【心理训练:调整与放松】

每天或每周,我们都需要进行一下自我心理调整,给自己增加一些新鲜的能量。下面介绍一个可以随时使用的自我心理调整方法。

找一个相对安静的地方坐下,闭上眼睛。先用深呼吸让自己平静下来,再恢复自然呼吸。随后想象自己来到一个自己很喜欢的自然环境中,慢慢欣赏自然环境中的一草一木、一水一物;似乎自己能够闻到那里自然清新的味道,听到那里自然的声响;然后慢慢加大呼吸,想象随着呼吸自己正在充分吸入大自然送出的生命能量,这些能量像空气一样围绕着我们,从我们的身体的每一个部分、每一个毛孔进入体内,让我们感到非常舒适,非常清爽,非常充盈。一切疲劳、烦恼都被这些能量置换掉了,全身只有松弛、舒适、通透、力量,然后,再慢慢恢复自然呼吸,感觉很舒适、很平静后,先动动手指、脚趾,再慢慢睁开眼睛。

第一模块 高效的学习

Ⅰ. 心理超市

【心理测试:学习动力诊断】

下表是一份了解学生在学习动机、学习兴趣、学习目标的制定上是否存在行为困扰的诊断量表,共20道题。表中情况若与你的情况相符,请在"Y"栏打"√",若不相符则在"N"栏打"√"。

学习动力诊断量表

内 容	Y	N
1.如果别人不督促你,你极少主动学习。		
2.你读书时,需要很长的时间才能提起精神。		
3.你一读书就觉得疲劳与厌烦,直想睡觉。		
4.除了老师指定的书目外,你不想再多看书。		
5.如有不懂的,你根本不想设法弄懂它。		
6.你常以为自己不用花太多的时间成绩也会超过别人。		
7.你迫切希望自己不用花太多的时间成绩也会超过别人。		
8.你常为短时间内成绩没能提高而烦恼不已。		
9.为了及时完成某项作业,你愿意废寝忘食、通宵达旦。		
10.为了把功课学好,你放弃了许多你感兴趣的活动,如体育锻炼、看电影、郊游等。		
11.你觉得读书没意思,想去找个工作。		
12.你常认为课本上的基础知识没啥好学的,只有看高深的理论、读大部头作品才带劲。		
13.只在你喜欢的科目上狠下功夫,而对不喜欢的科目放任自留。		
14.你花在课外读物上的时间比花在教科书上的时间要多得多。		
15.你把自己的时间平均分在各科上。		
16.你给自己定下的学习目标,多数因做不到而不得不放弃。		
17.你很少稍加努力就实现自己的学习目标。		
18.你总是同时为实现几个学习目标而焦头烂额。		
19.为了对付每天的学习任务,你已感到力不从心。		
20.为了实现一个大目标,你不再给自己定制循序渐进的小目标。		

测试结果解释:

上述20道题可分成4组,分别测查学生在4个方面的困扰程度:

1～5 题测查学习动机是不是太弱；

6～10 题测查学习动机是不是太强；

11～15 题测查在学习兴趣方面是否存在困扰；

16～20 题测查在学习目标方面是否存在困扰。

假如被测试者对某组(每组 5 题)中的大多数题目持认同态度，则说明被试者在相应的学习欲望上存在一些不够正确的认识，或存在一定程度的困扰。

对所有题目，选“Y”记 1 分，选“N”记 0 分，将各题得分相加，即可算出总分。

0～5 分：说明在学习动机方面有少许问题，必要时可调整。

6～10 分：说明在学习动机方面有一定的问题和困扰，可视情况加以调整。

14～20 分：说明在学习动机方面有严重的问题和困扰，必须加以调整。

Ⅱ. 案例导读

【强化你的学习动机】

案例 1：我是一位来自山区家庭经济困难的大学生，学业成绩一直非常优异。上大学后，忽然感到心中茫然，学习没有动力，生活没有目标，有时候想到辍学在家的妹妹和年迈的父母我也恨自己不争气，可我的确找不到奋斗的目标与学习的动力，学习上得过且过，生活上马马虎虎，漫无目的，上课打不起精神；我不是因为喜欢上网而荒废了学业，而是因为实在没劲才去上网、聊天、打游戏，我如何才能摆脱这种状态？

案例 2：一直优秀的我一向对自己要求很高，当然这也与家庭的期望有关，父母都是具有高级职称的知识分子，在他们的言传身教下，我从小就知道努力与奋斗。进入大学时，我进行了认真细致的生涯设计，于是，在大学里我像一只陀螺般飞速运转着，珍惜分分秒秒，因为我相信：付出总有回报。但我发现我离自己的目标越来越远，并开始怀疑自己的学习能力，我感到自己在学习上的优势在下降，甚至多年积累的自信也受到了挑战，对未来，我忽然担心起来，我该如何办？

以上两个案例折射出的是大学生常见的学习问题中的一种：学习动机不当。不同的是：前者是因为学习动机不足导致的，后者是由于学习动机过强造成的。是什么原因造成了大学生的学习动机不当呢？

(1) 学习动机不足的原因分析

导致学习动机不足的主要原因是学习动机不正确，社会责任感不强，价值观念不强，学习态度不端正，学习毅力不强，对专业不感兴趣，对自我的学业期望不足，学业自我效能感低。

(2) 学习动机过强的原因分析

个体对学业的期望过高，自尊心强，对自己的学习能力缺乏恰当的估计，从而造成学业自我效能感下降，因而心理压力大；渴望学业成功且担心学业失败，受表面的学业动机驱使，渴望外在的奖励与肯定，特别是由于学业优秀带来的心理满足使学生更看重自己的学业优势，因而造成学习强度过大，引起心理疲劳。

【上脑是统治者，下脑是主导者】

招财猫举起的是哪只爪子？榴梿和波罗蜜，谁的外壳更粗糙？在回答这两个问题时，你的脑海中是不是自动浮现了招财猫、榴梿和波罗蜜的样子？如果我告诉你，解答这两个问题用的是大脑皮质中的两套不同系统，你会相信吗？（顺便说一句，答案是左前爪和榴梿。）

近百年来的研究显示，大脑是分块工作的，上脑负责拟定和执行计划。为了更好地驱动身体执行计划，上脑捎带处理了位置、距离、角度等空间信息。所以，被切除上脑的猕猴，再也学不会寻找藏在特定位置的食物。下脑负责感知、理解和信息分类，激活情感和记忆。为了更好地感知，下脑特别擅长识别颜色、形状和纹理。所以，被切除下脑的猕猴，再也学不会寻找藏在特定形状的物品中的食物。

下脑理解世界，上脑决定行动。上下脑既独立运作，又密切合作。上脑会不断提示下脑，这些信息很重要，要特别留意。而经下脑整理的信息则传给上脑，供上脑决策时参考。每个人都是这两套系统协作而生的产物，当然，也都有自己的"惯用系统"。

根据对上下脑的惯用程度，人可被分为 4 种——行动者、刺激者、感知者和适应者。

双脑并重的行动者是天生的领导者，上脑帮他们制订计划、积极行动，下脑帮他们收集反馈、审时度势。

更倚赖上脑的刺激者有最多的新鲜点子，能在头脑风暴中创造出多套方案，但由于他们经常无视现实，有时这些方案并不可行。遇到挫折或阻挠时，刺激者更愿意坚持到底，而不愿意调整计划。

更倚赖下脑的人则是感知者。感知者里出了许多艺术家，因为他们能敏感地体味世界和人生的细节。感知者也能成为极好的专家顾问，因为他们擅长理解与解释。感知者喜欢安静，乐于反思，但往往行动力不太好，而且很难去制订和执行一个详尽的大计划。

还有些人既不太倚赖上脑，也不太倚赖下脑——他们是适应者。适应者特别能随遇而安，活在当下。他们好相处、好合作，会接受突然出现的任务而不多问一句"为什么不让别人做"。适应者的行动力不亚于行动者，二者的区别在于，行动者为自己行动，适应者为适应环境而行动。

小测试：下列几项所描述的情况跟你相似吗？（"截然相反"得 1 分，"不太像我"得 2 分，"说不准"得 3 分，"有点像我"得 4 分，"这就是我"得 5 分。）

① 购物时，我会仔仔细细地查看商品。

② 一开电视，我就会试着辨认出现的人物是谁。

③ 听音乐时，我会试着分辨出现了哪些乐器。

④ 去艺术展时，我喜欢慢慢地欣赏画作。

⑤ 如果我很晚才能到酒店，我会事先给酒店打电话告知。

⑥ 在开始一个项目前，我会备好所有需要用到的工具。

⑦ 做出决定后，我会思考一下未来可能出现的状况。

⑧ 我非常喜欢制订计划。

下表为测试结果解释，前 4 题的总分是下脑分，后 4 题的总分是上脑分。

上脑分 / 下脑分	上脑分≥15	上脑分<15
下脑分≥13	行动者	感知者
下脑分<13	刺激者	适应者

Ⅲ. 心理训练营

心理训练营的目的是希望团体成员在充满信任的良好团体气氛中，通过示范、模范、训练等方法，尝试与他人建立良好的人际关系和心理互动，并将这种改变延伸到团体之外的现实生活中去。因此，在进行心理训练活动时，首先需要所有参与者本着真诚的态度营造一个模拟的社会和人际情境；其次是成员间要相互包容和支持；再次是要鼓励表达和分享，帮助成员克服胆怯；同时主持人和参与者还要遵守互相保密的原则，因为这将使得团体成员拥有安全感；最后还需要成员间彼此多些尊重和理解，加强信任感。

活动一：撕纸条

活动目的：

① 让成员反思自己平时管理时间的习惯与问题。

② 通过讨论让成员间相互学习，从他人那里借鉴有效利用时间的好方法。

活动准备：报纸条(大约100厘米长，2厘米宽)，要求每人一条，所有纸条统一规格。

活动步骤：

① 主持人向成员讲明纸条的含义及游戏规则：大家现在手里拿着的纸条就代表我们一天所拥有的时间——24小时，之后我将放一段背景音乐，请大家在音乐中按我所说的内容从你的纸条上撕去相应的时间段。

② 道具时间：把事先准备好的小纸条发给大家，准备音乐。

③ 请大家按我说的内容从你的纸条上撕去相应的时间：“睡觉、吃饭、看电视、玩游戏、踢足球、聊天、发呆”。

现在，请大家看一下自己手中的纸条还剩得多吗？

好，请大家继续往下撕，把你手中的这段时间里的非学习时间统统撕下去，完成的同学请高高举起你的“学习时间”。我们大家来看一下，我们究竟每天有多少时间在学习中度过。

④ 下面我们贴一张原始纸条在黑板上，大家可以拿着你手中的纸条来和原始纸条对比一下，这样能更直观地看到现在你手中这个小纸条和原始纸条的差距。

主持人总结：

① 时间如细沙。时间总是在琐碎中悄悄溜走。大家在刚才的分享中纷纷表达了这样的想法，平日里看似不经意的小事情竟然占去了我们如此多的时间。

② 节省时间的技巧。好多组员在最后时刻，手中的纸条只剩下小小一段，反思后发现有很多时间被无谓地浪费了，假如自己能再抓紧一点，就可以腾出不少时间用于学习。我们也看到在大家交流的时候，有的成员捡回撕去的纸条，将其弥补在学习时间上。如何有效地利用时间呢？相信大家从刚才的讨论与学习中已经收益良多。希望通过今天的游戏大家能看到时间是如何流逝的，虽然我们平时会有很多机会告诉自己要合理有效地利用时间，但是如何实施呢？我们一定要找到具体的方法，并将它实实在在地用在平时的生活里。

活动二：疯狂一分钟

活动目的：

① 学生们意识到生命是由一分一秒组成的，要珍惜时间。

② 体会如何有效利用时间，在有效的时间里创造更多的价值。

③ 通过讨论，促进学生间的相互学习——学习他人利用时间的技巧，利用集体智慧寻找更好的时间利用方式。

活动导入：

① 询问组员对现阶段生活的感受，如是否感到时间紧张、不够用，有大量的事情能想到却做不到。

② 允许组员进行短暂的讨论。

③ 不予评价，将组员反映的主要问题暗暗记下，以便在进入正式讨论时，对组员进行引导。

④ 当组员讨论气氛有热烈趋向时，暂停讨论。导入以下故事：

有一位记者去采访某位成功人士，成功人士打开门后对记者说："先生，我只能给您一分钟时间。"这时，记者看到了成功人士身后奇乱无比的客厅，茶几上满是烟蒂、空的饭盒，地上也堆满了书籍、碟片。记者说："先生，我是想采访您成功的经验，可是一分钟时间不够干任何事情啊。"成功人士说："噢，这个问题啊，那一分钟后，我来回答你。"于是，成功人士回到房间里并且关上了门，一分钟后，成功人士重新打开门，指着整洁一新的客厅，看看表，对记者说："看，一分钟刚好，这就是我成功的经验。"

活动步骤：

① 分组。因为本游戏的主要活动都在于讨论，因此分组时主持人要有意将平时性格活跃或内向的组员均匀分到各组，保持各组平衡。

② 每组 6～8 人。组内选出小组长与记录员。

③ 进行游戏导入部分。对导入部分的故事做简单总结，然后引导大家讨论，如"大家听到这个故事有何感想？你们觉得一分钟可以干些什么呢？"

④ 分组讨论。讨论中要求记录员做记录，并在讨论结束后选代表发言，发言内容为小组讨论成果。

⑤ 小组分享交流。

主持人总结：

① 学会珍惜。珍惜每一分钟不仅仅是为了使自己能更好地利用时间，而且是一种对待生活的态度。珍惜才能让我们逐渐体会到美好的存在，珍惜时间可以让我们发掘时间的美，珍惜别人给我们的爱可以让我们发掘温情的美好，珍惜我们的付出可以让我们体会到给予的美好。生活中的美好是珍惜出来的，不在乎的态度会让我们失去很多。

② 珍惜的关键是实践。对于一分钟的重要性我们已经有所体会，但是究竟应如何合理利用每一分钟呢？对，实践。我们今天所说的实践就是行动力。提高我们的行动力不仅可以让我们充分利用时间，还可以缓解我们的压力。我们有时觉得有好多事情压在身上，想到这就已经很头疼了，更别提去做了。终有一日被逼无奈，只好硬着头皮去完成各项任务。但一旦行动起来，我们就会发现所有的事情也不过如此，开始做了，也就一件一件地完成了，远没有想象中的可怕。请回味、请记住那一刻的感受："不过如此"。对，只要我们敢于迈出第一步，从每一分钟做起，再多的事情我们都可以分解掉。做个小小的细菌，将庞大的猎物分解、吞噬。没有什么是我们做不到的。

活动三：求解漂流瓶

活动目的：

① 让学生们意识到生命是由一分一秒组成的，要珍惜时间。

② 体会如何有效利用时间，在有效的时间里创造更多的价值。

③ 通过讨论，促进学生间的相互学习——学习他人利用时间的技巧，利用集体智慧寻找更好的时间利用方式。

活动准备：便笺纸。

活动步骤：

① 由于大学学习呈现出许多新特点，不少人在刚进入大学时总会有一些不适应，总会或多或少地出现一些问题。请你在便笺纸上写下你进入大学后在学习方面遇到的问题和困难，并将便笺纸装在事先准备的信封里。注意：如果问题较多，请用多张便笺纸，每张便笺纸上只写一个问题，以便留出足够的空白位置供他人回答用。

② 在信封上写下自己的姓名，也可以是自己的昵称或代号。便笺纸上可以不署名。

③ 将全班同学分成人数均等的三大组，即 1、2、3 组，将各组的信封汇集并装入写有相应组号的三个纸盒中。

④ 请 2 组的组员每人从 1 号纸盒中抽取一个信封，回答里面的问题，回答完后，同桌交换信封继续回答问题，如果时间允许，再与后面一排的学生交换信封回答问题，最好一个问题能收集到 3 个以上同学的回答。每次回答完问题后都请将便笺纸放回信封。相应地，3 组组员抽取 2 号纸盒中的信封，1 组组员抽取 3 号纸盒中的信封。

⑤ 将信封返还到每个人手上，请仔细阅读他人对你的问题的回答。

主持人总结：

① 每个人都会遭遇各种各样的问题，有的问题是共同的，有的是个人特有的。当发现自己的问题别人也存在时，我们会从心理上轻松一些，甚至有时问题就不再是问题了。所以，在本次活动中，你有没有发现自己的问题别人也提到了？此时你的心情如何？如果你的问题是独特的，想一想，为什么会这样？

② 仔细看看他人给你的建议，这些建议对你有帮助吗？你对今后解决这些问题有新的想法吗？你现在如何看待你最初提的问题？

③ 谈一谈你在本次活动中的感受。

第二模块　独特的自我

Ⅰ. 心理超市

【心理测试:自我同一性测试】

该问卷主要用于评估自我同一性对角色混乱的冲突。问卷可以让你了解你在同龄人中所处的位置,初步了解自己的自我同一性状况。

以下描述如果符合你自身的实际情况,请在对应的栏里画上"√":没有(N)、偶然(O)、一般(F)、经常(V)。

自我同一性测试问卷

内　容	没有(N)	偶然(O)	一般(F)	经常(V)
1. 我常常想我是一个怎样的人。				
2. 人们似乎改变了对我的看法。				
3. 我对人生中应当做什么相当确定。				
4. 对某些东西在道德上是否正确,我感到不能确定。				
5. 对我是一个什么样的人,大多数人的看法是一致的。				
6. 我感到我的生活道路适合于我。				
7. 我的价值被其他人所认同。				
8. 当远离那些非常熟悉我的人的时候,我感到非常轻松。				
9. 我感到生活中做的许多事情不那么有价值。				
10. 我感到我自己生活的社区很融洽。				
11. 我很骄傲自己成为这种类型的人。				
12. 别人看我和我看自己的方式不太一样。				
13. 我感到被别人忽视。				
14. 人们似乎不赞同我的观点。				
15. 我改变了向生活索取的观点。				
16. 我不确定别人是如何看我的。				
17. 我对自己的看法变了。				
18. 我感到我正在付诸行动,或努力使一些事情生效。				
19. 我为成为我所生活的社会中的一员而感到骄傲。				

记分:

题目3、5、6、7、10、11、19:没有,－1分;偶然,－2分;一般,－3分;经常,－4分。

题目1、2、4、8、9、12、13、14、15、16、17、18:没有,－4分;偶然,－3分;一般,－2分;经常,－1分。

将每题的得分加起来得到总分。下面,我们提供一个平均分为59、标准差为6的常模对照表，它可以帮助你了解你的自我同一性以及在同学们中的大致水平。

得　分	百分比
70	95
67	90
64	80
61	60
59	50
57	40
55	30
53	20
50	10
48	5

Ⅱ．案例导读

【延迟满足】

发展心理学研究中有一个经典的实验，称为“延迟满足”实验。延迟满足是指一种为了更有价值的长远结果而主动放弃及时满足的抉择取向，属于人格中自我控制的一个部分，是心理成熟的表现。

20世纪70年代，在社会心理学家沃尔特·米歇尔（Walter Mischel）的策划组织下，美国斯坦福大学附属幼儿园进行了著名的“延迟满足”实验。实验者发给每个4岁被试儿童一颗好吃的软糖，同时告诉孩子们：如果马上吃，只能吃一颗；如果等20分钟后再吃，就可以吃两颗。然后实验人员离开，留下孩子们和极具诱惑力的软糖。实验人员通过单面镜对实验室中的幼儿进行观察，发现有些孩子只是等了一会儿就开始不耐烦并急不可待地把糖吃掉了，是“不等者”；而另一些孩子则耐住性子、闭上眼睛或头枕双臂作睡觉状，也有的孩子想出各种办法来转移注意力以拖延时间，比如用自言自语或唱歌的方式来转移注意力，消磨时光，又比如和别的小朋友一起做游戏、讲故事等，以克制自己的欲望，从而顺利地等待了20分钟，获得了更丰厚的报酬，是“延迟者”。

后来，在参加实验的孩子到了青少年时期时，研究人员对他们的家长及教师进行了跟踪调查，他们发现那些以坚韧的毅力获得两颗软糖的孩子，也就是“延迟者”升入中学时表现出较强的适应性、自信心和独立自主精神，并且具有冒险精神、受人欢迎；而那些经不住软糖诱惑的孩子，即“不等者”则往往屈服于压力逃避挑战，在个性方面更多地显示出孤僻、易固执、易受挫、优柔寡断的倾向。两者学业能力的测试结果也显示，“延迟者”比“不等者”在数学和语文成绩上平均高出20分。

在后来几十年的跟踪观察中，也证明那些有耐心等待吃两颗糖果的孩子，事业上更容易获得成功。实验证明：自我控制能力是个体在没有外界监督的情况下，适当地控制、调节自己的行为，抑制冲动，抵制诱惑，延迟满足，坚持不懈地保证目标实现的一种综合能力。它是自我意识的重要成分，也是一个人走向成功的重要心理素质之一。

【“无能为力”的琼瑶】

请大家读一读这封信：

“亲爱的母亲，我抱歉来到了这个世界，不能带给你骄傲，只能带给你烦恼。但是，我却无力改善我自己，我真不知道怎么办才好！但是，母亲，我从混沌无知中来，在我未曾要求生命之前，我就这样糊里糊涂地存在了，今天这个‘不够好’的‘我’，是由先天后天的许多的因素，加上童年的点点滴滴堆积而成。我无法将这个‘我’拆散，重新拼凑，变成一个完美的‘我’。因而，我充满挫败感，充满对你的歉意，所以，让这个‘不够好’的我从此消失吧！”

这是一个十六岁少女的绝笔。她的名字叫琼瑶。

琼瑶在读书时数学成绩很差，有次期末考试只考了 20 分，老师要求琼瑶拿上“严加督导”的通知单并让家长在上面签字盖章。琼瑶内心惊恐不已，怀着忐忑的心情回到家中，看到妹妹正难过地哭泣，父母都在旁边安慰她。原来是小妹数学没得满分，只考了 98 分，要强的妹妹懊悔不已。熬到深夜，琼瑶终于小心翼翼地拿出了自己的成绩单。母亲说：“你要我们做父母的怎么办？为什么你比不上妹妹不说，还成绩这么差，你还不如死了算了！”琼瑶冲出家门决定去死。她写下了上面的遗书。写完之后，琼瑶找到母亲的安眠药，把一瓶药全部吃了下去，几天以后，才被救治过来。

从心理学的角度看，这封信里多次提到的“我”，是几个不同的“我”。说明她对现实的我有过低的不恰当的评价，这个“不够好的我”在无法变成母亲喜爱的“完美的我”之时，她选择了用极端的方式去解决问题。这是个差点酿成悲剧的案例。如果我们可以想办法把“真实的我”、“理想的我”和“别人眼中的我”高度统一起来，也许悲剧的幕布就不会拉开了。

心理学家认为未成年孩子的意识有两个来源：一是自我意识，即自己对自己的认识；二是源于他人，被称为外来意识。

认知不全面、生活阅历少、内心不够强大的孩子对自我的认知常常依赖外人的评价。造成琼瑶这一困惑的可能不是一个因素，但无疑，成绩下滑后，倍感失落的她已经丧失了自我价值感，而母亲的原谅是她能抓住的最后一根稻草，她需要外来的意识来接纳她。但最终母亲不问青红皂白，拒绝向女儿伸出“救命的稻草”，同时也切断了外部世界缠住她的最后一丝藤蔓。类似的悲剧就这样一个接一个地发生了。

悲剧发生的另一个原因还在于，孩子在成长过程中需要发展心智，但结果是大部分家长只盯住了“智”，而孩子“心”的层面的成长是落后的、缺失的，所以家长要有耐心等待，不要让孩子的“心”的发展落得太远。

此刻，父母的正确做法应该是，当孩子的行为出现偏差时，不用“正确的道理”“外界的标准”全盘否定孩子，而应想想孩子的自我价值感到底是什么。强权的干涉只会让叛逆吞噬一时气盛的孩子，导致对孩子个性的形成和以后个性的发展产生深远的影响。

Ⅲ. 心理训练营

活动一：心理剧场——丢了自己

剧情介绍：

一个学习成绩优异，在班级、院系学生活动中都表现积极活跃的大二女生，是学院和班级里的学生干部，平时工作中表现得雷厉风行，人际关系较为融洽，同学们都很羡慕她，可她自己却感到很累，不是身体的疲劳，而是心里的累。别人眼中的充实令她紧张焦虑，她常常想找个地方独处一段时间，但她心里明白如果真的让她闲下来，她也会不舒服，她感觉好像把自己丢了。请同学们帮她想想办法，让她明白问题的根源，找回本来的她，轻松快乐地度过大学生活。

活动人物：玲玲、小南、小凡、小丽……

活动场景：教室、社团面试办公室、路上……

活动道具：桌子、手机……

场景一：玲玲的辅导员告诉她周三中午要开班会，玲玲迅速在班群里通知了大家，并且将大家集合到了一个教室。由于具体时间没有确定，于是玲玲让大家提前到场。由于辅导员要亲自到场听大家的班会汇报，所以不许大家请假。于是大家在座位上小声议论着。但是玲玲下午要参加一个社团的面试活动，等到班会进入尾声的时候，玲玲匆匆跑到了社团面试的场地……

场景二：在社团面试地点，正在组织学生进行面试。玲玲正好遇到了同班同学小南。玲玲在大一作新生自我介绍时说过自己有跳舞的经历，而今天她想面试的正好是一个舞蹈社团。同学小南见到玲玲很高兴，想让玲玲教她一段简单的舞蹈。但是玲玲的面试词准备得很仓促，稿子还没有练得很熟练，她原本想在面试之前再加强一下，所以并不是很愿意教小南。但是同学小南一直央求她，玲玲害怕得罪人就同意了。因此玲玲在面试中将面试词说得磕磕巴巴，连才艺展示都没有做就自行离开了。

场景三：刚从面试地点出来的玲玲直接到了自习教室，准备复习功课。但这个时候小凡和小丽正在讨论问题，看到玲玲进来以后，小凡立刻笑着对她说："这不是我们的高数课代表吗？你可是老师眼前的红人，这次老师留的作业，有些难度。就劳烦大课代表帮我们问一下老师，再给大家讲一下好了。"因为玲玲平时和高数老师的交流并不是很多，对老师并不熟悉，所以不太好意思去问老师，于是她支支吾吾地没有回答小凡，就匆匆忙忙走了……

场景四：玲玲在回宿舍的路上接到了一个学长的电话，学长是玲玲所参加的另一个社团的副社长，因为学长这两天忙于其他事情，所以想让玲玲帮他做一下社团的微信公众号的推送，而这也可以锻炼玲玲的能力。学长说，如果这次玲玲做的内容质量高的话，在社团选举下一届干部的时候，学长会向社长推荐玲玲做副社长。但是玲玲自己并没有笔记本电脑，而且对微信公众号的推送也不是特别熟悉。但是，学长给的事情又不好推脱，玲玲陷入了两难的境地，感到身心疲惫……

主持人总结：

你是否也和玲玲一样有类似的烦恼？不妨说出来，让我们一起想想办法，大家一起讨论一下，并把讨论结果分角色演出来。

活动二："魅力四射"

活动目的："魅力四射"是一种可以帮助学生增加自信心的团体活动，它适合在团体成员间有一定的熟悉度，但仍有待进一步发展了解的团体中进行。通过活动可以让学生学会寻找、发现、欣赏他人身上的优点，从别人对自己的优点的描述中认识到自己的优点，并将自己的优点表达出来，进而促进学生之间的相互鼓励与支持，增强他们的自信心。

活动时间：约 40 分钟。

活动道具：20 人一组，每人一张"魅力无限卡"，足够学生使用的水彩笔，节奏舒缓的背景音乐。

活动步骤：

主持人导入：我们也许能够很轻易地发现其他同学的优点，可是当我们看自己的时候却好像觉得缺点很多，优点很少。我们总觉得把很多赞美的词语安在自己身上很奇怪。今天我们就来完成一个任务:让我们一起来发现自己的优点。

第一步:活动实施。

首先,将"魅力无限卡"和水彩笔发给每个学生。

然后,每个小组的学生坐在一起,围成两个圈,一个内圈,一个外圈。外圈的学生要和内圈的学生一一对应,确保每个内圈的学生都与一个外圈的学生面对面而坐。

活动规则:当音乐声响起时,所有内圈的人都需要把自己的"魅力无限卡"交给对面的人,然后告诉他自己的一个优点、兴趣或擅长做的事情,由外圈的人记录,签上他的名字后还给内圈的人。当音乐声停止时,所有的人都要停下来。然后,内圈的人不动,外圈的人按顺时针方向转动,换一个位置。当音乐声再次响起的时候,内圈的人把自己的"魅力无限卡"交给对面的人,再告诉他自己的另外一个优点、兴趣或擅长做的事情,外圈的人记录、签名并归还"魅力无限卡"。依次轮流,直到所有的学生都轮过一圈。接下来,内外圈的学生交换位置。按上述规则,由原先外圈的学生告诉原先内圈的学生自己的优点。最后,请学生们将他们的"魅力无限卡"的内容念给大家听。

第二步:讨论与分享。

① 说优点时,你会觉得困难吗?

② 是否有一些优点是你自己以前都没有意识到的?

③ 你是否加强了对自身优点、长处的认识?

④ 是什么原因让你没有集齐应有的 10 个签名?

⑤ 集齐 10 个签名的感觉是怎样的呢?

⑥ 你能说出其他人的优点吗?

主持人总结:

优点是人人都有的,尤其是正值青春年华的你们,身上有更多的优点,但是很多人可能并没有全面地认识到这些优点,或者说不好意思承认自己有那么多优点。一个人在成长过程中只有认识到自身的优点,才能更好地建立良好的自信心,而善于发现并且肯定他人的优点其实也是一种自信的体现,因为能够欣赏到他人的优点,可以使我们不至于太过自傲或者太过自卑,能够有效地补充我们对自我的认知。

活动三:我知故我在

活动目的:帮助个体更好地认识自我,主要包括了解自己、接纳自己、欣赏自己、改变自己。

活动时间:约 40 分钟。

活动道具:每人一张 A4 纸、一支签字笔。

活动步骤:每人在 A4 纸上回答并记录以下内容:

寻根,即追寻自我意识的发展历程。

① 父母眼中的我________________________。

② 亲戚、长辈眼中的我________________________。

③ 老师眼中的我________________________。

④ 同学朋友眼中的我________________________。

⑤ 自己理想中的我________________________。

⑥ 现实生活中的我________________________。

我是一个独特的人,一个与众不同的人。

① 我的长处和优点主要是受了谁的影响。

② 我的欠缺及不足是怎么来的，主要受谁的影响。

承认自我、接纳自我。

① 列出长处，及其对自己今后发展的好处。

② 列出自己的不足，及其对发展造成的障碍和限制。

进一步认识自我、评价自我。

① 真实的我（喜欢的和不喜欢的）________________。

② 现实的我（自己眼中的和别人眼中的）________________。

③ 理想的我（希望成为什么样的人）________________。

④ 描述 20 个“我是谁”，以“我是一个……的我”为格式，时间为 15 分钟。

在日常生活中，同学们可以运用上述的“自我认识法”来加强对自己的客观认识，从而客观评价和有效管理自我，做最好的自我。

这是帮助你认识自己的一个好方法，它可以分两步进行：

第一步，问你自己 10 次或 20 次“你是谁？”

请你把头脑中浮现出来的答案一一写出来，想到什么就写什么，完全由自己的感觉定。例如：“我是某学校阳光自信的大学生”等。由于这是自我分析材料，可以不给别人看，所以想到什么就回答什么，不要有什么顾虑。要求独立完成，不要与他人商量，互相不要受影响，回答每次提问的时间为 20 秒，如果写不出可以略去并继续往下写。组员完成后，在小组内进行充分分享和反馈。组织者要引导组员以支持、鼓励、建设性的反应来相互回馈，防止有负面、伤害甚至攻击性的评述和表达。

第二步，对自己的答案进行分析。

分析的内容包括以下两个方面：

第一，答案的数量和质量，即一共写出了几个答案，答案中哪些方面的内容较多。如果能写出 9～10 个答案，则大体上可以认为是没有特别的障碍；如果只能写出 7 个或更少的答案，则可以认为是过分压抑自己（一般以感到无聊、害羞和时间不够等为借口，说明为什么不能回答更多的问题）。

第二，答案的表现方式有三种情况：符合客观的情况，如“我是山西人”“我是矮个子”等；主观解释的情况，如“我是胆小的人”等；中性的情况，即谁也不能做出判断的情况。如果主观评价和客观评价都有，则可以认为取得了平衡；如果倾向于主观或客观，则不能取得平衡。在主观评价中，最好是既说到自己好的方面（令人满意的特征），也说到自己的不足之处（不令人满意的特征）。回答的内容中哪怕只有一个答案涉及未来（如“我是未来的科学家”），也说明自己有理想和抱负，在现实生活中充满生机；如果没有一个答案涉及未来，则可能说明自己对未来考虑不多。

第三模块　强大的意志

Ⅰ. 心理超市

【心理测试:意志品质测量】

请你认真阅读下表中的20道题目,看看自己是否同意题目所说的内容,在符合的选项栏中画"√"。A——很同意;B——比较同意;C——可否之间;D ——不太同意;E——不同意。

意志品质测量表

序　号	内　容	A	B	C	D	E
1	我很喜爱长跑、远足旅行、爬山等体育运动,但并不是因为我的身体条件适合,而是因为它们能使我更有毅力。	5	4	3	2	1
2	我给自己订的计划常常因为主观原因不能如期完成。	1	2	3	4	5
3	如没有特殊原因,我能每天按时起床,不睡懒觉。	5	4	3	2	1
4	订的计划应有一定的灵活性,如果完成计划有困难,随时可以改变或撤销它。	1	2	3	4	5
5	在学习和娱乐发生冲突的时候,哪怕这种娱乐很有吸引力,我也会马上决定去学习。	5	4	3	2	1
6	学习或工作中遇到难题时,最好的办法是立即向师长、同学或同伴求援。	1	2	3	4	5
7	在练长跑中遇到生理反应,觉得跑不动时,我常常咬紧牙关坚持到底。	5	4	3	2	1
8	我常因读一本引人入胜的小说而不能按时睡觉。	1	2	3	4	5
9	我在做一件应该做的事之前,常能想到做还是不做的好坏结果,然后根据结果有目的地去做。	5	4	3	2	1
10	如果对一件事不感兴趣,那么不管它是什么事,我的积极性都不高。	1	2	3	4	5
11	当我同时面临一件该做的事和一件不该做却吸引我的事时,我常常经过斗争,使前者占上风。	5	4	3	2	1
12	有时我躺在床上,下决心第二天要干一件重要的事情(例如突击学一下外语),但到第二天,这种劲头又消失了。	1	2	3	4	5
13	我能长时间做一件重要但枯燥乏味的事情。	5	4	3	2	1
14	生活中遇到复杂情况时,我常常优柔寡断,举棋不定。	1	2	3	4	5
15	做一件事之前,我首先想的是它的重要性,其次才想它是否使我感兴趣。	5	4	3	2	1
16	我遇到困难情况时,常常希望别人帮我拿主意。	1	2	3	4	5
17	我决定做一件事时,常常说干就干,决不拖延或让它落空。	5	4	3	2	1
18	在和别人争吵时,虽然明知不对,我却忍不住说一些过头话,甚至骂他几句。	1	2	3	4	5
19	我希望做一个坚强的有毅力的人,因为我深信"有志者事竟成"。	5	4	3	2	1
20	我相信机遇,好多事实证明,机遇的作用有时大大超过人的努力。	1	2	3	4	5

计分及自评标准：

请将对应的分值相加。

① 81～100 分：意志很坚强。

你是一个坚强的人，只要下定决心，就不言放弃，往往能取得很大成功。你只需更完善你的计划，使你的努力更具效率就很好了。

② 61～80 分：意志较坚强。

你已能为自己的发展定一个明确的目标，也能为目标的实现倾尽全力，有时即使小有动摇，也能很快再将注意力转回正道。你要尽可能完善你的计划，使实施过程受到更少的挫折，让你的意志力可以更好地发展。制订计划时，要多考虑到可能遇到的困难、波折，清醒认识到克服它可能需要的条件，也要考虑到你自身具有的有利条件，认可你的能力与努力。

③ 41～60 分：意志品质一般。

对于难度一般的事情，你能坚持得很好，容易令你半途而废的一般是那些难度大、持续时间长的任务。你可考虑将它们分成几个阶段性的小任务，分担难度、减少时间，使完成任务不至于成为折磨；另外，当完成某一个分任务时，给自己一些奖赏，给自己一些鼓励，如“我真行”“我干得不错”，告诉自己“下一个任务我也能干好”。制订计划时，要考虑到困难，但也不必认为那就是不可克服的，而是要把它细分成几个小困难，逐个击破。你完全可以依靠你自己！

④ 21～40 分：意志较薄弱。

你很少做规划，大都是随性随心地做事情，突如其来的事情会让你感觉到刺激好玩，相比制订计划，你更喜欢随机应变，随遇而安。即使制订了计划，有时你也会拖拉懒散、随心所欲，你应努力提醒自己克制。在意志力方面你需要加强锻炼，应该进行系统的训练和提升，较差的意志力会让你失去很多成功的机会。

⑤ 0～20 分：意志很薄弱。

你经常不能控制自己的情绪和行为，这显然对你的工作和成长都是不利的。当你感到自己缺少内在的动力，勉强为之时，请考虑：我究竟想要什么？为什么这个目标是现在值得追求的？深入思考这两个问题后，你或许能重新获得动力。确定了要做什么后，你就要开始计划行动，将活动时间安排在你每天精神较好的时候，难度不要太大，是慢是快要看你平时的作风；另外就是要安排好每件事的顺序，即先做什么后做什么。别忘了，每完成一件事，或告一段落时，给自己一些奖励。

Ⅱ. 案例导读

【等待十分钟】

台湾作家刘墉的一篇文章写到他与梁实秋先生的一件旧事，很有意思。

有一天刘墉与文学大师梁实秋先生同桌用餐。冷盘端上来，梁先生说他有糖尿病，不能吃带甜味的熏鱼。冰糖肘子端上来，他又说不能碰，因为里面加了冰糖。什锦炒饭端上来，他还说不能吃，因为淀粉会转化为糖。最后端上八宝饭，刘墉猜他一定不会碰了。没想到，梁先生居然大笑说：“这个我要。”朋友提醒他“里面既有糖又有饭”，梁先生则笑说：“我前面不吃，是为了后面吃啊！因为我血糖高，得忌口，所以必须计划着，把那‘配额’留给最爱。”

梁实秋先生的这段趣事，把“意志力”这个原本抽象的概念，很通俗易懂地表达了出来：克制，是为了成为更好的自己。

梁实秋先生抵制诱惑的办法，其实就是心理学上所讲的激发意志力的“10 分钟法则”。当你面对一个与你原先计划的事毫无关系的“诱惑”时，你可以试试这个“10 分钟法则”，它能增强你的意志力，提升你的意志品质。具体做法就是，在所有诱惑面前必须等待 10 分钟。

在这 10 分钟内，你一定要时刻想着长远的目标，以抵制诱惑。如果诱惑物是物品时，如手机、零食等，也可以创造一些物理或视觉上的隔断。如果 10 分钟后你还是想要，你就可以拥有它。

10 分钟，大脑会把诱惑当作“奖励”的冲动减小。所以你只要坚持 10 分钟，10 分钟后你就可以终止“对抗”。

那么，在这等待的 10 分钟内，我们应该怎么“熬”过去呢？

首先，将呼吸频率降低到每分钟 4～6 次(比你平常的呼吸频率要慢)，尽量放慢呼吸，不要憋气，专注地、缓慢地、充分地呼气，再充分地吸气。这有助于你的身心从压力状态调整到自控状态，能增加你的抗压性，帮助你做好意志力储备。

其次，再花几分钟时间想想自己的长远目标：这个长远目标是怎么制定的？要不要改变它？你还会受到什么诱惑？如果你接受了眼前的这个诱惑(比如游戏、追剧、逛街、美食等)，它会给你带来什么感觉体验？你是后悔还是甘之如饴？其实这也是强化你的终极目标的过程。

最后，需要强调的是，每一个人的目标和其他人都是不一样的，你在坚定一个目标的时候(比如减肥)，要避免参照其他人或受其他人的目标的影响。同时还要格外注意与你的目标直接冲突的东西或因素是什么(比如吃零食、睡懒觉)。当你看到别人的行为与自己最大的目标相冲突时，大脑要时刻保持高度警惕，这叫“反抗控制”。

10 分钟过后，无论你的最终选择是什么，你都会高效地去做，因为潜意识里这是你“深思熟虑”的结果，而且你要把这失去的时间“夺回来”，这还能有效对抗拖延症。

事实上，意志力远比智商更能准确预测你未来的学业和成就。你不妨试试看。

【希望的功效】

1991 年，著名心理学家查尔斯·斯奈德提出了希望感理论(Hope Theory)。他认为希望感包括“意志和策略”这两个成分，一个有希望感的人不仅要有意志去实现自己希望的目标，更要有一些实现自己目标的策略和方法。

希望感其实是积极心理学中一个很重要的核心概念。希望感理论认为，希望感并不是一种让大家愉快的感觉，而是一种动态的认知动机系统。

与希望感有关的认知主要是学习目标。希望感能够让我们不断进步。那些具有学习目标的人，更可能形成一种长期的、稳定的行动策略来实现自己的目标，并且随时观察自己的进步，从而不偏离行动的方向。那些没有希望感的人，通常在生活中经历的是一种目标失控感。也就是说，这样的人往往想走捷径，不愿意冒险、不愿意接受挑战、不愿意接受成长的机会，他们对自己的生活环境缺乏主动控制的能力，也不相信自己有这样的工作能力。

心理学家利兹·黛和她的同事还发现，希望感强的孩子未来的学业成绩会好一些，而且获得的学位也要高一些，不仅如此，他们的智商也高一些，产生不同想法的发散性思维也强一些，他们也更加负责任，而且对每个主意都有更细致的分析。

还有研究发现，希望感与运动成绩有很大的关系。职业运动员的希望感水平比非运动员高很多。这种影响甚至超过了训练的作用。因此，对自己有比较高的希望感有可能让自己获得比较好的竞技成绩。

希望感和较好的适应水平也存在正相关。研究发现，有较高希望感水平的人，记得更多的是正面的评论和发生在自己身上的正面事件;而那些希望感水平比较低的人,记得更多的是负面的评论和负面的事件。

高的希望感水平与一个人的健康密切相关。希望感水平高的人通常对痛苦有更高的耐受力。对一些脊柱受伤的病人或者烧伤的青少年来说,较强的希望感能使他们更好地适应问题,比较少抑郁,而且康复得比较快。癌症病人如果希望感强的话,就更愿意去寻找解决问题的知识和应对疾病的正确态度。

所有这些对积极心理学希望感的研究都表明,希望感会让我们有行动的动机,更让我们有行动的方法。

那么,如何培养我们的希望感呢?

第一步,培养目标导向的思维,即给自己树立一个明确的目标,比如说升职、考上研究生等。当然最好的目标是那些可以实现,同时又不那么容易实现的目标。设定的目标应该是:具体的、可以测量的、可以实现的、有价值的、有时效的(设定目标的 SMART 原则)。

第二步,找到成功的方法。我们要相信自己一定能够找到实现这一目标的路径和方法。越是有创造性的人,越容易觉得自己有希望。设定目标后,我们不妨想一想,能不能找到好几种实现目标的路径和方法,然后选择一种最可能成功的方法去执行。

第三步,落实行为的改变。"心动不如行动。"希望感理论的一个很重要的方面就是强调个人的主动精神。因此,我们要实现我们的希望,就一定要主动采取行动。另外,对我们的希望感影响最大的因素通常是时间,所以我们一定要争取立即采取行动。我们要懂得如何正确地管理自己的时间,要给重要的目标留出更多的时间,而给不太重要的目标少留些时间,或者根本就不考虑。一个好的办法就是养成一种习惯,习惯形成后,我们就会发现这样既省时又省力,更省心。

Ⅲ. 心理训练营

活动一:心理剧场——昼伏夜出

剧情介绍:大三女生李菲菲,在亲情、爱情、友情的三重打击下,悲伤无法疏导,终日沉醉于网络世界中,作息黑白颠倒。在同学和老师们的关心下,她慢慢走出了困境。

活动人物:李菲菲,好朋友张欣、王文文,同学若干,辅导员老师。

活动场景:教室、宿舍、校园。

活动道具:桌椅、手机等。

场景一:李菲菲在大三时学习成绩下降严重,父母期盼她能考上好大学的研究生,因此经常询问她的学习情况,这让她对父母产生了厌烦感,同时对学习产生了抵触心理……

场景二:临近期末考试,男友突然提出分手……

场景三:宿舍中,王文文发现喜欢早睡的李菲菲同学连续好几天在凌晨时还在玩手机,她总会对李菲菲同学说要早点睡,第二天还要上课,李菲菲也只是"嗯"一声。张欣看不过去她的浑浑噩噩,试图劝解她,但李菲菲却冷冰冰地说用不着她管,于是两人"冷战"开始……

场景四:课堂上,李菲菲同学呼呼大睡,老师叫她几次后,发现不同寻常,向王文文同学询问情况……

场景五:校园内,老师找李菲菲同学谈心,在老师的开导下,李菲菲和张欣同学和好……

主持人总结：

请大家分组讨论李菲菲的问题出在哪里，怎么做才是正确的。在生活中我们究竟应如何面对亲情、友情与爱情？把讨论结果分角色表演出来。

每人都希望拥有幸福快乐的生活，但心理问题的产生具有一定的偶然性，因此无论是自己还是周围的同学、亲友，都有可能遇到这样或那样的心理问题，有时甚至是比较严重的心理问题。那么，当我们自己真的在某个方面出现问题的时候，又该到谁那里去寻找打开心理之锁的钥匙呢？想一想，把你想到的结果写在下面。

当我在学习方面遇到问题时，我可以去求助于________、________、________。

当我在爱情方面遇到问题时，我可以去求助于________、________、________。

当我在人际关系方面遇到问题时，我可以去求助于________、________、________。

当我在个人发展方面遇到问题时，我可以去求助于________、________、________。

当我在其他方面遇到问题时，我可以去求助于________、________、________。

活动二：甩掉烦恼

活动目的：

① 培养遇到突发事件时的应变能力。

② 发挥集体的智慧和信任他人。

活动道具：A4 纸、签字笔。

活动时间：约 45 分钟。

活动步骤：

主持人向同学们宣布现在有一个机会来抛开自己的烦恼。

① 请每位同学写下各自的问题或烦恼，无须署名，然后把纸揉成一团，丢进一个纸箱中。

② 现场参与者随机或自由组合成三人小组。

③ 所有纸团丢进纸箱后，请每组同学（3 人）的代表随机从中捡起一个纸团，并大声读出上面的问题。

④ 三人小组，用 10 分钟来讨论纸团上的问题，分析可能解决的方案，并将讨论结果记录下来。

⑤ 请三人小组说出他们的解决方案，再请其他可以提供帮助的同学进行补充。

⑥ 所有小组都提供解决方案后，重复上述步骤将剩下的纸团全部解决完毕。

主持人总结：

① 消除烦恼的方法有哪些？哪些方法比较适合你？

② 为什么有些烦恼无法消除？我们应如何面对这样的烦恼？

活动三：拍卖价值观

活动目的：

① 激发学生思考自己的价值观念并予以引导和调整；帮助组员体验和澄清自己的人生态度，尽快地融入社会之中。

② 学会取舍、承担。引导学生学会对自己的取舍负责。

③ 学会珍惜和感恩。对于我们生命中既有的或已经得到的东西应珍惜。

④ 培养锲而不舍的奋斗、追求精神。

活动时间：30～40 分钟。

活动道具：足够的道具钱(代币券)、不同颜色的硬纸板、拍卖锤。

活动步骤：

① 事前准备。制作道具钱(最好设计成有花色图案的代币券，面值均为 500 元)，以增加活动的真实感；将拍卖的东西写在硬纸板上(最好是不同的颜色，可以让学生再补充项目)，以增加拍卖的趣味性，方便拍卖。

② 宣布游戏规则。每个组员手中有 5000 元道具钱，它代表一个人一生的时间和精力。每个人可以根据自己对人生的理解慎重竞拍下面的东西。每样东西都有底价，每次出价都以 500 元为单位，价高者得到东西，有出价 5000 元的可立即成交。

a. 爱情	500 元	b. 友情	500 元	c. 健康	1000 元
d. 美貌	500 元	e. 亲情	1000 元	f. 名望	500 元
g. 自由	500 元	h. 爱心	500 元	i. 权力	1000 元
j. 运气	500 元	k. 聪明	1000 元	l. 金钱	1000 元
m. 欢乐	500 元	n. 长寿	500 元	o. 别墅	1000 元
p. 美食	500 元	q. 良心	500 元	r. 孝心	1000 元
s. 诚信	1000 元	t. 智慧	1000 元	u. 冒险	1000 元
v. 成功	1000 元	w. 豪车	500 元	x. ……	

③ 举行拍卖会。发给每个组员 10 张代币券，共 5000 元。由主持人主持拍卖。按拍卖方式进行，直到所有东西都拍卖完为止。注意拍卖过程中，纪律不能太乱。

主持人总结：(指导小组讨论交流)

①你竞拍到东西了吗？

② 你是否后悔你买了这个东西呢？为什么？

③ 你是否后悔自己刚才争取的东西太少？

④ 在拍卖的过程中，你争取过来的东西是否是你最想要的？

⑤ 在拍卖的过程中，你的心情如何？

⑥ 有没有组员什么都没有买？为什么不买？

⑦ 有没有一种东西让你付出了高昂的代价但你却依然很满足？

⑧ 假如现在已经是人生的尽头，请你看看你手上所有的东西，它们对你来说是否仍有意义？

⑨ 现在把你最想要的东西写下来，想想在现实生活中怎样才能得到它。

⑩ 想想为了实现更好的人生目标，你在意志力方面还需要做哪些改变？

第四模块　积极的情绪

Ⅰ．心理超市

【心理测试:情绪稳定性测验】

请你根据自己的实际情况,选择下列情绪稳定性测验表中符合自己特征的描述,A 为非常符合,B 为有点符合,C 为无法确定,D 为不太符合,E 为很不符合。选择时请根据自己的第一印象在相应的栏内打"√",不要思虑太多,最好在 5 分钟内完成测试。

情绪稳定性测验表

内　容	A	B	C	D	E
1.孤独时我常常心烦意乱。					
2.我的心情常常随当时的气氛变化很大。					
3.我在静坐的时候可以心神安定。					
4.我常感到胸口发闷。					
5.我总觉得心慌意乱。					
6.我不了解自己内心的想法。					
7.我常担心别人对自己的看法。					
8.在别人眼里我是一个喜欢忧虑的人。					
9.我很难下定决心。					
10.我不喜欢有竞争性的工作。					
11.我容易因小的事情恼怒。					
12.我有一种自卑感。					
13.早上起床我常感到疲惫。					
14.心情不畅时,我无法在他人面前掩饰自己的不愉快。					
15.我常常会突发奇想。					
16.我不善于抑制自己的冲动或沮丧情绪。					
17.我常会受浪漫爱情片或伤感片的感染。					
18.我的兴趣多变。					
19.我的作息没有什么规律。					
20.我很迷信。					

测试结果:

请参照以下答案,对自己的选择进行计分。

选择 A 的数目________(A)　　选择 B 的数目________(B)

选择 C 的数目________(C)　　选择 D 的数目________(D)

选择 E 的数目________(E)

按照下面的公示计算出原始分数________(R)。

$$R=E\times5+D\times4+C\times3+B\times2+A$$

请按照下表所列的规则，根据你的原始分(R)，找出相应的排名值(P)。比如，你的原始分数(R)是 73，那么对应的 P 值就是 93。

情绪稳定性程度常模对照表

R	P/%	R	P/%	R	P/%	R	P/%	R	P/%	R	P/%
20	0	35	7	50	38	65	80	80	98	95	100
21	1	36	8	51	41	66	82	81	98	96	100
22	1	37	10	52	44	67	84	82	98	97	100
23	1	38	11	53	47	68	86	83	99	98	100
24	1	39	13	54	50	69	87	84	99	99	100
25	1	40	14	55	53	70	89	85	99	100	100
26	2	41	16	56	56	71	90	86	99		
27	2	42	18	57	59	72	92	87	99		
28	2	43	20	58	62	73	93	88	100		
29	3	44	22	59	65	74	94	89	100		
30	3	45	25	60	68	75	95	90	100		
31	4	46	27	61	70	76	95	91	100		
32	5	47	29	62	73	77	96	92	100		
33	5	48	29	63	75	78	97	93	100		
34	6	49	35	64	76	79	97	94	100		

注：排名值(P)是一个百分数，如果你得到的 P 值是 78，那就表明你的情绪稳定能力要比 78%的人高，反过来说明你的情绪稳定能力要比 22%的人低。

Ⅱ. 案例导读

【习得性抑郁】

马丁·塞里格曼(Martin Seligman)是影响深远的著名行为主义学派心理学家，他认为，我们对能力和控制的知觉是从经验中习得的。塞里格曼在宾夕法尼亚大学以狗为被试，通过一系列现在被认为是经典的实验发展了他的理论。

在实验室中，对狗的惩罚是电击，但这种电击是无害的。把狗放在一个“箱子”里，那是一个大箱子，由一块隔板分割为两部分。在箱子一边的地板上通电，狗感到箱子的一边有电流时，只需越过隔板跳到箱子的另一边即可避开电击。通常，狗和其他动物都能很快学会这种逃脱行为。事实上，如果有一个信号(如一个闪光灯或一个蜂鸣器)警告狗电流即将来临，狗将学会在被电击前跳过隔板而完全避开电流。然而，在塞里格曼的实验中，箱子里的狗经历过无法逃脱的电击后就不再学习这种逃脱——回避的行为。塞里格曼的理论认为，动物在学习控制不愉快刺激的过程中存在着某些因素，这些因素决定了它们后来的学习。换句话说，这些狗在先前的电击经历中已经懂得自己的行为不能改变电击结果。因此，当它们处于新的环境中时，即便有能力逃脱——做出控制行为——它们也会放弃。它们已习得了无助感。

在随后的研究中，他称人类的抑郁发展与动物的习得性无助的形成过程非常相似。在两种情形下，他们(它们)都表现出被动、消极、坐以待毙、缺乏攻击性、学习某些成功行为极为缓慢、体重减少和社会性退缩等行为。无助的狗和抑郁的人都从以往的特殊经历中习得自己的行为是徒劳的。无论狗做什么，它都无法逃脱被电击；而人也有无法控制的事件，如爱人的去世、父母的粗暴、严重的疾病或失业。

习得性无助导致的人类抑郁可产生比抑郁本身更严重的后果。研究表明，许多老年人，比如生活在养老院中的老人，由于各种原因失去了对自己日常生活的控制力，他们的健康状况往往比那些能保持这种控制力的老人差，死亡的概率也更大。另外，一些研究也表明，不受人类控制的应激性事件在严重疾病(如癌症)中起重要的作用。一项研究发现，在过去的几年中遭受丧偶、失业、失去威望等打击都将增加一个人患癌症的概率。

【拒绝情绪绑架】

很多时候，当遇到负面情绪时，我们都希望自己不要因此一蹶不振，希望自己能够赶快好起来，否则，就会感觉自己“抗压性很差”“很情绪化”……所以，为了自己、为了别人，我们应该“赶快好起来”，只有这样我们才能往前进……所以，我们要学会“情绪管理”，甚至，我们要压抑，要让自己的感受性变低，或是淡化或合理化自己的痛苦——这些可能都是我们面对负面情绪时常使用的手段。其实，你根本不知道此时你已经被情绪绑架了。

这种应对策略或许刚开始是有用的。你会发现自己对情绪的感觉越来越迟钝，你变得越来越“坚强”；但你也会发现，你对其他情绪的感知也越来越迟钝，包括快乐的情绪。你发现你的情绪起伏越来越低，你感觉不到低潮，却也没什么快乐的情绪。

要知道，情绪是公平的，你不可能只封锁某些情绪，却享受另一些情绪。不久之后，那些你忍下来的情绪，比如莫名其妙的忧郁、焦虑或烦躁，仍然会在你没有预料的时候突然向你袭来，让你完全无法招架。然后，这些情绪会慢慢化成你身体的症状，提醒你：“我在这里。”尤其是，你很有可能还会召唤过去你没有处理完的、类似的挫折感，把它们跟现在的挫折感全部融合在一起。这强大的负面情绪袭来，你就会陷入“我好糟糕”“我不好”“我什么都做不到”的自责和自我贬低之中。

于是，你陷入了情绪黑洞。

要想摆脱情绪黑洞，先要理解情绪。

情绪就像一个小孩，你越凶越责备它，你就会离它越远，越不了解它；而它反而会越发像寻求注意的小孩，使出更多激烈的手段，让你注意到它而无法忽略它。当它压抑不住跑出来时，你越觉得手足无措，就越会被它“绑架”，越会觉得自己挣脱不了。但是，如果你了解它、接受它，而不拒绝它，你会发现它真的没这么任性，也没这么可怕，其实你可以拿他当自己的好朋友，你们可以和平共处。

事实上，导致心情不好的原因总是跟某件事有关系。你对这个情绪有多在意或多失望，就代表你在这件事情上曾经有多努力、付出有多大。那么，从另一个角度讲，这个负面情绪不也是对你曾经付出的努力的肯定吗?

所以，你要做的就是接受它，如果你接受“遇到这种事，自己心情不好是正常的，我就是处在情绪不好的状况”，好好安抚自己，并把注意力放到“那件事情”上来，想想“那件事还可以挽回吗? 可以放弃吗?”这样，情绪反而可以就只停在现在的挫折感中，而不会召唤自责、自厌或过去的挫折经验，而你，只需要安抚现在的自己就好。

当我们自己的好朋友遇到挫折时，我们并不会残忍地对他说："这根本没什么，你坚强点好吗？"所以，我们也大可不必要求自己必须坚强。

所以，面对负面情绪时，如果我们都能把它当成自己的好朋友去理解且接受，它给予我们的回报，就可能远比我们想象的多。

Ⅲ. 心理训练营

活动一：心理剧场——我的情绪我做主

剧情介绍：小文在中学时代成绩优秀，颇受老师和同学的喜欢。上了大学以后，成绩不再突出，同学们也不再众星捧月般地对她，她变成了一个很普通的同学。大学里好多同学兴趣广泛，积极加入各种社团，而她却觉得自己一下子失去了成绩优势，又没有任何特长，突然产生了很强的失落感，犹如跌下神坛，自尊心也大受打击，因此情绪有些抑郁焦躁，和宿舍以及班里其他同学的关系也很紧张。紧张的人际关系使得小文学习经常进不了状态，而这又使得她的情绪状态更加糟糕，她甚至开始出现失眠的症状，糟糕的状态又引发更差的脾气，一切陷入恶性循环中。她常因一些生活小事与同学发生矛盾，也对自己产生了不良的自我认知。小文虽然知道应该控制一下自己的情绪，扭转和同学、老师的关系，但是还是做不到，最终她求助于心理咨询师。在心理咨询师的帮助下，小文认清了现实，也学会了调节情绪，并渐渐得到了同学们的谅解，不仅端正了学习态度，也慢慢融入了集体。

活动人物：小文、同学五人、心理咨询师等。

活动场景：宿舍、教室、社团活动中心、心理咨询室。

活动准备：桌椅、简单的生活用品等。

场景一：宿舍里，小文正在与好朋友微信聊天。沟通中小文的情绪非常激动，她很难过，认为自己本学期的考试成绩太差劲，与中学时的理想状况有很大的差距。

场景二：宿舍里，小文正在学习英语，舍友要求她将音量稍微调小一点，但小文反应过于激动，控制不了自己的情绪，认为舍友在干扰自己的学习，并且在言辞上有轻视自己的意思，遂与舍友起了争执。

场景三：下课后，在社团活动中心门口，小文看见四个同学兴冲冲地赶往一个地方。好奇之下她也跟着一起去了。原来她们加入了舞蹈社团，正在排练舞蹈。小文站在社团活动中心的门口，看着同学们欢声笑语地排练着舞蹈，懊悔自己没有一技之长，呆望了几分钟就神情失落地走了。

场景四：同学们帮助小文分析自己的现状，建议她寻求心理咨询师的帮助，最终小文同意了大家的建议。

场景五：在心理咨询室，心理咨询师平静地听了小文的诉说后，针对小文的实际情况，帮助她分析了现实与理想的差距，帮助她调节情绪，并对她初入大学的不适应进行了调试。最终，在心理咨询师的帮助下，小文终于学会了调节情绪的方法，并且认清了现实，开始坦然、愉快地学习和生活。

主持人总结：

请大家分组讨论小文的问题出在哪里？如果你是心理咨询师，你将如何帮助小文控制自己的情绪，并把讨论结果分角色表演出来。

活动二:情感传递

活动目的:大学生的情绪是不稳定的、多变的、易冲动的,也是极易受人影响的。本次活动旨在让大学生意识到情绪也存在“传染性”,以引导大学生在成长过程中逐步学会控制、调节自己的情绪,并让大学生感受到积极情绪和消极情绪分别对人产生的影响,从而学会更好地控制情绪并保持良好的情绪状态。

活动时间:45 分钟。

活动步骤:将 7～8 位同学分为一组。

① 在一组人中指定一个人为“情绪源”,这个人的任务就是通过眨眼睛的动作将不变的情绪传递给其他人。

② 任何一个获得眨眼睛信息的人都要把自己当做已经受到不安情绪感染的人。一旦被情绪感染了,他的任务就是要对其他人眨眼睛,将情绪传递给他们。

③ 游戏开始前,让同学们站成一圈,并闭上眼睛。

④ 主持人在这个由同学们组成的圈外走几圈。然后轻轻敲一下某个同学的后背。这个同学就是“情绪源”。

⑤ 让同学们睁开眼睛,自由散开。同学们之间可以相互自我介绍、握手、自由地交谈。

⑥ 5 分钟后,让同学们坐下来。

⑦ 让第一个受情绪感染的人,即“情绪源”站起来,并一直站着。

⑧ 让“情绪源”旁边的受到情绪感染的人也站起来。

⑨ 让“情绪源”情绪低落下来。过一段时间后,建议那些真正不耐烦的人坐下来。然后宣布,每个人,即使他们现在还感到低落,都坐下来。

⑩ 告诉学生:你已经找到了缓解不安情绪的“灵丹妙药”,而且这种“灵丹妙药”是通过真挚柔和的微笑传播的。因为大家现在被不安的情绪控制,急需这种“灵丹妙药”。

⑪ 让大家再站起来,闭着眼站成一圈。告诉大家,你会选一个同学作为“微笑情绪源”,他会通过对其他人微笑,向他们提供治疗不安情绪的“灵丹妙药”。作为回报,任何一个收到微笑的人都应该对其他人微笑。

⑫ 在圈外走几圈,但不要碰任何人的后背。在恰当的时候,假装你已经指定了“微笑情绪源”,并微笑着说“开始”。

⑬ 让大家自由活动 3 分钟。3 分钟后叫停,并请他们坐下。

⑭ 请收到“灵丹妙药”的同学举手。

⑮ 请大家指出他们认为作为“微笑情绪源”的那个人。你会发现,大家会指向许多不同的人。

⑯ 告诉大家,实际上,科学并没有研制出缓解不安情绪的“灵丹妙药”,也并没有“微笑情绪源”。

主持人总结:

指导小组讨论分享:

① 有人情不自禁地笑了吗?

② 被不安的情绪感染时,你有什么感受?

③ 在被感染后,是否有人真的开始觉得不安了?你是否注意到你的一些语言或非语言行为有所变化并反映了这种不安?

④ 是否有人尽力避免被感染？怎么避免？

⑤ 当微笑被传递时，你的反应有不同吗？

⑥ 在现实生活中，在你的集体中，感情是如何传递的？人们的情绪是如何影响他人的？

⑦ 你的心情是如何影响你的同学的？

⑧ 什么情绪对大家的学习成绩影响最大？对你个人呢？

⑨ 在现实生活中，你是如何避免被负面情绪感染的？为了避免被负面情绪感染，你应该做什么？

活动三：情绪日记

活动目的：通过记录情绪日记，引导学生深度觉察自己的情绪，进而反思产生某种情绪的原因；引导学生通过长时间的觉察（一周以上）找出自己某段时间的主导情绪，从而觉察出这种主导情绪背后隐藏的认知和信念系统。

活动准备：A4 纸、签字笔。

活动时间：45 分钟。

活动步骤：从下表中选出 10 种你认为重要的生活中的情绪（用"√ "表示）。在这 10 种情绪中，今天较多表达的情绪以"↑"表示，较少表达的以"↓"表示，没有表达的以"×"表示。

序号	情绪	√	↑↓×	序号	情绪	√	↑↓×
1	愤怒			11	被安慰		
2	愉快			12	失望		
3	冷漠			13	尴尬		
4	兴奋			14	轻松		
5	烦恼			15	紧张		
6	满足			16	放松		
7	内疚			17	羞怯		
8	自信			18	热情		
9	害怕			19	急躁		
10	安全			20	镇定		

请你记录一天的情绪，并分析自己这一天的情绪状态以及情绪的作用。

① 今天起床到现在，你都产生过哪些情绪？

② 选择其中最强烈的一个，想一想它是怎样产生的。

③ 选择其中次强烈的一个，想一想它是怎样产生的。

④ 再想一想，产生这种情绪后，你做了什么、说了什么，你的行为产生了什么后果。

⑤ 再想一想，这个后果是建设性的（有益健康、工作、人际关系），还是破坏性的（有害健康、工作、人际关系）。

主持人总结 1：

要关注自我的情绪健康，我们就需要知道产生某种情绪的原因，而与情绪"对话"是深入了解自我情绪的重要途径。接下来，我们不妨问自己如下几个问题：

① 我如何描述自己的情绪？

② 是什么人(事)让我有这样的感受？原因是什么？

③ 我的情绪与事实成正比吗？

④ 这些情绪与过去的经历有关吗？

⑤ 我允许自己有这样的情绪吗？如果不能，那又是为什么？

最后一个问题通常让我们发现，有些感受是我们不愿意承认的，因为这样会暴露自己的"弱点"。比如，这几天你不太开心，经过思考，发现这是因为一位同学借你的钱不还，你感到很生气，但却并不愿意承认，因为这种情绪会令你觉得自己"小心眼儿"。

主持人总结 2：

好的情绪要与人分享，糟的情绪要与人分担。在表达复杂情绪时要注意一个原则，就事论事，对事不对人。以上情绪日记是觉察情绪并对其进行梳理的过程。坚持记录，并对情绪的周期及变化原因作分析总结，不仅能够增加对情绪的觉察与识别能力，而且能够洞悉情绪与事件、想法之间的因果关系。

第五模块　健全的人格

Ⅰ. 心理超市

【心理测试1:气质类型诊断】

下表中总共有60道题,大致可确定你的气质类型。每个问题都无所谓对错,请根据你的实际情况与真实想法作答。若与你的情况"很符合"记2分,"较符合"记1分,"一般"记0分,"较不符合"记－1分,"很不符合"记－2分。请在相应的分数下打"√",以便于计算结果。

气质类型诊断量表

问　题	2	1	0	－1	－2
1.做事力求稳妥,不做无把握的事。					
2.遇到可气的事就怒不可遏,把心里的话全说出来才痛快。					
3.宁肯一个人干事,也不愿很多人在一起。					
4.到一个新环境里很快能适应。					
5.厌恶那些强烈的刺激,如尖叫、噪声、危险的情景等。					
6.和人争吵时总是先发制人,喜欢挑衅。					
7.喜欢安静的环境。					
8.善于和人交往。					
9.羡慕那些善于克制自己情感的人。					
10.生活有规律,极少违反作息制度。					
11.在多数情况下情绪是乐观的。					
12.碰到陌生人时会觉得很拘束。					
13.遇到令人气愤的事时,能很好地自我克制。					
14.做事总是有旺盛的精力。					
15.遇到问题常常举棋不定,优柔寡断。					
16.在人群中从不觉得过分拘束。					
17.情绪高昂时,觉得干什么事都有趣,情绪低落时,又觉得什么都没意思。					
18.当注意力集中于一事物时,别的事很难使我分心。					
19.理解问题总比别人快。					
20.碰到危险情景,常有一种极度恐惧感。					
21.对学习、工作、事业怀有很高的热情。					
22.能够长时间做枯燥、单调的工作。					
23.符合兴趣的事情干起来劲头十足,否则就不想干。					
24.一点小事就能引起情绪波动。					

续表

问　题	2	1	0	−1	−2
25.讨厌做那种需要耐心、细致的工作。					
26.与人交往不卑不亢。					
27.喜欢参加剧烈的活动。					
28.爱看感情细腻、描写人物内心活动的文学作品。					
29.工作学习时间长了,常感到厌倦。					
30.不喜欢长时间谈论一个问题,愿意实际动手干。					
31.宁愿侃侃而谈,而不愿窃窃私语。					
32.别人说我总是闷闷不乐。					
33.理解问题常比别人慢些。					
34.疲倦时只需短暂休息就能精神抖擞,重新投入工作。					
35.心里有话宁愿自己想,而不愿说出来。					
36.认准一个目标就希望尽快实现,不达目的,誓不罢休。					
37.学习、工作同样长时间后,常比别人更疲倦。					
38.做事有些莽撞,常常不考虑后果。					
39.老师讲授新知识时总希望他讲得慢些,多重复几遍。					
40.能够很快忘记那些不愉快的事情。					
41.做作业或做一件事情,总比别人花的时间多。					
42.喜欢运动量大的剧烈的体育活动,或参加各种文艺活动。					
43.不能很快把注意力从一件事转移到另一件事上去。					
44.接受一个任务后就希望尽快把它解决。					
45.认为墨守成规比冒风险强些。					
46.能够同时注意几件事物。					
47.当我烦闷的时候,别人很难使我高兴。					
48.爱看情节起伏跌宕、激动人心的小说。					
49.对工作抱认真严谨、始终一贯的态度。					
50.和周围的人们总是相处不好。					
51.喜欢复习学过的知识,重复做已经掌握的工作。					
52.希望做变化大、花样多的工作。					
53.小时候会背的诗歌,我似乎比别人记得清楚。					
54.别人说我"出语伤人",可我并不觉得这样。					
55.在体育活动中常因反应慢而落后。					
56.反应敏捷、头脑机智。					
57.喜欢有条理而不甚麻烦的工作。					
58.兴奋的事常使我失眠。					
59.老师讲的新概念常常听不懂,但是弄懂后就难以忘记。					
60.假若工作枯燥无味,马上就会情绪低落。					

计分与解释：

把每种气质类型的总得分填入下表中。

气质类型	题　号	总　分
胆汁质	2、6、9、14、17、21、27、31、36、38、42、48、50、54、58	
多血质	4、8、11、16、19、23、25、29、34、40、44、46、52、56、60	
黏液质	1、7、10、13、18、22、26、30、33、39、43、45、49、55、57	
抑郁质	3、5、12、15、20、24、28、32、35、37、41、47、51、53、59	

气质类型的诊断：

① 气质类型的确定：如果某种气质类型的得分明显高出其他三种 4 分以上，则可定为该类型气质。此外，如果某种气质类型得分超过 20 分，则为典型型；如果某种气质类型得分在 10～20 分则为一般型。

② 如果两种气质类型的得分接近且其差异低于 3 分，而且高于其他两种 4 分以上，则可定为两种气质类型的混合型。

③ 如果三种气质类型的得分均高于第四种，而且相互接近，则为三种气质类型的混合型，如多血-胆汁-黏液质混合型或黏液-多血-抑郁质混合型。

④ 如 4 栏分数皆不高且相近（相差小于 3 分），则为 4 种气质类型的混合型。

多数人的气质是一般型气质或两种气质的混合型，典型气质和数种气质混合型的人较少。

此外，凡是在 1、3、5……奇数题上答“2”或“1”，或在 2、4、6……偶数题上答“－1”或“－2”，每题各得 1 分，否则得半分。如果你是男性，总得分在 0～10 分则属非常内向，11～25 分则属比较内向，26～35 分则属介于内外向之间，36～50 分则属比较外向，51～60 分则属非常外向。如果你是女性，总得分在 0～10 分则属非常内向，11～21 分则属比较内向，22～31 分则属介于内向和外向之间，32～45 分则属比较外向，46～60 分则属非常外向。

【心理测试 2：抑郁自评】

请仔细阅读下列抑郁自评量表（SDS）中的 20 道题，根据你最近一周内的实际感觉，在符合的方格栏中画“√”。

抑郁自评量表

序　号	内　容	偶　尔	有　时	经　常	持　续
1	我感到情绪沮丧、郁闷。	1	2	3	4
2	我感到早晨心情最好。	4	3	2	1
3	我要哭或想哭。	1	2	3	4
4	我夜间睡眠不好。	1	2	3	4
5	我吃饭像平时一样多。	4	3	2	1
6	我的性功能正常。	4	3	2	1
7	我感到体重减轻。	1	2	3	4
8	我为便秘烦恼。	1	2	3	4
9	我的心跳比平时快。	1	2	3	4
10	我无故感到疲劳。	1	2	3	4
11	我的头脑像往常一样清楚。	4	3	2	1

续表

序 号	内 容	偶 尔	有 时	经 常	持 续
12	我做事像平时一样不感到困难。	4	3	2	1
13	我坐卧不安，难以保持平静。	1	2	3	4
14	我对未来感到有希望。	4	3	2	1
15	我比平时更容易激愤。	1	2	3	4
16	我觉得做决定很容易。	4	3	2	1
17	我感到自己是有用和不可或缺的人。	4	3	2	1
18	我的生活很有意义。	4	3	2	1
19	假若我死了，别人会过得更好。	1	2	3	4
20	我仍旧喜爱自己平时喜爱的东西。	4	3	2	1

计分及自评标准：

抑郁自评量表可以评定抑郁症状的轻重程度及其在治疗中的变化。测评结束后，把 20 道题的分数相加，即得总分 X，然后将 X 乘以 1.25 以后取整数部分，就得出了标准分（Y）。

按照中国常模结果，SDS 标准分的分界值为 53 分，分值越低状态越好。其中，得分为 53～62 分为轻度抑郁，得分为 63～72 分为中度抑郁，得分为 73 分以上为重度抑郁。

当你发现自己的得分“偏离”正常值时，请不要独自苦闷，应尽快找信任的人或心理辅导老师聊一聊，以确定测验结果是否真实可靠或得到后续的帮助。

Ⅱ. 案例导读

【气质与行为】

心理学家设计了“看戏迟到”的实验，揭示了不同气质类型的人面对挫折时的独特反应。

胆汁质的人会面红耳赤地与检票员争吵，甚至企图推开检票员，冲过检票口，并且还会埋怨戏院钟表走得太快。

多血质的人明白检票员是不会放他进去的，所以他不会与检票员发生争吵，而是趁检票员不注意时从偏门溜进去，或悄悄跑到楼上，另寻一个适当的地方看演出。

黏液质的人想反正第一场戏可能不太精彩，还是暂且到小卖部待一会儿，看看报纸，吃点零食，待幕间休息再进去。

抑郁质的人会抱怨自己不走运，偶尔来一次戏院，就这样倒霉，接着就垂头丧气地回家，并发誓再也不来看戏。

【扭曲的人格】

2015 年 12 月 11 日，轰动全国的“复旦大学投毒案”罪犯林某某被依法执行死刑。法院判决书认定，复旦大学上海医学院硕士研究生林某某因日常琐事与同寝室的黄某不和，怀恨在心，遂从实验室中取出剧毒化学品二甲基亚硝胺，将其注入室内饮水机，黄某喝下含有剧毒的饮用水导致急性肝损伤，经抢救无效死亡。

黄某被送医院治疗期间，正在同一医院见习的林某某仍故作镇定，亲自为黄某做 B 超检查，还告诉黄某没有什么事，之后还带水果前去看望黄某。黄某的父亲赶到上海当晚，与林某某同住一寝室，也未发现任何异常。还有一次，林某某骑自行车碰见黄爸爸，还特意停车询问黄某病情有无好转。眼睁睁看着室友及其家属受尽折磨，林某某始终没有说出病因，使黄某一次次错过抢救时机。

采访中，林某某的高中同学小吴表示，他的性格有时候有点儿古怪，不太顾及别人的感受，想做什么就做什么，活在自我的世界中。其研究生同学也说，林某某做事比较冲动，不计后果，对别人说的某些话或行为特别敏感。

原本即将走上医生岗位，担负起救死扶伤重任的天之骄子，却因一念之差成了杀人凶手，断送了两个家庭的希望。还原整个事件，林某某在实施伤害行为、受害人治疗期间以及法庭审理过程中表现出的麻木冷血令人心寒。可以说，林某某的人格偏差酿成了这场悲剧。

健全的人格，是心理健康的具体体现，是和谐人际关系的助推器，还与成就事业关系密切。可以说没有一个人的人格是完美无缺的，所以在人生的旅途中，我们要不断完善自己的人格，人格的自我完善应贯穿于生命的始终。

Ⅲ. 心理训练营

活动一：心理剧场——“零缺点”

活动人物：小佳（主要人物，班长）、李霞、史丽、刘明、老师等。

活动场景：操场、教室。

活动道具：桌椅等。

场景一：运动会，教练开始清点人数，小佳匆匆忙忙跑来，教练问小佳迟到的原因，小佳说：“我还不是因为班级里的事才迟到的嘛。”教练说：“规定几点到就是几点到，你要是再迟点你们全班就不用比赛了。”小佳生气地嘀咕：“我还不都是为了给同学们办事才迟到的。”教练没有理她走开了……

场景二：课堂上，老师抽小组成员讲题，抽到李霞，李霞没有讲出来，老师说扣全组人员的分数，小佳下课后指着李霞说：“都是因为你，你怎么这么笨呢，昨天我不是刚教你了吗，你怎么还不会呀，真是笨死了。”李霞惭愧地说：“对不起。”说完李霞默默离开了教室，此时同学们都对小佳议论纷纷……

场景三：小佳蹦蹦跳跳地跑回班里，手里挥着一张“优秀班级”的奖状，站在讲台上朝同学们说道：“咱们班得奖了，我还是挺厉害的呀，要不是因为我的话，咱们班根本得不上奖，全是我的功劳。”同学们开始窃窃私语……

场景四：因为小佳的过分张扬，好多同学都越来越疏远她。

主持人总结：

你身边是否有这样的人？小佳的问题出在哪里？我们该如何帮助她？不妨说出来，让我们一起想想办法，大家一起讨论一下，并把讨论结果分角色演出来。

活动二：蒙眼作画

活动目标：

① 使学生明白采用单向交流方式与采用双向交流方式可以取得不同的效果。

② 说明当我们集中所有的注意力去解决一个问题时，可以取得更好的结果。

活动时间:45 分钟。

活动准备:眼罩、纸、笔。

活动步骤:

① 所有学生用眼罩将眼睛蒙上,然后给他们分发纸和笔,每人一份。让他们蒙上眼睛将他们的家或者其他指定的东西画在纸上。完成后,让大家摘下眼罩欣赏自己的大作。

② 让每个人在戴上眼罩前将他们的名字写在纸的另一面。在他们画完后,将所有图片挂到墙上,让他们挑选出自己画的那幅。

③ 主持人用语言描述某一样东西,并让学生蒙着眼画下来,然后比较他们所画的图并思考为何每个人听到的是同样的描述,而画的东西却是不同的,以及在学习时又会怎样。

④ 分享与讨论:

a. 为什么他们蒙上眼睛后所完成的画并不是他们所期望的那样?

b. 在日常生活中,我们该如何解决这一问题?

主持人总结:

人人都认为睁着眼睛画画比闭着眼要画得好,因为看得见。事实是这样吗?在日常学习、生活中,我们自然是睁着眼的,但为什么总有些东西我们看不到?当发生这些问题时,我们有没有想到可以借助他人的眼睛?试着闭上眼睛,也许当我们再用眼睛时,我们的心就敞开了。

活动三:浴火重生

活动目标:通过活动中对不同群体的选择,让同学们更清楚明了自己的价值取向以及世界观,并对自己的人格有更深的认识。

活动时间:45 分钟。

活动准备:A4 白纸每组一张;黑色签字笔每组一支;12 种人物形象的幻灯片;多媒体设备。

活动步骤:

① 将班级全体成员以 8 人一组自由分成若干组,每组选出一个小组长。

② 故事背景及人物介绍:某商场高层半夜突然失火,紧急通道被堵,火势过大,电梯仅能下行一次,来到同一个电梯口的有 12 人,而电梯荷载却只能承担 6 人。这时依次播放各人物形象(见下表)的幻灯片,使大家有一个直观的印象。

人物形象列表

老年外国旅行者	普通大学生(自己)	受伤的工作人员	妓女
精通心理学的劳改犯	患侏儒症的高智商男人	模范农民工	密闭恐惧症男孩
品行恶劣的明星	商场经理	当地暴发户	未婚孕妇

这时如果让你来决定,你会选择哪 6 个人乘坐电梯呢?你的标准是什么?

③ 每位组员独立选择,不与别人讨论,不干扰别人,也不受别人干扰,限时 10 分钟。

④ 然后再给每组 15 分钟,讨论并写出小组的选择方案。

⑤ 各组依次汇报,各组组长公布讨论结果并说明理由。

主持人总结:

通过活动分享,同学们应学会以多样化的视角观察世界,在认清自己的价值观的同时也能尊重他人的选择和价值取向。

第六模块　和谐的沟通

Ⅰ.　心理超市

【心理测试:人际关系诊断】

以下是一份人际关系诊断量表,共包含28个问题,请在与自己情况相符的题后填"√",不相符的填"×"。然后,请参看后面的计分办法,并阅读对测验结果的解释。

人际关系诊断量表

题　目	√	×
1.对于自己的烦恼有口难言。		
2.和生人见面时感觉不自然。		
3.过分羡慕和嫉妒别人。		
4.与异性交往太少。		
5.对连续不断的会谈感到困难。		
6.在社交场合感到紧张。		
7.时常伤害别人。		
8.与异性来往时感觉不自然。		
9.与一大群朋友在一起时,常感到孤寂或失落。		
10.极易受窘。		
11.与别人不能和睦相处。		
12.不知道与异性相处时怎样做到适可而止。		
13.当不熟悉的人对自己倾诉他的生平遭遇以求得同情时,自己常感到不自在。		
14.担心别人对自己有什么坏印象。		
15.总是尽力使别人赏识自己。		
16.暗自思慕异性。		
17.时常避免表达自己的感受。		
18.对自己的容貌(仪表)缺乏信心。		
19.讨厌某人或被某人所讨厌。		
20.瞧不起异性。		
21.不能专注地倾听。		
22.自己的烦恼无人可倾诉。		
23.受别人排斥与冷落。		
24.被异性瞧不起。		

续表

题　目	√	×
25. 不能广泛地听取各种不同意见、看法。		
26. 自己常因受伤害而暗自伤心。		
27. 常被别人谈论、愚弄。		
28. 与异性交往时不知如何才能更好地相处。		

计分表：

Ⅰ	题目	1	5	9	13	17	21	25	小计
	分数								
Ⅱ	题目	2	6	10	14	18	22	26	小计
	分数								
Ⅲ	题目	3	7	11	15	19	23	27	小计
	分数								
Ⅳ	题目	4	8	12	16	20	24	28	小计
	分数								
评分标准：填“√”的计 1 分，填“×”的计 0 分。									

总分在 0～8 分：说明你在与朋友相处方面的困扰较少。你善于交谈，性格比较开朗，懂得关心别人。你对周围的朋友都比较好，愿意和他们在一起，他们也都喜欢你，你们相处得不错。而且，你能够从与朋友的相处中得到许多乐趣。你的生活是比较充实而且丰富多彩的，你与异性朋友相处得也很好。

总分在 9～14 分：说明你与朋友相处有一定程度的困扰，你的人缘很一般。换句话说，你和朋友的关系并不牢固，时好时坏，经常处在一种起伏波动之中。

总分在 15～25 分：表明你在和朋友相处方面的行为困扰较严重。分数超过 25 分：表明你的人际关系行为困扰程度很严重，而且在心理上出现了较为明显的障碍。你可能不善于交谈，也可能是一个性格孤僻的人，或者有明显的自高自大、让人讨厌的行为。

以上是从总体上评述你的人际关系。下面将根据你在每一横栏上的小计分数具体指出你与朋友相处的困扰行为以及可供参考的纠正方法。

① 计分表Ⅰ横栏上的小计分数表示你在交谈方面的行为困扰程度。

得分在 5 分以上：说明你不善于交谈，只有在极其需要的情况下你才同别人交谈；你总是很难表达自己的感受，无论是愉快还是烦恼；你也不是一个很好的倾听者，往往无法专心听别人说话或只对个别话题感兴趣。

得分在 3～5 分：说明你的交谈能力一般，你会诉说自己的感受，但不能讲得条理清晰；你努力使自己成为一个好的倾听者，但还是做得不够。如果你与对方不太熟悉，开始时你往往表现得拘谨、沉默，不大愿意跟对方交谈。但这种局面一般不会持续太久，经过一段时间的接触和锻炼，你可能会主动与同学搭话，同时这一切来得自然而非造作，此时，表明你的交谈能力已经大为改观，在这方面的困扰也会逐渐消除。

得分在 0～2 分：说明你有较强的交谈能力和技巧，善于利用恰当的谈话方式来交流思想感情,因而在与别人建立友情方面,你往往能比别人获得更多的成功。这些优势不仅为你的学习和生活创造了良好的心境,而且常常有助于你成为伙伴中的领袖人物。

② 计分表Ⅱ横栏上的小计分数表示你在交际与交友方面的困扰程度。

得分在6分以上:表明你在社交活动与交往方面存在着较大的行为困扰。比如,在正常集体活动和社交场合,比大多数伙伴更为拘谨;在有陌生人或老师存在的场合,你往往会感到更加紧张并且思绪繁乱;你往往因过多地考虑自己的形象而使自己处于越来越被动、越来越孤独的境地。总之,交际与交友方面的严重困扰,使你陷入感情危机和孤独窘迫的状态。

得分在3～5分:往往表明你在被动地寻找被人喜爱的突破口。你不喜欢独自一个人待着,你需要有朋友在一起。但你又不太善于创造条件并积极主动寻找知心朋友,而且,你心有余悸,生怕在主动行动后遭遇"冷"体验。

得分低于3分:表明你对人较为真诚和热情。总之,你的人际关系较为和谐,在这些问题上你不存在较明显或持久的行为困扰。

③ 计分表Ⅲ横栏的小计分数表示你在待人接物方面的困扰程度。

得分在6分以上:往往表明你缺乏待人接物的机智和技巧,在实际的人际关系中,你也许常会有意无意地伤害别人,或者你过分羡慕别人以致在内心嫉妒别人。因此,其他一些同学回报给你的是冷漠、排斥,甚至是愚弄。

得分在3～5分:往往表明你是一个多侧面的人,也许可以算是一个较为圆滑的人。对待不同的人,你有不同的态度,而不同的人对你也有不同的评价。有时你讨厌某人或被某人所讨厌,有时你非常喜欢另一个人同时也被另一个人所喜欢。你的朋友关系在某些方面是和谐的、良好的,在另一些方面却是紧张的、恶劣的。因此,你的情绪很不稳定,内心极不平衡,常常处于矛盾状态中。

得分在0～22分:表明你较为尊重别人,敢于承担责任,对环境的适应性强。你常常因你的真诚、宽容、责任心强等个性获得众人的好感和赞同。

④ 计分表Ⅳ横栏的小计分数表示你在跟异性朋友交往方面的困扰程度。

得分在5分以上:说明你在与异性交往的过程中存在着较为严重的困扰。也许你会过分思慕异性或者对异性持有偏见,这两种态度都有它的片面之处。你常常不知道如何把握好与异性同学交往的分寸并因此陷入困扰的烦恼之中。

得分在3～4分:表明你与异性同学交往的行为困扰程度一般,有时你可能会觉得与异性同学交往似乎是一种负担,你不懂得如何与异性交往最适度。

得分在0～2分:表明你懂得如何正确处理与异性朋友之间的关系。对异性同学持公正态度,能大方、自然地与他们交往,并且在与异性朋友的交往中,得到了许多从同性朋友那里不能得到的东西,增加了对异性的了解,也丰富了自己的个性。你可能是一个较受欢迎的人,无论是同性朋友还是异性朋友,多数人都较喜欢你和赞赏你。

Ⅱ. 案例导读

【"人际剥夺"】

美国心理学家沙赫特曾经做过一个"人际剥夺"试验:他以每小时15美元的高薪招募应试者到他所创设的一个房间里去居住,居住的时间越长,得到的报酬越多。这个小房间完全与外界隔绝,没有报纸,没有电话,不准写信,听不到外界的声音,当然更找不到人聊天,每天只供应饮食等必需品。先后有 5 人应聘参加了这个试验。

试验的结果是：1 个人在小房间里待了 2 个小时，3 个人待了 2 天，1 个人待了 8 天。这个待了 8 天的人出来以后说："如果再让我在里面待 1 分钟，我就要疯了。"所有参与试验的个体在回归现实生活后都经历了 3 天左右的恢复时间。

这个试验充分验证了作为社会性的人，离不开与别人的交往，就像吃饭、睡觉一样，人际交往也是人的一种必然需要。良好的人际关系是人生存和发展的基础和条件。

【弱连接与强连接】

每个人，只要参与社会生活，就会拥有强连接和弱连接。

在强连接的圈子里，比如亲朋好友，因为有着相似的价值观，彼此传递的信息具有同质性。而圈子和圈子之间的弱连接，因有着不同的资源，彼此交汇，就会带来新鲜的异质信息和随之而来的新机会。

社会学专家罗家德教授曾经举过一个例子。在美国波士顿有两个社区：一个是意大利社区，强连接特别多，你请我吃饭，我去你家玩，很有人情味，最后，一个个小圈子便建立了，整个社区形成了很多孤岛状的断点网络；另一个是德国社区，大家相敬如宾、平淡如水，形成了一整片连在一起的弱连接网络。

有一天，政府决定重新规划都市建设，两个社区都要被拆。意大利社区群情激愤，甚至组成敢死队阻止拆迁工人，最后还是被拆了。德国社区的居民则平静很多，他们组成志愿性团体，动用了各种关系，有人去找媒体，有人去市政府游说，有的人刚好认识市长。最后，德国社区没被拆。

前者是使用自己的力量，后者是扩散自己的力量。如果只有强连接，社会网络就会被独立成众多的孤岛，可以被各个击破；而弱连接首尾相连，形成一张大网，可以在一个整体系统中各司其职。强连接会带来亲密，也带来爱；而弱连接因为可以提供路径、获得信息、占得先机、推荐和控制利益，所以，会带来机会，也就是会带来钱。

在生活中，希望大家看清，不同的关系会给我们带来不同的结果，我们应根据不同的需求，选择不同的对象。比如合作与工作，就考虑弱连接关系的伙伴，因为，这会让成功率更高；而散心与放松，则应与强连接关系的亲友、家人在一起，因为这会让你更幸福。

Ⅲ. 心理训练营

活动一：我说你做

活动目的：了解人际交往中沟通的重要性。

活动准备：A4 白纸数张。

活动时间：约 40 分钟。

活动步骤：

① 成员相背而坐围成一圈，发给每人一张一样的 A4 白纸。

② 要求成员根据主持人的指令，按步骤完成撕纸活动。活动期间不许说话，不许和主持人交流，不许看别人的动作。

（指令可以是：请将纸对折，在最长的一条边的 2/3 处撕一个 3 厘米的口子，再将纸对折，将其中的一个角撕掉，等等）

③ 展示作品。我们会发现在同一指令下，成员的作品各不相同。

主持人总结1：（指导小组讨论分享）

a. 你的作品和其他成员的作品相同吗？

b. 什么原因造成了这种结果？

④ 进行第二轮游戏，重复上述环节，但要求成员间可以交流，不清楚的地方可以向主持人询问，并可以观察其他成员的动作。

⑤ 展示作品，成员的作品应该基本相同。

主持人总结2：（指导小组讨论分享）

a. 为什么两次游戏的结果会大不相同？

b. 帮助成员明确交往中应该善于沟通和交流。

c. 对成员的分享给予正面的回馈和鼓励。

活动二：魅力测试

活动目的：在人际交往中，我们有一个共同的倾向——希望别人能喜欢自己、接纳自己。但是，任何人都不会无缘无故地喜欢我们、接纳我们。别人喜欢我们也是有前提的。通常，人际交往中喜欢与讨厌、接近与疏远都是相互的。还有，人们能否彼此吸引与自身的人格特质有关，某些人格特质更容易得到他人的喜爱。本活动的目的是协助团体成员树立积极主动的人际交往态度，帮助成员认识到在人际交往中比较受欢迎的人格特质。

活动准备：白板和记号笔。将各种性格特质写到白板上，或者直接将各种性格特质写在纸牌上并将纸牌贴在白板上。

活动时间：45分钟。

活动步骤：

将团体成员分成人数相等的两组，围成一个内圈和一个外圈，内外圈的成员两两相视而站。

主持人发出“手势”口令的时候，每个成员都要向对方伸出1～4个手指：

① 伸出1个手指表示“我现在还不想认识你”；

② 伸出2个手指表示“我愿意和你做点头之交的朋友”；

③ 伸出3个手指表示“我很高兴认识你，想和你做普通朋友”；

④ 伸出4个手指表示“我很喜欢你，想和你做能一起分享快乐和痛苦的好朋友”。

成员根据伸出的手指做出相应的动作：

① 如果两个人伸出的手指不一样，则站着不动，什么都不需要做；

② 如果两个人都是伸出1个手指，就各自把脸转向自己的右边，并重重跺一下脚；

③ 如果两个人都是伸出2个手指，就微笑着向对方点点头；

④ 如果两个人都是伸出3个手指，就主动热情地握住对方的双手；

⑤ 如果两个人都是伸出4个手指，就热情地给对方一个“A字抱”。

每做完一组“手势—动作”，外圈的成员就分别向右跨一步，和下一个成员相对而站。重新跟随主持人的口令做出相应的手势和动作。以此类推，直到外圈的同学和内圈的每位同学都完成了一组“手势—动作”为止。

主持人总结：

① 握手和拥抱的亲密动作各完成了几个？为什么能完成这么多？（或为什么完成这

么少?)

② 当你看到别人伸出的手指比你多时,你心中的感觉是怎样的?当你伸出的手指比别人多时,你心里的感觉又是怎样的?

③ 在人际交往中,可以通过哪些方式来主动表达对他人的接纳、喜欢和肯定,从而交到更多的朋友?

活动三:优点轰炸

活动目的:让团体成员了解赞美的益处,挖掘团体成员发现美、欣赏美的能力,并且使团体成员养成不吝啬地赞美他人的习惯。

活动准备:在进行分组活动时,尽量选择彼此较为熟悉的人员构成小组,以便互动更加深入。

活动时间:约 45 分钟。

活动步骤:

① 主持人讲述:梅西太太雇用了一个女佣。可是女佣原来的雇主对她说,这个女佣有很多毛病,还劝梅西太太不要雇用她。周一,女佣来上班了。梅西太太对她说:“前天,我给你以前做事的那家打电话,那家的太太说你诚实可靠、会做菜、会照顾孩子。不过她说你平时很随便,总不能将房间整理干净。我也相信我们一定会相处得很好。”后来,梅西太太果真和女佣相处得非常融洽。卡耐基说:“如果你希望改变他人的态度和行为方式,不要忘了给他一个美名,让他为此而努力奋斗。”

② 请大家谈谈你对这个故事的理解。在生活中,赞美他人有哪些益处?罗丹说:“美是到处都有的,对于我们的眼睛来说,缺少的不是美,而是发现。”学会欣赏、善于发现是非常重要的。请团体成员相互分享在来参加活动的路上所发现的值得赞美的事物。看看你能说出几种?

③ 将团体成员分成 3 个小组,每组 10 人左右。请每个团体成员在组内用 1 分钟时间说出自己的长处,由一人计时;用 3 分钟时间倾听别人说出自己的优点,接受轮流“轰炸”。说出自己的长处时不得用“假如”或“但是”,听别人说自己的优点时只允许静听,不必表示感激,亦不可泼冷水。直至所有成员都被“轰炸”过,无一例外。

主持人总结:

赞美是人们的一种心理需要,是尊敬他人的一种表现。适当赞美别人会给人以舒适感,同时也能改善你的人际关系。欣赏别人是一种视角和胸怀,也是一种能力。

第七模块　神秘的爱情

Ⅰ. 心理超市

【心理测试1:恋爱观诊断】

恋爱是人生的美好彩虹,是两颗心碰撞产生的火花。作为婚姻的前奏,恋爱的心理和方式是很重要的,而决定这种心理和方式的根本因素——恋爱观,则更为重要。恋爱观就是对恋爱问题的看法。它体现了一个人对美的认知尺度、择偶的标准、恋爱的目的、恋爱方式以及对幸福伴侣的理解等。你或许正在绿荫下徘徊,渴望着爱神的降临。那么,在行动前,不妨通过下表来看一下自己的恋爱观是否正确吧。

恋爱观诊断量表

题　目	选　项
1. 你认为恋爱作为人生中一个极其重要的环节,其最终所达到的目的应当是	A. 找个情投意合的伴侣
	B. 成家过日子,抚育儿女
	C. 满足性饥渴
	D. 只是觉得新鲜有趣,没有明确的想法
2. (男女单独做) ①如果你是位先生,你对未来妻子的最主要要求是	A. 善于持家,利落能干
	B. 容貌漂亮,气质高雅
	C. 人品不错,能体贴帮助自己
	D. 只要爱,其他一切无所谓
②如果你是位女士,你在选择丈夫时首先考虑的是	A. 潇洒大方,有男子气度
	B. 有钱有势,社交能力强
	C. 为人诚实正直,有进取心,待人和蔼可亲
	D. 只要他爱我,其他都不考虑
3. 你决定和对方建立恋爱关系时的心理根据是	A. 彼此各有想法,但大体相互尊重
	B. 我比对方优越
	C. 对方比我优越
	D. 没想过
4. 你对最佳恋爱时间的考虑是	A. 自己已经成熟,懂得了人生的意义和爱情的内涵
	B. 随着年龄的增长,自有贤妻与佳婿光临
	C. 先下手为强,越早越主动
	D. 还没想过

续表

题 目	选 项
5.你希望怎样结识恋人	A. 青梅竹马,情深意长
	B. 一见钟情,难舍难分
	C. 在工作和学习中逐渐产生恋情
	D. 经熟人介绍
6.你认为增进爱情的良策是	A. 极力讨好取悦对方
	B. 尽力使自己变得更完美
	C. 百依百顺,言听计从
	D. 无计可施
7.人们通常认为,恋爱是个相互了解、相互适应和培养感情的过程,但了解、适应就需要花时间。那么,你希望恋爱的时间是	A. 越短越好,最好是“闪电式”
	B. 时间依进展而定
	C. 时间要拖长
	D. 自己无主张,全听对方的
8.谁都希望完整地了解对方,你觉得了解他(她)的最佳途径是	A. 精心安排特殊场面,细心地观察
	B. 坦诚地交谈,细心地观察
	C. 通过朋友打听
	D. 没想过
9.经过一段时间的交往后,你发现了恋人的一些缺点,这时你	A. 采用婉转的方式告知对方并帮助对方改进
	B. 因出乎意料而伤脑筋
	C. 嫌弃对方,犹豫动摇
	D. 不知道如何是好
10.当你已在爱河之中,一位条件更好的异性对你表示爱慕时,你于是	A. 说明实情,忠实于恋人
	B. 对其冷淡,但维持友谊
	C. 向其献媚并瞒着恋人和其来往
	D. 感到茫然无措
11.当你有机会接触爱慕已久的异性时,你忽然发现她(他)另有所爱,你	A. 静观其变,进退自如
	B. 参与角逐,继续穷追
	C. 抽身止步,成人之美
	D. 不知道
12.当恋爱中出现了矛盾、波折时,你感到	A. 既然已经出现,也是件好事,双方正好可趁此了解和考验对方
	B. 伤心难过,认为这是不幸的
	C. 疑虑顿生,就此提出分手
	D. 束手无策

续表

题目	选项
13. 如果因为性情不和或其他原因，你们的恋爱搁浅了，对方提出分手，这时你	A. 千方百计地缠着对方 B. 到处诋毁对方的名誉 C. 说声再见，各奔前程 D. 不知所措
14. 当你十分信赖的恋人背信弃义、喜新厌旧甩掉你以后，这时你	A. 只当自己眼瞎，认错了人 B. 既然他(她)不仁，休怪我不义 C. 吸取教训重新开始 D. 痛苦得难以自拔
15. 你的爱情路途坎坷，多次恋爱均告失败。随着年龄的增长你进入“男大当婚，女大当嫁”的行列，你会	A. 一如从前，宁缺毋滥 B. 厌弃追求，随便凑合一个 C. 检查一下择偶标准是否实际 D. 叹息命运不佳，从此绝望

评分标准：

选项 / 得分 / 题号	A	B	C	D
1	3	2	1	1
2	2	1	3	1
3	3	2	1	0
4	3	2	1	0
5	2	1	3	1
6	1	3	2	0
7	1	3	2	0
8	1	3	2	0
9	3	2	1	0
10	3	2	1	0
11	2	1	3	0
12	3	2	1	0
13	2	1	3	0
14	2	1	3	0
15	2	1	3	0

总分：35～45 分为 A 型；25～34 分为 B 型；15～24 分为 C 型；3～14 分为 D 型。

A 型：恋爱观成熟正确。你是一个成熟的青年，你懂得爱什么和为什么爱，这是你进入情场的最佳入场券。不要害怕挫折和失败，它们是考验你的纸老虎，终将在你的高尚和热忱面前逃遁。尽管大胆地走向你梦中的恋人吧，你的婚姻注定美满幸福。

B 型:恋爱观尚可。你向往真挚而美好的爱情,却屡屡失败,一时难以如愿。你不妨多看看成功的朋友,将恋爱作为圣洁无比的追求,不断校正爱情的航线,这样你就与幸福相隔不远了。

C 型:恋爱观需要认真端正。你的恋爱观存在不少问题,甚至有不健康之处。它使你辛勤播撒的爱情种子难以萌芽,更难以结出甜蜜的果实。如果你已经轻率地开始恋爱了,劝你及早退出。

D 型:恋爱观还未形成。你或许年龄还小,不谙世事;或许虽已年龄不小,却天真幼稚。爱情对于你来说是个迷惘未知的世界,你需防范圈套或袭击。建议你读几本关于两性关系的书籍,待变成熟之后,再涉爱河不迟。

【心理测试 2:恋爱心理成熟度测试】

男欢女爱本来是人之常情,但是恋爱的艺术并非人人都懂。你的恋爱心理发展到了什么程度?请用下表据实自测。

恋爱心理成熟度测试表

<table>
<tr><th colspan="2">题　目</th><th>选　项</th></tr>
<tr><td colspan="2" rowspan="4">1. 你认为恋爱是为了</td><td>A. 找到一个情投意合的伴侣</td></tr>
<tr><td>B. 成家过日子,抚育儿女</td></tr>
<tr><td>C. 满足性的需求</td></tr>
<tr><td>D. 刺激、有趣、好玩</td></tr>
<tr><td rowspan="8">2. 你喜欢的异性是</td><td rowspan="4">(女性选项)</td><td>A. 英俊潇洒,有男人魅力</td></tr>
<tr><td>B. 有钱有势有能力</td></tr>
<tr><td>C. 人品好</td></tr>
<tr><td>D. 爱自己的,其余的无所谓</td></tr>
<tr><td rowspan="4">(男性选项)</td><td>A. 漂亮性感,有女性魅力</td></tr>
<tr><td>B. 贤惠能干,善于理家</td></tr>
<tr><td>C. 温柔体贴,人品好</td></tr>
<tr><td>D. 只要有爱,其余的无所谓</td></tr>
<tr><td colspan="2" rowspan="4">3. 你和恋人确立恋爱关系是因为</td><td>A. 条件般配</td></tr>
<tr><td>B. 我比对方优越</td></tr>
<tr><td>C. 对方比我优越</td></tr>
<tr><td>D. 没想过</td></tr>
<tr><td colspan="2" rowspan="4">4. 你希望恋爱这样开始:</td><td>A. 一见钟情</td></tr>
<tr><td>B. 青梅竹马</td></tr>
<tr><td>C. 在工作(学习)中逐渐产生</td></tr>
<tr><td>D. 经人介绍</td></tr>
<tr><td colspan="2" rowspan="4">5. 让爱情更深一点的良策:</td><td>A. 极力讨好、取悦对方</td></tr>
<tr><td>B. 尽力使自己变得更完美</td></tr>
<tr><td>C. 欲擒故纵</td></tr>
<tr><td>D. 爱情是缘分,无计可施</td></tr>
</table>

续表

题　目	选　项
6. 当恋人暴露出一些缺点和不足时，你会	A. 委婉告知并帮其改进
	B. 震惊意外，对其加以指责
	C. 嫌弃动摇，怀疑爱情
	D. 无所谓
7. 当一位比你目前恋人更优秀的异性对你表示爱慕时，你会	A. 离开恋人接受其爱
	B. 将其恋情淡化为友情
	C. 瞒着恋人与其来往
	D. 为迟到的爱后悔痛苦
8. 当你倾慕的异性另有所爱时，你会	A. 一如既往地待他(她)，等其觉悟
	B. 参与竞争，力争夺取
	C. 抽身止步，成人之美
	D. 整日后悔痛苦
9. 恋爱中的波折矛盾是	A. 必然又必须的
	B. 对恋爱的否认
	C. 无聊的
	D. 束手无策的痛苦经历
10. 由于种种原因，你的恋爱失败，对方提出分手，你会	A. 千方百计抓住他(她)
	B. 到处诋毁对方的名誉
	C. 说声再见，各奔前程
	D. 矛盾痛苦不知所措
11. 进入大龄的单身贵族队列，你的恋爱态度会	A. 一如从前，宁缺毋滥
	B. 放弃追求，随便凑合一个
	C. 重新确定更现实的择偶标准
	D. 不谈爱情

评分标准：请按以下标准计分，并判断自己的恋爱心理成熟程度。

“心有千千结”美好爱情评分标准

题　号		选项及对应得分			
1		A　3	B　2	C　1	D　1
2	女性选项	A　2	B　1	C　3	D　1
	男性选项	A　2	B　2	C　3	D　1
3		A　3	B　2	C　1	D　0
4		A　2	B　1	C　3	D　1

续表

题　号	选项及对应得分			
5	A　1	B　3	C　2	D　0
6	A　3	B　2	C　0	D　1
7	A　2	B　3	C　1	D　0
8	A　2	B　1	C　3	D　0
9	A　3	B　0	C　2	D　1
10	A　2	B　0	C　3	D　1
11	A　1	B　2	C　3	D　0

结果：

① 26～33 分，成熟型。你的恋爱心理非常成熟，懂得爱的真谛，向往爱又能在现实中实现爱。就像一名竞技状态良好的运动员，你能够在爱情面前轻松舒展，游刃有余；更可贵的是，即使直面失败，你也有良好的心态。你的恋爱婚姻一定很幸福美满。

② 18～25 分，准成熟型。你渴望爱情的垂青，然而屡屡失败，一时难以如愿。你只需校正一下恋爱指针——太过浪漫的往现实方向调调，太现实的多一些浪漫温馨情调，幸福快乐已在眼前了。

③ 9～17 分，待成熟型。恋爱婚姻是人生的一门必修课，要取得好成绩单单凭热情是不够的，还要专心修习，从理论到实践，再从实践到理论，一点一滴，终会水滴石穿。

④ 3～8 分，青涩型。爱情对你而言是迷宫，是八卦阵，或者是平淡苍白的荒漠、让心理轻松放开些，爱的阳光会缓缓照射进来，那时你才能体会到柔情带来的温暖。

Ⅱ. 案例导读

【“想当然”的爱情】

小明一进咨询室就怒气冲冲，恨不得马上和人分享他的遭遇。

小明：老师，我被人甩了，最近心情糟透了，我都不想活了！

咨询师：发生了什么事情？具体说说好吗？

小明：前几天我女朋友和我分手了，我们已经处了一年多了。

咨询师：嗯。

小明：老师，分手不算什么，关键是太突然了，简直莫名其妙！

咨询师：为什么这么说呢？

小明：因为我感觉我们处得还不错啊，而且已经一年了啊，我是一个对待感情很认真的人，我不像其他人上大学谈恋爱只是玩玩，我是奔着长久去谈恋爱的。

咨询师：这种想法很好啊！很难得……

小明：所以啊，为什么和我分手，一点征兆都没有啊？

咨询师；你女朋友分手时有没有和你说过原因？

小明：说了啊，她说她和我在一起感觉很累，最可气的是，她居然说我不爱她！我这么痛苦，难道是因为不爱她？（表情很是愤怒，差点站起来）

咨询师:她说了你不爱她,可你不知道为什么是吗?

小明:是啊,我对她那么好,我把我最好的东西都给了她……(眼眶湿润),什么事情都想着她,什么东西不管多贵我都买给她,可是她居然说我不爱她!

随后,在第二次咨询中,咨询师希望他女朋友单独来做咨询,她也接受了。

咨询师:你能来,我很高兴,说明你还愿意帮助他。

小美:嗯,虽然分手了,可我们还可以做朋友,毕竟相处了一年多了……(表情也很痛苦)

咨询师:看得出来,你还是非常关心他的。

小美:……(眼中泛泪)

……(停顿了一会儿)

咨询师:看来,和他分手,你也不好受,是吗?

小美:其实他还是不错的,和他分手我也是考虑很久才决定的,因为有些事情我真的受不了了!

咨询师:发生了什么事情?能具体和老师说说吗?

小美:老师,他太自我为中心了,干什么事情只从自己出发,根本不考虑我的感受!

咨询师:怎么说呢?

小美:就比如,他喜欢吃茄子,就认为我也喜欢吃茄子,然后就每次点菜都点茄子,但是,我最讨厌吃茄子了,刚开始的时候因为不熟,就不好意思说,后来我暗示了他几次,可是他还是理解不了,根本不考虑我的感受,有时候说得太直白,他还感觉很委屈,说他把他认为最好的东西能给我的都给我了,为什么我还是不满足,可我也很委屈啊,我就是不喜欢吃茄子啊,我有错吗?

咨询师:还有类似的事情吗?

小美:这种事情太多太多了,我们每次出去,吃饭、逛街、聊天,他这种自我意识太强了,只考虑自己,从来不问我的意见,明明我喜欢喝雪碧,他就非要买可乐,而且最可笑的是他居然认为我也爱喝可乐,给我的时候还是一副认为对我多好多好的表情,真是让我受不了!

咨询师总结:

从两人的谈话中不难发现,小明在与女朋友交流沟通时出现了问题。小明与人沟通时只考虑自己的想法,而且默认别人的想法也同他一致,这就造成了严重的人际交往障碍。大学生在人际交往中要避免人际交往误差,小明在与女朋友交往时就产生了“投射效应”误差。投射效应是指在人际交往中,认知者形成对别人的印象时总是假设他人与自己有相同的倾向、特征,亦即“由己推人”,即把自己的情感、意志等特征投射到他人身上,强加于人,以为他人也如此。投射效应实质上就在于从主观出发简单地认知他人,自我与非我不分、认知的主体与客体不分、认知的主体与认知的对象不分,其结果往往导致对他人的情感、意向做出错误评价,造成人际交往障碍。解决此问题的方法是,多与对方交流沟通,了解对方的真实想法,更多地站在对方的立场上替对方着想,放弃“想当然”和“理所应当”,这也是同理心在人际交往中的运用。

【爱情的形态】

你的恋情常常重蹈覆辙吗?你想过自己为什么总是爱上类似的人,或总是在感情里犯相同的错误吗?两个人在一起,明明还爱着呢,却为什么越是努力磨合,却越磨越不和?这些问题的答案,可能有很多,但今天就让我们用心理学来帮你揭开谜底。

其实,这一切可能都是你的依恋形态在悄悄作祟。心理学中的依恋理论来源于婴儿与母亲的互动关系,大致分为三种类型,安全型依恋、逃避型依恋、焦虑型依恋。用依恋理论来解释成人的恋爱关系，就会发现亲子间互动的依恋形态，与情人之间的依恋形态呈现正相关。也就是说，婴儿时期属于什么依恋类型，很有可能在进入伴侣关系时，也出现这种依恋类型的特质。接下来，就让我们来看看，你是属于哪种类型的依恋情人吧。

① 安全型依恋：谢谢你爱着我，让我们成为彼此的依靠。

“我爱你，也相信你爱着我。”

安全型依恋者的自白：我很享受亲密关系，相信我可以依靠他，也不担心他会突然抛弃我，或觉得我们太靠近。如果我有什么困难，他一定会帮我，因为我眼里的他是那么可靠，我每天都感到被爱，也深深地爱着他！

如果你可以自信地说出这段自白，那么你很可能幸运地是安全型依恋者。一般而言，安全型依恋者对自己的伴侣关系都感到较为满意。在孩童时期，当妈妈离开你一会儿时，你并不担心，你相信妈妈马上就会回来，你所需要的爱和照料不会失去。因此你把父母视为自己的后盾，让自己能勇敢地大步向前，无后顾之忧地去探索这个世界。你知道，如果哪天不小心受伤了，掉眼泪了，家人永远会第一个冲过来给你一个大大的拥抱。童年时期的你是快乐而自信的。

因此，当你进入伴侣关系时，同样会有满满的安全感。两人间的深刻连接，让你有勇气让伴侣自由发展、追梦。虽然你们是两个独立的灵魂，但你们互相扮演着对方的支持角色，是彼此永远的避风港。当你在外面的世界受到挫折时，一定会寻求另一半的安慰，并相信自己的需求可以被对方满足。属于此类型的人约占56%。

② 逃避型依恋：我想靠近你，也想逃离你。

“我不太喜欢说家里的事，那是我自己的事。”

“可以不要问了吗？”

“我想自己一个人。”

逃避型依恋者的自白：我不喜欢有人和我太亲近，每当我发现有人想和我分享深入的心事，或是希望我对他敞开心扉时，我常觉得很紧张，也很不舒服。建立亲密关系对我来说是很不容易的事，我很难相信别人，也很难让自己依赖别人，把自己生命的重量放在另一个人身上，不是一件很可怕又沉重的事吗？

当遇到很容易使人情绪化的场面时，你总是显得异常冷静，仿佛按下了情绪终止键。如果对方威胁：“你这样我真的很难过，我要跟你分手！”那么，你一定会说：“噢，那就分吧，我不在乎。”在你无所谓的外表下，潜藏的却是深层的矛盾与痛苦，你的不在乎时常是因为内心的自卑感在作祟。之所以如此，很可能是因为你小时候似乎感觉不到妈妈对你的爱，你对妈妈的态度是疏远、冷漠。你认为妈妈并不太重视你，当妈妈离开时你不感到焦虑，当妈妈回来时你也不特别在意。

逃避型依恋者若感到被拒绝，便可能会黏着另一半寻求安慰，然而，却又马上会因为这种亲密而感到被束缚，试图逃离。逃避型依恋者常常为自己辩解，认为自己是个有能力将情绪完全切割、轻易割舍感情的负心人。但你不仅骗别人你有这种能力，常常连你自己也被骗到了。逃避型依恋者时常活在很矛盾的状态下，你害怕与你在乎的人太亲密，却又不希望对方离自己远去，当你太爱一个人导致无法抽离情绪、保持距离时，你会感到很害怕。属于此类型的人约占22%。

③ 焦虑型依恋：你，可以爱我吗？

“可以来接我下班吗？不行也没关系，真的。”

"我很喜欢这个乐团,不过这场演唱会你一定没兴趣吧?其实我可以找别人跟我去!"

"你真的爱我吗?"

焦虑型依恋者的自白:我总觉得我爱的人不像我爱他那么爱我。我常常担心他哪天会突然不爱我了,我不相信承诺,我认为承诺就是会破灭。我好想再离他近一点,可是为什么我握得越紧,他却跑得越远?果然,他根本不爱我,我也不值得被爱……

这些想法,常常出现在你脑海中吗?夜深人静时,你睡不着觉,却突然有一种深深的不安全感袭来,让你忍不住在打电话吵醒另一半后却又让对方觉得你不知所云?焦虑型依恋者最常出现的情况就是试图和伴侣建立相爱的美好幻影,一般不像安全型依恋者那样感受得到伴侣真诚的爱,因此常常出现情绪空洞,总是希望另一半能"拯救"或是"成全"自己。但事实上,你的所作所为却让另一半更想逃。这一切可能源自你小时候特别害怕陌生环境,你以哭喊来反抗分离,常常因为妈妈的离开而陷入绝望。妈妈有时候并不知道你的真实想法,因而无法对你做到有求必应,你在妈妈离开后很焦虑,有时妈妈刚离开你就大哭,别的大人也不能让你安静下来。属于此类型的人约占19%(另3%属于混合型)。

当另一半没有给你足够的安全感时,作为焦虑型依恋者的你可能会变得极度渴望他的关爱,希望能占有他的每分每秒。你常常在无意识的情况下,透过形式来制造出"你们正在谈恋爱"的假象。例如,每周一定要约会几次、在特定节日应该送礼物,等等,以此来满足内心的不安全感。甚至,你会开始想得太多,解读伴侣的每个无心小举动。若他刚好在此时交了一群新朋友,你可能就会想:"他根本就不爱我,他准备要离开我了,早知道就不在他身上付出那么多感情了……"

④ 爱情有解方吗?别着急,有的。

"看见自己的脆弱,原谅曾经的伤害。"

如果你正好是安全型依恋者(恭喜你能在恋爱关系里自在享受健康又安全的生命旅程),但若你的另一半正好是逃避型或焦虑型的情人,请你将自己的勇敢和爱分一点点给他(她)!而逃避型和焦虑型的你,除了尽量选择安全型恋人交往外,要做的就如同处理其他任何问题时一样——第一步必然是要勇敢面对。你可以轻轻地对自己说:"嘿,我懂你,也原谅你,我知道,你并不是故意的。今后,让我们重新开始,好吗?"然后,在陷入混乱情绪时,请用力提醒自己,你有能力选择往更好的方向去!

你的依恋形态,虽然可能是从幼儿时期与母亲的互动中就养成了,但是这并不代表你要一辈子受限于这样的形态。不属于安全型依恋的人进入一段安全持久的成人亲密关系时,要改变自己的依恋类型也是可能的——特别是充满爱和信任的成人关系可以给一些小时候曾被拒绝的人提供安全的心理作用模型。在一项研究中,30%的年轻女性在两年时间里改变了她们的依恋类型。换言之,当你了解了自己的依恋类型时,便更能发现自己的问题,当事情发生时,你一定要选择正视自己的情绪,无论它是逃避、不安还是焦躁,并且告诉自己"我正在经历这样的情绪,我一定要将自己从死胡同中解救出来。"

爱情是我们要学习一辈子的课题,没有人敢宣称自己完全懂得了如何去爱,但是我们永远都能在爱情里学习,并且不断追求更好的爱。永远要相信,一次会比一次更好。愿你和你的另一半能一起建立由你们自己创造的安全依恋,你们一定可以。

Ⅲ. 心理训练营

活动一:爱之初体验

活动目的:促进成员互动,形成温暖、相互支持的团体气氛,了解沟通在人际交往特别是在恋爱中的重要作用。

活动时间:约30分钟。

活动步骤:

① 所有人围成一个圆圈,一人站在圆心。

② 主持人宣布规则:由站在圆心的人随机问圆圈里的人(比如说A同学):“你喜欢我吗?”如果A回答“喜欢”,则A周围相邻的两个人就要互换位置,在互换位置的时候,站在圆心的人就要迅速插到A周围相邻的两个位置之间,这样A周围相邻的两个人中就有一个没有位置,那么就由他表演一个节目或作自我介绍,然后由他站在圆心,开始下一轮游戏。

③ 如果A回答“不喜欢”,则站在圆心的人继续问A:“那你喜欢什么?”如果A回答“我喜欢戴眼镜的人。”则场上所有戴眼镜的人都必须离开自己的座位寻找空位,而站在圆心的人则需要迅速找一个位置,这样没有找到位置的人就要表演一个节目或作自我介绍,然后就由他站在圆心,开始下一轮游戏。

④ A回答“不喜欢”之后,还可以说别的,如“我喜欢男人”,那么全场的男人都必须全部换位置,如果A是男人,他自己也要换位置。为了增加难度和趣味性,还可以回答不易被人马上发现的细节,如“我喜欢穿白袜子的”等。

主持人总结:

游戏结束后,请同学们谈谈感受,尤其是位置未发生变化的同学。

活动二:爱情拍卖

活动目的:了解自己的爱情价值观。

活动准备:拍卖清单、代币、拍卖锤等。

活动时间:约40分钟。

活动步骤:

① 拍卖清单上列出的16项爱情价值观(爱情的理由),可以询问是否有人要补充项目。

② 请每人就这些项目进行拍卖,每人最多拥有100万元。由主持人进行拍卖,叫价以1万元为单位,出价高者得到拍卖项目,直至16项全部拍卖完为止。

主持人总结:

① 拍卖完以后,讨论下列话题:

a. 大家各自说说自己买某项目的理由。

b. 是什么原因让你考虑买自己所得之项目?是自己需要还是喜欢?

c. 依我们对每一个成员的认识,你认为他会买该项吗?为什么?

d. 若重选一次,结果会相同吗?你会做哪些改变?

② 组员思考:

a. 当你的爱情价值观与你男(女)朋友的相冲突或不同时,你该怎么办?

b. 你的人生目标和爱情价值观相协调吗？工作、爱情、亲情、友情、嗜好，哪一个你感觉最重要？

拍卖清单：

爱情价值观拍卖项目	竞拍者
1. 可以和他(她)分享生活中的点点滴滴	
2. 可以因他(她)而扩展生活领域	
3. 可以和他(她)相知很深	
4. 可以和他(她)共同建立一个家庭	
5. 可以因他(她)的提携、激励而成长进步	
6. 可以多一个工作伙伴	
7. 可以获得爱和支持的感觉	
8. 可以享有和他(她)的美好性生活	
9. 可以和他(她)随时随地在一起	
10. 可以和他(她)一起赚很多钱	
11. 可以拥有照顾他(她)、爱他(她)时付出的感觉	
12. 可以因他(她)而让生活更有变化	
13. 可以有他(她)照顾生活起居	
14. 可以和他(她)一起生儿育女	
15. 可以因他(她)而增加生活乐趣	
16. 可以因他(她)而获得安定感	

活动三：婚姻配对

活动目的：婚姻是一场精确的匹配游戏，最重要的是你自身的价值有多大，而你采取什么办法去恋爱其实都是浮云。两个人为什么能走到一起，关系能维持多久，甚至他们的缘分几何，这些都取决于这个配对的质量如何，即他们有多般配。

活动方式：游戏活动法。

活动时间：约 40 分钟。

活动准备：

100 位大学生，男女各半；制作 100 张卡片，每张卡片上都写有 1～100 中的某个数字，写有单数的 50 张卡片给男生，写有双数的 50 张卡片给女生。但他们并不知道卡片上写的是什么数字。工作人员将卡片拆封，然后将它对应贴在大学生们的背后。这个游戏设置很简单，就是要男女生都能找到适合自己的异性，争取能凑到最大的总和，对没有配对成功的大学生要给予惩罚。

活动步骤：

由于大家都不知道自己背后的数字，因此首先就要观察别人。很快，分数高的男生和女生被大家找出来了。例如，99 号男生和 100 号女生。这两人身边围了一大群人，大家都想说服他们和自己配成一对。

“来跟我一起嘛！我会给你幸福的！”

“我们简直是天作之合啊！”

但一夫一妻制决定了他们不可能同时和多个人配对，因此他们变得非常挑剔，他们虽然不知道自己的数字具体是多少，但他们知道它一定比普通人的要大。

为什么？看看围在自己身边的充满企盼的人的数量就知道了，从这些追求者们殷切的眼神中也能够看出来。

那些碰壁的追求者迫于无奈只能退而求其次，原本给自己的目标是一定要找“90＋”的人配对，慢慢却发现“80＋”也可以接受了，甚至“70＋”或者“60＋”也能凑合。但那些数字太小的人就很悲催了，他们到处碰壁，到处被拒、被嫌弃。

经过了漫长的配对过程，眼看时间就要到了，还有少数人没有配对成功，这些人没办法了，只能赶紧草草找人完成任务——因为单身一人是要被惩罚的……最后的倒数阶段，没有配对的都胡乱找了个人。当然，也有坚持不配对单身结束游戏的大学生。最后时间到，活动结束。

主持人总结：

这场活动完全就是人类恋爱行为的实验简化版。我们每个人在遇到一个异性的时候，都会出于本能去评价对方的价值，这完全是下意识的。但人类的价值非常难评估，没有谁会把数字贴在自己的背后，人们往往还会故意夸大自己的价值，而且夸大的手段、浮夸的工具各种各样。

关键的一点是，这个数字其实一直在变化，比如随着年龄的增大，对多数女性来说这个数字是递减的；而男性随着自身的不断努力，可以从很小的数字增加为很大的数字。因此，也就有了男女黄金年龄分割线之说……

我们在生活中遇到的人远远超过100个，我们面临的是一个更加复杂的环境，这让我们做出决定的难度成倍增加。正因为选择的难度很大，因此人类总结出了一些很简单的指标，比如，我们更倾向于基于别人的判断来做出自己的判断。

活动让我们知道，其实婚姻是一场精确的匹配游戏，最重要的是你自身的价值有多大（即背后的数字大小），而你采取什么办法去恋爱其实都是次要的。

但是人类社会与这个活动有个很重要的不同：人类社会实在太复杂了——一个人的价值并不是那么容易就能体现出来的，而且我们很难去判断一个人的价值。还有一点就是，我们每个人眼中的价值标准都不一样，所以我们可以看到这么多元的爱情。

当然，你永远别忘了，这个社会的风潮是由“大多数人”决定的，所以当你看到社会的价值倾向时，你看到的就是大多数人的标准，至于你是否选择跟从，是否选择“继续相信爱情”，那就是另外一门深奥的学问了。

参考文献

[1] 林崇德.发展心理学[M].北京:人民教育出版社,2009.
[2] 全国12所重点师范大学.心理学基础[M].2版.北京:教育科学出版社,2008.
[3] 黄希庭,郑涌.大学生心理健康教育[M].2版.上海:华东师范大学出版社,2009.
[4] 冯忠良,伍新春,姚梅林,等.教育心理学[M].北京:人民教育出版社,2010.
[5] 皮连生.教育心理学[M].4版.上海:上海教育出版社,2011.
[6] 彭聃龄.普通心理学[M].4版.北京:北京师范大学出版社,2012.
[7] Dennis Coon.心理学导论[M].13版.郑钢,译.北京:中国轻工业出版社,2014.
[8] Richard J. Gerrig,Philip G. Zimbardo.心理学与生活[M].16版.王垒,等译.北京:人民邮电出版社,2014.
[9] David Myers.心理学[M].黄希庭,等译.北京:人民邮电出版社,2014.
[10] Robin Dunbar,Louise Barrett,John Lycett.进化心理学[M].万美婷,译.北京:中国轻工业出版社,2017.
[11] 江光荣.心理咨询的理论与实务[M].2版.北京:高等教育出版社,2012.
[12] 黄希庭,郑涌.心理学导论[M].2版.北京:人民教育出版社,2015.
[13] 张春兴.现代心理学[M].上海:上海人民出版社,2016.
[14] 丁晋中,张媛媛.大学生综合素质培养[M].太原:山西人民出版社,2003.
[15] 徐光兴.学校心理咨询优秀案例集(修订版)[M].上海:上海教育出版社,2018.
[16] 白世国.心理学[M].北京:北京师范大学出版社,2019.
[17] Sigmund Freud.梦的解析[M].听泉,译.天津:天津社会科学院出版社,2013.
[18] 刘建新.大学生常见心理问题及疏导[M].广州:暨南大学出版社,2005.
[19] 吕秋芳,齐力.大学生心理健康与调适[M].北京:华文出版社,2003.
[20] 宗文举,石凤妍,詹启生.现代心理学理论与实践[M].天津:天津大学出版社,2005.
[21] 佐斌.大学生心理发展[M].北京:高等教育出版社,2004.
[22] 武光路,李剑锋.大学生心理危机的预防与干预[M].北京:国防工业出版社,2016.
[23] 贾晓明.大学生心理健康:走向和谐与适应[M].2版.北京:北京理工大学出版社,2010.
[24] Jerry M. Burger.人格心理学[M].7版.陈会昌,等译.北京:中国轻工业出版社,2014.
[25] 连榕,张本钰.大学生心理健康[M].北京:北京师范大学出版社,2016.
[26] 李梅,黄丽.大学生心理健康十二讲[M].北京:北京师范大学出版社,2012.
[27] 阳志平,彭华军.积极心理学团体活动课操作指南[M].2版.北京:机械工业出版社,2016.
[28] 田国秀.团体心理游戏实用解析[M].北京:学苑出版社,2010.
[29] 方平.自助与成长[M].本科版.北京:教育科学出版社,2010.
[30] 赵丹凤.神话原型心理剧[M].吉林:东北师范大学出版社,2016.
[31] 彭凯平.吾心可鉴:澎湃的福流[M].北京:清华大学出版社,2016.
[32] Christopher Peterson.打开积极心理学之门[M].侯玉波,等译.北京:机械工业出版社,2016.